Über die Verfasser

Hartmut Böhme, Prof. Dr. phil., geb. 1944. Studium der Germanistik, Philosophie, Evangelischen Theologie und Pädagogik; ab 1977 Professor für Neuere Deutsche Literatur an der Universität Hamburg; 1990–92 Fellow am Wissenschaftszentrum Nordrhein-Westfalen; seit 1993 Professor für Kulturtheorie und Mentalitätsgeschichte an der Humboldt-Universität zu Berlin. Projektleiter im DFG-Sonderforschungsbereich «Kulturen des Performativen». Ab 2005 Sprecher des DFG-Sonderforschungsbereichs «Transformationen der Antike».

Bücher bzw. Herausgeberschaften u. a. über: Robert Musil (1974); Albrecht Dürer (1989); Immanuel Kant (1983); Hubert Fichte (1992); Hans Henny Jahnn (1996); Sozialgeschichte der deutschen Literatur von 1918 bis zur Gegenwart (1981); Kulturgeschichte des Wassers (1988); Natur und Subjekt (1988); Literatur und Kulturwissenschaft (1996); Feuer Wasser Erde Luft. Eine Kulturgeschichte der Elemente (1996); Die Elemente in der Kunst (1996); Netzwerke. Eine Kulturtechnik der Moderne (2004); Tiere. Eine andere Anthropologie (2004); Topographien der Literatur. Deutsche Literatur im transnationalen Kontext (2005); Fetischismus und Kultur. Eine andere Theorie der Moderne (2006). Ferner ca. 200 Aufsätze.

Peter Matussek, Prof. Dr. phil., geb. 1955. Studium der Philosophie, Germanistik, Pädagogik und Psychologie in Hamburg und Bombay. Promotion über Goethes «Faust» im Lichte der Ästhetik nach Adorno. 1992–93 Fellow am Kulturwissenschaftlichen Institut des Wissenschaftszentrums Nordrhein-Westfalen; 1994–99 wissenschaftlicher Mitarbeiter am Kulturwissenschaftlichen Seminar der Humboldt-Universität zu Berlin; 1999 ff. Leiter des Projekts «Computer als Gedächtnistheater» im DFG-Sfb «Kulturen des Performativen»; 2001–03 Professur für Medienwissenschaft/Multimediaproduktion an der Universität Siegen; seit 2003 Professor für Schriftlichkeit sowie Eckprofessur in den medienkulturwissenschaftlichen Studiengängen der Heinrich-Heine-Universität Düsseldorf.

Bücher u. a.: Naturbild und Diskursgeschichte (1992); Goethe zur Einführung (1998); (Hg.) Goethe und die Verzeitlichung der Natur (1998, Neuausgabe 2007); (Co-Autor) Hitler – Karriere eines Wahns (2000, ital. 2003, engl. 2007); (Mithg.) Auslassungen – Leerstellen als Movens der Kulturwissenschaft (2004).

Lothar Müller, Dr. phil., geb. 1954. Promotion mit einer Arbeit über Karl Philipp Moritz, war Hörfunk-Moderator im NDR, Dozent für Literaturwissenschaft der Freien Universität Berlin und Mitarbeiter am Kulturwissenschaftlichen Institut der Humboldt-Universität. 1997–2001 Literatur-Redakteur der FAZ, seit 2001 Literatur-Redakteur bei der «Süddeutschen Zeitung».

Bücher: Die kranke Seele und das Licht der Erkenntnis. Karl Philipp Moritz' ‹Anton Reiser› (1987); (Hg. und komm.) August Wilhelm Schlegel. Die Gemälde (1996); Casanovas Venedig. Ein Reiselesebuch (1998); (Hg.) Das Karl-Philipp-Moritz-ABC. Anregung zur Sprach-, Denk- und Menschenkunde (2006).

Hartmut Böhme
Peter Matussek
Lothar Müller

Orientierung

Kulturwissenschaft

Was sie kann,
           was sie will

rowohlts enzyklopädie
im Rowohlt Taschenbuch Verlag

rowohlt enzyklopädie
Herausgegeben von Burghard König

3. Auflage März 2007

Originalausgabe
Veröffentlicht im Rowohlt Taschenbuch Verlag,
Reinbek bei Hamburg, Februar 2000
Copyright © 2000 by Rowohlt Taschenbuch Verlag GmbH,
Reinbek bei Hamburg
Umschlaggestaltung Beate Becker
Satz Sabon und Syntax PostScript (PageOne)
Gesamtherstellung Clausen & Bosse, Leck
Printed in Germany
ISBN 978 3 499 55608 1

Inhalt

Vorwort 7

I. «Kulturwissenschaft» als Programm 11
1. Internationale Anstöße 11
2. Die deutsche Diskussion 19

II. Zur Geschichte kulturwissenschaftlicher Ansätze in Deutschland 34
1. Völkerpsychologie 35
2. Kulturgeschichtsschreibung 44
3. Kulturphilosophie 56
4. Theorie symbolischer Formen (Ernst Cassirer, Aby Warburg) 66
5. Psychoanalyse als Kulturtheorie 80
6. Kritische Theorie 93

III. Arbeitsfelder kulturwissenschaftlicher Forschung und Lehre 104
Vorbemerkung: Umrisse einer neuen Disziplin 104
1. Wissenschaftskulturen 108
2. Kulturgeschichte der Natur 118
3. Historische Anthropologie 131
4. Erinnerung und Gedächtnis 147
5. Kulturgeschichte der Technik 164
6. Mediale Praktiken 179

IV. Perspektiven 203
1. Hat Kulturwissenschaft Zukunft? 203
2. Kulturwissenschaftliche Kernkompetenzen 205
3. Eingrenzung oder Öffnung? 208
4. Empfehlung für Studienanfänger 209

V. Kulturwissenschaftliche Einrichtungen und Studiengänge 210
1. Studienangebote 211
2. Forschungseinrichtungen 230

Anhang 259
Literaturverzeichnis 259
Namenregister 285

Vorwort

Wer studieren will, erwartet zu Recht, an den Universitäten auf theoretisch gut geordnete Fächer, gesicherte Traditionen, klare Fragestellungen, bewährte Methoden und erprobte Studiengänge zu stoßen. Ob Germanistik, Philosophie, Slawistik, Kunstgeschichte oder Soziologie – je näher eine universitäre Disziplin an einem Schulfach liegt, desto zutreffender werden diese Erwartungen sein. Schon die Schullehrer der Studierwilligen studierten das ins Auge gefaßte Fach, und zwar wiederum bei Universitätslehrern, die ebendieses Fach auch schon studiert hatten – und so weiter zurück, womöglich bis tief ins 19. Jahrhundert. All dies trifft auf die Kulturwissenschaft nicht zu. Es gibt sie als Studienfach, sieht man einmal von zwei weisungsgebundenen DDR-Instituten ab, erst seit Mitte der achtziger Jahre – und auch nur an einigen Universitäten. Keiner der derzeitigen Professoren der Kulturwissenschaft konnte diese also studiert haben. Das Fach mußte ‹erfunden› werden, allerdings nicht im luftleeren Raum: Es gab in der Geschichte der Geisteswissenschaften vielfache Ansätze, die auf eine Kulturwissenschaft zielten. Und es bestand in den achtziger Jahren ein universitärer und bildungspolitischer Bedarf, dieses Fach und die mit ihm verbundenen Theorien, Fragestellungen und Perspektiven an den deutschen Universitäten zu etablieren. Internationale Einflüsse, vor allem aus dem angloamerikanischen und französischen Bereich, begünstigten den Neuansatz.

Wer Kulturwissenschaft studieren will, sollte diese Hintergründe kennen. Auch von ihnen handelt dieses Buch. Es wird deutlich machen, daß dieses Fach ein anspruchsvolles Abenteuer darstellt, dessen Zukunft in der akademischen Landschaft nicht gesichert ist; daß hier ein Ausbildungsfeld betreten wird, das von den Studierenden Neugier und Gestaltungswillen, Lust auf theoretisches Denken und historisches Forschen, Experimentierfreude im Umgang mit neuen Medien und geduldiges Versenken in alte Künste, teilnehmendes Interesse an großen Zusammenhängen wie an detaillierten Feinheiten des historischen Prozesses, Motivation für kulturelle Interventionen und soziale Phantasie schon während des Studiums erwartet. Das Fach ist neu – also ist es offen für unkonventionelle Aktivitäten; es ist relativ unbestimmt – also bietet es Raum für eigenes Gestalten; es ist mannigfaltig verzweigt – also kann man sehr Verschiedenes lernen, neue Wege ausprobieren, sich große Überblicke verschaffen oder auch in eine der Verästelungen vertiefen.

All dies eröffnet für die Studierenden Chancen, die in dieser Fülle kaum ein anderes Fach bieten kann. Doch zugleich haben diese Chancen der neuen Disziplin ihre Kehrseiten: Die Vielfalt ist verwirrend, das Fach hat an jeder Universität einen anderen Zuschnitt, die Gegenstandsfelder sind überwältigend weit, die Theorien und Methoden sind unübersichtlich, kompliziert und widersprüchlich; man wird zwischen produktivem Dilettantismus und Expertenwissen hin und her geworfen, man findet keinen festen Boden, man vermißt Perspektive und Orientierung. Solche Klagen werden zwar gelegentlich auch in ehrwürdig alten Disziplinen laut, in der Kulturwissenschaft aber, wo es keine ausgetretenen Pfade gibt, ist die Möglichkeit, sich zu verirren, besonders groß. Unsere *Orientierung* kann daher kein einfacher Reiseführer in einem völlig erschlossenen Gelände sein. Doch eine Kartographie wird geboten. Sie muß allerdings anders ausfallen als bei einem Fach, das, wie die Germanistik, seit mehr als 150 Jahren schon eine Reihe von Sackgassen erkunden, Krisen durchleben, Erneuerungen versuchen, Bewährtes sichern konnte. Orientierung heißt: Richtungen aufzeigen. Dies geschieht hier dadurch, daß wir die Untersuchungsfelder beschreiben – mit ihrer Geschichte, ihren Problemen und Ansprüchen, Fragwürdigkeiten und Faszinationen, und es geschieht dadurch, daß wir Begründungen und Bewertungen diskutieren, die für die verschiedenen Theorien und Methoden, Arbeitsgebiete und Fachkonzepte angeführt werden.

Nur scheinbar spiegelt sich im Fächerkanon der Universitäten die Ordnung der Dinge. Weder irgendeine Einzelwissenschaft noch das Spektrum der Wissenschaften insgesamt besitzen eine stabile, von den jeweiligen Gegenständen verläßlich garantierte Identität.

Die Formel, wonach die Grundlage einer akademischen Disziplin die Einheit von klar definiertem Gegenstandsbereich und ebenso klar definierter Methode sei, ist kaum mehr als eine nützliche Fiktion. Als Schlüssel zur Realgeschichte der Wissenschaften taugt sie wenig, schon gar nicht im Blick auf die institutionellen und kulturellen Konstellationen, innerhalb deren sich im 19. und 20. Jahrhundert der universitäre Fächerkanon ausdifferenziert hat. Kurz bevor sich eine der wichtigsten Neugründungen, die Soziologie, in Deutschland als Disziplin konstituierte, schrieb Max Weber im Jahre 1904: «Nicht die ‹sachlichen› Zusammenhänge der ‹Dinge›, sondern die *gedanklichen* Zusammenhänge der *Probleme* liegen den Arbeitsgebieten der Wissenschaften zugrunde: wo mit neuer Methode einem neuen Problem nachgegangen wird und dadurch Wahrheiten entdeckt werden, welche neue bedeutsame Gesichtspunkte eröffnen, da entsteht eine neue ‹Wissenschaft›» (S. 166).

Die Sozialwissenschaft, wie er selbst sie betrieb, rechnete Max Weber ausdrücklich den «Kulturwissenschaften» zu. Als solche galten ihm alle Disziplinen, «welche die Vorgänge des menschlichen Lebens unter dem Gesichtspunkt ihrer *Kulturbedeutung* betrachten» (S. 165). Weber machte «Kultur» nicht etwa deshalb zum perspektivischen Fixpunkt der Einzelwissenschaften, weil er sie als feste Hintergrundvoraussetzung der Einzelphänomene dachte. «Kultur» galt ihm zwar als das Ganze, das jede Einzelsphäre transzendiert, als Regulativ der Lebensführung und Orientierungsinstanz, eben darin aber zugleich als das Bedrohte, Nicht-Selbstverständliche. So nüchtern er die Frage nach der «Kulturbedeutung» formulierte, so sehr war sie aufgeladen mit der analytischen Durchdringung und skeptischen Reflexion der gesellschaftlichen Modernisierung um 1900.

Der Begriff «Kulturwissenschaft», wie er im deutschsprachigen Raum seit Mitte der achtziger Jahre zu einer Schlüsselkategorie der publizistischen und akademischen Debatten über den Zustand und die Zukunft vor allem der historisch-philologischen Disziplinen avancierte, taucht in zwei Begriffsvarianten auf. Seine plurale Verwendung rückte die «Kulturwissenschaf*ten*» in den Status einer fächerübergreifenden Orientierungskategorie, die das Erbe der «Geisteswissenschaften» zugleich antreten und einer kritischen Revision unterziehen soll. Die breite Streuung des Adjektivs in aktuellen Vorlesungsverzeichnissen ist ein Hinweis auf die Etablierung kulturwissenschaftlicher Projekte im Innern großer, hochgradig binnendifferenzierter Fächer wie der Geschichtswissenschaft oder Germanistik. Demgegenüber zielt die Begriffsverwendung im Singular in der Regel auf die Etablierung der «Kulturwissenschaft» als inter- bzw. transdisziplinär angelegtes Einzelfach.

Unsere Orientierung trägt dieser Doppelbewegung und zugleich der Vielfalt von Formen Rechnung, in denen sich gegenwärtig die Institutionalisierung der Kulturwissenschaft an den Universitäten und in Forschungsinstituten vollzieht. Sie markiert die Umrisse einer jungen Disziplin, die aber eine lange, weit verzweigte Vorgeschichte hat und ihre Kontur in einer vielschichtigen wissenschaftspolitischen und -theoretischen Diskussion gewinnt. Auch wenn es sich hier primär um eine Einführung handelt, halten wir es doch für unverzichtbar, auf diese systematischen und historischen Hintergründe einzugehen. Denn wir plädieren für eine anspruchsvolle Kulturwissenschaft, die mit «Wissenschaft light» nicht zu verwechseln ist und auch Studienanfängern nicht als Ausweichstudium vor «härteren» Fächern empfohlen werden kann. Unserem Überblick über aktuelle Arbeitsfelder der Kulturwissenschaft (Kap. III), Entwicklungsperspektiven des Fachs (Kap. IV) und die derzeit angebotenen Studien- und Forschungsmöglichkeiten (Kap. V) haben wir deshalb zwei Rahmen-Kapitel vorangestellt, die auf die komplexen Voraussetzungen des Faches eingehen: zum einen die gegenwärtigen Auseinandersetzungen um eine programmatische Neubestimmung der Kulturwissenschaft in Deutschland, die durch internationale Impulse angeregt wurde (Kap. I); zum anderen die verschiedenen Begriffs- und Theorietraditionen seit dem 19. Jahrhundert, die einen kulturwissenschaftlichen Problemzusammenhang konstituierten, ohne selbst je disziplinären Status zu gewinnen (Kap. II). Es ist nicht nötig, die Lektüre mit diesen Rahmen-Kapiteln zu beginnen – die einzelnen Teile des Buchs sind auch je für sich verständlich. Doch ganz begreifen wird den Reiz der Kulturwissenschaft erst, wer sich auf den intellektuellen Anspruch einläßt, ihre Voraussetzungen kennenzulernen.

I. «Kulturwissenschaft» als Programm

«Kulturwissenschaft» und «Kulturwissenschaften» sind keine Neologismen. Beide Begriffe sind seit dem späten 19. Jahrhundert in Deutschland in unterschiedlichen Kontexten präsent. Ihre aktuelle Inanspruchnahme innerhalb der Selbstreflexion der Geistes- und Sozialwissenschaften der Bundesrepublik ist aber nicht lediglich durch den Rückgriff auf diese Traditionen, sondern zugleich von der Orientierung an der internationalen Entwicklung der «humanities» geprägt. Dies gilt gleichermaßen für die Entwürfe kulturwissenschaftlicher Forschungs- und Ausbildungskonzepte auf der übergeordneten Ebene einer Neuformierung des Fächerkanons insgesamt wie im Innern der historischen und philologischen Disziplinen. Deren theoretische Orientierungen und Methodendiskussionen sind seit den sechziger Jahren zunehmend den internationalen Austauschbeziehungen im Wissenschaftsbetrieb verpflichtet.

1. Internationale Anstöße

1.1 Cultural Studies

Der Aufschwung der «Cultural Studies» in den angelsächsischen Ländern seit den sechziger Jahren ist nicht nur als theoretische Quelle für dieses oder jenes Motiv innerhalb der deutschen Diskussion um die «Kulturwissenschaften» von Bedeutung. Er stellt zugleich ein Modell der gelungenen Institutionalisierung und Universalisierung einer um einen Leitbegriff zentrierten Forschungsstrategie dar. Für deren Institutionalisierungs- und Theoriegeschichte war die Gründung des «Center for Contemporary Cultural Studies» an der Universität in Birmingham im Jahre 1964 ein entscheidender Ausgangspunkt. Sie beinhaltete, vor dem Hintergrund der

Nachkriegsgeschichte des britischen Marxismus, die programmatische Aufwertung der «popular culture» als Forschungsgegenstand und die Abgrenzung vom doktrinären «Ableitungsmarxismus». Damit verbunden wurde ein konfliktzentrierter Kulturbegriff geprägt, in dessen Horizont theoretische und politische Orientierung aufeinander bezogen waren (vgl. Inglis 1993, S. 25 ff.). Den Protagonisten der «Cultural Studies», Raymond Williams, Richard Hoggart, Edward Thompson und Stuart Hall ging es freilich nicht um die Neubegründung einer akademischen Disziplin. Der Signalbegriff «studies» zielte eher auf einen «shift of attitude» quer zu den Disziplinen und die Herausbildung von Aufmerksamkeitstypen und Reflexionsformen, die zur Abstandsverringerung zwischen der Universität und der englischen Nachkriegskultur beitragen sollten. An die Selbstvergewisserung der englischen Eliten über die «Englishness» nach dem Ersten Weltkrieg und die Aufwertung von «English literature, life and thought» als Studienfach im Cambridge der Zwischenkriegszeit ließ sich dabei, wenn auch in kritischer Wendung, anknüpfen. Schon in den Händen von F. R. Leavis war, etwa im Blick auf D. H. Lawrence, in die Literaturkritik die intensive Erforschung der kulturellen Konstellation, die das Werk eines individuellen Autors ermöglichte und prägte, eingegangen. Raymond Williams und Richard Hoggart verknüpften die Erforschung von «culture» als «a whole way of life» mit der Revision des literaturkritischen Kanons. Hoggarts «The Uses of Literacy» (1957) wandte Liedern, Fotoromanen und Heftchen die gleiche Aufmerksamkeit zu, die bei Leavis noch dem Roman vorbehalten gewesen war. Die Erforschung der «Subkulturen» und der kulturellen Praxis im Zeitalter der Massenmedien sowie die Revision des klassischen, literaturzentrierten Kanons gingen in den «Cultural Studies» Hand in Hand.

Für die Internationalisierung der «Cultural Studies» seit den späten siebziger Jahren war der Verzicht auf eine fest umrissene disziplinäre Identität kein Hindernis, sondern eine günstige Voraussetzung. Im Vorwort zu einem Sammelband mit Aufsätzen aus der amerikanischen Zeitschrift «Cultural Anthropology» wird die Etablierung der «Cultural Studies» in den Vereinigten Staaten ausdrücklich auf die Verbindung des «intellektuellen Kapitals» des französischen Poststrukturalismus mit dem institutionellen Modell der Engländer zurückgeführt (vgl. Marcus 1992, S. VII). In die breit gestreute Institutionalisierung der «Cultural Studies» an den amerikanischen Universitäten seit den achtziger Jahren gingen zentrale Motive dieser Ursprungskonstellation ein, vor allem die traditionskritische Revision des kulturellen Kanons. Sie wurde durch den deutlichen Anstieg nicht-weißer Studenten in den amerikanischen Universitäten befördert; damit ging die Infragestellung der Dominanz des europäischen kulturellen Erbes in den Curricula der philologischen Disziplinen einher. Der Legitimationsdruck, den in den Vereinigten Staaten die «Cultural Studies» etwa auf die Departments für «Comparative Literature» ausüben, hat freilich inzwischen zu polemischen Verteidigungen des «Western Canon» (Harold Bloom) geführt.

Der Weg vom «Birmingham Center» zum hochgradig binnendifferenzierten Spektrum der aktuellen «Cultural Studies» führte auch von der Forschung zur Lehre. Aus einem Forschungskonzept für *Postgraduates* wurden ausbildungsorientierte Studiengänge für *Undergraduates*. Im Zuge der Auflösung des Kanons trat eine Vielfalt von Begriffsspielen an die Stelle einer in sich geschlossenen Erkenntnis-Konzeption: Es gibt nach wie vor keine konsistente, auf einen ausgewiesenen Konsens gestützte Theoriebildung der «Cultural Studies». Statt dessen signalisieren Begriffe wie «Kontextualisierung» die methodisch betriebene Kombination heterogener Typen von Quellen; die Chiffre «Othering» steht für die Allianz zwischen Kulturanthropologie und Ethnographie; im «Mapping» wird die kognitive Kartographie kultureller Phänomene anvisiert; und der «minority discourse» erweist sich als Instrument einer nahezu unendlichen Binnendifferenzierung und Partikularisierung des Kollektivsingulars «Kultur». Die Risiken dieser Entwicklung sind evident: Der Kulturbegriff droht unter dem interessegeleiteten Zugriff ethnischer und/oder «minoritärer» Gruppen seine analytischen wie synthetischen Funktionen in der Ideologiekritik zu verlieren. An die Stelle der Analyse von Prozessen der traditionellen Kanonbildung könnte so ein unreflektierter neuer Kanon aus additiv zusammengefügten Partikularismen treten.

1.2 New Historicism

Der «New Historicism» ist ein Kind der amerikanischen Westküste in den siebziger und achtziger Jahren. Sein wichtigster Protagonist, Stephen Greenblatt, lehrte am Department für englische Literatur an der University of California in Berkeley. Die spielerisch-polemische Treffsicherheit, mit der Greenblatt 1982 seiner Neuformulierung der Frage nach dem Verhältnis von Literatur und Geschichte einen griffigen Titel gab, war an der seitherigen Erfolgsgeschichte des «New Historicism» nicht unwesentlich beteiligt. In den Vereinigten Staaten waren die Traditionen des «New Criticism» noch mächtig. Seine Orientierung am Kanon der großen Texte wie die wichtigste Methode seiner Analyse poetischer Formen, das «close reading», waren ungebrochen in die vor allem an der Ostküste, in Yale, erfolgreiche Schule der «Deconstruction» eingegangen. So entfaltete der «New Historicism» seine Herausforderung vor allem als Gegenbegriff zum werkimmanenten «New Criticism». Zugleich setzte er sich zum «Old Historicism» in programmatische Distanz (vgl. Kaes 1995). Er propagierte die Öffnung des literarischen Textes auf einen «Kontext» hin, der nicht mehr die Geschichte der klassischen Historiographie ist, sondern Schauplatz unübersichtlicher Geflechte und Rivalitäten von Diskursen. Die Diskursanalyse Michel Foucaults, der einige Semester lang in Berkeley lehrte, war der entscheidende Ausgangspunkt für das Anliegen des «New Historicism», den literarischen Texten die vibrierenden sozialen Energien der Geschichte und des kulturellen Bedeutungsfeldes zurückzugewinnen, innerhalb deren sie entstanden waren. Die Orientierung am Diskursbegriff relativierte dabei den Autor als entscheidende Instanz der Bedeutungskonstitution und kündigte zugleich das hierarchische Verhältnis von «Text» und «Kontext» auf: Dies führte zu einer extremen Komplizierung eines der zentralen Elemente traditioneller Literaturgeschichtsschreibung. Die ehemals scheinbar klaren Relationen zwischen Text und Kontext lösten sich im Nachzeichnen von Zirkulation, Transformation und Austausch der kulturellen Praktiken und Diskurssphären untereinander auf. Greenblatt selbst erläuterte die Schlüsselbegriffe «exchange», «circulation» und «negotiation» vor allem am Paradigma der elisabethanischen Renaissance, zumal an den Dramen Shakespeares. In seiner Lesart des «King Lear» haben die polemischen Traktate anglikanischer Geistlicher gegen katholische Exorzisten nicht mehr nur den Status von Quellen, die sich der Dramatiker zunutze macht. Vielmehr setzt er die zeitgenössische Debatte über Aberglauben, Dämonie und den Exorzismus, der seinerseits Züge einer magisch-theatralischen Veranstaltung trug, als eigenständiges, mit dem Drama rivalisierendes Element zum Text Shakespeares in Beziehung. So sollen im Bühnengeschehen wieder die Spannungen des kulturellen Feldes sichtbar werden, in dem Shakespeare, die Mediziner, die Theologen und Juristen im Prinzip gleichrangig über die instabilen Grenzen zwischen dem echten und dem nur gespielten Wahnsinn reflektierten.

Louis Montrose, der in ähnlicher Weise die Personenkonstellation in Shakespeares Komödie «As you like it» auf das Problem der sozialen Stellung der zweitgeborenen Söhne des Adels bezieht, hat klarer als Greenblatt selbst die Einsicht formuliert, daß der «New Historicism» in seinem Bündnis mit den unausgeschöpften Beständen der Archive zwar den literarischen Texten die Energien ihrer historischen Entstehungskonstellation zurückgewinnt; doch anders als der «Old Historicism» ist er kaum in der Lage, seinerseits Literaturgeschichte zu schreiben: «Der diachrone Text einer autonomen Literaturgeschichte wird ersetzt durch den synchronen Text eines kulturellen Systems» (1995, S. 63). Die Kultivierung des Fragmentarischen jeder Lektüre und die rhetorische Schlüsselfunktion des Anekdotischen in den Büchern Stephen Greenblatts sind ein äußeres Zeichen dieser Spannung zwischen «New Historicism» und Geschichtsschreibung. Zu tief sitzt die poststrukturalistische Skepsis gegenüber jeglicher Einsinnigkeit und Privilegierung «der» Geschichte, als daß sich auch nur «eine» Geschichte durchgängig schreiben ließe. Geschichte wird nicht mehr in den epischen Formen der Historiographie geschrieben, sondern sie hat im «New Historicism» einen dramatischen Auftritt nach dem anderen. Sie ist nicht Gegenstand linearer Erzählung, sondern der Montage des Heterogenen und darin stets (rekonstruierte) Gegenwart, nachgestellte Inszenierung des Stimmengewirrs einer kulturellen, von konflikthaften Energien und Kräften durchzogenen Konstellation. Diese ist nicht mehr ein «Kontext», sondern ihrerseits ein Konglomerat von Texten, innerhalb dessen zwar jeder seiner eigenen Logik – der theologischen, juristischen, medizinischen, dramatischen – folgt, aber keine die privilegierte Position einnimmt. Kehrseite des «Interesses an der Geschichtlichkeit von Texten» ist, wie Louis Montrose formuliert hat, das «Interesse an der Textualität von Geschichte» (S. 67). Vor diesem Hintergrund hat Stephen Greenblatt (1995) als Alternativtitel für «New Historicism» den Begriff «Poetics of Culture» vorgeschlagen. Dieser Begriff vermeidet das Mißverständnis, Ziel des «New Historicism» sei eine neue Art von Literaturgeschichtsschreibung, und akzentuiert seine kulturwissenschaftlichen Ambitionen: die Erweiterung der Literaturwissenschaft zur Kulturanthropologie.

1.3 Mentalitätsgeschichte

Der Neologismus «histoire de mentalités», «Geschichtsschreibung der Mentalitäten», ist in der französischen Geschichtswissenschaft zu Beginn der sechziger Jahre aufgekommen. Er ist eine Sammelbezeichnung für die Untersuchung von Entstehung, Umbildung und Funktion der kollektiven mentalen, ethischen und affektiven Dispositionen der Menschen im Prozeß der Geschichte, also etwa der Einstellungen zum Tod und zur Sexualität, zur Familie und zur Arbeit (vgl. Raulff 1986). Derartige Forschungsinteressen sind freilich älter als der Begriff, unter dem sie zusammengefaßt wurden. Ihre Herausbildung geht mit der Erosion des Primats der politischen Geschichte seit der Jahrhundertwende einher, in deren Rahmen der *homo politicus* seinen privilegierten Status als Akteur der Geschichte verlor und immer reicher nuanciert der *homo humanus* als denkendes, fühlendes und affektives Wesen in den Vordergrund trat. Stoffliches Zentrum waren dabei stets das Mittelalter und die frühe Neuzeit, so daß man sagen kann, die Mentalitätengeschichte habe sich «als historische Phänomenologie der Glaubensformen im christlichen Europa» (Raulff 1987, S. 14) entwickelt.

Zahlreiche Arbeiten zur Geschichte der Mentalitäten stehen in der Tradition der maßgeblich von Lucien Febvre und Marc Bloch bestimmten «Annales»-Schule, deren Zeitschrift «Annales d'histoire sociale» im Jahre 1929 gegründet wurde. Nach dem Zweiten Weltkrieg konzentrierten sich die Historiker der «Annales» vorwiegend auf die materiellen Realitäten, auf die ökonomischen Prozesse und die Sozialstrukturen. In dem Anspruch, «histoire totale» bieten zu wollen, hatten sich die «Annales» aber von Beginn an darauf verpflichtet, im Sinne einer «histoire des civilisations» auch die Strukturen des geistigen und kulturellen Lebens zu untersuchen. Eine der Wurzeln der «Geschichte der Mentalitäten» ist denn auch die Kritik der traditionellen Geschichtsschreibung der Ideen. Darin verband sich das Unbehagen an der Unzulänglichkeit der Rubrizierung konkreter Werke, Autoren und Denkmuster unter vereinheitlichende Epochenbegriffe mit dem Unbehagen an den «körperlosen Intelligenzen» der Denker und dem abstrakten Universum von Ideen, in dem sie sich aufhielten. Dies führte zu einer systematischen Verdunkelung und Komplizierung der Beziehung zwischen den Subjekten und ihren Gedanken. Den Denkern standen ihre Gedanken nicht mehr umstandslos zur Verfügung. Vielmehr wurde gefragt, welche Gedanken sich in einer gegebenen historischen Konstellation überhaupt denken ließen.

Zugleich mit den Grenzen des Denkbaren wurden die Beziehungen der großen Denker zu den kollektiven Vorstellungen ihrer Zeit in den Mittelpunkt der Aufmerksamkeit gerückt. Lucien Febvre prägte den Begriff des «outillage mental», des geistigen Werkzeugs, um die Akteure der Ideengeschichte in ihrem Hantieren mit dem Gegebenen verfolgen und ihre Strategien der Konstitution von Bedeutungen analysieren zu können. In seinem Buch über Rabelais, das 1943 erschien, untersuchte er die Bedingungen der Möglichkeit, die jemand im 16. Jahrhundert hatte, Atheist oder Freigeist zu sein, und fand die Grenzen des Denkbaren in denen des lexikalischen und syntaktischen Repertoires. Bei Febvre steht dieses Verfahren im Dienst der Kontextualisierung der Hochkultur und ihrer Protagonisten. Für die Geschichtsschreibung der Mentalitäten, innerhalb deren sich die Sphären des Denkens, des Handelns und der Affektstrukturen durchdringen, ist die Fokussierung auf kollektive Vorstellungen und Verhaltensweisen auch dann konstitutiv, wenn sie den Bereich der alltäglich-«normalen» Seelenzustände zugunsten der Passionen, des Okkultismus, der Dämonologie oder des Hexenglaubens verläßt. Sie sucht nach der inneren Logik und verstehbaren Funktion auch des Widersprüchlichen und «Irrationalen». Marc Blochs 1924 erschienene Studie über den populären Wunderglauben an die Heilkraft der französischen und englischen Könige im späten Mittelalter wies hierfür den Weg.

Die jüngere Mentalitätsgeschichte hat ihre Forschungen über die Sphäre der relativ stabilen vormodernen Gesellschaften hinaus erweitert und sich den mentalitätsprägenden Prozessen in der Welt beschleunigter Veränderungen seit dem 18. Jahrhundert zugewandt. Zugleich erproben französische Historiker seit den frühen siebziger Jahren das von Pierre Chaunu entwickelte Konzept der «seriellen Geschichte auf der dritten Ebene» (vgl. Chartier 1989, S. 58), d. h. der Ebene der Kultur. Sie wenden statistisch-quantitative Methoden nicht mehr nur auf die Sozial- und Wirtschaftsgeschichte oder die Klimageschichte an, sondern auch auf Daten zur Geschichte der Frömmigkeit, der Krankheiten oder der Delinquenz. Man begann Totenmessen, Verbrechenstypen und den Verbrauch von Kultgegenständen oder Papier zu zählen. Das rief Mitte der achtziger Jahre die Kritik des amerikanischen Historikers Robert Darnton auf den Plan. Er warf den französischen Mentalitätshistorikern die «Unterschätzung des symbolischen Elementes im gesellschaftlichen Verkehr» (1984, S. 291 ff.) vor und beharrte auf der Differenz zwischen den Datenreihen etwa der historischen Demographie und «Kulturobjekten», die «gelesen und verstanden, nicht aber gezählt werden» wollen. Darnton traf damit zwar nur eine Fraktion seiner französischen Kollegen, beschrieb aber ein Problem, dem sich die Geschichte der Mentalitäten insgesamt zu stellen hatte: Sie mußte die Mannigfaltigkeit und Widersprüchlichkeit der von ihr erschlossenen Quellen methodologisch reflektieren. In den zum Teil in Auseinandersetzung mit Darnton verfaßten Arbeiten von Roger Chartier verflog der Schein, es gebe rein «dokumentarische» Quellen, die auf die historische Realität hin gewissermaßen transparent seien. Zugleich trat die innere Komplexität der literarischen Quellen wie der Werke bildender Kunst hervor, die in der Mentalitätengeschichte nicht selten unter Mißachtung ihrer Eigenlogik so ausgewertet worden waren, als seien auch sie transparente Dokumente. Man erkannte die Schwierigkeit, das «symbolische Bezugssystem» einer gegebenen literarischen Quelle zu erfassen. So hat sich der Zugriff auf die kulturellen Praktiken und intellektuellen Motive, auf die die Mentalitätengeschichte abzielt, zugleich individualisiert und hermeneutisch kompliziert.

2. Die deutsche Diskussion

Eine umfassende Geschichte der seit den achtziger Jahren beobachtbaren diskursiven Karriere des Begriffs «Kulturwissenschaft» im Singular wie im Plural dürfte sich nicht auf den akademisch-wissenschaftlichen Sektor beschränken. Sie müßte die ans allgemeinere Publikum adressierten Buchreihen der Verlage, die Kulturzeitschriften, die Tagungen und Symposien, aber auch die Feuilletons der Tages- und Wochenzeitungen berücksichtigen und hätte nicht nur den in seinem breiten semantischen Spektrum signalisierten «Forumcharakter» des Begriffs, sondern auch die institutionellen und infrastrukturellen Voraussetzungen ins Auge zu fassen, innerhalb deren er publizistisch wie akademisch an Einfluß gewann. Im folgenden wird nur ein Ausschnitt aus diesem Spektrum dargestellt, nämlich die wissenschaftspolitische Funktion des Begriffs «Kulturwissenschaft» als Modernisierungschiffre.

2.1 Reform der Geisteswissenschaften

Mit der Denkschrift «Geisteswissenschaften heute» (Frühwald u. a. 1991) der vom Wissenschaftsrat und der Westdeutschen Rektorenkonferenz eingesetzten Projektgruppe zu Fragen der geisteswissenschaftlichen Forschung gewann die Argumentationsfigur, die «Kulturwissenschaften» als Ausweg aus der Sackgasse der Geisteswissenschaften zu empfehlen, wissenschaftspolitische Relevanz. Die zentrale Aufgabenstellung der Geisteswissenschaften wurde dabei wie folgt bestimmt: «Die Geisteswissenschaften sind der ‹Ort›, an dem sich moderne Gesellschaften ein Wissen von sich selbst in Wissenschaftsform verschaffen. […] es ist ihre Aufgabe, dies in der Weise zu tun, daß ihre Optik auf das kulturelle Ganze, auf Kultur als Inbegriff aller menschlichen Arbeit und Lebensformen, auf die kulturelle Form der Welt geht, die Naturwissenschaften und sie selbst eingeschlossen» (S. 51 f.). Dieser weite Kulturbegriff, der ausdrücklich von dem «Teilsystem» Kultur als distinktem Bereich wie Wirtschaft, Politik, Technik abgesetzt wurde, hatte in der Denkschrift eine strategische Funktion. Denn die Arbeitsgruppe entwickelte die Aufgabe der Geisteswissenschaften in doppelter Frontstellung: zum einen gegen die auf C. P. Snow (1967) zurückgehende Theorie der «zwei Kulturen», zum anderen gegen die von Odo Marquard (1986) vertretene These, die zentrale gesellschaftliche Funktion der Geisteswissenschaften sei die Kompensierung von Modernisierungsschäden.

Die Autoren der Denkschrift bestritten zwar nicht die Beobachtungen, aufgrund deren Snow den faktischen Dualismus von Natur- und Geisteswissenschaften diagnostiziert hatte. Sie bestritten aber Snows «resignative» Festschreibung der kulturellen Grenzen zwischen den Wissenschaftssphären ebenso wie die seit Wilhelm Dilthey (1883) übliche methodologische Festlegung der Naturwissenschaften auf das «Erklären» und der Geisteswissenschaften auf das «Verstehen». Den weiten Kulturbegriff etablierten sie als Instanz, aus deren Perspektive sich sowohl der kulturelle wie der methodologische Wissenschaftsdualismus entdramatisieren ließ. Mit dieser Entdramatisierung sollte die suggestive Polarität von «vergangenheitsorientierten» Geisteswissenschaften einerseits und «zukunftsorientierten» Naturwissenschaften andererseits durchkreuzt werden. Hier lag der entscheidende Einsatzpunkt für die Kritik der Denkschrift an Marquards Kompensationsthese. Zwar hatte auch Marquard das «Vorurteil» bestritten, dem zufolge die Geisteswissenschaften in der modernen Welt zunehmend obsolet werden und zum langsamen Absterben verurteilt sind, und dagegen die Formel gesetzt: «je moderner die moderne Welt wird, desto unvermeidlicher werden die Geisteswissenschaften». Aber er hatte dabei zum einen den Wissenschaftsdualismus im Kern bekräftigt: «Die experimentellen Naturwissenschaften sind ‹challenge›; die Geisteswissenschaften sind ‹response›» (1986, S. 101). Und er hatte die Zukunftsfähigkeit der Geisteswissenschaften paradoxerweise allein dadurch gesichert, daß er sie vollends auf die Funktion festlegte, Asyl der Traditionen im Prozeß der technisch-zivilisatorischen Modernisierung zu sein: «Die Geisteswissenschaften helfen den Traditionen, damit die Menschen die Modernisierung aushalten können; sie sind [...] nicht modernisierungsfeindlich, sondern – als Kompensation der Modernisierungsschäden – gerade modernisierungsermöglichend. Dafür brauchen sie die Kunst der Wiedervertrautmachung fremd gewordener Herkunftswelten» (S. 105).

Gegen diese für die historisch-philologischen Disziplinen nur scheinbar frohe Botschaft ihrer «Unvermeidlichkeit» in der modernen Welt beharrten die Autoren der Denkschrift, indem sie «Orientierung» gegen «Kompensation» setzten, auf einer nicht nur reaktiven, sondern ihrerseits innovativen und aktiven Zukunftsfähigkeit der Geisteswissenschaften. Die Zuordnung der Kulturwissenschaft für die Reflexion des «Ganzen» der Kultur *einschließlich* der Sphären von Ökonomie, Technik und Naturwissenschaft ist das Hauptanliegen der Denkschrift. Sie verbindet dabei zwei Argumentationsmuster. Das erste ist durchgängig von der Rhetorik der Modernisierung bestimmt und begreift den Entwicklungsstand der internationalen «humanities» als Horizont, an dem sich die deutschen Geisteswissenschaften zu orientieren haben: «Sie haben offenkundig ignoriert, daß sich in Frankreich und den USA, aber auch in kleineren Ländern, die traditionellen ‹humanities› zu einer modernen Konzeption von *Kulturwissenschaft* weiterentwickelt haben. Deren programmatisches Ziel besteht in einer Anthropologisierung des Wissens von der Natur wie der Welt als Geschichte. Die Institutionen interdisziplinärer Forschung mit Ethnologie, historischer und philosophischer Anthropologie, Sozial- und Mentalitätsgeschichte, Soziologie des Wissens und Kultursemiotik als kooperierende Leitdisziplinen haben beträchtliche wissenschaftliche Aktivitäten entfaltet, zu denen es in Deutschland noch kein Analogon gibt.» Diese Diagnose eines Nachholbedarfs ließ sich in die Formel fassen: «Der Anspruch der Kulturwissenschaften ist die Internationalisierung und die Modernisierung der ‹Geisteswissenschaften›» (Frühwald 1996a, S. 45).

Der zweite Argumentationsstrang ist kontrapräsentisch ausgerichtet und bindet den Neuentwurf der Geisteswissenschaften als Kulturwissenschaften an die Intentionen der Humboldtschen

Universitätsreform im frühen 19. Jahrhundert zurück. Ausgangspunkt ist hier nicht die theoretisch-methodologische Verspätung der deutschen Geisteswissenschaften gegenüber ihren westlichen Nachbarn, sondern ihre Unfähigkeit, im Rückgriff auf die besten eigenen Traditionen einen Ausweg aus der verwirrenden Spezialisierung und institutionellen Zersplitterung des Fächerkanons zu finden. Erscheint im Blick auf die internationalen «humanities» die Interdisziplinarität als avanciert moderne Strategie, so zeigt sich im Rückblick auf Humboldt, daß sie eine entsprechende Tradition besitzt, die in ihrem Potential so noch nicht wirksam geworden ist. In diesem Sinn greift der als Orientierungsinstanz entworfene Begriff der «ganzen Kultur» auf die Transzendierung jeder Einzelwissenschaft durch die philosophische Wissenschaftslehre um 1800 zurück.

Freilich beerbt das Projekt der Wiedergewinnung ursprünglicher Fachbreiten und Nachbarschaften zwischen den Disziplinen den idealistischen Kern dieser Struktur. Den Begriff des «Geistes» aber schlägt die Denkschrift nicht zuletzt deshalb aus, um der im mittleren und späten 19. Jahrhundert verfestigten Dichotomie von Natur und Geist frühzeitig zugunsten der Kultur ausweichen zu können. Als wesentlichen Orientierungspunkt übernimmt sie hingegen aus den Humboldtschen Traditionen die Verklammerung von «Bildung» und «Wissenschaft». Durch diesen Rückgriff werden die zu «Kulturwissenschaften» umgewidmeten Geisteswissenschaften auf die Vermittlung von «Schlüsselqualifikationen» verpflichtet, die aus den Problemen der «Hochspezialisierung» wie der «Marktgängigkeit» hinausführen sollen.

Wolfgang Frühwald, einer der Autoren der Studie, hat in seiner Eigenschaft als Präsident der Deutschen Forschungsgemeinschaft im Jahre 1996 diese Verschränkung von kulturwissenschaftlicher Orientierung und Revitalisierung Humboldtscher Traditionen bekräftigt: «Wir dürfen nicht nur zweckorientiert, anwendungsorientiert, wirtschaftsorientiert arbeiten, sondern müssen auch kulturorientiert, mit einem ganz altmodischen Begriff gesagt: bildungsorientiert arbeiten. Das war die Leistung der deutschen Universität des 19. Jahrhunderts in Natur- und Geisteswissenschaften» (1996). Gegen die Hyperspezialisierung des Fächerkanons wird der

Begriff des «Ganzen» nicht nur im Blick auf den Kulturbegriff selbst, sondern zugleich auf die Subjekte eingeklagt, die durch ihn modernitätstauglich werden sollen. Leitmotiv der forschungspraktischen Vorschläge der Denkschrift ist die Forderung nach «Interdisziplinarität» bzw. «Transdisziplinarität». Die Etablierung einer eigenständigen Disziplin «Kulturwissenschaft» hingegen sieht sie nicht vor.

2.2 Modernisierung etablierter Disziplinen

Volkskunde als empirische Kulturwissenschaft
Ähnlich wie ihre Mutterwissenschaft, die Germanistik, hatte sich die deutsche Volkskunde zwischen 1933 und 1945 zwar nicht insgesamt, aber doch in erheblichem Ausmaß in den ideologischen Apparat nationalsozialistischer Herrschaft einbinden lassen. Die Schärfe, mit der der Soziologe Heinz Maus in seinem Aufsatz «Zur Situation der deutschen Volkskunde» (1946) diese Degenerierung der Volkskunde zur «völkischen Wissenschaft» nachzeichnete, entsprang der These, daß große Teile der Theorietradition der Volkskunde dieser Indienstnahme zuarbeiteten: «die eigne innere Geschichte der Volkskunde erweist bereits ihre Brauchbarkeit zur Ideologisierung» (S. 26). Unmittelbar nach dem Krieg provozierte diese Philippika zwar einige individuelle Reaktionen, nicht aber eine grundsätzliche Infragestellung der Disziplin. Diese erfolgte erst in den späten sechziger und frühen siebziger Jahren. Die «kulturanalytische» Neubestimmung der Volkskunde ging dabei mit der kritischen Revision ihrer ursprünglichen Traditionen Hand in Hand. Die Traditionskritik traf nicht zuletzt Wilhelm Heinrich Riehl, der mit seinem Aufsatz «Volkskunde als Wissenschaft» (1858) und durch zahlreiche kulturhistorische Werke als einer der Begründer der wissenschaftlichen Volkskunde des 19. Jahrhunderts gilt. Zwar wurde ihm zugestanden, die bloße Sammlung und Beschreibung von Kulturkuriosa zugunsten eines systematischen Forschungsprogramms überwunden zu haben. Doch erschien er zugleich als Stifter derjenigen Traditionen, die die Volkskunde als «organische Gesellschaftslehre» und «konservative Soziallehre» in einen prinzipiellen Gegensatz zur technisch-industriellen Moderne

und den ihr angemessenen Analysemethoden setzte. Als Fazit seiner Kritik an Riehl formulierte Hermann Bausinger: «für die Volkskunde ist es verhängnisvoll geworden, daß sie seine Ideen, Prinzipien und Methoden in eine Zeit hinüberzuretten versuchte, in der die soziale Wirklichkeit schlechterdings keinen Ansatz mehr dafür bot» (1971, S. 59).

In die heftigen Debatten zur Neubestimmung der Volkskunde um 1970 gingen Motive der Studentenrebellion ein, vor allem hinsichtlich der Neubestimmung des Orts der Volkskunde innerhalb der Gesellschaft. Nicht selten wurde sie dabei, gewissermaßen als Buße für ihren Sündenfall im Nationalsozialismus, als ein Organon kritischer, gesellschaftsverändernder «Praxis» projektiert. Langfristig wirksamer war ihre Neubestimmung im Kontext von Theorietraditionen, die wie etwa Norbert Elias' historisch orientierte Soziologie in Deutschland lange unbeachtet geblieben waren. Die programmatische Entnationalisierung einer künftigen Volkskunde ging dabei mit der zunehmenden Orientierung an der internationalen, vor allem angelsächsischen Theorieentwicklung, insbesondere der «Cultural Studies» und der «Cultural Anthropology», einher.

Heinz Maus hatte an das Ende seiner Kritik an denjenigen Traditionen der Volkskunde, deren Volksbegriff sich zum «Völkischen» hin öffnen ließ, eine Skizze der Bedingungen gestellt, unter denen sich die Volkskunde als «ernsthafte Volksforschung» neu würde begründen lassen. Darin verpflichtete er «die recht gehandhabte Volksforschung» auf zwei große Forschungsgebiete: «auf Sozialgeschichte und auf umfassende Gegenwartskunde». Dem entsprach hinsichtlich der methodologischen Neuorientierung der Auftrag, «mit sämtlichen kultur- bzw. sozialwissenschaftlichen Nachbardisziplinen zusammenzuarbeiten» (Maus 1946, S. 39). Die Revision der Volkskunde erfolgte in der von Maus früh vorgezeichneten Richtung. Sie war mit Diskussionen über die Notwendigkeit einer programmatischen Namensänderung des Fachs verbunden. Entsprechende Vorschläge zielten bei Wahrung der Infrastrukturen auf die Akzentuierung des methodologischen Bruchs mit den durch den Nationalsozialismus diskreditierten Traditionen, was schließlich die Neubegründung des Fachs als «empirische Kulturwissenschaft» zur Folge hatte.

Im Rückblick auf die im Jahre 1971 erfolgte Umbenennung des Tübinger volkskundlichen Instituts in «Institut für Empirische Kulturwissenschaft» hat Gottfried Korff (1996) das Zugleich von symbolischer «Entnationalisierung» und «Internationalisierung» als entscheidendes Motiv der Namensänderung hervorgehoben. Er akzentuiert dabei drei Stränge der Theoriedebatte in den Geistes- und Sozialwissenschaften der späten sechziger Jahre als unmittelbaren theoretischen Kontext. *Zum einen* die im Zuge des «Positivismusstreits» innerhalb der deutschen Soziologie gewonnene Einsicht in die Notwendigkeit einer umfassenden methodologischen Revision des «naiven Empirismus» der älteren Volkskunde. In ihrem Horizont sollte die «empirische» Wendung der Volkskunde sowohl an den etablierten Methodenstandard der empirischen Sozialforschung anknüpfen wie den dialektischen Zusammenhang zwischen dem «Ganzen der Gesellschaft» und der «empirischen Forschung» wahren, um nicht einer kurzatmigen Faktenhuberei zu verfallen. *Zum zweiten* die Nobilitierung von Trivialliteratur und ästhetischer Alltagskultur (Pop etc.), also die Entgrenzung und «Entkonventionalisierung» des Kulturbegriffs. *Zum dritten* die damit zusammenhängende, auf Denkfiguren der Frankfurter Schule zurückgreifende Kritik am «autoritären Charakter» und an der «formierten Innerlichkeit» der Adenauer-Ära. Das Losungswort «empirische Kulturwissenschaft» sollte demgegenüber signalisieren, daß die ehemalige Volkskunde auf dem Niveau ihres Gegenstandes, der «kulturell dynamisierten Gesellschaft», angekommen war.

Als Alternative zu einer lediglich auf ihre eigenen Theorietraditionen verpflichteten Volkskunde formulierte Ina-Maria Greverus das Konzept einer kulturanthropologischen Neubestimmung des Fachs, in der gleichwohl seine angestammten Gegenstände enthalten blieben: «Unseren Beitrag sehe ich darin, die Muster kultureller Formen und kulturellen Verhaltens innerhalb der differenzierten europäischen Zivilisationswelt zu untersuchen. Wo wir die Einsätze finden, ob bei Gruppen, wie Volk, Stamm, Dorf, Verein, Familie, oder bei Ausdrucksformen, wie bei Erzählung, Lied, Tanz, Kunst, Gerät, oder bei Verhaltensnormen wie Geselligkeit, Gesittung, Frömmigkeit, ist dabei von sekundärer Bedeutung und der Forscherneigung überlassen. Das primäre Anliegen dürfte die Erhellung eines bestimmten Kulturmusters sein, als variable und als solche in ihrer räumlichen, geschichtlichen, sozialen und psychischen Bedingtheit zu erfassende Manifestation menschlicher Anlagen. Wir würden damit innerhalb einer allgemeinen Anthropologie als Dachdisziplin an den Erkenntnissen der empirischen physischen, psychischen und sozialen Anthropologie partizipieren und unsererseits einen Beitrag als kulturelle Anthropologie leisten» (Greverus 1969, S. 23). Als Konsequenz dieser Neubestimmung im Horizont einer «allgemeinen Anthropologie» erfolgte im Jahre 1974 die Umbenennung des Frankfurter Instituts für Volkskunde in das «Institut für Kulturanthropologie und Europäische Ethnologie». An den meisten deutschen Universitäten haben die ehemaligen Institute für «deutsche Volkskunde» zwar das Bestimmungswort «deutsch», aber nicht ihren Namen insgesamt aufgegeben. Doch auch dort, wo das Fach nach wie vor Volkskunde heißt, sind Leitmotive der kulturwissenschaftlichen Neuorientierung in Forschung und Lehre eingegangen (vgl. Gerndt 1988, S. 1–24).

Entgrenzung der Philologien: die Germanistik
Standardthemen der Germanistik sind ihre Theorievielfalt und ihr Methodenpluralismus, die nicht selten als Bedrohung ihrer disziplinären Identität reflektiert werden. «Der unausweichliche Wandel von einer nationalen zu einer sozialwissenschaftlichen Grundlegung» (Lämmert 1969, S. 91), der ihr nach der Debatte über ihre Verstrickungen in die Ideologiegeschichte des Nationalsozialismus abverlangt wurde, blieb nicht ihre einzige Metamorphose. Neben der Sozialgeschichte adoptierte sie den linguistischen und semiotischen Strukturalismus, verstärkte die Rezeptionsforschung und trieb sowohl die Verfeinerung der Editionsphilologie voran wie den international orientierten Austausch mit Nachbardisziplinen und fächerübergreifenden Großtheorien, etwa der Systemtheorie. Seit den achtziger Jahren ist innerhalb der Theoriedebatten immer stärker die Rivalität zwischen der Tradition philologisch-hermeneutischer Methoden und den anti-hermeneutischen Ansätzen der Diskurstheorie und des Poststrukturalismus hervorgetreten. Man

kann dies als krisenhaften Zerfall der Einheit einer Wissenschaft in eine Vielzahl von Sondermilieus beklagen, die nur noch durch die gemeinsame Infrastruktur eines großen Fachs formal zusammengehören.

Doch läßt sich zum einen beobachten, daß forschungspraktisch der historisch-philologische Kern des Fachs einschließlich der expandierenden Editionsphilologie sehr viel stabiler ist, als ihn die zentrifugalen Tendenzen der Theoriediskussion erscheinen lassen. Zum anderen ist zu bedenken, daß innere Differenzierung, Pluralisierung der Methoden und Theorieimport zum Normalzustand moderner Disziplinen gehören. In der Germanistik insgesamt hat zudem der Legitimationsbedarf angesichts der Modernisierungsprozesse von Kultur und Gesellschaft den Innovationsdruck erhöht. Vor allem sieht sie sich durch die Entwicklung der neuen, elektronischen Medien und der damit einhergehenden Veränderung des Status der Literatur innerhalb der Gegenwartskultur vor Herausforderungen gestellt, die sie nicht nur in ihrem Umgang mit aktuellen Phänomen, sondern auch als historische Disziplin betreffen.

Als Antwort auf diese Herausforderungen wird seit einigen Jahren die Entwicklung der Germanistik zu einer auf der Basis philologischer Traditionen operierenden «Medienkulturwissenschaft» empfohlen, die im übergeordneten Verbundsystem der gleichnamigen «Fächergruppe ‹Medienkulturwissenschaft›» (Schönert 1996) anzusiedeln wäre. Dem stehen Positionen gegenüber, die gerade wegen der Dominanz der audiovisuellen Medien die Germanistik vom «Netzwerk der unbegrenzten Kommunikation» abkoppeln und auf den Status einer «radikalen Philologie» zurückführen wollen, in deren Zentrum die Pflege und Bewahrung der «kulturellen Literarizität», also der Fähigkeit stünde, einen anspruchsvollen literarischen Text produktiv zu lesen (vgl. Witte 1994).

In diesem hier nur skizzierten Spektrum von Empfehlungen zur Zukunft des Fachs haben die Vorschläge der Denkschrift «Geisteswissenschaften heute» ihre Entsprechung. Dabei ist das Bemühen unverkennbar, die «Literaturwissenschaft als Kulturwissenschaft» so zu bestimmen, daß die kulturwissenschaftliche Orientierung die zentrale Rolle der Literatur als Forschungsobjekt nicht gefährdet:

«interdisziplinär angelegte Forschungsprojekte (über Mündlichkeit und Schriftlichkeit, zu Übersetzungsproblemen oder zur Wissenschaftsgeschichte der Literaturwissenschaft) zielen auf eine kulturwissenschaftliche Ausweitung der Literaturwissenschaft, ohne ihren disziplinspezifischen Gegenstand aus den Augen zu verlieren» (Voßkamp 1990, S. 247).

Der hier verwendete Begriff der Ausweitung legt die Vorstellung nahe, philologische Fächer wie die Germanistik besäßen einen verläßlich begrenzbaren Gegenstand. Doch die moderne Philologie war ursprünglich nicht als reine Textwissenschaft konzipiert. Schon bei dem klassischen Philologen Friedrich August Wolf war sie unmittelbar auf «die höchste Tendenz» und das «Ganze» der «Alterthums-Wissenschaft» bezogen. Er umschrieb sie als «den Inbegriff der Kenntnisse und Nachrichten, die uns mit den Handlungen und Schicksalen, mit dem politischen, gelehrten und häuslichen Zustand der Griechen und Römer, mit ihrer Cultur, ihren Sprachen, Künsten und Wissenschaften, Sitten, Religionen, National-Charakteren und Denkarten bekannt machen» (Wolf 1807, S. 30). Dieser weite kulturorientierte Kontext der Philologie ging in August Boeckhs postum aus seinen Vorlesungen zusammengestellte «Enzyklopädie und Methodologie der philologischen Wissenschaften» (1877) ein. Gegenüber der Reduktion der Philologie zur Textwissenschaft im 19. Jahrhundert wurden die Ansätze einer kulturwissenschaftlichen Philologie freilich kaum produktiv. Gleichwohl signalisieren sie, daß die «Germanistik als Kulturwissenschaft» nicht nur aus der Perspektive der aktuellen Medienentwicklungen, sondern zugleich im revitalisierenden Rückgriff auf unausgeschöpfte Traditionen ihrer Selbstbegründung denkbar ist.

So unverkennbar die Dauerreflexion ihrer eigenen Zukunft das Bild der Germanistik in der Öffentlichkeit prägt, so falsch wäre es, vom Kurswert der jeweils propagierten Begriffe unmittelbar auf die Praxis in Forschung und Lehre rückzuschließen. Von einer Transformierung der Germanistik in eine historische Kulturwissenschaft kann nicht nur vorerst, sondern wohl auch in Zukunft keine Rede sein. Zu ausgeprägt ist ihre innere Divergenz, zu gering ihre Neigung zu richtungsbestimmender Konsensbildung.

Doch lassen sich Forschungsfelder nennen, auf denen sie sich seit den siebziger Jahren in der Erschließung neuer Quellen wie in deren Kontextualisierung kulturwissenschaftlichen Orientierungen angenähert hat. Dies gilt vor allem für die systematische Vermittlung zwischen der Literaturgeschichte des 18. und frühen 19. Jahrhunderts und der zeitgleich sich herausbildenden Wissenschaften vom Menschen (vgl. Riedel 1994). Sie wurde nicht zuletzt durch die verspätete Aneignung der Wissenschaftsgeschichte vorangetrieben: Diese wurde als Instrument der Literaturforschung entdeckt. In der Rekonstruktion der Anthropologie als anticartesianische Wissenschaft vom «ganzen Menschen» wurde von der reinen Geistesgeschichte endgültig Abschied genommen. Kants Projekt der Selbstreinigung der Vernunft trat Herders ebenfalls als «kopernikanische Wende» gedachtes Projekt der Ausrichtung der Philosophie auf Anthropologie gegenüber. In den Schriften der Ästhetiker wurde nicht nur nach den Begriffen vom Schönen und Erhabenen, sondern zugleich nach den Argumentationsmustern gefahndet, in denen sie sich als Beiträge zur Geschichtsschreibung der Sinne lesen lassen. Die Empfindsamkeit wurde nicht mehr nur als Ausdruck gesteigerter Gefühlsintensität gelesen, sondern als Produkt rhetorischer Strategien vor dem Hintergrund intensivierter Verschriftlichung der Kultur untersucht. Im Blick auf die Schriften der philosophischen Ärzte und Physiognomiker, der Propagandisten des animalischen Magnetismus und des Mesmerismus, auf die Verstellungskünste der «eloquentia corporis» und die rhetorischen Affektenlehren erwies sich das Zeitalter der Aufklärung als Schauplatz der Dauerreflexion über den «Zusammenhang der tierischen Natur des Menschen mit seiner geistigen» (Schiller 1780).

Die Rekonstruktion dieser wechselseitigen Durchdringung von Literatur und Wissenschaften vom Menschen enthält wichtige Anregungen für eine Germanistik, die auf die Analyse kultureller Konstellationen zielt. Ja, sie ist geradezu ein Laboratorium des Experimentierens mit diskursanalytischen, systemtheoretischen, ethnologischen und wissenschaftshistorischen Instrumentarien, woraus die wesentlichen Impulse der modernisierten Germanistik hervorgehen. Die Liste ihrer wichtigsten Themen verweist unverkennbar auf die Herkunftsgeschichte des aktuellen kulturwissenschaftlichen Problemhorizonts: «1. ‹Die Rehabilitierung der Sinnlichkeit›. 2. ‹Die Entdeckung des Unbewußten›. 3. ‹Die Naturalisierung des Menschen› (und die Widerstände dagegen). 4. ‹Psychologisierung der Literatur›. 5. ‹Der Prozeß der Zivilisation›. 6. ‹Die Wilden und die Zivilisierten›. 7. ‹Die Ordnung der Geschlechter›» (Riedel 1994, S. 94).

Kulturwissenschaft und Mediävistik
Wie die Romanistik als Ensemble von Nationalphilologien stets in besonderer Affinität zur Komparatistik stand, so ist die Mediävistik als Ensemble aus historischen und philologischen Disziplinen (Archäologie, Geschichtswissenschaft, Kunstgeschichte und Literaturwissenschaft) in besonderer Weise dazu prädestiniert, Interdisziplinarität zu organisieren. Wenn in jüngerer Zeit die Intensivierung des Austauschs zwischen den mediävistischen Nachbardisziplinen gefordert wird, so nicht selten im Ausblick auf eine «kulturwissenschaftliche Mediävistik» (vgl. Röcke 1996). Solche Ausblicke sind möglich, weil sich in den mediävistischen Disziplinen schon seit längerem, wenn auch ohne die Rhetorik von Modernisierung und Innovation, die Umrisse einer «historischen Anthropologie» herausbilden, wie sie die oben zitierte Denkschrift den Geisteswissenschaften als Kern kulturwissenschaftlicher Neuorientierung empfiehlt. Die Altgermanistik ist an diesem Prozeß keineswegs nur durch die kritische Rezeption der französischen Mediävistik und Mentalitätsgeschichte beteiligt (Dinzelbacher 1993). Sie hat schon seit längerem ihr Methodenrepertoire erweitert und kulturwissenschaftliche Fragestellungen profiliert (vgl. Peters 1997). Probleme der Editionsphilologie spielten dabei eine wesentliche Rolle, so daß nicht aus der Perspektive modischer Entgrenzungen, sondern aus dem Zentrum des Fachs von einer «kulturwissenschaftlich fundierten ‹Rephilologisierung› von Sprach- und Literaturwissenschaften» (Gleßgen/Lebsanft 1997, S. V) gesprochen werden konnte. Freilich war hier ausdrücklich von der Philologie im Sinne August Boeckhs die Rede.

Die philologische Selbstvergewisserung der Altgermanistik wurde nicht zuletzt dadurch vorangetrieben, daß sie seit den sechziger Jahren Forschungsfelder jenseits der höfischen Kultur und «Höhenkammliteratur» erschloß. Zum einen erforschte sie systematisch das spätmittelalterliche Gebrauchsschrifttum, zum anderen die Überlieferungsgeschichte mittelalterlicher Literatur im Mittelalter selbst. In die Problematisierung zentraler Begriff wie «Autor», «Autorintention», «Text» und «Werk» ging zudem die Rezeption der diskursanalytischen und poststrukturalistischen Auflösung aller «subjektzentrierten» Kategorien ein. Zwar war die Einsicht, es habe im Mittelalter keine Einheit von Autor und Werk im modernen Sinn gegeben, bereits älter. Aber der «Tod des mittelalterlichen Autors», der ausdrücklich im Anschluß an Michel Foucault ausgerufen wurde (vgl. Cerquiglini 1989), war nicht nur ein pathetisches Schlagwort. Ihm entsprach die pragmatische Modernisierung der Editionsphilologie von der «autororientierten» zur «textorientierten Textkritik». An die Stelle der Rekonstruktion des ‹originalen› Dichterwortes trat damit die Dokumentation der historischen Existenzform von Texten (Schnell 1987).

Die Problematisierung der Anwendbarkeit von Begriffen wie «Autor», «Werk» und «Intention» war dabei nicht auf die volkssprachliche Literatur beschränkt. Sie verband sich mit der Kritik der Dichotomie von «schöner» und «zweckgebundener» Literatur und zog so den Minnesang wie den höfischen Roman in den Problemkomplex hinein, der sich im Blick auf die Gebrauchstexte eröffnet hatte.

«Die spezifische Medialität älterer Texte» blieb nicht ein Problem der Textkonstitution, sie wurde richtungsbestimmend für die Textinterpretation. Dabei trat die besondere Stellung der mittelalterlichen Literatur zwischen Mündlichkeit und Schriftlichkeit zunehmend als Herausforderung einer sich allein als Textwissenschaft verstehenden Philologie hervor. Oralität und Schriftlichkeit traten dabei nicht nur im Blick auf das Verhältnis von Lektüre und mündlichem Vortrag in spannungsreiche Beziehung zueinander. Die Appelle an die Sinne, an das Hören, Schmecken und Riechen wurden als Elemente in den Texten selbst untersucht und zu den regulativen Instanzen der mittelalterlichen Kultur in Beziehung gesetzt (vgl. Wenzel 1995). Dabei wurden nicht nur die «Schatten der Mündlichkeit» über der Epik und Poesie sichtbar, sondern zugleich die Funktionsweisen des kulturellen Gedächtnisses im Mittelalter analysiert, vor allem der Primat des sinnenverhafteten Bildgedächtnisses vor dem abstrahierenden Begriffsgedächtnis. Die Aufmerksamkeit auf die gestensprachliche Regulierung von Kommunikation und die Körperinszenierungen in den Ritualen höfischer Repräsentation ließ zudem hervortreten, wie sehr die Literatur wie die Praktiken ihrer Aneignung durch ihre Bezüge zur Sphäre der Körper und ihrer kulturellen Codierung geprägt waren. Befand sich die französische Mediävistik schon seit langem in Nachbarschaft der Mentalitätsgeschichte, so hat in den letzten beiden Jahrzehnten die Altgermanistik in stofflicher wie in methodischer Hinsicht einer historischen Kulturwissenschaft vorgearbeitet.

2.3 Skeptische Einwände

Die Überführung der «Geisteswissenschaften» in «Kulturwissenschaften» wurde in der Bundesrepublik Deutschland seit den frühen achtziger Jahren nicht von Außenseitern und von der Peripherie der Disziplinen her, sondern maßgeblich von Funktionsträgern der wissenschaftlichen und wissenschaftspolitischen Eliten betrieben. Durch die angestrebte Modernisierung der Geisteswissenschaften sollten die Fächer der alten Philosophischen Fakultät an die faktische Internationalisierung des Wissenschaftsprozesses angeschlossen werden. Der Verzicht auf den Begriff «Geisteswissenschaften» beinhaltete dabei die bewußte Beendigung eines terminologischen deutschen Sonderwegs. Die Einführung des Begriffs «Kulturwissenschaften» sollte signalisieren, daß die deutschen Geistes- und Sozialwissenschaften die Herausforderungen angenommen hatten, die aus dem gesellschaftlichen Wandel insgesamt erwuchsen, vor allem aus den Prozessen der Internationalisierung und der Dynamisierung der Informations- und Wissenskulturen durch die neuen Kommunikationstechnologien.

Die Phase der scheinbaren allgemeinen Akklamation des Begriffs «Kulturwissenschaften» ist seit einigen Jahren vorbei. Erschien er in der Denkschrift «Geisteswissenschaften» und danach in zahlreichen Graduiertenkollegs und Forschungsprojekten als zentraler Programmbegriff einer Krisenlösungsstrategie, so wurde er in Reaktion auf seine diskursive Omnipräsenz zunehmend als «modisches Label» beargwöhnt und als Verschärfung der Krise, die er beheben sollte, ironisiert. «Die Kulturwissenschaften lassen sich nicht auf bestimmte Objektbereiche, Theorien oder Methoden festlegen. In der Vieldeutigkeit liegt aber auch eine Gefahr: Wer glaubt, in ihrem Namen die Eigenlogik und das Forschungsniveau des jeweiligen Fachs ignorieren zu können, dessen Generalismus wird sich als Dilettantismus erweisen. ‹KuWi› wäre dann das Label einer Unterhaltungsdisziplin, die auf methodische Genauigkeit, exakte Kenntnisse und krtitische Reflexionsformen verzichtet, die dafür aber ein Sammelsurium des jeweils Modischen und der jeweils Modischen präsentiert – ‹Hip-Hop bei den Hopis› oder ‹Genesis und Gender bei Demokrit und Derrida›» (Bollenbeck 1997, S. 262).

Auch wenn eine solche Stellungnahme eher eine ironische Abwehrgeste ist als eine Beschreibung der Wirklichkeit, so ist sie doch Symptom für das veränderte Klima der Diskussion um Kulturwissenschaft. Galt die «Kulturwissenschaft» zunächst als heuristischer Such- und Reflexionsbegriff auch denen als legitim, die an seiner unvermeidlichen Unbestimmbarkeit und Vieldeutigkeit Anstoß nahmen, so wurde sie als sich etablierende Disziplin sogleich verdächtig. Dabei nährte gerade die Betonung der integrativen und synthetisierenden Funktionen in den Plädoyers für die Reform der Geisteswissenschaften das Mißtrauen gegenüber jeder Etablierung der Kulturwissenschaft im Singular. Denn diese schien unweigerlich auf den Status einer alle Einzeldisziplinen moderierenden «Superwissenschaft» festgelegt. In diesem Sinn schreibt Bollenbeck (1997) unter Hinweis auf Max Webers Skepsis gegenüber jedemllgemeinen Weltanschauungsbedarf: «Auch heute sollte uns der herrische Singular der Kulturwissenschaft nicht dazu verleiten, eine Großtheorie mit Themenhoheit, Sinnstiftungs- und Syntheseanspruch zu kreieren, um mit ihr den vermeintlichen ‹Verfall der Geisteswissenschaften› zu überwinden. Das wäre nun wahrlich ein weiteres Kapitel im Buch der gebrochenen Versprechen» (S. 265). In Repliken wie diesen rächt sich das ungeklärte Nebeneinander von Singular und Plural in den Debatten über die Kulturwissenschaften. Die Entwicklung des Fachs Kulturwissenschaft muß sich davon nicht beeinträchtigen lassen.

II. Zur Geschichte kulturwissenschaftlicher Ansätze in Deutschland

In die aktuellen Bemühungen um die Etablierung der Kulturwissenschaft als akademischer Disziplin geht die Geschichte des Kulturbegriffs auf vielfältige Weise ein. Doch wäre es unsinnig, seine bis in die Antike zurückreichenden Traditionen insgesamt als Vorgeschichte der Kultur*wissenschaft* auszulegen. Deren Begriff taucht erst im Zuge der Ausdifferenzierung des akademischen Fächerkanons im 19. Jahrhundert auf. Er signalisierte, daß zwischen den Problembeständen der industrialisierten Gesellschaft und der traditionellen Verfassung der Disziplinen ein massiver Bruch bestand. Doch war die Kulturwissenschaft in ihren kritischen wie in ihren konzeptiven Ansprüchen vor allem auf das Spektrum der universitären Wissenschaften und ihrer Epistemologie bezogen. Auch ohne immer und überall als Fach etabliert zu werden, wirkte die Kulturwissenschaft als Faktor der Synthetisierung und Umformulierung von Problembeständen diesseits wie jenseits der Fächergrenzen, vor allem im Spektrum der historischen und philologischen, aber auch der anthropologisch-ethnologischen Disziplinen. Der synthetisierende Gestus kulturwissenschaftlicher Orientierung entsteht nicht erst im Prozeß der Polarisierung von Natur- und Geisteswissenschaften im späten, sondern als Reaktion auf die Parzellierung des Fächerkanons bereits seit dem mittleren 19. Jahrhundert. Mit der Arbeitsteilung und Auseinanderentwicklung vormalig eng verwobener Disziplinen wächst, in einer Formulierung von Moritz Lazarus aus dem Jahre 1860, das Bedürfnis, «das Zerstreute zu sammeln und das Getrennte zu vereinigen» (S. 212).

1. Völkerpsychologie

Eine der frühesten Belegstellen für das Auftauchen des Begriffs «Kulturwissenschaft» findet sich in dem Aufsatz «Grundideen zu einer allgemeinen Cultur-Wissenschaft» (1851) des Bibliothekars, Sammlers und Kulturhistorikers Gustav Klemm (1802–1867). Er stellte der neu zu begründenden Wissenschaft in Abgrenzung von der Kulturgeschichte die Aufgabe, «die Menschheit der Natur gegenüber als ein Ganzes, als ein Individuum darzustellen». Die Kulturgeschichte ist Klemm zufolge in ihrer Darstellung der «Entwikkelung des Menschengeschlechtes» an die Aufeinanderfolge der «Thatsachen und Erscheinungen» und damit an das je Individuelle eines gegebenen Zustandes in einem bestimmten Volk gebunden (S. 168). So bezeichnete er im Vorwort zum letzten Band seiner universalen, zehn Bände umfassenden «Allgemeinen Culturgeschichte der Menschheit» (1843–1852) diese insgesamt als Grundlage einer künftigen Kulturwissenschaft. Klemms umfangreiche völkerkundliche Privatsammlung, die als Fundus in das Leipziger Völkerkundemuseum einging, ist in diesem Sinn das kulturwissenschaftliche Gegenüber seiner kulturhistorischen Schriften. Die Zweckbestimmung der Sammlung und die der Kulturwissenschaft entsprechen einander: in der «Aufgabe, die gesamte Menschenthätigkeit und deren Denkmale in allen Zonen und Zeiten zur Anschauung zu bringen» (Klemm 1854/55, Band 2, S. 38). Wie die völkerkundliche Sammlung soll die neue Wissenschaft die kulturhistorischen Dokumente zur Entwicklung des Menschengeschlechtes «in seinen Gliedern» von der Erzählung dieser Entwicklung ablösen und die Vielfalt der Dokumente in einem Tableau neu anordnen, das zugleich die Möglichkeit dieser Entwicklung darstellt. So soll der Nachvollzug geschichtlicher Entwicklung durch die Einsicht in die Struktur der Tätigkeit, aus der sie hervorgeht, komplettiert werden. Die Kulturwissenschaft hat dementsprechend die dreifache Aufgabe, «die Erscheinungen darzustellen, welche in der Entwicklung der von der Vorsehung in den Menschen gelegten Kräfte gegenüber der Natur hervortreten, die Ursachen derselben im Menschen und in der Natur aufzusuchen und die Gesetze nachzuweisen, nach denen diese Wechselwirkung stattfindet» (Klemm 1851, S. 169f.).

Klemm ist die systematische Durchdringung des Verhältnisses der «Kulturerscheinungen» zur menschlichen und außermenschlichen Natur schuldig geblieben. So vage aber die Umrisse der anvisierten Kulturwissenschaft bei ihm bleiben, so unverkennbar geht sie aus dem Bedürfnis einer analytischen Durchdringung, plausiblen museologischen Anordnung und Synthetisierung des empirisch-historischen Materials hervor. Ohne daß er dies selbst hinreichend reflektiert hätte, tastet Klemm in seiner Gegenüberstellung von Kulturgeschichte und Kulturwissenschaft nach einem synchronen, als Struktur faßbaren Kulturbegriff jenseits des Deskriptiv-Diachronen, dem er in seiner eigenen Kulturgeschichtsschreibung nicht entkam.

Die Wissenschaft, nach der Klemm suchte, führt in die Nähe dessen, was wir heute «Kulturanthropologie» nennen würden: «Kulturanthropologie befaßt sich mit dem kulturalen Sein der Menschen. Das kulturale Sein der Menschen, die Kultur, umfaßt alle menschlichen Vorstellungen, Verhaltensweisen und deren Produkte, soweit sie veränderbar sind. Gehören sie im Vergleich dazu zur eher unveränderlichen ‹natürlichen› Grundausstattung, sind sie Gegenstand bioanthropologischer Forschung» (Marschall 1990, S. 7).

Zu den ambitioniertesten Projekten, die in Deutschland im 19. Jahrhundert auf eine kulturanthropologische Synthetisierung der Geisteswissenschaften zielten, gehört die Völkerpsychologie von Moritz Lazarus (1824–1903) und Heymann Steinthal (1823–1899). Beide entstammten jüdischen Kaufmannsfamilien der Provinz. Lazarus kam aus einer kleinen Stadt in der Nähe von Posen, Steinthal aus dem anhaltinischen Gröbzig. Beide waren tief in der deutschen Philosophie von Leibniz über Kant bis Hegel verwurzelt, beide hatten sich intensiv mit der Psychologie Johann Friedrich Herbarts (1776–1841) auseinandergesetzt. Sie lernten sich in Berlin kennen, wo sie ab 1860 gemeinsam die «Zeitschrift für Völkerpsychologie und Sprachwissenschaft» begründeten. In den «Einleitenden Gedanken über Völkerpsychologie», mit denen sie das erste Heft eröffneten, bestimmten sie die Zeitschrift nicht ohne Pathos als Vorläufer und Gründungsorgan einer eigenständigen Disziplin: «Wir wenden uns nicht bloß an diejenigen Männer, denen die Bearbeitung der Psychologie berufsmäßig und namentlich obliegt, sondern auch an alle, welche die geschichtlichen Erscheinungen der Sprache, der Religion, der Kunst und Literatur und Wissenschaft, der Sitte und des Rechts, der gesellschaftlichen, häuslichen und staatlichen Verfassung, kurz an alle, welche das geschichtliche Leben der Völker nach irgend einer seiner mannigfaltigen Seiten derartig erforschen, daß sie die gefundenen Thatsachen aus dem Innersten des Geistes zu erklären, also auf ihre psychologischen Gründe zurückzuführen streben. […] Diese Wissenschaft nun, um die es sich hier handelt, ist noch nicht einmal gegründet, ja ihr Gedanke noch völlig neu und vermuthlich vielen unserer Leser noch unerhört» (S. 1).

Die programmatische Rückbindung der «Völkerpsychologie» an das «Innerste des Geistes» beinhaltete ihre Abgrenzung gegen die Anthropologie, in deren physiologischer Orientierung «die Abhängigkeit des Seelischen vom Leiblichen vorwiegt», und gegen die Ethnologie, die Lazarus und Steinthal der «Zoologie» zuschlagen: «denn ihr Gegenstand ist eigentlich der Mensch als Thier, als Natur-Erzeugniß, abgesehen von seiner geistigen Entwicklung, bloß nach dem Bau seines Körpers, im Ganzen und in seinen Varietäten, in denen er über die Erde verbreitet ist, endlich nach seiner leiblichen Lebensweise, wie sie von dem jedesmaligen Boden und Klima bedingt ist» (S. 13). Zu dieser strikten Abgrenzung von der Anthropologie mag beigetragen haben, daß Lazarus und Steinthal ihre Disziplin mit Projekten wie Theodor Waitz' «Anthropologie der Naturvölker» (1859–1872), deren erster Band eben erschienen war, nicht verwechselt wissen wollten. Doch standen sie mit ihrer eigenen Konzeption zwar in Distanz zur physiologischen, nicht jedoch zur vergleichenden Anthropologie überhaupt. Denn schon im 18. Jahrhundert hatte sich innerhalb des Aufschwungs aller Wissenschaften vom Menschen die Differenzierung von physischer und moralischer Anthropologie herausgebildet, auf die sich Kants «Anthropologie in pragmatischer Hinsicht» (1798) bezog: «Die physiologische Menschenkenntniß geht auf die Erforschung dessen, was die Natur aus dem Menschen macht, die pragmatische auf das, was er als freihandelndes Wesen aus sich selber macht oder machen kann und soll» (S. 399). Kurz vor dem Erscheinen von

Kants pragmatischer Anthropologie hatte Wilhelm von Humboldt als Gegenzug zur vergleichenden Anatomie, deren Grundsätze er in Jena mit Goethe diskutierte, den «Plan einer vergleichenden Anthropologie» (1796/97) entworfen, deren Eigentümlichkeit darin bestehe, «dass sie einen empirischen Stoff auf eine speculative Weise, einen historischen Gegenstand philosophisch, die wirkliche Beschaffenheit des Menschen mit Hinsicht auf seine mögliche Entwicklung behandelt» (Humboldt 1796/97, S. 352 f.). Freilich blieb dies ein weitgehend unausgeführter Entwurf. Die «Völkerpsychologie» aber, die Lazarus und Steinthal als Wissenschaft von den inneren Bewegungsgesetzen des «Volksgeistes» und als «Physiologie des geschichtlichen Lebens» (Lazarus/Steinthal 1860, S. 19) entwarfen, hätten sie mit Fug und Recht auch als Anthropologie bezeichnen können.

Wenn sie den Begriff «Psychologie» vorzogen, so im Vertrauen auf die Psychologie Johann Friedrich Herbarts, in der sie den Schlüssel für «die gesetzmäßige Bewegung und Entwickelung der inneren Thätigkeit» (S. 7) gefunden zu haben glaubten. Entscheidend für den *scienza nuova*-Gestus der Völkerpsychologie ist aber nicht dieser Rückgriff auf Herbarts Lehre, die als Erbin der rationalen Psychologie die Vorstellungen und inneren Zustände der Seele nach mathematisch-mechanischen Gesetzen zueinander in Beziehung zu setzen versprach. Entscheidend ist vielmehr die Behauptung einer Differenz zwischen der «individuellen Psychologie» und der «Psychologie des gesellschaftlichen Menschen», als die Lazarus und Steinthal die Völkerpsychologie entwarfen. Sie ließen sie nicht aus einer Ausweitung der individuellen Psychologie in Richtung auf die Untersuchung des Menschen in Gesellschaft hervorgehen, sondern erklärten sie erst dann für möglich, «wenn zuvor der Mensch als gesellschaftliches Wesen, d.h. wenn die menschliche Gesellschaft, also ein ganz anderer Gegenstand als der einzelne Mensch, zum Gegenstand einer besonderen Untersuchung gemacht ist» (S. 5). Diesen distinkten, von spezifischen Gesetzen bestimmten Gegenstand, den sie der «Völkerpsychologie» zuordneten, nannten sie im Anschluß an Herder und an Hegel «Volksgeist».

Aus heutiger Sicht ist dieser Begriff vor allem deshalb problematisch, weil er an die «Volksgemeinschaft» denken läßt, so wie der Begriff «Völkerpsychologie» den Verdacht weckt, es sollten darin die Stereotype der populären Konstruktionen von Volkscharakteren wissenschaftliche Weihen erhalten. Doch ist bei Steinthal und Lazarus das Programm der Verwissenschaftlichung der idealistischen «Volksgeist»-Traditionen in einen Horizont eingebunden, in dem sich seine Fortentwicklung zum Begriff der Kultur abzeichnet (vgl. Kalmar 1987, Seeba 1993). Unmißverständlich versperren sie der Völkerpsychologie den Weg einer Orientierung an Modellen der Naturgeschichte, «weil der Begriff Volk gar nicht vom leiblichen, zoologischen Gesichtspunkt aus gebildet ist, sondern von einem geistigen» (Lazarus/Steinthal 1860, S. 34). So nachdrücklich aber dadurch die neue Disziplin in die Nähe der Geisteswissenschaften gerückt ist, so konsequent wird zugleich die metaphysische oder nationale Fiktion einer «Volksseele» abgewiesen, in deren Gesamthaushalt sich die Individualseele einfüge. Wenn Lazarus und Steinthal demgegenüber den «Volksgeist» als «das allen Einzelnen Gemeinsame der inneren Thätigkeit» bestimmen, so allein im Blick auf die beobachtbaren Objektivationen, in denen er sich manifestiert. So tritt die neue Disziplin nicht nur in Distanz zu den Wissenschaften des Geistes wie zur Naturgeschichte, sondern anthropologisiert zugleich als strikt empirische Kulturwissenschaft die Traditionen der Geschichtsphilosophie. Sie ist, nicht anders als Gustav Klemms «Kulturwissenschaft», auf Kulturgeschichte und Kulturgeographie als ihr «Material» bezogen. Zu ihren Prämissen gehört, «daß die Völkerpsychologie nur von den Thatsachen des Völkerlebens ausgehen kann, daß sie aus der Beobachtung, Ordnung und Vergleichung der Erscheinungen allein hoffen kann, die Gesetze des Volksgeistes zu finden» (S. 29).

Die Herausbildung der Kulturanthropologie im 19. Jahrhundert erfolgte als Prozeß der Ablösung einer einsträngigen, auf die «Culturvölker» zulaufenden Evolution. Dieses Konzept wurde ersetzt durch den pluralen und funktionalen, die Ansätze des Kulturrelativismus seit dem Zeitalter der Entdeckungen aufgreifenden Begriff des «komplexen Ganzen» einer gegebenen Gesellschaft. Trotz der Reserven, die Heymann Steinthal gegenüber Edward Burnett Tylors «Primitive Culture» (1871) äußerte, ist die «Völkerpsychologie» ein Element dieses Prozesses. Dies zeigt sich nicht nur an ihrer funktionsanalytischen und ‹kulturalistischen› Fassung des «Volksgeistes». Zugleich bemerkt man es an der Tendenz, den «Volksgeist» nicht nur als historisches Phänomen und Konzept, sondern ebenso als «System» und, wie wir heute sagen, als «Struktur» zu begreifen. Lazarus bestimmt den Volksgeist als «System von Anschauungen, Vorstellungen, Begriffen und Ideen, wodurch dieser objective Volksgeist von allen andern sich unterscheidet» (1865, S. 31). Er öffnet so die Völkerpsychologie in Richtung auf eine komparative Kulturanthropologie: «In der That aber muß es neben der Geschichte der Cultur nicht bloß eine Beschreibung ihrer gegenwärtigen Zustände (die man Cultur-Geographie zu nennen hätte), sondern auch eine eigentliche Cultur-Wissenschaft geben, welche sich zur Culturgeschichte ganz ebenso verhielte, wie die Wissenschaft der Politik zur politischen Geschichte» (S. 214f.).

Dem Verhältnis von synchroner und diachroner Kulturanalyse suchten Lazarus und Steinthal durch eine systematische Zweiteilung ihrer Völkerpsychologie Rechnung zu tragen. Der erste Teil soll zeigen, «wie sich die einfacheren, elementaren Kräfte des menschlichen Bewußtseins combiniren zu complicirten Gesammtkräften und Gebilden des Volksgeistes» (1860, S. 27). Dieser allgemeinen, «rationalen» Konstruktion des Gegenstandes, die letztlich auf universale, in jedem «Volksgeist» wirksame Gesetze zielt, steht in einem zweiten, empirisch-historischen Teil die «psychische Ethnologie» gegenüber, in der «die wirklich existirenden Volksgeister und ihre besonderen Entwicklungsformen» (S. 26) zur Darstellung gelangen sollen.

In dem Ensemble von Wissenschaften, auf die Lazarus und Steinthal die Völkerpsychologie beziehen, nimmt, wie der Untertitel ihrer Zeitschrift anzeigt, die Sprachwissenschaft eine Schlüsselrolle ein. Freilich geschieht dies gegen die Entwicklung dieser Disziplin zur naturwissenschaftlich orientierten, historisch-vergleichenden, vor allem indogermanischen Sprachforschung, die sich aus ihrer alten Nähe zu Philosophie, Philologie und Literatur zunehmend löste. Gegenüber dieser Verkürzung der Sprachwissenschaft im Zeichen der Naturwissenschaft gehört es zu den Verdiensten vor allem Steinthals, der eine voluminöse Ausgabe von Humboldts sprachphilosophischen Schriften herausgab, «das Programm einer umfassenden ‹anthropologischen› Sprachwissenschaft gerettet zu haben» (Trabant 1990, S. 61). In mehrfacher Hinsicht wird die antizyklische Treue zum Erbe Wilhelm von Humboldts im Projekt der Völkerpsychologie produktiv. Dies betrifft zunächst die unhintergehbare Geschichtlichkeit der Sprache. Nur weil sie historisch ist, ist sie zugleich ein psychologisches Objekt, ist für die Bestimmung ihrer Gesetze nicht die Logik oder die Metaphysik, sondern die Psychologie zuständig.

Zum einen gehen Humboldts Begriff des «Charakters» der Sprachen und seine Konzeption der «inneren Sprachform» in das Projekt ein, nämlich «in den Sprachen die Abbilder der eigenthümlichen Volksgeister nachzuweisen» (Lazarus/Steinthal 1860, S. 41). Zudem sind die Bestimmungen der Tätigkeit des Volksgeistes, die zwar unter Naturbedingungen, keineswegs aber als «ein bloßer Appendix der Physiologie» (S. 16) stattfinde, geprägt von Humboldts Überordnung der Sprache als Tätigkeit, *energeia*, gegenüber der Sprache als gegebenem Produkt, *ergon*. Diese Grundidee des Humboldtschen Sprachdenkens färbt auch auf die Kommentare zur Mythologie, zur Volksdichtung und zur Religion ab.

Lazarus und Steinthal haben ihr Projekt der Völkerpsychologie nicht in einer umfassenden Monographie ausgeführt, wohl aber in ihrer Zeitschrift in zahlreichen Einzelstudien konkretisiert. Trotz einiger Aufsätze Steinthals zu afrikanischen und polynesischen Sprachen liegt das Schwergewicht dabei auf dem europäischen Raum und dem Nahen Osten. Relativ geringes Gewicht wird auf die vorliterarischen Kulturen gelegt. Phänomenen der Differenzierung, Spezialisierung und Individualisierung gilt ein Großteil der Aufmerksamkeit. Besondere Beachtung finden die Geschichte der Schrift sowie die Mythologie und Epik der Griechen. Trotz der Pluralisierung des «Volksgeistes» ist in zahlreichen Beiträgen eine Bevorzugung alles Germanischen unverkennbar. Sie steht nicht im Widerspuch dazu, daß sich Lazarus und Steinthal immer wieder, zumal im Klima des Berliner Antisemitismusstreits, mit Ort und Funktion des Judentums in der Weltgeschichte befassen (vgl. Behlke 1971). Lazarus gehörte zu den Initiatoren der 1872 gegründeten Berliner «Lehranstalt für die Wissenschaft des Judentums»,

Steinthal, der es nicht zuletzt wegen seiner jüdischen Herkunft nur zum Privatdozenten statt zum Professor brachte, unterrichtete dort bis zu seinem Tod.

Es liege, schreiben Steinthal und Lazarus, nicht im Begriff der Völkerpsychologie, «irgend eine Form menschlicher Gesellschaft von der psychologischen Erforschung auszuschließen» (Lazarus/ Steinthal 1860, S. 6). Dieser geographisch wie historisch unbegrenzte Horizont, in den hinein die Völkerpsychologie entworfen war, brachte Überschneidungen mit zahlreichen etablierten Disziplinen mit sich. Es ist Lazarus und Steinthal trotz zahlreicher Differenzierungen ihres methodologischen Ansatzes nicht gelungen, die Notwendigkeit der Völkerpsychologie als eigenständiger Disziplin erfolgreich zu begründen. Ironisch resümierte Steinthal im Jahre 1887: «Vom Omnibus der Wissenschaften schallt es uns aus dem Munde des Schaffners entgegen, das grausame Wort: ‹Besetzt!›» (1886, S. 610). Die «Zeitschrift für Völkerpsychologie und Sprachwissenschaft» gaben Lazarus und Steinthal nur bis 1890 heraus. Ab 1891 wurde sie unter dem Titel «Zeitschrift für Volkskunde» zu einem Organ der Rückbindung des Volksbegriffs an die physische Anthropologie, schließlich ihrer Überführung in Rassenlehre und «Biomythologie».

Die Ansätze von Lazarus und Steinthal hinterließen institutionengeschichtlich kaum Spuren. Doch ging die Auseinandersetzung mit ihren Anregungen nicht nur in das Werk ihres Schülers Georg Simmel ein, sondern auch in die Schriften von Wilhelm Wundt, der gemeinhin als Vater der experimentellen Psychologie in Deutschland gewürdigt wird. Dabei gehört zu seinem umfangreichen Werk auch der Versuch einer Vermittlung zwischen Individualpsychologie und der «Psychologie der Kultur» (vgl. Aschenbach 1988). Er hat zwar in seinem Aufsatz «Ziele und Wege der Völkerpsychologie» (1886) den Entwurf von Steinthal und Lazarus als zu umfassend kritisiert. Indessen übernahm er die These von der notwendigen Ergänzung der individuellen Psychologie durch eine Völkerpsychologie wie auch den Begriff der letzteren. Ausdrücklich schloß diese Übernahme die These einer Methodendifferenz zwischen individualpsychologischer und völkerpsychologischer Forschung ein. Nur die individuelle Psychologie ist bei Wundt experimentelle Wissenschaft. Ihr steht die Völkerpsychologie als «Erweiterung und Fortsetzung der Psychologie auf die Phänomene gemeinsamen Lebens» gegenüber. Sie richtet ihr Augenmerk ausschließlich «auf die psychologische Gesetzmäßigkeit des Zusammenlebens selber». Ihr Material sind «die Zeugnisse, die Sprache, Mythen und sonstige Volksüberlieferungen» (1900, S. 5).

Nur auf den ersten Blick ist dies eine Fortschreibung von Lazarus und Steinthal. Denn für Wundt ist die «Volksseele», die er als empirische Größe begreift, nur im Modus geschichtlicher Entwicklung faßbar. Die Gesetze, die er sucht, sind «allgemeingültige Entwicklungsgesetze» ihres Aufbaus.

Dem entspricht eine dreifache Revision des Entwurfs von Lazarus und Steinthal. *Erstens* kritisiert Wundt vehement deren Bindung an die «Vorstellungsmechanik» der Herbartschen Psychologie. Als reine Individualpsychologie tauge sie nicht als Modell der Völkerpsychologie und lasse überdies keine Öffnung auf den Begriff geschichtlicher Entwicklung zu. *Zweitens* begrenzt er den Gegenstandsbereich der Völkerpsychologie auf «Sprache, Mythos und Sitte» (S. V). Mit dem Argument, daß nur für diese überindividuellen Medien der Volksseele allgemeine Gesetze formulierbar seien, schließt er alle diejenigen Bereiche aus, die von hervorragenden einzelnen geprägt sind: «Darum gehört die Geschichte der geistigen Erzeugnisse in Litteratur, Kunst und Wissenschaft nicht zur Völkerpsychologie» (S. 4). Die *dritte* Revision betrifft das Verhältnis der Völkerpsychologie zur «Culturgeschichte», mit der sie sich vornehmlich auf dem Gebiet der «Urgeschichte» berühre. Weil hier die Demarkationslinie des geschichtsprägenden Hervortretens einzelner noch nicht erreicht ist, sind für Wundt «die geistigen Zustände der Naturvölker für die Völkerpsychologie im allgemeinen von größerem Interesse als die der Culturvölker» (S. 12). Explizit erinnert er in diesem Zusammenhang an «die wertvollen Forschungen E. B. Tylors» und die deutsche Übersetzung von dessen «Primitive Culture» (1871, S. 23).

Lazarus und Steinthal hatten durch ihre Verwendung des Begriffs «Volksgeist» der Pluralisierung des Kulturbegriffs vorgearbeitet. Dies führte, etwa bei Franz Boas, zur Ablösung der modernen Kulturanthropologie von normativen Hierarchien und Entwicklungsmodellen, an die sie selbst noch vielfältig gebunden waren (vgl. Kalmar 1987, Bunzi 1996). In seinem Aufsatz «Philologie, Geschichte und Psychologie in ihren gegenseitigen Beziehungen» (1864) unterschied Steinthal zwischen «ungeschichtlichen», «vorgeschichtlichen» und «geschichtlichen» Völkern. Dieses Schema erschöpfte sich nicht in einer empirisch orientierten Wendung der Hegelschen Geschichtsphilosophie. Vielmehr war damit zugleich der Versuch einer systematischen Beziehung der «Culturvölker» auf ihre «vorgeschichtlichen Zustände» unternommen. Letztere gelten als Inkubationszeit und entscheidende Richtungsbestimmung des jeweils sich herausbildenden «Charakters der Zivilisation und Cultur» (Steinthal 1864, S. 465 ff.). Seine Zurückweisung von Wundts Einschränkung der Völkerpsychologie auf die Gesetze von Sprache, Mythos und Sitte sowie auf die Urgeschichte faßte Steinthal in einen Satz, der die Demarkationslinie zwischen primitiv-vorgeschichtlichen und entwickelten Kulturen programmatisch aufhob: «Auch der un- und der prähistorische Geist hat seine Ästhetik, seine Ethik und eine Erkenntnistheorie. […] Aber andrerseits läßt auch Goethe eine völkerpsychologische Betrachtung zu, kurz alle Geschichte ästhetischer und ethischer Bildung des Geistes, wie auch alles öffentliche Leben» (1886, S. 620).

2. Kulturgeschichtsschreibung

Die frühen, eher improvisierten als methodischen Ausprägungen des Begriffs «Kulturwissenschaft» im Deutschland des 19. Jahrhunderts erfolgten in ständigem Austausch mit den Erträgen der Kulturgeschichtsschreibung. Diese trug zur materialen Füllung und theoretischen Verallgemeinerung des Kulturbegriffs auf vielfältige Weise bei: als populärwissenschaftliches Perpetuum mobile des antiquarischen, auf Zeitkolorit und Detail konzentrierten Historismus, als oppositionelle Sezessionsbewegung innerhalb der Geschichtswissenschaft, schließlich als Erbin der Universalgeschichte nach dem Zerfall ihres ursprünglichen Musters, der Heilsgeschichte.

Die Gründungsurkunden der modernen Kulturgeschichte wurden in der Aufklärung geschrieben. Sie gehört zu den dynamischen Elementen bei der Herausbildung des modernen Begriffs der Geschichte, der die einzelnen Ereignisse und Erzählungen transzendiert. Im Bruch mit den Darstellungskonventionen der Hofhistoriographie, die sich auf die Taten der Großen, die Haupt- und Staatsaktionen, die Schlachten und Friedensverträge konzentrierte, kündigt sie die Privilegierung der politischen Geschichte auf und bindet die Ereignisgeschichte an die Darstellung der «Sitten» und des allgemeinen Geistes einer Epoche. Bereits Voltaires «Essai sur l'histoire générale et sur les mœurs et l'esprit des nations» (1756) begründet, von strenger Quellenkritik noch weitgehend entlastet, die Orientierung der Kulturgeschichte auf die Universalgeschichte, welche die außereuropäischen Völker einschließt. In Deutschland setzt Johann Gottfried Herder den politischen Kriegszügen und Staatsaktionen programmatisch die Geschichte der Völker, ihrer Charaktere und Sitten gegenüber und verbindet dabei Anthropologie und Geschichtsphilosophie (vgl. Raulff 1993).

Zunächst erscheint die historiographische Aufwertung der Kultur in der Vielzahl ihrer Facetten (Sprache, Kunst, Literatur, Wissenschaft, Sitten etc.) als Akt der Herstellung eines Bildes vom Ganzen der Geschichte. Die Kultur als Sphäre von eigenem historischem Gewicht und Recht tritt hierbei nicht lediglich der Sphäre des Politischen gegenüber. Schon früh bildet sich die synthetisierende Seite der Kulturgeschichte heraus. In ihr ist die Kultur nicht nur ein Teilbereich der Geschichte, sondern der Rahmen ihrer Gesamtdarstellung. So schreibt Johann Christian Adelung in seinem «Versuch einer Geschichte der Kultur des menschlichen Geschlechts» (1782): «warum das veränderliche eines sich selbst überlassenen Volkes gerade so und nicht anders erfolgt ist, kann nirgends anders als aus der Kultur und ihrem Gange hergeleitet und erklärt werden» (zit. n. Mojse 1976, Sp. 1333–1338).

In der Göttinger Schule der Aufklärungsgeschichtsschreibung wurde der Anspruch entwickelt, in der Darstellung der Geschichte das «Aggregat» des Überlieferten zu einem «System» umzuschaffen. Friedrich Schillers Entwurf der Universalgeschichte und seine historischen Schriften stellen sich diesem Anspruch. Sie stehen für die philosophisch ehrgeizige, integrale Ausweitung der politischen

Geschichte zur umfassenden, alle Einzelsphären vereinigenden Geschichtsschreibung. Es sollen, schreibt Schiller an Christian Körner, «Kirchengeschichte, Geschichte der Philosophie, Geschichte der Kunst, der Sitten und Geschichte des Handelns mit der politischen in eins zusammengefaßt werden, und dies erst kann Universalhistorie sein» (Schiller 1789, S. 230).

Im Grundriß der Kulturgeschichte war von Beginn an eine Ambivalenz des Kulturbegriffs erkennbar. Dieser ließ, als Instrument der Entgrenzung, ein ganzes Meer noch unerschlossener Quellen in die Geschichtsschreibung einfließen und mußte sich zugleich als theoretisch anspruchsvolle Kategorie behaupten, die in der Fülle der Details den notwendigen Gang des Ganzen zu explizieren hatte. Die Ambivalenz von Entfesselung der Details und synthetischer Orientierung prägte die Entfaltung der Kulturgeschichtsschreibung im 19. Jahrhundert. Sie fand bis zum Ende des Jahrhunderts außerhalb der Universität statt. Erst im «Lamprecht-Streit» der neunziger Jahre setzte sich die akademische Geschichtswissenschaft ernsthaft mit der Kulturgeschichte auseinander, allerdings nur, um ihr die Tür zu weisen.

Im frühen 19. Jahrhundert der napoleonischen Kriege trat, nicht zuletzt als Medium der Ausprägung des Nationalbewußtseins, die politische Geschichte erneut in den Vordergrund. Sie bildete auch in der Folgezeit das Zentrum der akademischen Institutionalisierung und Professionalisierung der Geschichte als universitärer Disziplin. Demgegenüber wurde die Kulturgeschichte im Vormärz und vor allem nach der Revolution von 1848 besonders von Bibliothekaren und Journalisten, Lehrern und freien Schriftstellern vorangetrieben.

Karl Biedermann, der die kurzlebige «Zeitschrift für deutsche Kulturgeschichte» (1856–1859) begründete, gehörte zur kleindeutsch-liberalen Fraktion der 1848er und hatte im Jahre 1853 seine Leipziger Professur für Staatswissenschaft aus politischen Gründen verloren. Er ist sowohl für die außerakademische Zentrierung der Kulturgeschichte wie für ihren Charakter als nachrevolutionäres Asyl und Kompensation des Scheiterns politischer Modernisierung repräsentativ. Seine Kritik an der Diskrepanz zwischen Popularität und innerer Festigung der «neuen Wissenschaft» ist ein Beleg dafür, daß zur Kulturgeschichte im 19. Jahrhundert die Dauerreflexion ihrer Defizite gehört. Das Selbstbewußtsein, das ihre Repräsentanten dennoch artikulierten, entsprang ihrer Auslegung der Kulturgeschichte als geistigem und langfristig auch politischem Modernisierungsfaktor. Zumindest symbolisch wurden hier die Dynastien und die Mächtigen der «äußeren» Politikgeschichte zugunsten der materiellen, sozialen und geistigen Ausdrucksformen des «Volkslebens» entmachtet. Der Aufwertung der unteren Volksschichten als Gegenstand der Geschichtsschreibung entsprach die programmatische Aufmerksamkeit auf den Alltag. Als eine Vorläuferin der Alltagsgeschichte erschloß die Kulturgeschichte des 19. Jahrhunderts Quellentypen wie Stammbücher und Kirchenregister, Tagebücher und Handwerkerkorrespondenzen, Lokalchroniken und Gerichtsakten. Diese Pluralisierung des historischen Quellenmaterials ging nicht selten mit lokal- und regionalgeschichtlichen Orientierungen einher. Diese wurden zwar von Autoren wie Biedermann stets auf das Großprojekt einer künftigen nationalen Kulturgeschichte bezogen, verengten jedoch das universalhistorische Erbteil des 18. Jahrhunderts auf den Horizont deutscher Geschichte (Schleier 1997).

Die Kulturgeschichte entwickelte sich dabei weitgehend gegen die akademische Geschichtswissenschaft, ohne daß von der einen oder anderen Seite ein theoretisch anspruchsvoller Klärungsversuch ihres Verhältnisses zueinander unternommen worden wäre. Nicht nur die schwache Methodenreflexion innerhalb der Kulturgeschichte war hierfür verantwortlich, sondern zugleich die Theorieabstinenz der durch Historismus und Positivismus scheinbar gefestigten politischen Geschichtsschreibung. Sie fühlte sich durch die auf dem Buchmarkt erfolgreiche Kulturgeschichte zwar durchaus publizistisch, aber nur in Einzelfällen methodologisch herausgefordert.

Georg Steinhausen, Bibliothekar in Jena und später in Kassel, der mit einer zweibändigen «Geschichte des deutschen Briefes» (1888/1891) hervorgetreten war, begründete im Jahre 1893 die langlebige «Zeitschrift für Kulturgeschichte». Sie ging 1903 im noch heute existierenden «Archiv für Kulturgeschichte» auf. Stillschweigend schloß sich auch Steinhausen der Ablösung der Kulturgeschichte von universalhistorischen Ansprüchen und geschichtsphilosophischen Traditionen zugunsten der nationalen, deutschen Kulturgeschichte an. Zugleich plädierte er für den Abschied von Dilettantismus und schlichtem Positivismus, für die methodische Professionalisierung, für Quellenforschung und systematische Archivarbeit. Dies sollte der Kulturgeschichte Ansehen und als universitärer Disziplin Lehrstühle verschaffen. Er blieb mit diesem energisch betriebenen Vorstoß jedoch erfolglos. Seine eigene «Geschichte der Deutschen Kultur» bezeichnete er in der zweiten Auflage programmatisch als «nichtpolitische Geschichte» (1904/13, S. VIII). Die «äußeren» Faktoren von der natürlichen Umgebung bis hin zur Technik, die gesellschaftlichen Lebensverhältnisse, die Sitten, Bräuche, Spiele etc. sowie die Geschichte von Bildung und Erziehung, Künsten und Wissenschaften sollten hier mit der «inneren» Geschichte des Volks, einschließlich des Aberglaubens, zusammengeschlossen werden. Jeder der beiden Bände dieser «nichtpolitischen» Kulturgeschichte, die sich über den Ort der klassischen politischen Geschichte innerhalb der eigenen Konzeption ausschwieg, begann mit einem Kapitel zur Geschichte der deutschen Landschaft.

Die Aura von Dilettantismus und der Verdacht additiver, nicht selten aufs Entlegene und Skurrile kaprizierter Stoffhäufung umgeben die Kulturgeschichte bis heute. Daß sie ein Genre der «Literaten» sei, ist ihr von den Historikern des 19. Jahrhunderts gern vorgeworfen worden. Dies geschah in polemischer Absicht, aber nicht ohne Anlaß. Die Neigung der antiquarisch-populären Kulturgeschichtsschreibung zum Literarischen, zu Anekdote, Novelle, Erzählung und Roman sowie zu den publizistisch-journalistischen Genres der «Plauderei», der Skizze und des Feuilletons ist unverkennbar. Sosehr sie sich dadurch in den Augen professioneller Historiker diskreditierte, so interessant wird die Kulturgeschichte durch diese Wechselwirkung mit der Literatur als Medium eines eigenständigen Typus von Vergangenheitsemphase. In dieser Perspektive ist die Kulturgeschichte ein Organon kultureller Praxis, das ein ganzes Repertoire des Sammelns und Forschens im Nahbereich, der Integration von Historismus und Interieur sowie der Ästhetisierung des Geschichtlich-Genealogischen im Alltag umfaßte.

Eine Schlüsselrolle kam hierbei dem historischen Roman zu. In Hayden Whites «Metahistory» (1994) über die historische Einbildungskraft im 19. Jahrhundert ist ihm kein eigenes Kapitel gewidmet. Denn Whites Poetik des historischen Realismus ist eine Gattungspoetik diesseits der hybriden Mischform des Romans: Jules Michelet wird der Romanze, Leopold von Ranke der Komödie, Alexis de Tocqueville der Tragödie und Jacob Burckhardt der Satire zugeordnet. Der historische Roman aber nährte sich an allen Genres, und für die Bestimmung seiner kulturellen Funktion sind womöglich nicht allein die Poetik und die Literaturgeschichte zuständig. In der Geste der totalisierenden und illusionierenden Vergegenwärtigung des Vergangenen ähnelt der historische Roman dem damals beliebten Medium des Panoramas. Als Komplement zu den meist der dramatischen politischen Ereignisgeschichte entnommenen, die Fiktion des Authentischen in einer Szene verdichtenden optischen Panoramen bietet er der Einbildungskraft das Panorama einer gesamten Epoche. Der europäische Erfolg Walter Scotts rief nicht nur zahlreiche literarische Epigonen auf den Plan, sondern zugleich auch Geschichtsschreiber, die sich den historischen Roman und seine Erzähltechniken zum Vorbild nahmen: Lord Macaulay mit seiner auch in der deutschen Übersetzung erfolgreichen «History of England from the accession of James II.» (1849–1861); in Frankreich die lokalkoloristische Schule um Jean Charles Sismondi und Prosper de Barante, die der literarischen Illusion die analysierende Kritik opferte.

Die Tendenz zur Geschichte als Bild, zur panoramatischen Illusion oder Bilderkette ist ein Grundzug der populären Kulturgeschichte auch und gerade dort, wo sie alle Register des Narrativen ausspielt. Gustav Freytags «Bilder aus der deutschen Vergangenheit» (1859–1862) erweisen dieser Bildorientierung schon im Titel Reverenz.

Theodor Fontane, als passionierter Leser Scotts und Macaulays sowie als Autor der «Wanderungen durch die Mark Brandenburg» ein Beispiel für die Durchdringung von Literatur und Kulturgeschichte, schreibt in der Rezension eines Erinnerungsbuchs über Berlin im Biedermeier: «Im natürlichen Hange, Großes und Wichtiges zu erzählen, hat uns die Geschichtsschreibung vergangener

Jahrhunderte um *das* gebracht, was man als das Leben und Wärme gebende *Kolorit* des historischen Bildes bezeichnen kann.» Fontane empfahl das Material, das im «Klein- und Detailleben» zu finden sei, dem «Kulturhistoriker der Zukunft». Er formulierte eine Prognose, die auf unscheinbare Weise die Popularität der Kulturgeschichte als Komplementärphänomen zur beschleunigten Modernisierung und Veränderung der Lebenswelt beschreibt: «Ich behaupte, daß die hier überlieferten kleinen Züge schon jetzt eine kulturhistorische Bedeutung haben und nach abermals fünfzig Jahren ganz gewiß» (1878, S. 384). Mit Recht erscheint hier die «Kulturhistorie» als Genre der Zukunft. Sie wird in dem Maß attraktiv, in dem ihre Gegenstände veralten. Im gegebenen Beispiel: Komplementär zum rasanten Urbanisierungsprozeß und der Entwicklung Berlins zur Industriemetropole entsteht als Topos das immer nuanciertere, immer reicher «kolorierte» Bild des «alten Berlin».

Auf die publizistischen Erfolge der Kulturgeschichte reagierte der Tübinger Historiker Dietrich Schäfer in seiner Antrittsvorlesung «Das eigentliche Arbeitsgebiet der Geschichte» (1888) mit einer kompromißlosen Verteidigung der Zentralstellung der politischen Geschichte als Geschichte des Staates, der sich alle «Seitenwege» unterzuordnen hätten. In dem Einspruch, den dagegen der Nationalökonom Eberhard Gothein in seiner Schrift «Die Aufgaben der Kulturgeschichte» (1889) erhob, kündigte sich der Streit an, der in den neunziger Jahren anläßlich des Erscheinens der ersten fünf Bände der «Deutschen Geschichte» (1891–1895) des Leipziger Historikers Karl Lamprecht ausbrach. In Reaktion auf die vernichtende Kritik, die sein Werk erfahren hatte, erläuterte Lamprecht seine kulturhistorische Methode in einer Weise, die von seinen Kollegen eine völlige Umorientierung der Disziplin verlangte. Der Untertitel seines großen Aufsatzes «Was ist Kulturgeschichte?» (1897) lautet: «Beitrag zu einer empirischen Historik». Auf der letzten Seite dieser Schrift findet sich eine ironische Verabschiedung der älteren Kulturgeschichte als «Archäologie des Bricà-Brac» (S. 327).

Damit war der Anspruch umrissen: zum einen die Abkehr von der populären Kulturgeschichte des Details, zumal der «Gemälde» und der «mosaikartigen Zusammenfassung des Zuständlichen»

(S. 297), zum anderen die Aufwertung des «Seitenweges» zum Zentrum der gesamten Geschichtswissenschaft. Seine Kritik am «Individualismus» und «Idealismus» der klassischen politischen Geschichtsschreibung formuliert Lamprecht im Horizont der Dichotomie von «alter» Individualpsychologie und «junger» Sozialpsychologie. Gegen das «Singuläre» des aus sittlichem Antrieb handelnden einzelnen setzt er das «Reguläre», das erst aus der Perspektive des «kollektivistischen» Menschen als historisches Gattungswesen hervortritt: «Die Ideen, welche mächtige Persönlichkeiten vorwärts schieben, sind nichts als die Richtungen des psychischen Gesamtorganismus einer Zeit und eines geschichtlich abgegrenzten Teils der Menschheit» (S. 291).

Lamprecht beruft sich bei dieser «sozialpsychischen» Fundierung der Kulturgeschichte auf die Psychologie Wilhelm Wundts, aber auch auf die kulturgeschichtlichen Ansätze des 18. Jahrhunderts, vor allem auf Herder. Resolut bindet er dabei den aus dem Universalismus der Aufklärung übernommenen Begriff der «Menschheit» an die «Nationen» als die geschichtlichen Träger von deren «Vergesellschaftung». Die «Nation» rivalisiert so mit der großen Persönlichkeit und dem Staat um das Zentrum der Geschichte. Denn die sozialpsychischen Faktoren, unter denen sie sich herausbildet (Wirtschaft, Recht, Sitte, Mythologie, Kunst etc.), sind wie die natürlichen (Klima, Bodenbeschaffenheit, Raumverhältnisse etc.) nicht lediglich als Bedingungen, sondern als «Ursachen für die geschichtliche Abwandlung» gefaßt. Die «individualistische», «analytische» Methode der Politikgeschichte ordnet Lamprecht damit der «kollektivistischen», «synthetischen» Methode der Kulturgeschichte ausdrücklich unter: «sie allein bringt die Entwicklungsideen in kontinuierlich kausalen Zusammenhang; sie allein gibt die rationale Seite der Geschichte wieder. Erst wo das Reich des Rationalen aufhört und das Reich des für uns Irrationalen, des praktisch freien Willens anfängt, tritt als eine Ergänzung gleichsam der kollektivistischen Methode, die individualistische ein» (S. 269).

Nicht allein dieser Hegemonialanspruch und der Materialismusverdacht gegen eine Kulturgeschichte, die die «reale» und die «ideelle» Kultur zugleich umfassen und als Einheit darstellen wollte, bestimmten die Reaktionen der Historiker. Entscheidend befördert wurde der Streit durch Lamprechts Überführung des synthetischen Anspruchs der Kulturgeschichte in eine Kulturzeitalter-Lehre, die er mit Verweis auf seine Studien zur deutschen Geschichte als gesetzmäßige, in perfekter Synchronizität von «materieller» und «ideeller» Entwicklung glaubte formulieren zu können. Die «Deutsche Geschichte», die dem Entwurf der Kulturgeschichte als «Wissenschaft des sozialpsychischen Gesamtverlaufs» (S. 327) ein empirisches Fundament sein sollte, wurde von den Historikern «abgeschlachtet». Die nicht eben subtile Methodologie Lamprechts, die von den zeitgenössischen Debatten um das Verhältnis der Geistes- und Kulturwissenschaften zu den Naturwissenschaften kaum Notiz nahm, kam ihnen dabei entgegen. Doch war der eindeutige Ausgang des Streits ein Pyrrhus-Sieg der politischen Geschichte. Weder hatten Lamprechts Kritiker erkannt, daß dieser mit unzulänglichen Mitteln und überzogenen Ansprüchen Probleme aufwarf, denen sie sich auch ohne Lamprecht hätten stellen müssen. Noch setzten sie sich mit der vorwärtsweisenden Praxis organisierter Interdisziplinarität auseinander, die Lamprecht an seinem Leipziger Institut praktizierte. Gerade weil die Abfuhr so eindeutig ausfiel, verzögerte sie in Deutschland nachhaltig die Herausbildung sozialhistorischer, strukturgeschichtlicher und mentalitätsgeschichtlicher Methoden.

Karl Lamprecht hat gelegentlich Jacob Burckhardts «Kultur der Renaissance in Italien» (1859) als eines der methodischen Vorbilder für seine «Deutsche Geschichte» und ihren Versuch bezeichnet, die Summe aller sozialpsychischen Faktoren als «Einheit» darzustellen. Indessen stand die Kulturgeschichte Burckhardts in Opposition nicht nur zur Ereignisgeschichte und zum Individualitätsprinzip des Historismus, sondern auch in Distanz zu jeder Fortschrittskonzeption. Die Geschichte ist ihm eine Sphäre, an die nicht Glücks-, sondern allein Erkenntnisansprüche zu richten sind. Im Ton unpolemisch, ist der Antipositivismus und Antihistorismus Burckhardts eher mit Nietzsches Kritik der antiquarischen Geschichtsschreibung als mit Lamprechts Zukunftsgewißheit verwandt. Programmatische methodologische Plädoyers für die Kulturgeschichte findet man bei ihm kaum. Doch hat er in der Einleitung zu seiner «Griechischen Kulturgeschichte» (1898–1902) einige Grundsätze formuliert, die für sein Werk insgesamt gelten.

Nur auf den ersten Blick ist in dem Anspruch, «die Geschichte der griechischen Denkweisen und Anschauungen zu geben», ein geistesgeschichtliches Programm formuliert. Denn erst mit der Erkenntnis der «lebendigen Kräfte, der aufbauenden und zerstörenden, welche im griechischen Leben tätig waren» (1898, S. 2), ist der gesamte Horizont von Burckhardts Kulturgeschichte umrissen. Der «Geist» ist darin nicht allein Träger von Ideen, sondern lebendiges innerweltliches Prinzip der Geschichte, auf das jene Quellen die besten Rückschlüsse erlauben, die *nicht* als Medien der Überlieferung historischer Ereignisse intendiert und verfaßt sind. Ebendas aber gilt für die Denkmäler der Kunst und Literatur, der sich die Kulturgeschichte mit besonderer Aufmerksamkeit zuwendet: «Sie geht auf das Innere der vergangenen Menschheit und verkündet, wie diese war, wollte, dachte, schaute und vermochte» (S. 3).

In Sätzen wie diesen, die dem Denken die Affekte, Wahrnehmungsformen und praktisch-weltgestaltenden Kapazitäten zuordnen, verpflichtet Burckhardt die Kulturgeschichte auf die Frage nach dem «ganzen Menschen», wie sie die Anthropologie des 18. Jahrhunderts gestellt hatte. Zentrale Motive wie der Abschied von der heiteren Antike in der Darstellung der Griechen oder die Herausbildung der modernen Individualität in der italienischen Renaissance gewinnen dadurch ihre Konturen (vgl. Siebert 1991, S. 82 ff.). Nicht zuletzt in der Aufmerksamkeit, mit der Burckhardt Phänomene wie die Angst – sie gilt ihm als Urgrund der Religion –, den Aberglauben und die Weissagungen als Handlungsmotive ins Auge faßt, erfüllt er diese Verpflichtung.

Auf die anthropologische Fundierung des «Geistigen» ist die Formel rückzubeziehen, mit der er den Gegenstand der Kulturgeschichte umschreibt: «dasjenige Tatsächliche, das wir suchen, sind die Denkweisen, die ja auch Tatsachen sind» (Burckhardt 1898, S. 2). Dieser Einspruch gegen den Empiriebegriff des Positivismus ist aufs engste mit der Distanzierung vom «Momentanen» und vom Individualismus der Ereignisgeschichte verbunden. Das Geistige, die «Denkweise», steht in Opposition weniger zum Materiellen als vielmehr zum *einzelnen*, zum isolierten Faktum, das dem «antiquarischen Wissensstoff» einverleibt wird (S. 3). Die Privilegierung des sich Wiederholenden gegenüber dem Einmaligen, durch die Burckhardt zu einem der Vorläufer für die Geschichtsschreibung der *longue durée* wird, ist bei ihm stets auf diese Überordnung des Geistigen als des bedeutungsstiftenden Allgemeinen über das Ereignis bezogen.

Charakteristisch für Burckhardts Antipositivismus ist, daß er die «kulturhistorischen Tatsachen» nicht als Ausgangspunkt einer Rekonstruktion definiert, sondern als Material einer Konstruktion, die die Quellen in ihren Dienst nimmt. Ausdrücklich betont er gegenüber der antiquarischen und kritisch-historischen Methode die Freiheit der Kulturgeschichte, gruppierend zu verfahren, Akzente zu setzen und die Quellen dem «Sinn für das Proportionale» zu unterwerfen: «Sie hebt diejenigen Tatsachen hervor, welche imstande sind, eine wirkliche innere Verbindung mit unserm Geiste einzugehen, eine wirkliche Teilnahme zu erwecken, sei es durch Affinität mit uns oder durch den Kontrast zu uns» (S. 4).

In seinen «Weltgeschichtlichen Betrachtungen» von 1905 hat Burckhardt geschrieben, «scharfe Begriffsbestimmungen» gehörten in die Logik, aber nicht in die Geschichte. Denn in ihr sei «alles schwebend und in beständigen Übergängen und Mischungen» (S. 293). Die Konsequenz, mit der er den möglichst festen und geschlossenen Begriffen der Philosophie die möglichst «flüssigen» und «offenen» der Geschichte gegenüberstellt, prägt seine berühmte Potenzenlehre. Zwei der drei grundlegenden Kräfte, die den Verlauf der Geschichte bestimmen, erscheinen hier als Domänen des Festen, Stabilen, Geschlossenen: Religion und Staat. Ihnen steht die dritte Potenz, die Kultur, als Agentin des Beweglichen, Verflüssigenden, Dynamisierenden gegenüber. Dies freilich nicht in dem Sinn, als seien Religion und Staat der geschichtlichen Veränderung entzogen. Wohl aber so, daß die Unbestimmbarkeit der Kultur weniger als Defizit an Erkennbarkeit denn als produktives Merkmal ihrer Geschichte selbst erscheint. In Burckhardts Konzeption ist dementsprechend die Kulturgeschichte nicht lediglich die Geschichte einer der drei Potenzen. Vielmehr sind Staat und Religion in die kulturhistorische Darstellung des Ganzen einer Kulturepoche integriert.

Die «Kultur der Renaissance in Italien» beginnt mit dem Kapitel über den Staat. Ein eigenes Kapitel zur Kunst der Renaissance enthält sie nicht. Gleichwohl ist die Kulturgeschichte bei Burckhardt eng auf die Kunstgeschichte bezogen. Systematisch pluralisiert er die Quellentypen, die er für die «Griechische Kulturgeschichte» heranzieht, und macht so die Verengung der klassischen Philologie zur reinen Textphilologie rückgängig. Burckhardts Modernität und die bis heute fortwirkende Herausforderung, die von seinen Schriften ausgeht, resultieren freilich nicht allein aus seiner Bestimmung des Gegenstandes der Kulturgeschichte, sondern vor allem aus der Schärfe, mit der er als ihr kardinales Problem das der Darstellung reflektiert. «Von allen Wissenschaften ist die Geschichte die unwissenschaftlichste, da sie am Wenigsten eine sichere, zugestandene Methode der Auswahl besitzt und besitzen kann, das heißt, die kritische Forschung hat eine sehr bestimmte Methode, aber die Darstellung nicht. Sie ist der jedesmalige Bericht dessen, was ein Zeitalter am andern Zeitalter merkwürdig findet» (zit. nach Siebert 1991, S. 117).

Mit diesem Bekenntnis zum «Unwissenschaftlichen» erweist sich Burckhardt als Antipode aller Versuche, die sich verschärfende Spannung zwischen extensiver Empirie und totalisierender Synthese in der Fiktion einer logischen Ordnung der Gegenstände selbst aufzuheben. Durch seine schroffe Ablehnung der Geschichtsphilosophie wie der Konzeption des Fortschritts versperrt er diesen Ausweg.

Bei aller Abstinenz gegenüber strenger Methodologie ist dennoch in seinen knappen Bemerkungen zum Darstellungsproblem der Aufriß einer Methodenlehre enthalten. Die antihistoristische Lizenz zur Konstruktion der dargestellten aus den Bedürfnissen der darstellenden Epoche ist eng an den Begriff der Krise gebunden. Denn Krisenphänomene finden nicht lediglich auf der Ebene des Dargestellten die besondere Aufmerksamkeit des Kulturhistorikers Burckhardt. Das Gegenwartsbewußtsein, aus dem heraus er die Umrisse der Geschichtsschreibung entwirft, ist vom Begriff wie von virtuellen Bildern der Krise bestimmt. Sie ist als plötzliche Entwertung des landläufig «Faktischen» und «Tatsächlichen» gedacht, in dem die Allianz von Historismus und Positivismus ihr Fundament hat. In der

Krise, die Burckhardt als Phänomen der unaufhaltsamen Beschleunigung apostrophiert, bricht mit den «Bergeslasten archivalischer Forschungen» die Selbstgewißheit der politischen Geschichte zusammen, und es schlägt die Stunde der Kulturgeschichte. Diese verfährt wie die Krise selbst: Sie scheidet das Bedeutende vom Unbedeutenden und rettet so die Geschichte in die Sphäre der Ideen. Aus dieser Konstellation resultiert die Schärfe, mit der Burckhardt das Darstellungsproblem der Kulturgeschichte formuliert: als Programm der Rettung der Geschichte in ihr unzerstörbares Bild.

Lange Zeit galt unter Historikern die antiquarische Kulturgeschichte des 19. Jahrhunderts als uninteressanter Dilettantismus, Lamprechts Entwurf der Kulturgeschichte als totgeborenes Kind und Jacob Burckhardts Werk als so singulär und zudem so literarisch, daß sich aus ihm konzeptionelle Bestimmungen der Kulturgeschichte kaum gewinnen ließen. Befördert vom internationalen Aufschwung der Mentalitätengeschichte, aber auch der Mikrohistorie, der Alltagsgeschichte, der Neuorientierung der Ideengeschichte sowie der Herausforderung der Historiographie durch die Diskursanalyse, ist in jüngerer Zeit das Interesse an der Kulturgeschichte rapide angewachsen (vgl. Hardtwig/Wehler 1996, Hardtwig 1997). Nicht selten erfolgen dabei die Rückgriffe auf Traditionen der Kulturgeschichte im Interesse einer Neubestimmung der Geschichte als «historischer Kulturwissenschaft» (Oexle 1996). Auch das Werk Karl Lamprechts ist in diesen Prozeß der Differenzierung des Bildes der Kulturgeschichte einbezogen (vgl. Schorn-Schütte 1984, Diesener 1993).

3. Kulturphilosophie

Nach einem berühmten Diktum Hegels beginnt die Eule der Minerva ihren Flug erst mit der einbrechenden Dämmerung (1821, S. 28). Für die Kulturphilosophie gilt das in einem prägnanten Sinn. Sie kommt in dem Moment auf, als die Gestalten, in denen sich das kulturelle Leben bisher zeigte, alt geworden sind und Ermüdungs- wie auch Verdüsterungserscheinungen offenbaren. War der Kulturbegriff seit der Antike bis in den deutschen Idealismus und seine wilhelminische Ideologisierung hinein im wesentlichen von organologischen und religiösen Vorstellungen geprägt, so erscheinen im Dämmerlicht des *fin de siècle* die beiden ursprünglichen Bedeutungen von «cultura», Ackerbau und Kultus (vgl. Böhme 1995), als überlebt. Der Modernisierungsschub der technisch-industriellen Revolution, der alle Kulturbereiche umwälzte, versetzt den urbanisierten und von seinen Apparaten umgetriebenen Menschen in den Zustand einer «transzendentalen Obdachlosigkeit» (Lukács 1916, S. 32). Für die Verkünder des verfallenden Säkulums gilt es als ausgemacht, daß es auch in den Werken der Kunst keine verläßlichen Bedeutungen, keine weltanschauliche Zuflucht mehr gibt. Selbst die Worte der Sprache sind – wie Hofmannsthals *Chandos*-Brief eindringlich darlegt – vermodert. Ein ungebrochenes Bekenntnis zum natur- und glaubensverwurzelten Leben erscheint demgegenüber illusorisch; «Kultur» ist selbst zu einem Industrieprodukt geworden, zum Kitsch, der dem entzauberten Dasein falschen Glanz verleiht. In dieser Situation, da die Grundlagen des alten Kulturbegriffs erschüttert sind und die Suche nach seiner neuen Fundierung zur Existenzfrage wird, beginnt der steile Aufstieg der Kulturphilosophie. Pünktlich zur Jahrhundertwende taucht der Terminus erstmals auf (Stein 1900).

Er ist von vornherein nicht, wie das Kompositum suggerieren könnte, die Bezeichnung für einen bestimmten Zweig der Philosophie. Kulturphilosophie ist – quer zur fachwissenschaftlichen Spezialisierung – der Sammelbegriff für diverse Bestrebungen, das Überlebtsein des alten Kulturverständnisses zu erklären und die Möglichkeiten einer Revitalisierung unter gewandelten Bedingungen zu erörtern. Diese Bestrebungen haben zwei Hauptwurzeln: zum einen die in der Nachfolge Nietzsches, Diltheys und Bergsons stehende Aufwertung des Erlebens gegenüber dem Erkennen, zum anderen die phänomenologischen und neukantianischen Ansätze zur Bestimmung der Werthaftigkeit kultureller Phänomene in Abgrenzung zu derjenigen naturwissenschaftlicher Objekte. Beide Zweige vereint das gemeinsame Anliegen, gegenüber der deduktiven Logik der Naturwissenschaften die eigensinnige Logik des kulturellen Lebens hervorzukehren. Nicht auf Generalisierbarkeit und Gesetzmäßigkeit zielten die Begründungsversuche der Kulturphilosophie, sondern auf Individualität und Ereignishaftigkeit. Um diesem Anliegen ein Forum zu geben, vereinen sich die unterschiedlichsten Denker unter einem publizistischen Dach: der 1910 von Georg Mehlis gegründeten, seit 1912 gemeinsam mit Richard Kroner herausgegebenen Zeitschrift «Logos». Der Untertitel «Internationale Zeitschrift für Philosophie der Kultur» distanziert sich von der allgemeinen Tendenz zum Nationalismus. Und die editorischen Richtlinien postulieren analog dazu die Unabhängigkeit vom Territorialdenken der Expertenkulturen. Beide Grenzüberschreitungen, die geographische und die akademische (vgl. Kramme 1997), sind zu jener Zeit, die auf den Ersten Weltkrieg und eine zweckrationale Positivierung der Wissenschaften zutreibt, keineswegs selbstverständlich. Dennoch findet das Unternehmen, das im Editorial der ersten Ausgabe ausdrücklich erklärt, «keine bestimmte philosophische Richtung und vollends keine Schule» vertreten zu wollen, von Beginn an prominente Beiträger. Deren Spektrum reicht von dem Religionshistoriker Ernst Troeltsch und dem Lebensphilosophen Rudolf Eucken, der 1908 den Literaturnobelpreis erhalten hatte, über den Begründer der philosophischen Phänomenologie, Edmund Husserl, und die Neukantianer Wilhelm Windelband und Heinrich Rickert bis hin zu dem Soziologen Max Weber, der mit seinem Postulat der Wertfreiheit der Wissenschaften positivistischen Grundsätzen schon wieder nahekommt. Will man aus diesem breiten Spektrum ob der hier gebotenen Kürze einen Vertreter herausheben, so muß die Wahl auf Georg Simmel fallen, der die tragische Grundhaltung der Kulturphilosophie in ihrer Begründungsphase eindringlich artikuliert und damit einen Denkstil antizipiert, der später zur regelrechten Modeerscheinung wird.

Schon seine akademische Außenseiterrolle macht ihn zum Repräsentanten der Kulturphilosophie, für die Dissidentenschicksale geradezu die Regel sind. Diese Außenseiterrolle ist freilich in einem Denken begründet, das sich den Diskurskonventionen der schulphilosophischen Zunft entzieht. Und das hat diese ihm heimgezahlt. Simmel bekam die höheren akademischen Weihen erst spät verliehen. Er war 56, als er endlich eine ordentliche Professur in Straßburg erhielt, nachdem er an der Berliner Universität, wo er als Extraordinarius für Soziologie eine große Zuhörerschaft in seinen

Bann zog, bei Berufungen immer wieder übergangen wurde. Dies hat nicht verhindern können, daß er Anreger und Stichwortgeber für zahlreiche Kulturphilosophen wurde, die gleich ihm meist Grenzgänger sind: Simmels Einflüsse sind bei Benjamin, Adorno und Horkheimer, Bloch, Cassirer, Gehlen, ja auch bei Lévi-Strauss, Bourdieu und Clifford Geertz nachweisbar. Doch kaum einer der Genannten hat sich zu dieser Quelle seiner Begriffe oder Denkmotive bekennen mögen. Erst heute findet Simmel allmählich günstigere Rezeptionsbedingungen (vgl. Lichtblau 1997).

Aktuell erscheint er seinen heutigen Lesern vor allem aufgrund seines antisystematischen Duktus. Die Forderung unserer Gegenwart nach einer performativen Wende der Geisteswissenschaften, die sich nicht mehr nur als Beschreibung kultureller Gegenstände, sondern selbst als kulturelle Praxis verstehen sollen, hatte Simmel bereits vorweggenommen und für sich erfüllt. Nicht «Kulturphilosophie», sondern «Philosophische Kultur» nennt er denn auch, die disziplinäre Fachbestimmung in eine Eigenschaft, eine Gestik transformierend, seine bedeutendste Essaysammlung. Im Vorwort schreibt er: «die Ergebnisse dieser Bemühungen mögen fragmentarisch sein, die Bemühung ist es nicht» (1911a, S. 166). Wie diese Haltung sich in seiner Denkbewegung niederschlägt, wird in mikrologischen Studien deutlich, die sich konkreten Phänomenen widmen: «Das Abenteuer», «Die Mode», «Die Koketterie», «Der Henkel», «Die Ruine» – so lauten einige der Überschriften in dem Buch. Gerade solche Versenkungen ins einzelne aber führen bei Simmel zu grundsätzlichen Reflexionen. Sie kulminieren in dem vieldiskutierten programmatischen Aufsatz «Der Begriff und die Tragödie der Kultur» (1911b).

Der ursprünglich im zweiten Jahrgang von «Logos» erschienene Essay ist selbst wie eine Tragödie aus fünf gedanklichen «Akten» aufgebaut. In seiner Exposition behauptet Simmel einen Urdualismus aller Kultur. Dieser bestehe einerseits in «der strömenden Lebendigkeit» des kulturschaffenden Impulses: Ein von persönlichen «Keimkräften» motivierter Weg der «Seele zu sich selbst» führe zur Hervorbringung von «Kulturwerten». Auf der anderen Seite gerinnt diese kulturschaffende Bewegung zur Festigkeit von «Sachwerten», die sich jener Lebensbewegung entgegenstellen (S. 395).

Simmel entwickelt diesen Konflikt bis zu seiner Peripetie, dem Scheitelpunkt des klassischen Dramas, indem er feststellt, daß zwar ohne Verdinglichung, d. h. ohne die grundsätzliche Entfremdung der Sachwerte von den Kulturwerten, gar keine Kultur existieren kann, dieses Dilemma sich aber in der Moderne zunehmend verschärft: Die Akkumulation und die Umsatzgeschwindigkeit der Kulturgüter steigert sich unaufhörlich, was dem Zweck, in dessen Namen sie geschaffen wurden, mehr und mehr entgegenwirkt. Das Individuum findet im kulturellen Überangebot nicht mehr zu sich selbst, sondern wird zunehmend aus der Bahn geworfen.

Dramaturgisch effektvoll führt Simmel die wissenschaftlichen Belege für seine These just an dieser Stelle seiner Gedankenführung an, wo sie nur noch als spannungssteigernde Verzögerung in einem unweigerlich auf die Katastrophe zusteuernden Szenario erscheinen können. Die schon von Marx beschriebenen Phänomene der entfremdeten Arbeit und des Fetischcharakters der Ware, die Tendenz einer positivistisch übersteigerten Philologie zum Pedantismus, die Verselbständigung der künstlerischen Techniken gegenüber dem Dargestellten, die Symptome einer allgemeinen Neurasthenie schließlich, das unfruchtbare, inhaltsleere «Angeregtsein» des modernen Kulturmenschen (S. 415) – all das sind für Simmel keine kurierbaren Erscheinungen, sondern der Schlußakt einer Tragödie, die unvermeidlich ist, weil sie zum immanenten Bewegungsgesetz der Kultur gehört. Ganz im Sinne der klassischen Ästhetik definiert Simmel:

> «Denn als ein tragisches Verhängnis – im Unterschied gegen ein trauriges oder von außen her zerstörendes – bezeichnen wir doch wohl dies: daß die gegen ein Wesen gerichteten vernichtenden Kräfte aus den tiefsten Schichten eben dieses Wesens selbst entspringen; daß sich mit seiner Zerstörung ein Schicksal vollzieht, das in ihm selbst angelegt und sozusagen die logische Entwicklung eben der Struktur ist, mit der das Wesen seine eigene Positivität aufgebaut hat. Es ist der Begriff aller Kultur, daß der Geist sich ein selbständig Objektives schaffe, durch das hin die Entwicklung des Subjektes von sich selbst zu sich selbst ihren Weg nehme; aber eben damit ist jenes integrierende, kulturbedingende Element zu einer Eigenentwicklung prädeterminiert, die noch immer Kräfte der Subjekte verbraucht, noch immer Subjekte in ihre Bahn reißt, ohne doch

diese damit zu der Höhe ihrer selbst zu führen: die Entwicklung der Subjekte kann jetzt nicht mehr den Weg gehen, den die der Objekte nimmt; diesem letzteren dennoch folgend, verläuft sie sich in einer Sackgasse oder in einer Entleertheit von innerstem und eigenstem Leben» (S. 411).

Es ist bemerkenswert, daß dieser aussichtslose Befund Jahre *vor* jenem Ereignis formuliert wurde, das die Selbstzerstörungstendenz der abendländischen Kultur auf die Spitze trieb. Simmel, der wie viele jüdische Intellektuelle anfangs die patriotische Begeisterung der Deutschen im Ersten Weltkrieg teilte, bis er sich angesichts des historisch ersten industriell betriebenen Massentötens entschieden distanzierte, hatte damit jene Diagnose vorweggenommen, die erst in den zwanziger Jahren die Kulturphilosophie zu einer Modeerscheinung machen sollte, nämlich die schockhafte Erfahrung, die Paul Valéry stellvertretend für seine Generation in die Worte faßte: «Wir Kulturvölker, wir wissen nun, daß wir sterblich sind» (zit. bei Konersmann 1996b, S. 9). In der Tat kann die Erfahrung des Ersten Weltkriegs als der eigentliche Anlaß für die Verbreitung von Kulturphilosophie angesehen werden. Sie tritt damit in ihre zweite, populäre Phase.

Diese Popularität geht allerdings auf Kosten der urspünglich kritischen Haltung gegenüber den Tendenzen, die in die Katastrophe geführt hatten. Exemplarisch für diese Wendung ist Oswald Spenglers «Untergang des Abendlandes», ein Werk, das wie Simmels Tragödienaufsatz bereits vor dem Ersten Weltkrieg entstanden war, nun aber, zum Kriegsende erst, erscheint – gerade rechtzeitig, um den verhinderten deutschen Helden einen Mythos nachzureichen, der die Niederlage erträglich machen sollte. Während Simmel *in* der kulturellen Dynamik die Tendenz zur zivilisatorischen Entfremdung ausmachte, spielt Spengler simpel kontrastiv die germanisch-urwüchsige «Kultur» gegen die welsch-verweichlichte «Zivilisation» aus. Die Tragödie der Kultur wird zu einem chauvinistischen Untergangs-Tremolo vereinfacht, das von diffusen Ressentiments gegen alles Fremde, nicht Bodenständige getragen ist. In der Tat verdrängt dieser regressivmorphologische, aus Kompensationsbedürfnissen genährte Kulturbegriff zunehmend den skeptischen und bildungstheoretisch orientierten der vorangegangenen

Phase (vgl. Litt 1919-24). Er entspricht den neuen politischen Tendenzen, die schließlich dazu führen, daß der «Logos» 1933 sein Erscheinen einstellen muß. An die Stelle der «Internationalen Zeitschrift für Philosophie der Kultur» rückt nun bis 1944 die «Zeitschrift für deutsche Kulturphilosophie».

Seriöse, von Demagogie freie Kulturphilosophie kann fortan nur noch im Exil betrieben werden. Zu den wichtigsten Vertretern dieser Phase gehört Ernst Cassirer, der 1923 bis 1929 bereits mit seiner «Philosophie der symbolischen Formen» eine umfassende Theorie der geistigen Ausdrucksformen vorgelegt hatte. Darin wurden die Bereiche der Kultur und ihre Lebensformen (Sprache, Religion und Mythos, wissenschaftliche Erkenntnis) nach den ihnen jeweils eigentümlichen Funktionsprinzipien analysiert, in ihrem Ensemble aber wiederum als ein organisches Ganzes gesehen (vgl. unten Kap. II, 4). Die symbolischen Formen erscheinen Cassirer als anthropologische Strukturprinzipien, die den Menschen durch alle historischen Variationen hindurch zur Selbstbefreiung führen. Es ist bemerkenswert, daß just ein Betroffener wie er, der 1933 Deutschland verlassen mußte, eine solch optimistische Perspektive eröffnet. Diese versucht er nicht zufällig in einer während des Zweiten Weltkriegs geschriebenen Replik auf Simmels Tragödienaufsatz zu begründen. Zwar stimmt Cassirer mit Simmel darin überein, daß der Gegensatz der kulturellen Grundtendenzen von «Erhaltung» und «Erneuerung» zu immer größeren «inneren Spannungen» führt. «Dennoch», schreibt er, «wird dieses Drama der Kultur nicht schlechthin zu einer ‹Tragödie der Kultur›. Denn es gibt in ihm ebensowenig eine endgültige Niederlage, wie es einen endgültigen Sieg gibt. Die beiden Gegenkräfte wachsen miteinander, statt sich wechselseitig zu zerstören» (1942c, S. 123). An diese Sichtweise läßt sich freilich konstruktiver anknüpfen als an die Untergangsszenarios Simmels oder Spenglers. Cassirer ist folglich der Kulturphilosoph, der im akademischen Bereich heute die nachhaltigste Wirkung erzielt (vgl. Frede/Schmücker 1997).

Im Exil formierte sich auch die Kritische Theorie des nach New York emigrierten Frankfurter Instituts für Sozialforschung. Mit ihrem dezidiert praxisbezogenen Ansatz ist sie aber nicht im engeren Sinn als Kulturphilosophie anzusehen und wird daher in einem eigenen Abschnitt (Kap. II, 6) behandelt. Aus der Sicht der Institutsmitglieder steht alles, was nach dem Krieg unter Kulturphilosophie firmiert, sich also vor dem Hintergrund der absoluten Barbarei noch zutraut, den Kulturprozeß als sinnhaft zu deuten, im Verdacht einer intellektuellen Teilhabe an der Verdrängung des Unheils. Dieser Vorwurf zielt – um abermals einen Protagonisten herauszugreifen – insbesondere auf einen Wertkonservatismus, wie er von Arnold Gehlen vertreten wurde. Gehlen, der nach einer ästhetizistischen Frühphase 1933 zum Parteigänger der Nazis geworden war und nach dem Krieg an einer autoritären Ausrichtung festhielt, stellte ins Zentrum seiner Kulturphilosophie eine Institutionenlehre. Ihm zufolge braucht der Mensch Insitutionen, da seine Instinkte im Gegensatz zu denen des Tiers nicht stark genug ausgeprägt sind, um sich in der Natur zurechtzufinden: «aus eigenen Mitteln und eigentätig muß der Mensch *sich entlasten, d. h. die Mängelbedingungen seiner Existenz eigentätig in Chancen seiner Lebensfristung umarbeiten*» (1940, S. 25). In dieser Tendenz zur institutionellen Entlastung sieht Gehlen keine problematische Entfremdung von der Natur, sondern vielmehr die Erfüllung ihres genuinen Zwecks, da der «Mensch von Natur unmittelbar zugleich ein Kulturwesen ist» und daher «sich seine Natürlichkeit außerhalb seiner kulturformenden Energie gar nicht fassen läßt» (1958, S. 91). Die gänzlich kulturalistische Deutung der Natur des Menschen schlägt freilich in eine naturalistische Deutung der Technik um, wenn Gehlen von dieser nicht nur sagt, sie fungiere als prothetische Erweiterung der menschlichen Organe, sondern sie dringe «in sein Blut ein» (1953, S. 102). Damit entzieht er die Technik der Vernunftkritik. Zwar sieht auch Gehlen die Destruktivität der modernen Techniken und hält insbesondere die allgemeine Beschleunigungstendenz für problematisch. Er glaubt aber, daß sie unabänderlich ist und das für die menschliche Kultur angemessene Tempo sich letztlich auf ein bestimmtes Niveau einpendeln, die Kultur insgesamt also sich stabilisieren werde, wenn die Menschen nur der Autorität der Institutionen vertrauten und sich von ihnen «züchten» ließen (1940/44, S. 64).

Kaum eine der wertkonservativen Stagnationsprognosen Gehlens traf ein. So war es ihm noch in den fünfziger Jahren – im Sinne der Erwartung, daß eine wesentliche Beschleunigungssteigerung nicht drohen werde – unvorstellbar, daß Menschen jemals zum Mond und zurück fliegen könnten oder daß man von einer «Synthese lebender Materie» weniger weit entfernt sei als zu Beginn des 19. Jahrhunderts (1953, S. 103). Gehlen glaubte so fest an seinen Grundgedanken einer «kulturellen Kristallisation», daß auch der Ost-West-Konflikt, den er als Stabilisierung von institutionalisierten Ideen ansah, ihm unvermeidbar endgültig erschien und die Aussicht, daß die ärmeren Länder sich eine eigene, dritte Ideologie schaffen würden, völlig unmöglich (1961b, S. 316, 322). Rückblickend also fällt auf ihn selbst zurück, was er anderen Kulturtheoretikern, insbesondere Marx, Nietzsche und Freud, als «große Schlüsselattitüde» vorgeworfen hatte, mit dem mahnenden Hinweis: «Die Wirklichkeit fügt sich nicht dem Ideal» (S. 313, 316).

Eine Prophezeiung Gehlens hat gleichwohl Karriere gemacht, da sie den Nerv der Zeit traf: die «Voraussage, daß die Ideengeschichte abgeschlossen ist, und daß wir im Posthistoire angekommen sind». Während allerdings Gehlen daraus den konservativen «Rat, den Gottfried Benn dem einzelnen gab, nämlich ‹Rechne mit deinen Beständen›» ableitete (S. 323), nahm ihn die postmoderne Kulturphilosophie konträr dazu als Aufforderung zur rückhaltlosen Normativitätskritik. Einer ihrer einflußreichsten Vertreter ist Clifford Geertz. Der amerikanische Anthropologe, der ausgehend von eigenen ethnographischen Feldforschungen in Indonesien und Marokko dem Verhältnis von Symbolsystemen und kulturellem Wandel nachgeht, versteht seinen Ansatz als «Anti-Antirelativismus» (1984). Er wirft den dezisionistischen, sich auf naturhafte Normen berufenden Kulturphilosophen vor, daß sie nur Ressentiments befestigten. Doch seine eigene Gegenposition, die für eine «Dezentrierung von Perspektiven» plädiert, ist nicht frei von der bei anderen monierten Tendenz: Indem Geertz Kulturen als je spezifische semiotische Bedeutungsgewebe beschreibt – wobei er sich auf den Symbolbegriff S. Langers in Abgrenzung zu demjenigen Cassirers stützt (1973, S. 49 f.) –, unterstellt er dem eigenen Instrumentarium eine von den raumzeitlichen Bedingungen des eigenen Forschungsinteresses unabhängige Existenz. Gerade die vermeintlich ideologiefreie Betrachtung der immanenten Logik fremder

Symbolsysteme, wie sie Geertz exemplarisch mit seiner Studie über den «Balinesischen Hahnenkampf» vorlegt, birgt das Problem einer Projektion eigener Leitbilder auf fremde Lebenswelten – ein Problem, das heute in den Diskussionen um eine interkulturelle Kulturphilosophie virulent wird (Mall 1995).

Die gegenwärtige Kulturphilosophie ist denn auch von radikal relativistischen Positionen wieder abgekehrt. Sowohl die anthropologischen (vgl. Korte 1992) als auch die systematischen Neuansätze in der Nachfolge Cassirers zeugen von einem erstarkten Bedürfnis nach Orientierung. So versucht etwa Oswald Schwemmer anhand der Leitbegriffe Handlung und Struktur (1987) eine wissenschaftstheoretische Neubegründung der Kulturwissenschaften im Perspektivenwechsel von Handlungstheorie, Lebenswelttheorie und Systemtheorie zu geben. Ralf Konersmann dagegen betont in Anknüpfung an Odo Marquards umstrittene These die Unvermeidlichkeit der Geisteswissenschaften, die er aber als «kritische Begleitung vitaler Kompensatinsuffizienzkompensationsprozesse» 1996a, S. 348) vor allzu schlichtem Verständnis zu bewahren sucht. Gemeint ist die Rückgewinnung von Orientierungsansprüchen der Geisteswissenschaften im Rahmen einer transdisziplinären Kulturphilosophie, die sich als «Spurenkunde» (S. 352) versteht.

In diese Richtung weisen auch die Beiträge des seit 1993 in neuer Folge erscheinenden «Logos». Das Editorial zum ersten Heft knüpft explizit an die Gründungsgeneration ihrer Vorgängerin an, doch schon der Untertitel «Zeitschrift für systematische Philosophie» macht deutlich, daß der kulturphilosophische Akzent nun wieder stärker auf akademische, weniger auf lebenspraktische Fragen gelegt wird. Der Verzicht auf den Kulturbegriff signalisiert nicht nur in diesem Fall, daß man einem problematischen Erbe zu entkommen sucht. «Nach der wissenschaftlichen Neutralisierung dieses Begriffs», erläutert Herbert Schnädelbach, «kommt die Kulturphilosophie nur dann zum Ziel, wenn sie sich als Element des kritischen Selbstbewußtseins der Kultur begreift, der sie angehört» (1992, S. 325). Sein «Plädoyer für eine kritische Kulturphilosophie» (vgl. auch Grabner-Haider 1995) stellt damit klar, daß Kulturphilosophie heute, wie zur Zeit ihres Ursprungs, nur im Modus der Entgrenzung, nicht als Schulwissenschaft zu betreiben ist.

4. Theorie symbolischer Formen (Ernst Cassirer, Aby Warburg)

Die gegenwärtigen Bemühungen um eine kulturwissenschaftliche Reform der Geisteswissenschaften finden außer in Aby Warburg und Ernst Cassirer wenig bedeutende Anknüpfungspunkte in der Zeit zwischen 1900 und 1933. Denkt man an Jacob Burckhardt, Eduard Meyer, Edward B. Tylor, James George Frazer, Heinrich Wölfflin, Émile Durkheim, Marcel Mauss oder Sigmund Freud und berücksichtigt man ihre historische Durchschlagskraft auf ihren jeweiligen Gebieten – Altertumsforschung und Kulturgeschichte, Religionswissenschaft, Ethnologie, Kunstgeschichte, Soziologie und Psychoanalyse –, dann fällt auf, daß die kulturwissenschaftliche Kunstgeschichte Warburgs und die Systematik der symbolischen Formen Cassirers zwar ebenfalls als bedeutende Leistungen anzusehen sind, doch erst heute ihre Wirkung entfalten.

Ernst Cassirer (1874–1945), Schüler von Georg Simmel und nach seiner Berufung an die Universität Hamburg (1919) in wechselseitiger Nähe zu Warburg arbeitend, hat als Philosoph einen ungleich systematischeren Zugriff auf Probleme der Kulturwissenschaft als Warburg. Cassirer ist einer der führenden Köpfe des Neukantianismus und vollzog die Kantsche Wende von der Ontologie – der Erkenntnis von der Substanz der Dinge – zur Kritik des Erkenntnissubjekts in vielen Wissensbezirken nach. Für eine philosophische Charakteristik des Cassirerschen Neukantianismus ist das Buch «Substanzbegriff und Funktionsbegriff» (1910) gewiß vorrangig; für seine Bedeutung als Theoretiker der Kulturwissenschaft, der Kultursemiotik und Kulturanthropologie indessen sind die dreibändige «Philosophie der symbolischen Formen» (1923–1929) sowie die darauf aufbauenden, im Exil geschriebenen Werke «Zur Logik der Kulturwissenschaften» (1942a) und «Essay on Man. An Introduction to a Philosophy of Human Culture» (1944) wichtiger.

Über die traditionellen Sphären der Kantschen Kritiken hinaus – naturwissenschaftliche Erkenntnis, Moraltheorie, Urteilskraft – erschloß Cassirer für den Kantianischen Ansatz die gesamte Kultur und Geschichte. Dies hat nicht nur mit der dynamischen Entwicklung der historisch-hermeneutischen Wissenschaften im 19. Jahrhundert zu tun, sondern ebenso mit der kulturalistischen Reflexion der naturbezogenen wie gesellschaftlichen Einstellungen, Handlungen und Einrichtungen seit dem 18. Jahrhundert. Es schien, daß es nur ein Apriori geben könne: das historische Apriori der Kultur – und zwar, weil alles, was überhaupt zugänglich ist, es nur deswegen ist, weil es Objekt einer kulturellen Praxis ist, sei diese Physik, Mathematik, Kunst, Mythos, Literatur etc. Dies meint die Formel Cassirers: «Die Kritik der Vernunft wird damit zur Kritik der Kultur» (1923, Bd. 1, S. 11).

Cassirer bezieht sich ausdrücklich auf Giambattista Vico («Nova Scienza», 1725) zurück, der die historische Welt für die Erkenntnisbildung entdeckte und hierfür zwei grundlegende Prinzipien aufstellte: Man erkennt, was man hervorgebracht hat – die Geschichte und ihre kulturellen Artefakte: Denn sie sind nach Entwürfen des Menschen selbst erzeugt. Und weil die Erkenntnis der kulturellen Objekte immer die Erkenntnis des von Menschen Produzierten ist, ist jede kulturelle Erkenntnis selbstreflexiv. Das ist das zweite Prinzip. So sagt Vico, was für die Kulturwissenschaft noch heute Geltung beanspruchen darf, «daß diese historische Welt ganz gewiß von den Menschen gemacht worden ist: und darum können [...] in den Modifikationen unseres eigenen Geistes ihre Prinzipien gefunden werden» (1725, Bd. 1, S. 18). Im Feld der Kultur und Historie fusionieren Objekterkenntnis und Selbsterkenntnis. Aus den Voraussetzungen Vicos zieht Cassirer, zum Zweck der Tieferlegung der Fundamente historischer Kulturforschung, nun kantianische Folgerungen. Es geht ihm darum, die Konstruktionsformen der Kultur zu bestimmen, aus denen die historische Welt hervorgeht. ‹Symbolische Formen› sind im Feld der Kultur und Geschichte das, was für die «Kritik der reinen Vernunft» (1781) die transzendentalen Kategorien und für die «Kritik der praktischen Vernunft» (1788) der kategorische Imperativ ist. Mit der Theorie der symbolischen Formen will Cassirer das Kantische Verfahren zur Erkenntnis der Welt physikalischer Objekte und zur intelligiblen Bestimmung des Willens in der Moral adaptieren und auf dem Feld der Kulturen zur Anwendung bringen.

Cassirer übernahm dafür von Wilhelm Windelband und Heinrich Rickert eine Unterscheidung, die in diversen Formulierungen, seien es es solche von W. Dilthey, G. Simmel, E. Husserl, J. Habermas oder N. Luhmann, bis heute die Differenzierung von naturwissenschaftlicher und kulturgeschichtlicher Erkenntnis trägt: die Unterscheidung von nomothetischer und ideographischer Erkenntnis. Erkenntnisse der Natur und solche der Kultur arbeiten in grundsätzlich verschiedenen Logiken; man kann auch von zwei Registern der Welterschließung sprechen. Geht es einmal um ein gesetzesaufstellendes Verfahren zur Konstruktion des Zusammenhangs der Erscheinungen, so zum anderen um die Typik und Analyse der ideellen Formen, welche der historischen Objektwelt zugrunde liegen und diese als werthaften Sinnzusammenhang hervorbringen. Letzterer ist Gegenstand der Kulturwissenschaft.

Das Verdienst Cassirers ist es, entdeckt zu haben, daß der geschichtlichen Welt – von den einfachsten Kulturen bis zur hochtechnischen Zivilisation – nicht *eine* ‹ideographische› Konstruktionsform, sondern eine Vielzahl wohlunterschiedener symbolischer Formen mit je eigenen Logiken zugrunde liegen. Ihre Einheit ist nicht gesichert. Abstrakt gesehen, und darin gibt es keinen Unterschied zwischen Cassirer und der modernen Kultursemiotik, wird Kultur als komplexes und dynamisches Zeichenagglomerat verstanden, das als solches (a) soziale, (b) materiale und (c) mentale Dimensionen aufweist. Jedes kulturelle Objekt, als Zeichen verstanden, setzt (a) sozial differenzierte Klassen von Zeichenbenutzern voraus: Es gehört (b) zu einer unbestimmt wachsenden Zahl von Zeichen-/Datenmengen in unterschiedlichen technischen Medien (Texte, Bilder, Fotos, Verkehrszeichen, Datenbanken etc.); und es wird (c) durch einen von endlich vielen mentalen Codes generiert. Keine dieser Dimensionen ist überhistorisch, alle sind dynamisch und wandelbar; aber auch keine Dimension ist isoliert, vielmehr hängt jede mit allen anderen zusammen. Damit wird der Kantsche Apriorismus gleichsam historisch, ohne seinen transzendental-konstruktiven Charakter einzubüßen; und zugleich wird der Mannigfaltigkeit historischer Kulturformen die Tür geöffnet, ohne daß der Kantsche Anspruch auf Einheit der Erscheinungen aufgegeben wäre.

Bei diesem Versuch, die geschichtliche Welt aus transzendentalen

Bauformen des Symbolischen zu konstruieren, müssen Schwierigkeiten erwachsen. So kann die von Cassirer angestrebte Balance von Einheit der Vernunft und historischer Mannigfaltigkeit in der Praxis empirischer Forschung kaum gehalten werden. Auch verlaufen historische Prozesse in den drei Dimensionen weder gleich schnell noch homogen, sondern ungleichmäßig, teils widersprüchlich, teils hegemonial, teils ungleichzeitig. Nehmen wir z. B. technische Medien wie die Schrift, den Film oder den Computer. Ihre Erfindung führt jeweils zu sozialen Umschichtungen, oft zu drastischem Verhaltenswandel bei den *Zeichenbenutzern*, sie schafft neue Eliten und Peripherien, neue Partizipationen und Ausschlüsse, antiquiert habituelle Kulturtechniken und privilegiert neue. Über die *Codes* der grundlegenden Medien und der Sinn- wie Wertformen verfügen in der Regel Eliten, die darüber kulturelle Partizipationschancen verteilen, selbst aber oft genug wieder der technischen Dynamik der Medien unterliegen. Die kulturell hegemonialen *Zeichenmengen* wechseln ihre Medialität nicht etwa nach den Entwicklungslogiken wert- und sinnbezogener Codes, sondern nach der Logik technischer Innovationen von Speicher- und Medientechniken sowie den diesen innewohnenden Machtstrategien. Die Dimension von Macht und Herrschaft steht also quer zu den Logiken der symbolischen Formen, wie sie dem Cassirerschen Konzept von Kultur zugrunde liegen. In jedem Fall zeigen sich nicht-lineare und ungleichmäßige Entwicklungen in der Geschichte der symbolischen Formen, die mit dem von Cassirer angestrebten transzendentalen Konstruktivismus nicht ohne weiteres vereinbar sind.

Die konstruktiven Codes bzw. Logiken der Kultur differenziert Cassirer in drei Dimensionen aus: Sprache, Mythos und Kognition (dies bestimmt auch die Einteilung der drei Bände der «Philosophie der symbolischen Formen»). Nicht immer klar ist, ob die Künste eine autonome Dimension innerhalb der symbolischen Formen darstellen, jedenfalls sind sie eine privilegierte Form. Ebenso schwankend ist der Status der Geschichte. Zum einen nimmt sie allen symbolischen Formen gegenüber einen Metastatus ein, weil diese, sosehr sie auf überhistorische Dauer zielen, dennoch «unter dem Heraklitischen Gesetz des Werdens» (Cassirer 1956, S. 177) stehen, also historisch sind. Zum anderen bringen die symbolischen Formen die historische Welt erst hervor, indem sie ihr als Erzeugungsschemata zugrunde liegen; und sie sollen eine interne Entwicklungslogik aufweisen, welche den historischen Ablauf strukturiert: vom Magischen zum Aufgeklärten, vom Glauben zum Wissen, vom Primitiven zum Komplexen.

Die zeitlich-wandelbare Seite der symbolischen Formen verpflichtet den Kulturwissenschaftler dazu, konkrete historische und empirische Arbeit etwa an den sprachlichen Ausdrucksformen und Zeugnissen, an den magischen Praktiken, den Kulten und mythischen Überlieferungen oder an den Wissensstrukturen einer Kultur zu leisten. Entsprechend kann man, besonders in den Bänden 2 und 3 über «Das mythische Denken» und «Phänomenologie der Erkenntnis», aber auch an Einzelstudien wie «Sprache und Mythos – Beitrag zum Problem der Götternamen» (1925) oder «Das Erkenntnisproblem» (1906/07) beobachten, daß Cassirer in beeindruckender Fülle Ergebnisse der empirischen Forschung verarbeitet. Auf der anderen Seite wird alles historische Material zum Beleg für die universalistische Konstruktion von Geschichte überhaupt, welche sich von den magischen Formen der primitiven Kultur bis zu den abstrakten Formen rationalen Erkennens evolutionär ausdifferenziert. Hier wird die Typik von «Mythos/Religion – Sprache/Kunst – Erkenntnis» zum Dreischritt der Universalhistorie in aufsteigender Linie. Damit erweist sich Cassirer als ungebrochener Erbe der aufklärerischen Geschichtsphilosophie, der die dunklen Seiten der Geschichte – der «Tragödie der Kultur», sei's Simmelscher oder Warburgscher Prägung – nicht registriert oder sich ausdrücklich davon absetzt (1942c).

Doch hat Cassirer das Verdienst, für die Kulturwissenschaft die Notwendigkeit einer theoretischen Konstruktion und Vermessung ihrer Felder erwiesen zu haben. Es ist nicht denkbar, z. B. in Fortsetzung der materialen Volkskunde heute die Kulturwissenschaft von vorgefundenen Gegenständen her empirisch bestimmen oder in der Mythenforschung sich auf eine philologische Sammlung und Kommentierung derselben zurückziehen zu wollen. Alle Gegenstände sind konstruiert – und diese Konstruktion hängt von den theoretischen Vorannahmen, den Fragelogiken, den Typologien und Verfahren, vor allem von philosophischen Einsichten in die Grundverfassung kultureller Objekte ab. Cassirer ist gewiß darin Folge zu leisten, daß der Mensch ein *animal symbolicum* ist. Seine Lebenssphäre, die Kultur, konstituiert sich aus differenten symbolischen Prozessen und Formen, sie ist eine *Semiosphäre*, wie man mit dem Kultursemiotiker Jurij M. Lotman sagen kann (1990). Kulturelle Objekte sind keine Dinge der Natur und keine Tatsachen, wie sie die Naturwissenschaften erkennen und hervorbringen. Gewiß, Kultur umfaßt materiale Formationen und Prozesse, weil Kultur auch ein (technisch gesteuerter) Stoffwechselprozeß ist. Ohne diesen und die ihm entsprechende Technik gäbe es kein kulturelles Überleben. Insofern ist und bleibt Kultur abhängig von externen Bedingungen der Natur und vom Entwicklungsstand der nomothetischen Wissenschaften und Techniken. Doch in dem Augenblick, wo ein Stoff, ein Ding, ein materielles Objekt in den Einzugsbereich einer kulturellen Praxis fällt, wird es nicht als Element innerhalb des gesetzlichen Zusammenhangs von Erscheinungen naturwissenschaftlich *konstruiert*, sondern als Zeichen innerhalb kultureller Semiotiken *verstanden*. Cassirer hat diesen Punkt mit aller Energie herausgearbeitet – und er bleibt gültig.

Umstritten mag bleiben, ob kulturelle Semiotiken auf biologischen Prozessen, die wir mit Tieren teilen, basieren oder ihnen entstammen – wie es Cassirer unter Rückgriff auf den Biologen Jakob von Uexküll nahelegt. In dem Augenblick aber, in welchem mit der Magie, der Sprache, dem Mythos und der Erkenntnis nicht nur die Kommunikation und das Selbstverständnis, sondern auch die produktive Auseinandersetzung mit Natur in die Logiken der großen symbolischen Formenkreise tritt, ist in die Naturgeschichte ein neuer Faktor eingetreten, der sich nach eigenen, historischen Regeln entfaltet: solchen der Kultur. Im Verhältnis zur Kultur als sich wandelndes Ensemble symbolischer Formen und Praktiken ist die Dualität von nomothetischen und ideographischen Verfahren, welche die «zwei Kulturen» (Snow 1967, Kreuzer 1969) von Naturwissenschaften und Kulturwissenschaften bestimmt, ein geschichtlich spätes Produkt. Die Naturwissenschaft, und selbst die reine Mathematik, ist nach Cassirer als eine *historische* Praxis zu verstehen, in der symbolisch-mathematische Kalküle mit der Funktion aufgestellt werden, daß sie Wissen mit bestimmten Geltungsansprüchen zu erzeugen vermögen. Dabei zeigt sich immer wieder, daß wissenschaftliche Neuerungen wie die Erfindung der Infinitesimalrechnung oder der Elektrizität aufs engste mit kulturellen Milieus und Praktiken zusammenhängen, in denen sie entstehen. Wissenschaft ist immer (wenn auch nicht nur) Wissens*kultur*. Und insofern sie dies ist, gehört sie selbst zu den Untersuchungsgegenständen einer Kulturwissenschaft, die hier den Status einer Beobachtung und Analyse zweiter Stufe annimmt.

Aby M. Warburg (1866–1929) war gelernter Kunsthistoriker. Doch arbeitete er von seinen Studienjahren an mit einem interdisziplinären Instrumentarium in einem breitgefächerten kulturhistorischen Feld. Als Kulturhistoriker betrieb Warburg Studien zu Lebensstil, ästhetischer Praxis und religiösem Habitus der städtischen Eliten in der Renaissance; zur bild- und lebensstilprägenden Kraft der Antike in Italien und Deutschland; zu künstlerischen Austauschbeziehungen zwischen Nord- und Südeuropa; schließlich zu Wanderungsbewegungen mythologischer, astrologischer und symbolischer Formen vom Vorderen Orient bis nach Italien, Spanien oder Norddeutschland, wodurch diese ‹orientalischen Formen› in den europäischen Renaissancen zu ideographischen Programmen werden konnten.

1895/96 unternahm Warburg eine folgenreiche Amerikareise: Das Studium indianischer Kulturen in New Mexico erweiterten den durch Jacob Burckhardt, Hermann Usener und Karl Lamprecht bereits universal ausgerichteten Horizont des Kunsthistorikers um kulturanthropologische Dimensionen. Die viel spätere Studie über das Schlangenritual der Hopi (1923) ist ein großes ethnographisches Dokument dieses Jahrhunderts und wegweisend für eine an Symbolpraxis orientierte Kulturwissenschaft.

An seinem Lebensende stand das Ausstellungsprojekt «Mnemosyne» (1925–1929). Es sollte ein Atlas des kollektiven, Orient wie Okzident umfassenden Bildgedächtnisses werden, worin Warburg die ikonischen und symbolischen Strukturen der leidenschaftlichen «Pathosformeln» und «gebärdensprachlichen Eloquenz» sowie deren kulturgeographische und historische Wanderungen darzustellen suchte. Dieses Projekt ist ein Initial für die kulturkomparatistische Erforschung des kulturellen Gedächtnisses.

Warburg war ein Erforscher der visuellen Kultur und ebendeswegen ein Gründungsvater der Kulturwissenschaft. Er strebte die Fusion von «Kunstgeschichte und Religionswissenschaft [...] im Laboratorium kulturwissenschaftlicher Bildgeschichte» an (1979, S. 268). Edgar Wind spricht 1931 lakonisch von Warburgs Kulturwissenschaft (S. 401–17). Warburg war indessen ein besessener Forschungspraktiker und ein Theoretiker ohne Theorie. Dies meint zuerst, daß der Kulturwissenschaftler ein Experte «historischer Detektivarbeit» (S. 111) ist, den man dem «Indizienparadigma» zurechnen kann, wie es Carlo Ginzburg (1983) für die historische Forschung aufgestellt hat. In der Kulturwissenschaft gibt es keine reine, sondern nur materiale Theorie. Das unterscheidet Warburg von transzendentalen Kulturphilosophen wie Cassirer oder Systemdenkern von Hegel bis Luhmann. Es darf kein dogmatisches Anwendungsverhältnis von Theorie auf die Gegenstandsebene geben. Jede Theorie muß aus dem Material erarbeitet werden. Das ist eine für die Theorie der Kulturwissenschaft gültige Einsicht.

Die Anregungen einer Kulturwissenschaft auf Warburgs Spuren bestehen aus einer Reihe von *empirischen Forschungsverfahren*, die konsensfähig sind, und bestreitbaren, ‹starken Überzeugungen›, welche, obwohl gerade sie überhistorisch scheinen, teils der Person Warburgs, teils seiner Zeit zukommen.

Gegen «grenzpolizeiliche Befangenheit» (1979, S. 170) geht es Warburg um «Grenzerweiterung» der Fächer, also um Interdisziplinarität bei vorausgesetzter Disziplinarität. Die kulturwissenschaftliche Erweiterung führt zu einer Entprivilegierung der ‹hohen› Künste. Warburg plädiert (wie heute der New Historicism und die Cultural Studies) für eine Öffnung des Quellenkorpus. In diesem sind neben Bild- und Wortquellen aller qualitativen Grade und medialen Formen auch religiöse, ethnische wie soziale Rituale, Lebensstile, habituelle Muster des Agierens und Objekte materieller Kultur prinzipiell «gleichberechtigt». Für eine moderne Kulturwissenschaft heißt dies, daß die Schriftkultur nicht mehr selbstverständlich das privilegierte Feld kulturgeschichtlicher Analysen darstellt und daß Zeugnisse außerhalb der ‹hohen Kultur› unverzichtbar sind für die Entzifferung der kulturellen Physiognomie einer Epoche.

Kulturwissenschaft nach Warburg erweitert also das Quellenkorpus «stofflich» und «räumlich». Ersteres heißt die Erweiterung der Kulturgeschichte um Psychohistorie, Religionswissenschaft, Kulturanthropologie, Geschichtswissenschaft, Kunst- und Medienwissenschaft. Das begründet Interdisziplinarität als Verfahren. Und «räumliche» Erweiterung heißt, daß der Kulturhistoriker z. B. die «Wanderungsbewegungen» von Symbol- und Gedächtnisformen über kulturgeographische Einheiten hinweg ausdehnen muß. Dabei entstehen Grundzüge einer Kulturkomparatistik. Eine übernationale Auffassung Europas ist deswegen bei Warburg selbstverständlich, ja, die Einsicht in seine interkulturelle Verwebung läßt Europa als synkretistische Form erkennen. Europa hat keinen ‹Ursprung›, der Einheit und Homogenität noch in der Differenz garantiert. Gerade in den von Warburg beforschten Schwellenzeiten gibt sich Europa – mit Claude Lévi-Strauss zu sprechen, der heiße und kalte Gesellschaften unterscheidet (1962, S. 309) – als eine ‹heiße›, dynamische, synkretistische Kultur zu erkennen.

Bei aller Quellenvielfalt steht im Zentrum der Kulturforschung Warburgs dennoch das Bild. ‹Bild› meint hier in einem weiten Sinn auch körperliche Performanzen, d. h. stabile, mit Obligation versehene Rituale und Habitus. Sie alle, weil sie eine ‹visuelle Semantik› aufweisen, sind den Bild-Künsten eher ‹abzulesen› als den energetisch weniger gesättigten Schriftzeugnissen der Kultur. Die visuellen Medien bilden ein Archiv «der historischen Psychologie des menschlichen Ausdrucks» (1992, S. 185). Denn die Bildkultur stellt die Mitte dar zwischen der archaischen (noch bilderlosen) Verkörperung der Affekte einerseits, dem theoretisch-abstrakten (wieder bilderlosen) Kalkül andererseits. Von hier aus ist das Konzept der ‹visuellen Kultur› als Transformator historischer Prozesse zu gewinnen.

Hermann Usener, der Begründer der religionsgeschichtlichen Schule, setzte die Anerkennung der Mythenforschung als Teil der Religionswissenschaft durch (1876, 1912–1914). Entsprechend gilt für Warburg, daß er die visuelle Kultur als die Mitte der Kulturforschung propagierte. Er unterbietet strategisch den Wortprimat sowohl jüdischer wie christlicher Theologie und stellt die darunter gelagerten Schichten von Bildpraxis, Kultformen und Lebensstilen in den Mittelpunkt der Forschung. Warburg hat damit Teil an der anthropologischen Wende der Religionswissenschaft, wie sie durch englische (Cambridge School, J. A. Harrison, J. G. Frazer, W. R. Smith) und französische Entwicklungen (D. D. Fustel de Coulanges, Émile Durkheim, Marcel Mauss) oder deutsche Ethnologen und Religionsforscher (Heymann Steinthal, Moritz Lazarus) vorangetrieben wurde. Auf dieser Spur kann auch die heutige Kulturanthropologie fortfahren.

Im Verhältnis zu Usener, zu Friedrich Theodor Vischer und Tito Vignoli, aber auch zu Cassirer und Panofsky (und späteren Ikonologen) ist es die Pointe Warburgs, die Macht und Eigenlogik der Bilder herauszustellen und nicht geistphilosophisch, aufklärungstheoretisch oder evolutionistisch zu überbieten: Dies alles sind Varianten der Dominanz der Sprache in der Deutung kultureller, religiöser, ästhetischer und epistemischer Phänomene. Die Kraft der Bilder wird weder als Idolatrie (Judentum, Christentum) noch als uneigentlicher Modus des Geistes (Platonismus) denunziert. Es ist nicht Ziel der Kulturwissenschaft Warburgs, den Wortsinn aus den Hülsen der Bilder wie Trophäen in die Sphäre des Geistes zu retten. Das wäre ein evolutionistisches Mißverständnis. Mag das Wort einen privilegierten Zugang zum Geiste haben, so steht für Warburg außer Frage, daß der kulturelle Prozeß im Kern nicht durch das Sprach-, sondern das Bildvermögen des Menschen geprägt ist.

Wie sehr Warburg dabei das Gewicht auf die kulturellen Codes des Körpers legt, erkennt man daran, daß er die erwähnte «historische Psychologie des menschlichen Ausdrucks» in die Mitte der Forschung rückt. Warburg meint hiermit die Geschichte der körperlichen Gebärdensprachen und Habitus, also die zu Bildern und Verhaltensmustern geronnenen Ausdrucksgestalten, die ‹in der Mitte› zwischen chaotischen Affektenfluten und ihren kulturellen Sublimationen eine Form gewinnen. Diese nennt Warburg auch «Pathosformeln». Heute werden solche Konstellationen im Rahmen der ‹historischen Anthropologie› untersucht.

Historische Anthropologie ist bei Warburg universalhistorisch ausgerichtet. Darin steckt der Einfluß der Universalgeschichtsschreibung von Vico und Herder über Hegel bis zu Karl Lamprecht sowie eine deutliche Europa-Zentrierung: beides Momente des 19. Jahrhunderts, auf die eine heutige Kulturwissenschaft verzichten kann. Warburg allerdings teilt die geistphilosophischen Züge der Universalhistorie nicht. Charakteristisch ist ferner seine Sichtweise, kulturelle Epochen als *einen* psychohistorischen Entwicklungszusammenhang zu sehen. Das teilt er mit dem Kulturtheoretiker Sigmund Freud. Hinter den Forschungen Warburgs zeichnet sich eine Kulturtheorie ab, nach der jedes kulturelle Faktum ‹im letzten› eine psychosomatische Kompromißfigur auf der Polaritätsskala zwischen Magie und Rationalität darstellt.

Die affektiv treibende Dynamik der Kulturgeschichte hat keine immanente Entwicklungslogik, wohl aber ein normatives Ziel: Dessen Ethos ist nicht einfach aufgeklärte Vernunft und gesicherte Humanität. Der Universalismus der Rationalität ist ihm ebenso wenig ein Endziel der Kultur (wie bei Kant oder Habermas), wie umgekehrt die Macht der Affekte eine Verlockung darstellt (wie bei Nietzsche oder Georges Bataille). Warburg denkt von einem überhistorischen Widerspruchsgefüge aus: Zwischen ekstatischen Affektfluten einerseits und affektneutralisierter Vernunft andererseits gibt es einen Mittelbereich, der die Konfliktbreite einer Kultur, einer Epoche oder einer Person angibt. In diesem Mittelraum zwischen Magie und Mathematik findet sich der Raum des Symbolischen. Das Ethos Warburgs zielt nicht auf die niedergerungene Affektivität und die besiegte Naturmacht, sondern darauf, inmitten ihres Widerfahrens zu «symbolischen Formen» zu finden, welche die affektiven «Energien» «aufnehmen» und zugleich zu ihnen Distanz schaffen. Im letzten ist Warburg jedoch ein Tragiker der Geschichte. In diesem Sinn ist er mehr Nietzsche, Georg Simmel und Walter Benjamin verwandt als Ernst Cassirer oder Erwin Panofsky.

Im Tiefengrund einer so verstandenen Kulturgeschichte erscheint bei Warburg eine elementare Angst. Die überragende Rolle der Angst in der Anthropologie und Kulturtheorie zwischen Kierkegaard, Nietzsche, Tito Vignoli, Freud bis zu Heidegger ist bekannt. Die Angst ist die Moll-Tonlage zum Fortschrittsoptimismus des 19. Jahrhunderts. Angst ist kulturanthropologisch jene Urtatsache, auf welche sich zuletzt alle kulturellen Leistungen beziehen. Kultur und Religion sind Angstverarbeitung. Warburgs archaisches Bild ist, daß das Phobische eine Elementarstruktur des Menschen sei: Alles Nicht-Ich ist ein Fremdes und löst Angst aus (Gombrich 1970, S. 104). Es ist unentscheidbar, ob es sich hier um einen paläogeschichtlichen Befund handelt oder um eine ontologisierende Festschreibung eines Affekts als anthropologischer Konstante. In jedem Fall ist es eine Grundüberzeugung Warburgs, aus der Forschungsstrategien zu gewinnen sind:

Die kulturellen Reaktionstypen auf diese Situation von Angst sind *Verkörperung*, *Gestaltung* und *Abstraktion*. Diesen entsprechen drei Typen von semiotischen Ausformungen: «Fetisch/Totem – Symbol/Bild – Zeichen». Der *Fetisch* ist die im phobischen Reflex entspringende Vergegenständlichung der Erregung. Dem entspricht die Verlebendigung des Objekts und eine distanzlose Verdinglichung des Ich (z. B.: Das Ich erstarrt vor einem Angst-Dämon). Das abstrakte *Zeichen* (Begriff, Ziffer etc.) begründet dagegen eine distanzierte Reflexivität und Vernunftförmigkeit des Ich, ohne Bezug auf Leben oder Dinge (z. B. Mathematik). Zwischen diesen Polen erstreckt sich die Skala des *Symbols* und des *Bildes*. Symbole und Bilder sind distanzschaffende Formen und ausdruckverleihende Gebärden, denkermöglichend ohne Abstraktion, reflexiv ohne reflexhaften Bann, mimetisch ohne mimikryhaften Mitvollzug, signifikativ ohne Kontaktverlust zum Bezeichneten. Die Darstellungskraft von Bildern/Symbolen ist dabei psychologisch gesehen eine Abwehrfunktion des Reizschutzes. Bilder sind «Energiekonserven»: Sie sind Transformatoren gewaltiger Affektschübe, deren Formgeber und Abstandhalter, aber auch Speicher und Batterien von Lebenskraft, die in der Kunst die Augen aufschlägt, ohne zu verletzen: «Du lebst und tust mir nichts» (Gombrich 1970, S. 98).

Es handelt sich hier um einen Versuch, die Verarbeitungsmuster zu bestimmen, welche die Religionen typisieren. Dem phobischen Reflex entspricht mit Totem und Fetisch die Bildform, welche für *magisch-animistische Kulte* charakteristisch ist. Die breite Skala des Bildes zwischen Symbol und Kunst umfaßt das Spektrum zwischen *polytheistisch-mythischen Religionen* und dem *bilderkultischen Monotheismus*. Dem folgt im Übergang zum rational-abstrakten Zeichengebrauch die säkulare Kunst, welche der mythischen Identifikation den Denkraum abgewinnt und den Umriß der *Humanität* bestimmt. Der *bilderlose Gott* jüdischer Prägung steht ebenso wie der *Begriff* und das *mathematische Zeichen* jenseits des Bildes, jenseits von Raum und Zeit und damit, obwohl Produkte der Kultur, jenseits derselben.

Der späte Warburg sieht in der wissenschaftlichen Abstraktion und den technischen Medien einen tragischen Zug, der jene Kräfte, die den Menschen aus seiner Verwicklung in materielle Dynamiken befreite, umschlagen läßt in Momente eines erneuten Ich-Verlusts auf höherer Ebene. Kulturpessimistisch sieht Warburg in der zweiten Natur der technischen Gesellschaft den Bildraum und Leibraum untergehen, ein Sich-Verlieren des Ich ans Technisch-Anorganische und die Zerstörung des Denkraums, den das bildschaffende Vermögen in Jahrtausenden geschaffen hat, im «Maschinenzeitalter»: die Tragik der Moderne (Gombrich 1970, S. 297–301; Warburg 1923, S. 10, 58 f.).

Die moderne Technik substituiert nach Warburg nicht einen Typ symbolischer Formen durch einen anderen, sondern beendet den Vorgang von Symbolisierung überhaupt. Dies ist das Ende der Kultur. Am Schluß des «Schlangenritual»-Textes findet man die Vision einer telekommunikativen Massengesellschaft, die, wie beim ähnlich pessimistischen Freud, vom Thanatos (Tod) beherrscht ist, eine entropische Endfigur des *posthistoire*. Gesellschaften, die keine Symbole mehr hervorbringen, sind möglicherweise technisch elegant, aber auch prinzipiell antwortlos zu den «Urfragen», welche die Geschichte seit je begleiten. Wenn heute ein Trend besteht, diese mit den Mitteln evolutionistischer Verhaltensbiologie und Kognitionsforschung zu beantworten, d. h. auch ahistorisch, so wären für eine künftige Kulturwissenschaft nach Warburg folgende Schlüsse zu ziehen:

Es gibt keine primitive Kultur und keinen Ursprung der Geschichte in dieser. Warburgs Schwanken zwischen evolutionshistorischen und strukturalen Deutungsmustern wird zugunsten des struktural-funktionalistischen Denkens entschieden. Das ist Warburgs endgültiges Ankommen im 20. Jahrhundert. Die Katastrophen der Moderne machen aufklärerische Fortschrittstheorien ambivalent, wenn nicht die Geschichte bereits ins Zeichen dessen eingetreten ist, was später von Horkheimer/Adorno «Dialektik der Aufklärung» (1947) genannt wird. Dies führt folgerichtig zu einer Aufwertung «primitiver» Kulturen, die in einer Funktionsäquivalenz zur europäischen Kultur gesehen werden. Das Kulturmodell Warburgs nimmt neben den strukturalen Zügen nun auch dialektische Momente auf. Das Ambivalente der technischen Moderne (sie ist modern und archaisch zugleich) befestigt die ohnehin starke Stellung der Religionswissenschaft und Ethnologie in der Deutung von Kulturen. Angesichts der Katastrophen des 20. Jahrhunderts steht die Kulturwissenschaft heute, vielleicht verschärfter, vor denselben Aporien wie Warburg oder wie die Kulturkritik der Freudschen und der Frankfurter Schule.

Mit dem Konzept des kulturellen Gedächtnisses trifft Warburg den Punkt, der ein Zentrum der Kulturwissenschaft darstellt. Die in freundschaftlicher Nähe zu ihm abgeschlossene «Philosophie der symbolischen Formen» Cassirers half Warburg, die verschiedenen Symboltypen begrifflich zu unterscheiden. Allerdings ist Warburgs Vorhaben von dem Cassirers unterschieden: Ihm ging es nicht um die Epistemologie von symbolischen Formen, sondern um deren verwandelnde Leistung im memorialen Strom der Geschichte. Religionen sind die ersten Haushalte eines ‹wilden› Affektlebens (eine Überzeugung, die man auch bei Lévi-Strauss findet). Inhalt des Gedächtnisses ist das «Dynamogramm» der Affekte. Ihnen entsprechen kulturelle «Gebärden»; sie sind das Alphabet und Energiereservoir des Einzel- wie Kollektivlebens. Man erkennt, daß Warburg vom äußersten Rand her zu denken versucht, wo die Spuren der Kultur sich im unbesprechbaren Übergang zur Natur auflösen. Die Hopi waren für Warburg wichtig, weil sie Rituale geschaffen haben, welche *als* Struktur zur Anti-Struktur, *als* menschlicher Ausdruck zum Nicht-Menschlichen, *als* Form zum Formlosen, *als* Symbol zum Zeichenlosen einen kommunikativen Verkehr aufrechterhalten. *Religion* und *Kunst* sind auf das «Prägewerk» der Affekte dauerhaft verwiesen, sie erhalten von hier aus ihre «Energie» und entwickeln in Auseinandersetzung mit dieser ihre Formen. Es gibt damit eine funktionale Bindung von Religion und Kunst an die unzerstörbaren Affektmächte des menschlichen Leibes. Religion und Kunst sind kulturelle Techniken des Überlebens und der Formgewinnung.

Kulturwissenschaft nach Warburg wendet sich gegen eine nur magazinierende Erforschung der Archive des Bildgedächtnisses. Die «Abschnürung» der religösen und kulturellen Pathosformeln vom «Realen bewegten Lebens» führt zu einer bloß musealen oder typologischen Ordnung. In der Anerkennung der psychischen Mächte ist er ein Nachbar Freuds, in deren leiblicher Fundierung überschreitet er ihn bereits wieder. Die angestrebte Sophrosyne (Besonnenheit als kulturelles Ziel) ist eine flüchtige, darum nicht minder wertvolle Erscheinung, eine «Atempause» zwischen dem Pendelschlag der Affekte, die den kulturellen Prozeß unaufhörlich antreiben (Gombrich 1970, S. 336–340).

5. Psychoanalyse als Kulturtheorie

Die epochale Leistung Sigmund Freuds (1856–1939) besteht darin, über etwas, wovon man seit langem wußte, daß es da ist und wirkt, das Unbewußte nämlich, einen wissenschaftlich anspruchsvollen, wenn auch umstrittenen Diskurs und eine sorgfältige, wenn auch nicht zweifelsfrei wirksame Therapieform entwickelt zu haben. Ferner hat Freud, je sicherer er hinsichtlich der das Unbewußte einbeziehenden Subjekt-Theorie wurde, die These plausibel zu machen versucht, daß das Unbewußte nicht nur eine Dimension des Individuums, sondern auch von Kollektiven, von kulturellen und sozialen Prozessen, ja sogar von Artefakten (z. B. Kunstwerken) sei. Damit hat er die weitreichende These vertreten, daß das Unbewußte zu den steuernden Kräften der Geschichte gehört, und zwar nicht erst, seitdem sich wahrlich im Schoß der bürgerlichen Gesellschaft die Entdeckung der Psychoanalyse vollzog. Vielmehr dehnte Freud bald nach 1900 den Geltungsanspruch der Psychoanalyse bis in die Urgeschichte aus («Totem und Tabu», 1912/13) und legte die Grundlagen für die Ethnopsychoanalyse, für eine psychoanalytische Kulturtheorie, für die Psychohistorie und für die Anwendung der Psychoanalyse in der Sozialwissenschaft. So ist die Psychoanalyse für die Konstruktion der Kulturwissenschaft(en) bedeutend geworden, und nur um diese Perspektiven kann es im folgenden gehen.

Seit Jahrhunderten gibt es ein protopsychoanalytisches Wissen vom Unbewußten. Henry F. Ellenberger hat in seinem klassischen Werk «Die Entdeckung des Unbewußten» (1961) jedenfalls für den Sektor der Wissenschaftshistorie diese Vorläufergeschichte dargestellt. Seit dem Ende des 18. Jahrhunderts taucht in der Philosophie, der entstehenden Psychologie, der Anthropologie und sogar in der Ästhetik die Kategorie des Unbewußten auf. Sie war historisch fällig geworden, weil die Philosophie der Aufklärung von Descartes bis Kant insgesamt eine radikale Bewußtseins-Philosophie war, welche ihren dialektischen Umschlag geradezu hervortrieb. Im Maße, wie das Licht des Bewußtseins universal werden sollte, war die Einsicht unaufhaltsam, daß es am Menschen subliminale Schichten gibt, welche keineswegs nur *noch nicht*, sondern *strukturell* dem Bewußtsein entzogen sind. Zwar entwarf Hegel zum letzten Mal eine Philosophie, welche diese Provokation durch eine Konzeption des Bewußtseins beantwortete, in welcher, jedenfalls im *long run* der Selbstentfaltung des Geistes, alles Unbewußte und Kontingente zu einem Moment des noch in seinem Anderen sich durchsetzenden Bewußtseins werden sollte. Synchron dazu wurde jedoch mit der romantischen Bewegung die Einsicht unabweisbar, daß das Unbewußte kein bis dato unbekannter Kontinent ist, den man nur zu besetzen und zu erkennen habe, um ihn den Formen des selbstgewissen Geistes einzugemeinden.

Das Unbewußte läßt sich nicht kolonisieren. Das ist eine durchaus schmerzliche Einsicht, die sich nicht einmal bei Freud wirklich durchsetzte. Denn sogar bei ihm finden sich noch Belege dafür, daß alles Unbewußte möglichst der bewußtmachenden Kritik zuzuführen sei (dies ist gleichbedeutend mit Gesundheit). Zugleich aber fügt Freud sich in die resignative Einsicht, wonach die Macht des Unbewußten niemals zu brechen und deswegen die Reife eines Ich oder einer Kultur daran zu bemessen sei, ob sie im Verhältnis zum Unbewußten zu einer Beziehung der Anerkennung gelangen kann.

Jedenfalls findet man im psychologischen Diskurs seit Franz Anton Mesmer (1734–1817) unter dem Stichwort des «tierischen Magnetismus» und vor allem seit A.-M. J. de Puységur (1751–1825), der 1784 mit seiner Entdeckung der Hypnose (Somnambulismus) zum Initial der therapeutischen Nutzung des Unbewußten wurde, den Beginn eines explosiv sich ausdehnenden Diskurses, der den qualitativen Status des Unbewußten demonstrierte. In der romantischen Philosophie und Wissenschaft (Schelling, G. H. Schubert, C. A. F. Kluge, C. A. v. Eschenmayer, D. G. Kieser u. a.) und vor allem in der Literatur (L. Tieck, Novalis, Jean Paul, A. v. Arnim, E. T. A. Hoffmann u. v. a.) ist zudem, in enger Wechselwirkung von Medizin, Psychologie, Psychiatrie, Philosophie und Literatur, sowohl die Autonomie des Unbewußten (dieses ist nicht einfach ein Mangel) wie auch dessen konkretes Funktionieren – seine Mechanismen in allen Gebieten des Alltags – umfassend herausgearbeitet worden.

Die von Ellenberger exponierten vier Gründungsväter der Psychologie des Unbewußten – P. Janet, C. G. Jung, S. Freud und A. Adler – sind ohne diese Vorgeschichte nicht denkbar; und sie wußten dies. Wie überall ruht auch hier der wissenschaftliche Diskurs auf einem breiten Sockel von Erfahrung und Wissen, der als Basis für den *take off* einer Disziplin benutzt und nachträglich oft als ‹irrationale› Vor-Geschichte denunziert wird. So ist noch heute nicht Gemeingut, daß das Verhältnis von Aufklärung und Romantik nicht als Gegensatz von Rationalität und Irrationalität, sondern als Komplementarität zu verstehen ist. Und noch immer stehen das Unbewußte und seine Diskurse im Ruch, das Widervernünftige zu fördern und den Fortschrittsgang der Vernunft zu behindern. Das Gegenteil ist der Fall: Nicht die Anerkenntnis, sondern die diskursive Einkreisung und Ausschließung des Unbewußten treiben das Irrationale im Individuum wie in der Geschichte hervor. Freud hat dies in seinen ersten kulturanalytischen Schriften schnell erkannt («Die kulturelle Sexualmoral und die moderne Nervosität», 1908), vor allem unter dem Eindruck des Zivilisationsbruchs im Ersten Weltkrieg («Zeitgemäßes über Krieg und Tod», 1915). Das Unbewußte ist nicht das Wider-Vernünftige, sondern eine psychische und kulturelle Dynamik mit anderer Logik als die der rationalen

Ausdifferenzierung – eine Kraft aber, die dann, wenn sie nicht in zivile Formen eingebettet wird, selbst hochentwickelte Kulturen barbarisieren kann. Das ist im 20. Jahrhundert blutig bestätigt worden.

Wenn sich derart das Unbewußte als ein Effekt von Diskursen seit der zweiten Hälfte des 18. Jahrhunderts erweist, so stellt sich die Frage, ob das Phänomen selbst älter ist als seine Konstruktion. Dies ist ein kulturgeschichtlich interessantes Problem, das sich auch für andere Bereiche stellt: Gibt es z. B. Technik schon vor der Technologie? Gibt es Liebe schon vor ihrem Diskurs? Subjektivität schon vor ihrer philosophischen Entdeckung? – Freud hat nicht gezögert, das Unbewußte als Ergebnis eines urgeschichtlichen Verdrängungsmechanismus zu erklären, der sozusagen die Kultur mit aus der Taufe hob («Totem und Tabu», 1908; «Die Zukunft einer Illusion», 1927; «Das Unbehagen der Kultur», 1939; «Der Mann Moses und die monotheistische Religion», 1939). Das Unbewußte ist ihm eine Urtatsache, sosehr seine Inhalte sich historisch wandeln mögen. Es ist in jedem Fall ‹da›, lange vor jeder Theorie. Doch so einfach liegen die Dinge nicht.

Freud hatte ein starkes Selbstbewußtsein davon, daß er das Unbewußte ‹entdeckt› habe (obwohl er seine Zeitgenossen, die parallel am Konzept des Unbewußten arbeiteten, in Kunst, Literatur, Philosophie und Psychologie sehr wohl wahrnahm; z. B. Eduard von Hartmanns «Philosophie des Unbewußten», 1890). Zumindest nimmt Freud eine umwälzende Rolle in der Geschichte des Unbewußten ein. ‹Entdecken› heißt in diesem wie in allen anderen Fällen nicht, daß ein immer schon Vorhandenes aus seinem Nicht-Wahrgenommensein nunmehr, als es selbst, in die Wahrheit trete. Das Entdeckte wird mit seiner Entdeckung zu einem Objekt gemacht, das ein anderes ist als das, was immer es vor der Entdeckung gewesen sein mag. Das gilt für die Entdeckung Amerikas durch Kolumbus ebenso wie für den von Kopernikus ausgelösten Weltbildwandel des Universums. Entdeckung ist immer auch ein hervorbringender Akt. Wenn Freud annahm, daß das Unbewußte schon lange ‹da› war, dann muß man einschränken, daß es in jedem Fall ‹anders› da war als in der Form, in der Freud es konzipierte. Jede Wissenschaft, und so auch die Freudsche Analyse, neigt dazu, ihre Begriffe und Regeln historisch nach rückwärts auszudehnen und, gegen die Eigensprache und Selbstdeutung früherer Epochen, auf diese anzuwenden. Das ist ebenso problematisch wie fruchtbar. *Problematisch*, weil das historisch Andere den eigenen Kategorien angepaßt und der ‹Sinn›, den Phänomene wie der Traum, die Magie, die Schuld, die Schicksalsblindheit, das Opfer usw. für damalige Zeitgenossen hatten, unseren heutigen Kategorien oft gewaltsam untergeordnet wird. Und es ist *fruchtbar*, weil das historisch Ferne und Fremde durch die ‹Übersetzung› in unsere Sprache oft überhaupt erst rekonstruierbar wird und das Dunkle, Schicksalhafte und Verhängnishafte retrospektiv einer Transparenz und Aufklärung zugeführt wird.

Im Feld der Psychoanalyse ist der Ödipus-Komplex der dafür klassische Fall. Bei Freud wird die Tragödie «König Ödipus» des Sophokles (ca. 497–406 v. Chr.) gleichsam zu einer theatralen Maske von zeitlosen Konflikten zwischen unbewußtem sexuellem Begehren und öffentlichen kulturellen Tabus. Für Freud sind dies Triebkonflikte, die im thebanischen König zwar eine kulturspezifische Darstellung gefunden haben, aber strukturell identisch ebenso im Wiener Bürgersohn der Jahrhundertwende oder im Angehörigen einer afrikanischen Stammeskultur auftreten. Freud hat damit einer ahistorischen Ontologisierung und vorschnellen Universalisierung der ödipalen Konflikte Vorschub geleistet, die eine historisch ausgerichtete Kulturwissenschaft nicht teilen kann. Das Wieder-Erkennen der unbewußten Konflikte von Patienten der Wiener Gesellschaft um 1900 in den mythischen Formen der Antike ist jedoch nicht einfach ein Kurzschluß, durch den das hier und jetzt Beobachtete auf ein kulturell Zurückliegendes und Fremdes übertragen wird. Sondern zugleich wird damit der befremdenden Einsicht Tribut gezollt, daß im Inneren des zeitgenössischen Subjekts archaische Muster, nämlich in Form von Symptomen, gleichsam stillgestellt und dem Fluß der historischen bzw. biographischen Zeit entzogen sein können. Diese achrone unbewußte Struktur, welche im Individuum dennoch einen beherrschenden Einfluß auf Verhalten, Objektwahl und Selbstverständnis erlangen kann, wird von Freud auch mit der Metapher des «inneren Auslandes» belegt. Er drückt damit die kulturtheoretisch relevante Einsicht aus, daß durch die Architektur historischer Individuen Brüche oder Risse gehen. Von ihnen wird die Topik des Ich bestimmt. Es sind qualitative Brüche von Vertrautheit und Fremdheit, von Bewußtem und Unbewußtem, von Traum und Wachen, von Begehren und moralischer Kontrolle, vor allem von Zeitformen im Subjekt selbst. Der Einsicht (Sophrosyne) entzogene Triebformationen gehorchen dem Gesetz der Wiederholung (Stereotypie) noch in jeder ihrer Erscheinungsformen: Es sind zeitlich stillgestellte, gleichwohl wirksame, quasi-mythische Muster. Zugleich stehen die bewußten Ich-Anteile im Takt zur historischen Zeit und ändern sich mit ihr. Dieses bei Freud so prekäre Verhältnis von Struktur und Geschichte, das auch für den späteren Strukturalismus von Claude Lévi-Strauss und seinen Nachfolgern zentral ist, angemessen zu bestimmen, ist nicht nur für die Psychoanalyse, sondern auch, mikrohistorisch, für eine kulturanalytische Biographieforschung und, makrohistorisch, für eine Theorie der kulturellen Systeme von größter Bedeutung.

Man weiß heute, daß Freud einem Mechanismus unterlegen ist, den man bei nahezu allen Entdeckern ausmachen kann, nämlich die Innovation zu überreizen. Kaum eine ‹Ausdehnung› des Ödipus-Komplexes auf außereuropäische oder urgeschichtliche Zustände hat sich, obwohl Freud sie nach Kräften in der zeitgenössischen Ethnologie, Ägyptologie und Religionswissenschaft abzusichern suchte, vor der Geschichtsforschung bewährt. Der Totemismus, mit dem Freud seine auf dem Vatermord beruhende Kulturentstehungstheorie verband, war schon zu seinen Zeiten ein überdehntes Paradigma, mit dem Ethnologen glaubten, universale Kulturmuster identifiziert zu haben. Gerade dieser falsche Universalismus aber, den Lévi-Strauss gnadenlos dekonstruierte («Das Ende des Totemismus», 1962), gab Freud die Möglichkeit, den frisch kreierten Ödipus-Komplex über die Grenzen des Individuellen und der modernen wie antiken europäischen Zivilisation hinaus zu einer Grundform von Kultur überhaupt zu generalisieren. Ähnlich hat Freud den Ursprung der monotheistischen Religion im ägyptisch-jüdischen Überschneidungsraum aus einer scharfsinnigen, historisch aber unhaltbaren Anwendung des Ödipus-Komplexes und seiner Verschuldungsdynamik gewonnen.

Trotz der im einzelnen überholten historischen Aussagen sind die kultur- und religionsgeschichtlichen Ansätze Freuds durchaus produktiv. Sie sind auch nicht ohne Nachfolger geblieben. Denn umgekehrt entgeht einer faktographischen Kultur- und Religionsgeschichtsschreibung oft die seit David Humes «The Natural History of Religion» (1757) gewachsene Einsicht in die psychologischen Grundlagen kultureller und vor allem religiöser Prozesse. Die im 19. Jahrhundert – z. B. bei Ludwig Feuerbach oder Karl Marx – verbreitete Annahme, wonach religiöse und mythische Mächte aus kollektiv verbindlichen Projektionen hervorgegangen seien, ergänzt Freud um die wichtige Dimension, daß die erstaunliche historische Resistenz dieser Formen sich ihrem unbewußten Funktionieren verdanke. Projektion, Introjektion, Identifizierung und andere Abwehrmechanismen, indem sie auf Verdrängungen zurückgehen, stellen Initialsituationen still, deren symbolisch verallgemeinerte Darstellung (in Form von Göttern, Mythen, Dämonen, Ursprungserzählungen, Träumen, magischen Ritualen etc.) eine kulturelle Gemeinschaft gegen zeitlich-historischen Wandel abdichten und somit zusammenhalten soll. Die Freudsche Intuition weist also für kulturhistorische Forschung durchaus in die richtige Richtung, wenn sie religiöse Ursprungserzählungen oder ethnische Gebräuche als psychische Konflikt- oder Schlichtungsverläufe auslegt, die zu symbolischen Formen geronnen sind.

Freud war klar, daß er dabei nicht positive Geschichtsschreibung betrieb, sondern historische Quellen hypothetisch auf den in ihnen codierten psychischen Sinn hin *interpretierte*. Das unterscheidet ihn von C. G. Jung (1875–1961). Nach seiner Trennung von Freud befestigte Jung seine Überzeugung, daß der kulturellen Vielfalt der symbolischen Formen ein überzeitliches Archiv von Archetypen zugrunde liegt. Diese stellen immer und überall den steuernden Code von kulturellen Praktiken dar – seien diese religiöser oder literarischer, individueller oder kollektiver Art, seien sie als Märchen, Träume, Mythen, alchemistische Symbole verfaßt. C. G. Jung glaubte, die überzeitlichen Symbole entziffert zu haben, welche die Konflikte von Individuen und kulturellen Einheiten grundsätzlich steuern; während Freud umgekehrt die für Kulturen basalen Konflikte zu rekonstruieren suchte, welche in kulturell verbindlichen symbolischen Formen ihren Ausdruck fanden.

Zum anderen unterscheidet sich Freud von Nachfolgern im eigenen Haus wie etwa dem geschätzten Otto Rank (1884–1939), welcher u. a. mit seinem Werk «Das Inzest-Motiv in Sage und Dichtung» (1912/1926) eine kulturell wie historisch indifferente Synopse über das Inzest-Motiv vorlegte, gleichsam durch stoffliche Fülle die Ubiquität des orthodoxen Inzests belegend. Bereits von den 1910er Jahren an findet man in der psychoanalytischen Bewegung eine Fülle von ethnologisch, literatur- oder religionswissenschaftlich orientierten Studien, welche im kulturellen Feld wie mit einer Botanisiertrommel die psychoanalytischen Symptome aufsammelten – kontext- und geschichtslos und zumeist nicht auf dem Stand derjenigen Forschung, auf deren Terrain sie operierten.

Freud war hier vorsichtiger; er wußte, daß psychoanalytische Aussagen über Kultur und Geschichte einem oft studierten Mechanismus unterliegen können, nämlich der Projektion und einer Art trunkenem Wiedererkennungsjubel. Dies ist Freud selbst bei der Herleitung des Monotheismus, angesichts des drohenden Faschismus indes nicht zufällig, widerfahren: Die Freudsche Ursprungserzählung des Judentums wurde unter der Hand zu *seiner* Auseinandersetzung mit dem eigenen Volk – wie Yosef Hayim Yerushalmi (1991) zeigte. Derartige komplexe Interferenzen von gegenwartsbezogener, selbstanalytischer und historischer Annäherung an psychisch hochbesetzte Problemfelder der (eigenen) Geschichte können jedoch auch bereichernd für eine Kulturwissenschaft sein, welche Geschichtsschreibung, Gegenstandserforschung und Selbstreflexion zu verbinden trachtet.

Freud jedenfalls zeigt eine niemals wieder erreichte Offenheit der Psychoanalyse für Ethnologie, Religionswissenschaft und Kulturanalyse. Trotz der im Zeichen der Medizinisierung erfolgten Reduzierung der Psychoanalyse auf das Individuum und sein engstes soziales Feld, die Familie, und trotz der methodischen Mängel der ersten Generation psychoanalytischer Kulturwissenschaft ist diese Wirkung Freuds nie zum Erliegen gekommen.

Wie differenziert eine Religionswissenschaft mit dem Ödipus-Syndrom umgehen kann, zeigt heute etwa Klaus Heinrich («Arbeiten mit Ödipus. Begriff der Verdrängung in der Religionswissenschaft», 1993). Oder umgekehrt: Wie kreativ die subversive

Auseinandersetzung mit dem Freudschen Ödipus ausfallen kann, mag man an Gilles Deleuze und Félix Guattari ablesen, deren «Anti-Ödipus. Kapitalismus und Schizophrenie» (1972) für eine junge Generation, die sich vom ödipalen Gesetz im Zeichen präsubjektiver Begehrensstrukturen zu befreien suchte, zum Grundbuch wurde. Der «Anti-Ödipus» stand auch im Hintergrund von Klaus Theweleits epochemachendem Werk «Männerphantasien» (1977/78), worin dieser das ödipale Verhängnis weltgeschichtlich hochstilisierte zur Langzeitursache für die präödipalen kollektiven Ekstasen, welche das unbewußte Unterfutter für männliche Gewaltregime aller Couleur und Zeiten darstellen. Die Ethnopsychoanalyse dagegen fand in Georges Devereux sowohl theoretische wie praktische Ausformungen («Angst und Methode in den Verhaltenswissenschaften», 1962; «Ethnopsychoanalyse», 1972), die bis heute für die Entwicklung einer selbstreflexiven Ethnologie einflußreich bleiben. Devereux entwickelte auf dieser Grundlage auch eine komparatistische Psychoanalyse der Mythen-Forschung («Baubo – Die mythische Vulva», 1981) und eine ethnopsychoanalytische Variante der Traumdeutung («Träume in der griechischen Tragödie», 1976), welche die große Tradition der antiken und neuzeitlichen Traumbücher bis hin zu Freuds «Traumdeutung» (1900) fortsetzt. Hier sind auch die über den Surrealismus vermittelten Einflüsse der Psychoanalyse auf die Ethnologie von Michel Leiris oder Claude Lévi-Strauss zu nennen. Doch auch im Bereich der praktischen Feldarbeit hat sich in neuerer Zeit die Ethnopsychoanalyse bewährt, wofür vor allem Arbeiten aus dem Kreis um Paul Parin beispielhaft stehen können («Die Weißen denken zuviel. Psychoanalytische Untersuchungen bei den Dogon in Westafrika», 1963; «Fürchte deinen Nächsten wie dich selbst. Psychoanalyse und Gesellschaft am Modell der Agni in Westafrika», 1971). Sozialtheoretische Konsequenzen für das komplexe Zusammenspiel von Gesellschaft und Unbewußtem auf der Grundlage der Ethnologie entwickelt Mario Erdheim («Die gesellschaftliche Produktion von Unbewußtheit», 1982).

In der Religionswissenschaft sind Forschungsrichtungen wie die von René Girard («Das Heilige und die Gewalt», 1972) oder von Walter Burkert («Homo necans. Interpretationen altgriechischer

Opferriten und Mythen», 1972), so selbständig sie entwickelt sind, ohne den Einfluß von Freud kaum denkbar. Eine Kulturwissenschaft, die die symbolischen Formen und Pathosformeln, die Rituale und Imaginationen der Religionen untersucht, kann auf diese von Freud initiierten Traditionen nicht verzichten. Doch auch von C. G. Jung gingen in diesem Feld Anregungen aus, wofür hier nur die klassische Studie von Erich Neumann über «Die Große Mutter. Eine Phänomenologie der weiblichen Gestaltungen des Unbewußten» (1956) stehen soll.

Wie sinnvoll eine kulturanalytische *gender*-Forschung, welche von der kulturellen Konstitution der Geschlechterordnung ausgeht, sich mit der Psychoanalyse ergänzt, kann man an der bedeutenden Arbeit von Hermann Baumann («Das doppelte Geschlecht. Ethnologische Studien zur Bisexualität in Ritus und Mythos», 1955) ablesen. Lange vor amerikanischen, feministischen Arbeiten in Nachfolge von Jacques Lacan (Judith Butler: «Bodies that Matter. On the Discursive Limits of ‹Sex›», 1993) hat Baumann auf die kulturelle Verflüssigung der starren dualen *gender*-Ordnung hingewirkt. Für eine (feministische) Geschlechterforschung in historisch-kulturwissenschaftlicher Perspektive bleiben die Freudschen Einsichten in das kulturelle und biographische ‹Gemachtsein› von geschlechtlichen Identitäten und Objektwahltypen der entscheidende historische Ausgangs- und Reibungspunkt.

Die sozialpsychologischen Arbeiten Freuds regten eine politische und sozialwissenschaftliche Anwendung der Psychoanalyse an, die er freilich kritisch bewertete, wenn nicht ablehnte: Siegfried Bernfeld (1893–1952) wurde vor allem für den Bereich einer emanzipatorischen Jugendforschung und Pädagogik einflußreich; während Wilhelm Reich (1897–1957) zum Ausgangspunkt für eine radikal kulturrevolutionäre Befreiungsbewegung wurde (SexPol-Bewegung der zwanziger, dreißiger und siebziger Jahre).

Für die Kulturwissenschaft bedeutsamer wurden die theoretischen Synthesen, aber auch empirischen Untersuchungen, welche von der frühen Frankfurter Schule geleistet wurden. Hier gelang zum ersten Mal eine überzeugende Verbindung der interpretativen Psychoanalyse mit Gesellschaftstheorie und sozialwissenschaftlicher Empirie. In Konsequenz dessen wurde eine kritische Theorie des Subjekts – und seiner Sozialisation – sowie der Gesellschaft geleistet: Für das Zusammenwirken von Ökonomie, politischem Herrschaftssystem, Klassenschichtung und kulturellen Wert- und Ideologiebildungen wurde erstmals auch die Dimension unbewußter Dynamiken in die soziologische und sozialphilosophische Analyse erfolgreich integriert (Max Horkheimer und Theodor W. Adorno: «Dialektik der Aufklärung», 1947; Zeitschrift für Sozialforschung 1932–41; Erich Fromm, Max Horkheimer, Hans Mayer, Herbert Marcuse u. a.: «Autorität und Familie», 1936). Im Hintergrund solcher Studien stand neben den sexualwissenschaftlichen Arbeiten Freuds vor allem dessen kulturtheoretische Schrift «Das Unbehagen in der Kultur» (1930) sowie «Massenpsychologie und Ich-Analyse» (1921). Darin hatte Freud zuerst sein Konzept kollektiv irrationaler Reaktionsbildungen als Funktionen eines unaufhebbar repressiven, nämlich Triebversagung erfordernden Kulturprozesses entwickelt. Norbert Elias trug mit seiner Theorie der Zivilisation die Freudsche Psychoanalyse dann in langwellige Prozeßanalysen von Genese und Verlauf der europäischen Zivilisation ein («Über den Prozeß der Zivilisation. Soziogenetische und psychogenetische Untersuchungen», 1939). Die psychoanalytische Kulturforschung findet heute ihre Fortsetzung etwa im Kreis um Alfred Lorenzer («Psychoanalyse als Sozialwissenschaft», 1971; «Kultur-Analysen», 1986), nachdem Lorenzer sich seit Jahrzehnten um sogenannte tiefenhermeneutische Vermittlungen von Psychoanalyse, Sprachhandlungstheorien und Soziologie in mikro- wie in makrosozialen Bereichen bemüht hatte.

Für die gegenwärtige Kulturwissenschaft nicht nur in Frankreich, sondern auch in den USA, England, Südamerika und Deutschland hat sich die Reformulierung der Theorie Freuds durch Jacques Lacan (1901–1981) als wirkungsvoll erwiesen. Zu dieser breiten Wirkung Lacans kam es nicht nur durch die orthodoxe Schulbildung der Lacanisten, sondern noch stärker dadurch, daß Lacan – vermittelt über die Denker des Poststrukturalismus und der Dekonstruktion, deren Auffassung von der Psychoanalyse er prägte – zu dem nach Freud einflußreichsten, vielleicht auch überschätzten Theoretiker des Unbewußten wurde. Für die Kulturwissenschaft interessant ist die Konzeption Lacans, das Unbewußte «wie eine Sprache» zu denken. Zwar widerspricht Lacan dem cartesianischen Logozentrismus mit der Fundierung des Ich in der kontrollierten Handhabe der Begriffssprache. Doch bleibt er im Feld der Sprache und damit auf vertrautem Gelände: Nichts kennt der Mensch besser als die Sprache.

Lacan schließt damit an einige Bestimmungen Freuds an, die dieser für die ‹Logik› oder – wie es jetzt hieß – ‹Grammatik› des Unbewußten bereits konstatiert hatte. So kennt das Unbewußte keine Negation, keine Frageform, keine Hypotaxe, keine zeitlichen Modalisierungen, dafür wird es wesentlich durch Verdichtung (Metapher) und Verschiebung (Metonymie) bestimmt. Damit fehlen dem Unbewußten aber wesentliche Merkmale der Sprache, während die als grundlegend behaupteten Figuren Metapher und Metonymie wiederum nicht dem Unbewußten allein zukommen, weil sie auch bewußte Sprechakte sein können, z. B. in der Literatur. Auch scheint nicht restlos geklärt, warum die Sprache und nicht etwa die Logik von Bildern das Unbewußte charakterisiert – wo doch z. B. der Traum ein klassischer Bereich ist, dessen Verknüpfungsformen einer Bildlogik mehr als einer sprachlichen Grammatik folgen.

Lacan gewinnt mit der sprachförmigen, von Ferdinand de Saussure beeinflußten Konzeption die Möglichkeit, eine nicht-essentialistische, dezentrierte Fassung des Subjekts zu konstruieren, also die Konsequenz aus Freuds Diktum zu ziehen, wonach das Ich nicht Herr im eigenen Hause sei. Das Subjekt unterliegt der Sprache und dem in der symbolischen Ordnung niedergelegten, emblematisch im Phallus konzentrierten Gesetz des Vaters. Durch dieses Gesetz wird das unbewußte Begehren an seinen Mangel, die Unerreichbarkeit des Objekts und die Unerreichbarkeit des immer nur imaginären Selbst, gefesselt – eine endlose Kette von Signifikanten des begehrten Anderen durchlaufend, das sich, als Signifikat, strukturell entzieht. In manchen Zügen verewigt Lacan damit die ödipalen und patriarchalistischen, also orthodoxen und antifeministischen Züge der Freudschen Theorie. Dies ist oft kritisiert worden. Wirksam aber wurde ebenso die andere Seite seines Modells, wonach man dem konstruktiven Charakter aller Identitäten und unbewußten Formationen die Pointe geben kann, diese als Funktionen des Kulturprozesses erscheinen zu lassen: sie zu entnaturalisieren. Das Unbewußte, gleichsam als generative semiotische Maschine verstanden, ist dann, anders als in der Ödipus-Tragödie, kein Schicksal mehr, sondern ein Code sich ständig verschiebender Bedeutungen, der den historischen Subjekten, den Frauen zumal, die Chance bietet, sich den Festlegungen der symbolischen Ordnung (der Geschlechter z. B.) zu entziehen. Das ist zwar schon jenseits von Lacan gedacht, der auf der Unhintergehbarkeit des Gesetzes des Vaters besteht, nutzt aber geschickt die Lacansche Pointe, das Unbewußte und die symbolische Ordnung als Konstrukt und als infinite, also offene Bedeutungsapparatur zu verstehen. Damit werden, vor allem in den USA (z. B. Donna Haraway), aktuelle Anschlüsse an die Cyber-Kultur gefunden, indem diese eine gänzlich von Natur gelöste Modellierung von Ich- und Körperformen, von kulturellen Bedeutungen und kommunikativen Prozessen zu bieten scheint – und damit eine Analogie zur Lacanschen Theorie, die so zu einer Theorie der Cyber-Kultur transformiert wird, jenseits von Natur und Geschichte.

Es ist offen, ob sich solche Perspektiven bewähren. Gewisser jedenfalls sind zwei andere Anwendungsfelder der Psychoanalyse. Das eine könnte man mit den Stichworten ‹Idolenkult› und ‹Fetischismus› umreißen. Es scheint so, daß die politischen Herrschaftssysteme (allen voran die totalitären) wie die Massenmedien dieses Jahrhunderts ohne die Erzeugung von Idolen keine verläßliche Massenloyalität erzeugen. Die quasireligiösen Bindungen an erhöhte, projektive Figuren der Verehrung und Verkultung schaffen Identifizierungsmuster, deren ungeheure Integrationskraft nur mittels einer kulturanalytisch und -historisch arbeitenden Psychoanalyse zureichend verstanden werden. Ähnlich schaffen die massenhaft das Ich umgebenden Dinge, zu Fetischen des Begehrens mutiert, strukturelle und überwiegend unbewußte Abhängigkeiten (ohne die Ding-Fetische verliert das Ich seinen Halt), welche als ·soziale Integrationsmittel strategisch eingesetzt werden. Auch hier hat die psychoanalytische Kulturwissenschaft ein Feld konkreter Forschungsaufgaben vor sich.

Zum zweiten leistet die Psychoanalyse schon lange gute Dienste bei der Entzifferung sinnlich-ästhetischer Prozesse der Produktion wie Rezeption von Kunst, allgemeiner von Objekten des Gefallens oder Mißfallens. Kunst ist nicht nur, aber doch auch, so Freud lakonisch, die Freigabe des sonst Verbotenen – und so ist jedes ästhetische Objekt ein Response auf Impulse des Begehrens im Kampf mit den Orthodoxien der Kultur. Das Imaginäre, und dazu gehören heute vor allem die Massenmedien, ist ein gewaltiges, sich ständig umwälzendes und anreicherndes Archiv des Unbewußten, das in dieser Geronnenheit – als Kunstobjekt, Film, Roman, Tanz – entzifferbar wird für eine psychoanalytisch operierende Kulturwissenschaft. Cornelius Castoriadis hatte bereits 1975 das Buch «Gesellschaft als imaginäre Institution» publiziert, vor allem in politischer Perspektive. Der Titel eignet sich jedoch auch, um die mediale Maschine zu bestimmen, welche mit *unheimlicher* ästhetischer Produktivität heute die unbewußten Phantasmen und Imaginationen hervorbringt, welche unsere Kultur darstellen und unsere Gesellschaft zusammenhalten – vor ihrem Kollaps im Realen.

6. Kritische Theorie

«Philosophie, die einmal überholt schien, erhält sich am Leben, weil der Augenblick ihrer Verwirklichung versäumt ward» (Adorno 1966, S. 15). Mit diesem Einleitungssatz seiner «Negativen Dialektik» bringt Adorno den Grundgedanken der Kritischen Theorie auf den Punkt. Er nimmt eine doppelte Abgrenzung vor: zum einen gegenüber der Kulturphilosophie, indem er klarstellt, daß die Kritische Theorie Kultur nicht nur kommentieren, sondern als uneingelöstes Potential begreifen soll, das erst in der praktischen Realisierung seinen Begriff erfüllt. Insoweit lehnt sich Adorno an die berühmte Marxsche These über Feuerbach an, die besagt: «Die Philosophen haben die Welt nur verschieden *interpretiert*; es kommt aber darauf an, sie zu *verändern*» (1845, S. 144). Zum anderen jedoch grenzt sich Adorno von der marxistischen Revolutionsdoktrin ab. Im historischen Rückblick auf die enttäuschten Hoffnungen, die mit den sowjetischen Umwälzungen verbunden waren, glaubt Adorno, der Feuerbach-These nur in ihrer Umkehrung die Treue halten zu können. Eine *Veränderung* der menschlichen Lebensbedingungen, so lehrt seine Marx-Variation, kann nur aus einer fortgesetzten *Interpretation* der Welt hervorgehen, die erhellt, warum jene Hoffnungen trogen.

Der Satz aus Adornos erkenntniskritischem Spätwerk fiel in eine Zeit, die seinen Pessimismus ganz und gar nicht teilen mochte. Die revoltierenden 68er-Studenten forderten von ihren marxistischen «Vordenkern» konkrete Handlungsanweisungen und Beteiligung an ihren Aktionen. Als Nichtmitmacher wurde Adorno selbst zu einem Ziel der Protestaktionen. Die psychische Belastung, einerseits dem Spott der Studenten, deren Zielen er sich eigentlich nahe fühlte, andererseits dem Hohn der Konservativen ausgesetzt zu sein, die ein tatkräftiges Durchgreifen forderten, dürfte zu seinem verfrühten Tod beigetragen haben. In seinem letzten Interview für den «Spiegel» («‹Herr Professor, vor zwei Wochen schien die Welt noch in Ordnung ...› *Adorno:* ‹Mir nicht›») hatte er noch einmal mit stoischer Beharrlichkeit betont: «Im Augenblick [...] scheint mir viel wichtiger, erst einmal die Anatomie des Aktionismus zu bedenken» (1969, S. 206 u. 208f.).

Diese Position hat einen langen Entwicklungsprozeß durchlaufen. Er beginnt in den zwanziger Jahren, als der Marxismus aus denselben Gründen in die Krise geriet, aus denen die Kulturphilosophie ihren Aufschwung nahm (vgl. Kap. II, 3). Die historische Situation nach dem Ersten Weltkrieg war eher dazu angetan, die Erfüllung utopischer Hoffnungen im geistigen Reich der «Kulturwerte» zu suchen als in den «Sachgehalten» einer ruinösen Praxis. Diese widersprach allen Voraussagen des Historischen Materialismus: Auf der einen Seite erwies sich das kapitalistische Gesellschaftssystem in den fortgeschrittenen Industrienationen als erstaunlich absorptionsfähig gegenüber dem Widerstand der von ihm Benachteiligten; Sozialkritik wurde als Teil des Kulturbetriebs, als dessen «gesunde Kost» sozusagen, integriert. Auf der anderen Seite fand ausgerechnet dort eine sozialistische Revolution statt, wo die Verhältnisse, der Doktrin nach, noch gar nicht reif hierfür waren; ein leuchtendes Vorbild konnten die desolaten Verhältnisse in Rußland nur für hartgesottene Ideologen sein. Entsprechend zwiespältig war die Haltung der Linken in Deutschland: Nach außen hin übte man Solidarität mit der leninistischen Variante des

Marxismus, doch innerlich wuchs die Kritik an deren zunehmender Tendenz zu totalitärem, despotischem Verhalten. So hatte man sich die Diktatur des Proletariats nicht vorgestellt. Angesichts der gleichzeitigen Revolutionsmüdigkeit der kriegsgeschwächten Arbeiter in den westlichen Industrienationen und ihrer wachsenden Neigung zu Autoritätshörigkeit und Antisemitismus bestand erheblicher Erklärungsbedarf, warum das Proletariat – nach Marx das historische Subjekt des unaufhaltsamen sozialistischen Fortschritts – sich hüben wie drüben unterdrücken und entmündigen ließ.

In dieser Situation des Erklärungsnotstands, in der man sich mit der Frage konfrontiert sah, warum die marxistische Theorie sich nicht gemäß ihren eigenen Vorhersagen verwirklichte, wurde deren philosophische Dimension wiederentdeckt. Was in verschiedenen unorthodoxen Köpfen sich zu artikulieren begann, das Postulat einer Untersuchung der Tiefenstrukturen des Kapitalismus und seiner Immunisierungsfähigkeit gegenüber revolutionären Impulsen, fand bald Unterstützung durch eine Maßnahme, die als Glücksfall außeruniversitärer Akademien anzusehen ist: die 1923 erfolgte Gründung des Instituts für Sozialforschung in Frankfurt am Main aus Stiftungsmitteln, die der jüdische Fabrikant Hermann Weil bereitstellte. Schon die kapitalistische Herkunft des Geldes für den sozialistischen Zweck kann als Symptom für den undogmatischen Charakter des Unternehmens gesehen werden, und es war nicht das einzige. Der erste Direktor des Instituts, Carl Grünberg, betonte in seiner Eröffnungsansprache, daß wahrer Marxismus eine Denkweise, keine Doktrin sei, und hob die «relative, jeweils geschichtlich bedingte Bedeutung» (Jay 1973, S. 29) materialistischer Analysen hervor. Das soeben erschienene Werk «Geschichte und Klassenbewußtsein» des jungen, noch nicht zum Parteiideologen gewandelten Georg Lukács gehörte zu den zentralen philosophischen Anregern in dieser Frühphase des Instituts, das ein eigenständiges wissenschaftliches Profil noch suchte.

Dieses gewann es erst mit der Übernahme der Leitung durch Max Horkheimer im Jahre 1930. Der neue Direktor, der im institutionellen wie intellektuellen Sinn ein herausragendes Organisationstalent war, erweiterte den Fokus der Forschungsarbeit von der

Geschichte der Arbeiterbewegung und des Antisemitismus auf die Theorie der Gesellschaft insgesamt und ihrer Bindungskräfte. Er wollte den Reflexionsrückstand des zeitgenössischen Marxismus, der sich in der Nichterfüllung seiner Prognosen zeigte, vor allem durch die Einbeziehung neuerer Ansätze der empirischen Sozialforschung und der analytischen Sozialpsychologie überwinden. So untersuchte eine der ersten von ihm initiierten Studien die Mentalität von Arbeitern und Angestellten daraufhin, wie politische Einstellungen und ästhetische Geschmacksorientierungen untereinander korrelierten. Das Resultat war ernüchternd. Es besagte, daß die «faktischen Einflußchancen der Linksparteien viel geringer waren, als es ihre numerische Wählermacht erscheinen ließ» (vgl. Dubiel 1978, S. 25). Denn unter diesen Wählern war autoritäres Denken mit einer entsprechenden Anfälligkeit für die massenkulturelle Propaganda rechter Ideologen weit verbreitet.

Die historischen Ereignisse sollten diesen Befund bald bestätigen. Hitlers Machtübernahme war auch deshalb möglich, weil ihm, dem unverhohlenen Verächter der Massen, deren Sehnsüchte entgegenstrebten. Kritisches Denken war kaum gefragt und bald auch nicht mehr geduldet. Das Frankfurter Institut, dessen Mitglieder sämtlich jüdischer Herkunft waren, mußte schließen. Horkheimer wurde bereits 1933 aus Deutschland verwiesen; ihm folgten Adorno, Erich Fromm, Leo Löwenthal, Herbert Marcuse und andere. Durch eine hellsichtige Planung – den rechtzeitigen Transfer des Institutskapitals nach Holland, die Gründung von Zweigstellen in Genf, Paris und London und schließlich die Übersiedlung des gesamten Instituts nach New York – sowie durch internationale Hilfsbereitschaft (zu den großzügigsten Spendern gehörte Henri Bergson) konnte die Arbeit trotz aller Widrigkeiten fortgeführt und damit nicht zuletzt den Mitarbeitern der Lebensunterhalt gesichert werden. Einzig für den in Paris verbliebenen Walter Benjamin – der auf Vermittlung Adornos als freier Mitarbeiter gewonnen worden war, bei den übrigen Institutsmitgliedern aber nur auf geringe Akzeptanz stieß – kam das Hilfsangebot zu spät: Auf der Flucht vor den Nazis, die 1940 in Frankreich einmarschierten, nahm er sich, um seinen Verfolgern nicht in die Hände zu fallen, an der Grenze nach Spanien das Leben.

Die Barbarei der Hitler-Diktatur, die sich nach der Beobachtung der Institutsmitglieder nicht trotz, sondern mit Hilfe moderner Wissenschaft und Technik durchsetzte, führte zu einer Neuorientierung, die Horkheimer in einem programmatischen Aufsatz aus dem Jahre 1937 als «kritische Theorie» definierte. Zwar postulierte er darin weiter den Einsatz neuer wissenschaftlicher Methoden zur Verbesserung der Lage der Menschen. Doch mittlerweile waren diese Methoden selbst in den Verdacht geraten, ein Denken zu unterstützen, das die Welt in den Zustand der Barbarei versetzt oder diesem doch zumindest nichts entgegenzusetzen vermocht hatte. Gerade deshalb, schreibt Horkheimer im Hinblick auf den positivistischen «Betrieb der modernen Fachwissenschaft», sei «die kritische Theorie der Gesellschaft auch als Kritik der Ökonomie philosophisch [...]: ihren Inhalt bildet der Umschlag der die Wirtschaft durchherrschenden Begriffe in ihr Gegenteil, des gerechten Tauschs in die Vertiefung der sozialen Ungerechtigkeit, der freien Wirtschaft in die Herrschaft des Monopols, der produktiven Arbeit in die Festigung produktionshemmender Verhältnisse, der Erhaltung des Lebens der Gesellschaft in die Verelendung der Völker. [...] Der Hinblick auf die Tendenzen der gesamten Gesellschaft, der noch in den abstraktesten logischen und ökonomischen Erwägungen entscheidend ist, nicht ein spezieller philosophischer Gegenstand, bezeichnet den Unterschied zu rein fachlichen Betrachtungen» (1937, S. 59). Was die «kritische Theorie» zudem von der «traditionellen Theorie» unterscheidet, ist ihre Selbstreflexion als Moment gesellschaftlicher Praxis. Indem etwa die Kulturphilosophie sich zur Lebenswelt – und sei es auch kritisch – beschreibend verhält, hält sie sich von vornherein an die tradierte Arbeitsteilung von Forschung und Politik. Die Kritische Theorie hingegen begreift ihr Dasein selbst schon als ein Symptom des falschen Zustands; ihr selbstreflexives Ziel ist ihre eigene Aufhebung in einer nichtentfremdeten Gesellschaft.

Das Mißtrauen gegenüber der modernen Wissenschaft, die bis in ihre Kategorien hinein mit den Mechanismen der Ausbeutung und Unterdrückung verflochten schien, führte in konsequenter Folge zur Vertiefung des marxistischen Ansatzes von wirtschafts- und sozialanalytischen zu erkenntnistheoretischen Fragestellungen. Die marxistische «Kritik der politischen Ökonomie» wurde ausgeweitet zur «Kritik der instrumentellen Vernunft» – auch dies eine Formel Horkheimers, die nun in enger Zusammenarbeit mit Adorno entwickelt wurde. Das bedeutendste Produkt dieser Zusammenarbeit ist die zu Beginn der vierziger Jahre geschriebene «Dialektik der Aufklärung». Die Kernthese des allem Aktionismus abschwörenden und gleichwohl die spätere Protestbewegung maßgeblich inspirierenden Buchs ist, daß die aufklärerische Rationalität in den mythischen Bann, von dem sie die Menschen zu befreien sucht, zurückfällt, sofern sie nicht ihre eigene Herkunft aus dem Mythos bedenkt. Um diese These zu verifizieren, setzen Horkheimer und Adorno bereits bei der Urgeschichte der Menschheit an: Schon die frühesten, «primitiven» Ansätze der Subjektwerdung durch die instrumentelle Zurüstung der Umwelt zu Objekten der eigenen Nutzanwendung seien Vorformen jener Unversöhntheit zwischen Mensch und Natur, als deren Höhepunkt die Autoren die Heillosigkeit der eigenen Gegenwart ansahen. Da sich jedem zivilisatorischen Fortschritt der Stempel seiner Abhängigkeit vom Prinzip der Selbsterhaltung einschreibe, jede Weiterentwicklung der Technik sich also nur um so tiefer in den Naturzwang verstricke, sei eine Versöhnung von Mensch und Natur nur möglich, wenn die instrumentelle Vernunft sich auf ihre eigenen Defizite besinnt. Eine solche Handlungsreflexion soll dazu führen, in aller Selbsterhaltung, so notwendig sie ist, ihre dialektische Kehrseite zu erkennen, die das Lebendige im Interesse der Herrschaft über die Natur verdinglicht und ihm dadurch Gewalt antut. Das Ideal einer herrschaftsfreien Gesellschaft, das Marx noch auf den technologischen Fortschrittsoptimismus des 19. Jahrhunderts gegründet hatte, wird nun im Rückgriff auf Nietzsche und Freud von einer Befreiung der inner- und außermenschlichen Natur schlechthin abhängig gemacht. Dieses Ideal kann aber, da jedes begriffliche Denken sich notwendig in der Logik der Naturbeherrschung bewegt, nicht positiv formuliert werden. Einzig als philosophische Figur der Negativität, die mit den Mitteln des identifizierenden Denkens das Nichtidentische zu umstellen sucht, oder aber in der nichtbegrifflichen Sprache der Kunst vermag dieses utopische Ziel aufzuscheinen.

Zu ihrer allem positiven Denken radikal skeptisch begegnenden Position sahen sich Horkheimer und Adorno insbesondere durch die Beobachtung veranlaßt, daß der Nazi-Terror mit wissenschaftlich-technischer Organisation und Präzision betrieben wurde. Deshalb vermochten sie auch im Positivismus und der Technologiegläubigkeit des freien Westens keine wirkliche Gegenkraft zu erkennen. Unter den Erscheinungsformen der Liberalität entdeckten sie Tendenzen der Monopolisierung und des Konformismus: Die Konsumfreiheit diente zuallererst dem Großkapital; und die scheinbare Vielfalt der Kultur war industriell produziert zu dem Zweck, das Volk auf unterhaltsame Weise an der Einsicht in seine reale Abhängigkeit zu hindern. In Los Angeles, nahe bei Hollywood, wohin Horkheimer und Adorno 1941 zogen, fanden sie für ihre Thesen zur Kulturindustrie das Anschauungsmaterial. Auch die scheinbar wertfreie positivistische Wissenschaft schien ihnen in diesem Kontext nur die Rolle einer Affirmation des Bestehenden zu spielen, Propaganda zu betreiben für «den Mythos dessen, was der Fall ist» (1947, S. IX). Gerade in ihrer Selbstbescheidung auf das Faktische sahen Horkheimer und Adorno eine Form der Willkür, die das Nichtbegriffliche, im rationalen Zugriff nicht aufgehende Lebenselement der Phänomene unterdrücke.

Es wäre allerdings zu einfach, wollte man das erklärte Mißtrauen der Kritischen Theorie gegenüber dem Wissenschaftsbetrieb als resignativen Rückzug ins spekulative Denken beschreiben, wie es immer wieder getan worden ist. Insbesondere der Exkurs zur homerischen «Odyssee», aus der die Autoren der «Dialektik der Aufklärung» eine Station in der durch Verhärtung gekennzeichneten Urgeschichte der Subjektivität herauslesen, ist häufig als Zeugnis der Abwendung von fachwissenschaftlicher Erkenntnis angeführt worden. Das Vorurteil, daß hier geschichtsphilosophische Phantasien an die Stelle solider Philologenarbeit getreten seien, ist inzwischen widerlegt. Wie die unlängst veröffentlichte Frühfassung des Exkurses deutlich macht, wurde hier von Adorno eine kenntnisreiche Auseinandersetzung mit der zeitgenössischen Altertumswissenschaft geführt, deren «historischen Positivismus» er dialektisch einem naiven Mythenglauben zurechnet, «einem Geiste, wie er etwa Siegfrieds Kampf mit dem Drachen durch die Entdeckung von Saurierskeletten erhärtet» (1943, S. 38). Gerade in der philologischen Tendenz zur Vereindeutigung des Uneindeutigen und zur Intoleranz gegenüber der Ungewißheit von Schicksal sah Adorno eine Bestätigung für die Kernthese der «Dialektik der Aufklärung», daß die triumphierende Zivilisation die alte Barbarei noch übertrumpft.

Die Kritische Theorie hatte sich in dieser Phase weit von ihrem ursprünglichen Konzept einer empirischen Sozialforschung entfernt. Nicht zufällig ist Adornos bedeutendste Produktion der kalifornischen Jahre neben der «Dialektik der Aufkärung» ein Aphorismenbuch: Unter dem Titel «Minima Moralia» verdichtete er seine amerikanischen Eindrücke zu «Reflexionen aus dem beschädigten Leben» und führte sie zu dem ernüchternden Schluß: «Es gibt kein richtiges Leben im falschen» (1951, S. 42). Nach Adornos Beobachtung reicht die gesellschaftliche Tendenz zur Verdinglichung bis ins Privatleben der Menschen hinein und verwandelt sein Wohnen wie sein Arbeiten in Formen der Anpassung. Obwohl er also der Aussagefähigkeit von Subjekten über ihre Lebensbedingungen genauso mißtrauisch gegenüberstand wie derjenigen ihrer wissenschaftlichen Untersuchungen, führte ihn das nicht zu einem vollständigen Rückzug aus der empirischen Forschung, wie oft behauptet wird.

Das beweist unter anderem die umfangreiche, von Horkheimer und Samuel H. Flowerman herausgegebene Teamarbeit «Studies in Prejudice», zu der auch Adorno mit «Studien zum autoritären Charakter» (1949/50) wesentlich beitrug. Freilich ging Adorno mit einem durchaus qualitativ orientierten Ansatz an die Empirie. Seine abschätzige Meinung von quantitativen Methoden der Sozialforschung führte denn auch in einem anderen Zusammenhang, dem von Paul Lazarsfeld geleiteten ‹Radio Research Project›, in dem die Auswirkungen des Massenhörens untersucht wurden, zum offenen Konflikt, weil Adorno sich grundsätzlich weigerte, Wahrnehmungsweisen (die er etwa in seinem Aufsatz «Über den Fetischcharakter in der Musik und die Regression des Hörens» untersucht hatte) nach quantitativen Meßverfahren zu beschreiben. «Als ich den Anspruch an mich gestellt sah, ‹Kultur zu messen›», erinnert er sich später, «kam mir der Gedanke, daß Kultur gerade der Zustand sein könnte, der eine Mentalität ausschließt, die fähig ist, sie zu messen» (zit. bei Jay 1973, S. 264).

Ihre fundamental skeptische Einschätzung hat Adorno und Horkheimer nicht daran gehindert, intellektuelle Instrumentarien zu entwickeln, die sich mit der konkreten gesellschaftlichen Praxis auseinandersetzen. In ihrem Zentrum steht die «immanente Kritik» – ein Verfahren, das durch die Marxsche Devise inspiriert ist: «Man muß diese versteinerten Verhältnisse dadurch zum Tanzen zwingen, daß man ihnen ihre eigene Melodie vorsingt!» (1844, S. 20). Die immanente Kritik erkennt, nach einer Definition der «Dialektik der Aufklärung», «keine abstrakten Normen oder Ziele an, die im Gegensatz zu den geltenden praktikabel wären. Ihre Freiheit von der Suggestion des Bestehenden liegt gerade darin, daß sie die bürgerlichen Ideale, ohne ein Einsehen zu haben, akzeptiert, seien es die, welche seine Vertreter wenn auch entstellt noch verkündigen, oder die, welche als objektiver Sinn der Institutionen, technischer wie kultureller, trotz aller Manipulierung noch erkennbar sind. Sie glaubt der Arbeitsteilung, daß sie für die Menschen da ist, und dem Fortschritt, daß er zur Freiheit führt. Deshalb gerät sie leicht mit der Arbeitsteilung und dem Fortschritt in Konflikt» (Horkheimer/Adorno 1947, S. 218).

1949 kehrte das Institut zurück nach Frankfurt und mit ihm die meisten seiner Mitarbeiter (zu den Ausnahmen gehörten Marcuse und Löwenthal). Doch im Restaurationsklima des Adenauer-Deutschland waren die Rezeptionsbedingungen Kritischer Theorie denkbar schlecht. Die «Dialektik der Aufklärung», 1944 in einer hektographierten Vorveröffentlichung, 1947 in einem kleinen niederländischen Verlag erschienen, blieb zunächst ein unbekanntes Buch. Eine Neuausgabe fand erst im Zuge der Studentenbewegung statt: 1969, im Todesjahr Adornos. Er, der das reflexive Zentrum der Kritischen Theorie bildete, so wie Horkheimer das programmatische war, wurde nun zwar gelesen, aber von denen, für die er vornehmlich geschrieben hatte, mit Befremden aufgenommen. Sein umfangreiches Œuvre, darunter die großen Spätschriften zur Erkenntnistheorie und Kunstphilosophie, «Negative Dialektik» (1966) und «Ästhetische Theorie» (1970), lieferte den protestierenden Studenten zwar die zentralen Stichworte, entzog sich aber ihrer aktionistischen Ungeduld. In der Kritik am «Salonmarxismus» der Kritischen Theorie war sich die undogmatische Linke mit der dogmatischen einig. Georg Lukács, der einst zur ersten Gruppe gehört hatte, polemisierte nun, in den sowjetischen Apparat eingebunden, gegen die ‹Frankfurter Schule›, die er «Grand Hotel Abgrund» taufte, in dem «der tägliche Anblick des Abgrunds, zwischen behaglich genossenen Mahlzeiten oder Kunstproduktionen» nicht zu Umsturzversuchen führen, sondern «die Freude an diesem raffinierten Komfort nur erhöhen» könne (1955, S. 219).

Friktionen hatte es aber auch vorher schon in den eigenen Reihen gegeben. Bereits in der Zeit des Exils war der Kurs, den Adorno und Horkheimer einschlugen, insbesondere die Grundlagenkritik an der empirischen Sozialforschung, durchaus umstritten. Dies hatte unter anderem zum Austritt Erich Fromms 1939 sowie zur Aufspaltung in eine kalifornische und eine New Yorker Linie geführt, deren Leitung 1941 Paul Lazarsfeld übernahm.

Nach dem enttäuschenden Verlauf der Studentenrevolte war es das Hauptanliegen der jüngeren Vertreter Kritischer Theorie, diese wieder stärker nach szientifischen Kriterien auszurichten, um ihre Wirksamkeit zu erhöhen. Motor dieser Bestrebungen war der als junger Assistent zu Adorno gekommene Jürgen Habermas, der in der negativ-dialektischen Subversion der wissenschaftlichen Rationalitätsfundamente eine unnötige Schwächung ihrer argumentativen Potentiale sah. Habermas erkannte durchaus die methodische Stärke der immanenten Kritik, hielt sie aber für nicht mehr zeitgemäß. Während Marx, schrieb er, sich noch «damit begnügen konnte, den normativen Gehalt der herrschenden bürgerlichen Theorien, des modernen Naturrechts und der politischen Ökonomie [...] beim Wort zu nehmen und immanent zu kritisieren», sei nunmehr «das bürgerliche Bewußtsein zynisch geworden: Von verbindlichen normativen Gehalten ist es [...] gründlich entrümpelt worden. Wenn aber die bürgerlichen Ideale, wie in Zeiten der Rezession noch unverhohlener zu Bewußtsein kommt, eingezogen sind, fehlen Normen und Werte, an die eine immanent verfahrende Kritik mit Einverständnis appellieren könnte. Auf der anderen Seite sind die Melodien des ethischen Sozialismus ohne Ergebnis durchgespielt worden» (1976, S. 10).

An die Stelle der immanenten Kritik sollte daher eine transzendente Kritik treten, die gesellschaftliche Fehlentwicklungen an einem ausformulierten Normengerüst messen könnte. Das zu diesem Zweck aufgestellte Projekt einer «Rekonstruktion des Historischen Materialismus» baute Habermas in den siebziger und achtziger Jahren unter Zugrundelegung sprachanalytischer und -pragmatischer Modelle (Wittgenstein, Austin, Searle, Apel) konsequent zu einer diskursethisch orientierten «Theorie des kommunikativen Handelns» (1981) aus und bildete damit das Zentrum der dritten Generation der Kritischen Theorie.

Die sprachanalytische Rekonstruktion steht in Konkurrenz zu einer anderen Form der Weiterführung der Intentionen Kritischer Theorie, die ebenfalls linguistisch fundiert ist, aber von einem völlig anderen Sprachmodell ausgeht: dem des Poststrukturalismus. Dieser übernahm von dem Genfer Begründer der strukturalistischen Sprachwissenschaft, Ferdinand de Saussure, die These, daß Bedeutungen von Zeichen sich immer nur in Differenz zu anderen Zeichen bestimmen ließen, nicht durch die den Signifikanten vermeintlich «zugrunde liegenden» Signifikate, die ihnen nur durch eine willkürliche, arbiträre Operation zugeordnet seien. Der Poststrukturalismus weitet dieses Differenztheorem auf Kulturen und ihre Selbstdarstellungen aus, um deren zeichenhafte Konstruiertheit und Arbitrarität in einem an der surrealistischen Ästhetik geschulten Verfahren zu de-konstruieren (vgl. Frank 1983, Culler 1982).

So stellt sich die Situation Kritischer Theorie heute als eine Aufspaltung dessen dar, was Adorno in einer zwischen analytischer und ästhetischer Urteilsbildung pendelnden Denkbewegung zu überspannen suchte (vgl. Lehmann 1984, Matussek 1992). Doch es gibt auch im thematischen und argumentativen Spektrum der Cultural Studies Ansätze, die explizit oder implizit an Adornos Doppelperspektive anknüpfen. Durch die Erzeugung von phänomenerhellenden Kontrasteffekten zwischen rekonstruktiven und dekonstruktiven Verfahren bleibt in diesen neueren Ansätzen die zweite Generation Kritischer Theorie präsent und trägt mehr noch als die dritte zur methodischen Neuorientierung der Kulturwissenschaft heute bei.

III. Arbeitsfelder kulturwissenschaftlicher Forschung und Lehre

Vorbemerkung: Umrisse einer neuen Disziplin

Wir stellen der Beschreibung und Analyse der Arbeitsfelder kulturwissenschaftlicher Forschung und Lehre ein kurzes ‹enzyklopädisches Stichwort› voran, das die Herkunft und die Umrisse dieser neuen Disziplin skizziert:

Kulturwissenschaft erforscht die von Menschen hervorgebrachten Einrichtungen, die zwischenmenschlichen, insbesondere die medial vermittelten Handlungs- und Konfliktformen sowie deren Werte- und Normenhorizonte. Sie entwickelt dabei Theorien der Kultur(en) und materiale Arbeitsfelder, die systematisch wie historisch untersucht werden. Insofern ist für die Kulturwissenschaft die Kultur als Ganzes sowohl das Objekt als auch der Rahmen für ihre eigenen Operationen.

Da es nicht ‹die› Kultur, sondern nur viele Kulturen gibt, ist die Kulturwissenschaft mit multi- und interkulturellen Überschneidungen konfrontiert. Sie verfährt deshalb immer auch kulturvergleichend, indem sie die Semantik dessen untersucht, was in unterschiedlichen Gesellschaften unter ‹Kultur› verstanden wurde. Sie ist also eine historische Disziplin und verhält sich, indem sie die Abhängigkeit kultureller Phänomene von veränderbaren Bedingungen analysiert, kulturkritisch.

Das Wort ‹*Kultur*› ist aus lateinisch *colere* (‹pflegen›, ‹urbar machen›, ‹ausbilden›) abgeleitet und eine Eindeutschung von lat. *cultura*. Das deutsche Wort ist seit Ende des 17. Jahrhunderts belegt und bezeichnet das Gesamt der Einrichtungen, Handlungen, Prozesse und symbolischen Formen, welche mit Hilfe von planmäßigen Techniken die ‹vorfindliche Natur› in einen sozialen Lebensraum transformieren, diesen erhalten und verbessern, die dazu erforderlichen Fertigkeiten (Kulturtechniken, Wissen) pflegen und entwickeln, die leitenden Werte in besonderen Riten befestigen (‹cultus›) und insofern soziale Ordnungen und kommunikative Symbolwelten stiften, welche kommunitären Gebilden Dauer verschaffen.

Die Kulturwissenschaft faßt Forschungsgegenstände und -verfahren zusammen, die seit der Antike, freilich unter anderen Namen, in den verschiedenen Einzelwissenschaften thematisiert wurden. Ihr Aufgabenbereich hängt vom jeweiligen Kulturbegriff ab. Bezogen auf die materielle Kultur hat Plinius d. Ä. einen Gegensatz von *terrenus* (‹zum Erdreich gehörend›) und *facticius* (‹künstlich Hergestelltes›) bestimmt (Nat. hist. XII, 75 u. ö.). Je nachdem, ob man diesen Gegensatz analytisch oder werthierarchisch auffaßt, entscheidet sich, ob Natur und Kultur als neutrale Gegenstandsbereiche oder als Objekte wertbezogener Kritik verstanden werden; diese Alternative kehrt in der Kulturwissenschaft wieder.

Im lateinischen Raum wird über die Agrikultur hinaus *cultura* auch auf die persönliche ‹Kultur› von Individuen oder ‹Kultur historischer Perioden› angewendet. Die wirkungsvolle Formel Ciceros von der *cultura animi* (Tusc. II, 5, 13) entspricht der griechischen *paideia*, sie bezeichnet die Pflege und das Gepflegte des Menschen. Damit wird neben Kultur als Sachkultur die Kultur der Persönlichkeit bewußt und der *cultura*-Begriff von der Bearbeitung der äußeren Natur auf die der inneren Natur übertragen. Der Zusammenhang mit Agrikultur bleibt jedoch noch lange erhalten, so spricht z. B. Francis Bacon von *georgica animi*, einem ‹Landbau des Geistes› (De augmentis scientiarum III, 1).

In der mittelalterlichen Differenzierung der *Artes liberales* und der *Artes mechanicae* beginnt sich die neuzeitliche Entstehung der ‹zwei Kulturen› (Snow 1967) vorzubereiten. Während die Artes liberales Vorläufer der modernen Geisteswissenschaften sind, können Teile der *Artes mechanicae* als Frühformen von Naturwissenschaften und Technik verstanden werden. Seit dem Spätmittelalter beginnen sie, sich als wesentliche Faktoren kultureller Entwicklung zu etablieren. Die Trennung der beiden Kulturen liegt dem neuzeitlichen Universitätssystem zugrunde.

Die Entstehung der Kulturwissenschaft setzt den neuzeitlichen Kulturbegriff voraus. Bereits hundert Jahre vor Herder verwendet

Samuel von Pufendorf *cultura* ohne Genitiv – neben *cultura animi, cultus vitae, socialitas* (De iure naturae et gentium II, 4, § 1–12; II, II, § 1; Specimen Controvers. III, § 3; Diss. Acad. X). Er leitet damit den Prozeß ein, der zur Bildung des «Kollektivsingulars» Kultur führte. Dieser markiert eine epochale Wendung zur Moderne, mit der, nach Niklas Luhmann (1995), erst in vollem Sinn ‹Kultur› vorliegt. ‹Kultur› meint nicht mehr nur Gegenstände der Beobachtung, sondern auch die Formen und Perspektiven, welche eine Gesellschaft zur Beobachtung von Beobachtern (Experten zweiter Stufe) ausgebildet hat. Essentialistische Vorstellungen von Kultur lösen sich auf. ‹Kultur› ist als etwas Gemachtes kontingent, eben dadurch aber auch (re)konstruierbar.

Das moderne Konzept von Kulturwissenschaft beruht auf der Einsicht, daß es nur ein Apriori gibt, das historische Apriori der Kultur. Während Immanuel Kant die Naturwissenschaft noch transzendental, d. h. als geschichtslose Erkenntnisform begründete, analysiert Ernst Cassirer nach den Erschütterungen der Newtonschen Physik auch die Naturwissenschaften als «symbolische Form», d. h. als Kultur. Auch ‹Natur› wird also nicht mehr als vorgegebene Wirklichkeit verstanden, sondern als kulturell konstruiert erkannt. Mensch sein heißt unter den Bedingungen von Kultur leben. Gegenstand der Kulturwissenschaft ist mithin der ganze Bereich menschlicher Tätigkeiten. Für die Kulturwissenschaft bedeutet dies, daß sie nicht nur sprachliche Texte als symbolische Verarbeitungen von Realität untersucht, sondern auch die materiellen, medialen und gedachten Ordnungen, an denen sprachliche Texte teilhaben und in die sie eingelassen sind.

Den ältesten Kern der Kulturwissenschaft bildet die historische Anthropologie (vgl. Kap. III, 3). Sie hat ihre Wurzeln im 18. Jahrhundert – in der Geschichte der Reisen und der Expeditionen als Quelle der Ethnographie und der komparatistischen Völkerkunde sowie in der Geschichte der Medizin als historischem Zweig der Menschenforschung. Aus den Zeremonialwissenschaften, der Physiognomik und der Ausdruckskunde entsteht die beobachtende, historische Verhaltenswissenschaft. Wurzeln der Kulturkomparatistik und der Theorie des Kulturwandels liegen bei G. Vico, J. M. Chladenius und Herder. Zwischen Samuel Pufendorf und Herder entwickelt sich die Einsicht, daß Kultur *ergologisch* (eine Welt künstlicher Objekte), *soziativ* (eine Welt sozialer Handlungsformen, Normen und Werte) sowie *zeitlich* sei (eine Welt der Kontingenz; vgl. Perpeet 1984). Auch in bezug auf die Sex/Gender-Differenzierung ist das l8. Jahrhundert der forschungsgeschichtliche Ursprung der Rekonstruktion einer kulturell codierten Ordnung der Geschlechter.

Im 19. Jahrhundert wurden kulturwissenschaftliche Studien im Rahmen der traditionellen Wissenschaften betrieben (insbesondere Geschichts-, Sprach- und Literaturwissenschaften, Kunstgeschichte und Ethnologie). Die Intensivierung kulturwissenschaftlicher Forschung seit dem Ende des Jahrhunderts verdankt sich verschiedenen Impulsen: Erstens verschiebt sich innerhalb etablierter Disziplinen das Gegenstandsinteresse auf kulturelle Phänomene. Es entstehen kulturgeschichtliche Epochenbilder (J. Burckhardt, J. Huizinga, W. Schultz u. a.). Geschichte wird nach ‹Kulturtypen› organisiert (L. Frobenius, K. Lamprecht). Zweitens wendet sich die philosophische und wissenschaftstheoretische Diskussion Fragen einer Theorie der Kultur zu (H. Rickert, W. Windelband, E. Cassirer u. a.). Drittens sind kulturwissenschaftliche Fragen Kristallisationspunkt sich neu bildender Disziplinen, die aus den älteren Geisteswissenschaften ausscheiden (z. B. die Soziologie: G. Simmel, M. Weber). Und viertens führt die Ausweitung des fachspezifischen Fragehorizonts zu übergreifenden kulturwissenschaftlichen Problemstellungen (in der Kunstgeschichte z. B. bei A. Warburg, E. Panofsky).

Das seit den achtziger Jahren des 20. Jahrhunderts etablierte Fach Kulturwissenschaft knüpft an diese Forschungstraditionen an, daneben an diejenigen der Ethnologie. In seinem Zentrum stehen, neuere Tendenzen der Literatur- und Sprachwissenschaft aufgreifend, drei Bereiche: (1) Die Mediengeschichte rekonstruiert Bedingungen der Erzeugung von kultureller Kommunikation, von Gedächtnis und Weltwahrnehmung. Orale Formen der kulturellen Reflexion werden dabei ebenso als Medien begriffen wie die ausdifferenzierten Techniken der Schrift- und Buchkultur, der visuellen und der computergestützten Massenmedien. (2) Die Bildforschung untersucht die Bild-Künste und allgemein visuelle Phänomene, das Archiv «der historischen Psychologie des menschlichen Ausdrucks» (Warburg 1992, S. 185), der Codierung der Gefühle, der Phantasien und Beziehungsformen. Mit ‹Bildern› sind dabei auch körperliche Bewegungsfiguren gemeint, soziale Rituale und Habitus, Ausdrucksgestalten von Gefühlen und Handlungen. (3) Die historische Anthropologie fragt nach den gewandelten Lebensbedingungen in der zunehmenden Überformung der Kulturen sowie der menschlichen und nicht-menschlichen Natur durch die Entwicklung der technisch-wissenschaftlichen Zivilisation.

Die kulturwissenschaftlichen ‹Grenzerweiterungen› führen zu einer Entprivilegierung der sogenannten hohen Kultur. Sie hat die Öffnung des Quellenkorpus zur Folge. Neben Bild- und Wortquellen aller qualitativen und medialen Ausdifferenzierung werden religiöse, ethnische wie soziale Rituale, Lebensstile, habituelle Muster des Agierens, Objekte materieller Kultur sowie auch Techniken der gesellschaftlichen Reproduktion und Naturbearbeitung als gleichberechtigt anerkannt.

Im folgenden werden die vorherrschenden Forschungsfelder der Kulturwissenschaft dargestellt. Sie umreißen zugleich die Schwerpunkte der Lehre in den verschiedenen universitären Studiengängen des Fachs.

1. Wissenschaftskulturen

Zur Kulturwissenschaft gehört, wie mehrfach betont, die Archäologie ihrer eigenen Herkunftsgeschichte. Die Historisierung der von ihr geprägten Aufmerksamkeiten und der Verfahren der Gegenstandskonstruktion ist für alle Versuche charakteristisch, ihre Legitimität im aktuellen Fächerspektrum zu begründen. Dies nicht zuletzt deshalb, weil es ihr bisher an einer stabilen institutionellen Verfassung und disziplinären Identität mangelt, in der – wie etwa in der Germanistik – die Zentrifugalkräfte der Methodendebatten durch die beruhigende Hintergrundgewißheit einer verläßlichen Infrastruktur gemildert sind. Die Selbstbegründung und programmatische Umrißzeichnung der Kulturwissenschaft als Disziplin erfolgt auch hier im ständigen Rückgriff auf die Wissenschaftsgeschichte. Von dieser *selbstreflexiven* Beziehung der Kulturwissenschaft auf die eigene Wissenschaftsgeschichte ist die Erforschung der Geschichte der Wissenschaften als *Gegenstand* der Kulturwissenschaft zu unterscheiden. In ihr wird die Geschichte der Produktion und Distribution des Wissens – auch und gerade der Naturwissenschaften – zum Arbeitsfeld der Kulturwissenschaft. Dies geschieht in der Überzeugung, daß die Wissenschaften nicht nur durch ihre Allianz mit der Technik, sondern auch als Quelle von Weltdeutungsmodellen alltagsprägende Kraft gewinnen. Wir verbinden die Erläuterung des Konzepts von Wissenschaftsgeschichte, das diesem Arbeitsfeld zugrunde liegt, mit Beispielen für die dabei entwickelte Untersuchungsperspektive.

Die neuere Wissenschaftsgeschichte ist von der Schwierigkeit sowohl ihres Verständnisses von Wissenschaft wie ihres Charakters als Geschichtsschreibung geprägt. Von der älteren, kumulativ-linearen Geschichte von Entdeckungen und wissenschaftlichen Ideen, die sich auf der Linie stetigen Fortschritts anordnen lassen, ist wenig geblieben. Eine Folge der Neuorientierung, die Thomas S. Kuhns Buch «Die Struktur wissenschaftlicher Revolutionen» (1962) befördert hat, war der Abschied von der Wissenschaftsgeschichte als Siegergeschichte, von der «Whig-History of Science». Darin ist an den Theorien der Vergangenheit vor allem interessant, was sie zum Erkenntnisstand der Gegenwart, von dem aus man sie rekonstruierte, beigetragen haben. Demgegenüber wurde nun, innerhalb der Konzeption des «Paradigmawechsels», das als Kern jeder «Normalsituation» von Wissenschaft gegebene Modell gemäß seiner Binnenlogik untersucht. Zugleich wurden scheinbar elementare Grundbegriffe dessen, was unter Wissenschaft verstanden werden sollte, einer Revision unterzogen.

Dieser Prozeß hatte bereits im ersten Drittel dieses Jahrhunderts begonnen, so in Ludwik Flecks «Die Entstehung und Entwicklung einer wissenschaftlichen Tatsache» (1935). Fleck, auf dessen bahnbrechende Arbeit auch Kuhn zurückgriff, unterschied zwischen dem zunächst singulären Phänomen einer «Entdeckung» und der wissenschaftlichen «Tatsache», zu der sie erst im Prozeß der «Entpersönlichung» werden kann. Als Kategorie der Vermittlung zwischen beiden Polen entwickelte Fleck den Begriff des «Denkstils»

(S. 70). Damit bezeichnete er die überindividuelle Wahrnehmungsweise und das dieser korrespondierende Begriffssystem. Innerhalb dessen und notfalls gegen dieses muß eine Entdeckung sich durchsetzen. In solchen Fällen, in denen die Profilierung der «Entdeckung» zur «Tatsache» nicht nur die Modifikation, sondern die Revision oder gar Aufhebung des herrschenden Begriffssystems verlangt, spricht Fleck von «Denkstilumwandlungen». Daraus wird später bei Thomas S. Kuhn der revolutionäre «Paradigmenwechsel», der aus den unbeherrschbar gewordenen Anomalien und dem Problemdruck der Krise hervorgeht. Damit waren aber nicht nur komplexe, womöglich unberechenbare Krisenphänomene an die Stelle einer sukzessiv-stetigen Fortschrittslogik getreten. Denn in Flecks *temporaler* Differenzierung von Entdeckung und Tatsache erhielt diese letztere eine soziale Dimension, die gegenüber der rein epistemologischen als eigenständiger Faktor zur Geltung kam: «Erst in einem *sozialen Prozeß* entsteht die wissenschaftliche Tatsache – auch wenn sie im nachhinein, für die Zeitgenossen oder Späteren, bereits im Moment der Entdeckung als solche gegenwärtig gewesen zu sein scheint» (Fuchs 1992, S. 15).

Aus dieser sozialen Dimension des Fleckschen «Denkstils», die in Kuhns «Paradigma»-Begriff ihre Entsprechung hat, ging hervor, was man die «kulturalistische» Wendung der Wissenschaftsgeschichte nennen könnte. Dazu gehörte nicht nur die Komplizierung der Herausbildung des Paradigmas einer stabilen, «normalen» Wissenschaft, sondern auch die Aufwertung zusammengebrochener Paradigmen. Während die ältere Wissenschaftsgeschichte sie nur als zu überwindende Stufen hatte wahrnehmen können, wurden sie nun selbst in ihrer Leistungsfähigkeit und Binnenlogik untersucht. In jüngerer Zeit ist das vor allem an Physik und Chemie gewonnene Modell Kuhns in Frage gestellt worden. Denn es läßt einheitliche und verbindliche Paradigmen einander in der Weise ablösen, daß die normale Wissenschaft stets monoparadigmatisch erscheint. Gegenüber diesem Nacheinander unangefochten herrschender Paradigmen ist von der Medizingeschichte am Beispiel des Wechselspiels von Vitalismus und Mechanismus in der Deutung des Herzens und des Kreislaufs das Modell synchroner «Überlagerung» und «Verflechtung» vorgeschlagen worden. Darin treten die nie gänzlich einflußlose «Latenz» und die nie gänzlich unangefochtene «Dominanz» konkurrierender Ansätze an die Seite theoretischer Alleinherrschaft eines Wissenschaftsmodells (Fuchs 1992, S. 18 ff.).

In dem Maß, in dem die Wissenschaftsgeschichte die Eigenlogik entwerteter Paradigmen in den Kernbereich ihrer Gegenstände aufnimmt, treten Konstellationen hervor, die in einer auf das gegenwärtige Paradigma zulaufenden «Siegergeschichte» als Umwege, Irrwege, Verzögerungen und Pseudoprobleme auf der Strecke geblieben wären. Diese Tendenz zur historiographischen Integration der «Verlierer» hat in der Wissenschaftslehre des französischen Theoretikers Gaston Bachelard eine eigenwillige Entsprechung. Indem Bachelard die psychoanalytischen Konzepte von Hemmung, Abwehr, Verdrängung übernimmt und verwandelt, kann er die «epistemologischen Hindernisse» im Wissenschaftsprozeß ausmachen, um sie gleichsam therapeutisch-kathartisch auszutreiben. In seiner «Psychoanalyse des Feuers» (1949) spürt er den «Träumereien» und dem «Unbewußten» nach, die im Rücken der Wissenschaftsgeschichte wirksam sind und die nüchterne, objektive Erkenntnis erschweren. Man muß nicht Bachelards Grundorientierung der Katharsis teilen, um seine Abhandlungen als Beitrag zu einer historischen Phänomenologie der Rolle der Einbildungskraft in den Wissenschaften nutzen zu können. Die Aufmerksamkeit, mit der er die aktive Rolle der Irrtümer und Pseudoprobleme wahrnimmt, läßt in lehrreicher Weise die rationale Objektivierung von Naturphänomenen als unwahrscheinlichen Sonderfall erscheinen. Die «epistemologischen Hindernisse» (S. 79) lassen sich jenseits ihrer den Erkenntnisprozeß hemmenden Funktion auch als produktive kulturelle Symbolisierungen jener Seiten des Feuers studieren, die ausgeschieden werden mußten, damit es als Verbrennungsvorgang untersuchbar wurde. Eben darauf aber richtet sich das kulturwissenschaftliche Interesse. Es betreibt nicht selbst Wissenschaftsgeschichte, sondern fragt nach der «Kulturbedeutung» der in den Wissenschaften als «Tatsachen» konstruierten Gegenstände.

Schon dieser erste Überblick ergibt, daß die jüngere Wissenschaftsgeschichte die Tendenz zur Pluralisierung der Quellen und

Kontextualisierung ihrer Gegenstände mit der Kulturwissenschaft teilt. Daraus folgt auch, daß sie die Grenze zwischen dem, was sie als wissenschaftsintern, und dem, was sie als wissenschaftsextern behandeln will, systematisch hinausschiebt. Die Geschichte von Theorien und Konzepten, die Rekonstruktion jener zunächst unscheinbaren Anomalien, die schließlich zur Krise führen und den Paradigmenwechsel befördern, kann sie weder im abstrakten Raum der Begriffsgeschichte noch in einer reinen Institutionengeschichte stattfinden lassen. Das Konzept, das sich hier abzeichnet, heißt «Wissenschaft als kulturelle Praxis» (Bödeker u. a. 1999). Vereinfacht gesagt, faßt die jüngere Wissenschaftsgeschichte die Schnittstelle von wissenschaftsinternen Verfahren und wissenschaftsexternem Kontext aus der jeweiligen Fachperspektive ins Auge, während die Kulturwissenschaft diese Schnittstelle aus externer Perspektive als durchlässig behandelt.

Der Abschied der Wissenschaftsgeschichte von der reinen Theorie- und Begriffsgeschichte beinhaltet auch die Aufwertung der Apparaturen und Instrumente von neutralen Werkzeugen zu «aktiven» Elementen im Prozeß der Erkenntnis (Rheinberger/Hagner/Wahrig-Schmidt 1995). Der Physiologe und Schriftsteller Albrecht von Haller, einer der großen Wissenschaftler im Zeitalter der Aufklärung, notierte einmal, «bequemere Sternröhre, ründere Glastropfen, richtigere Abtheilungen eines Zolles, Spritzen und Messer» hätten mehr zur Vergrößerung des Reichs der Wissenschaften beigetragen als der schöpferische Geist des Descartes (1787, S. 97). Nimmt man das nach Abzug der polemischen Wendung gegen die Metaphysik ernst, dann läßt sich die Geschichte der Wissenschaften nicht allein als Geschichte der in Büchern, Zeitschriften und Kompendien niedergelegten Konzepte schreiben. Sie muß vielmehr zugleich eine Geschichte der Dinge sein.

Beispiele für diese Tendenz finden sich bei Thomas S. Kuhn auf Schritt und Tritt. Man denke etwa an die Rolle von Luftpumpe und Waage in der Inkubationsphase der Krise, die zur Revolutionierung der Chemie durch Lavoisier führte. Entscheidend ist hierbei freilich nicht die Aufnahme der Dinge als solche in den Untersuchungshorizont, sondern die Rekonstruktion ihrer Rolle im Prozeß der Theoriebildung: «Nach der Rezipierung des Franklinschen Paradigmas sah der auf eine Leidener Flasche schauende Elektriker etwas anderes, als er vorher gesehen hatte. Aus dem Gerät war ein Kondensator geworden, für den weder die Flaschenform noch das Glas erforderlich war» (Kuhn 1962, S. 72).

Die Aufmerksamkeit, mit der Kuhn die Beziehung zwischen den Medien der Beobachtung und Reproduktion elektrischer Phänomene sowie ihrer Interpretation akzentuiert, hat in seinem Begriffsapparat eine Entsprechung. Er unterscheidet unter den Bedingungen, die die Wahrnehmung und Integration eines Phänomens begünstigen oder erschweren können, «apparative» und «theoretische Erwartungen». Sind die letzteren explizit formulierbar, so gehen die ersteren nicht selten als vorbewußte Erwartungen in die Wahrnehmungsprägung ein. Mit diesem Gedanken erklärt Kuhn die extreme Verwirrung angesichts der unvermuteten Entdeckung der Röntgenstrahlen. Nicht primär, weil ihr Auftauchen von der etablierten Theorie ausgeschlossen worden wäre, sondern weil sie vortheoretische Erwartungen verletzten, wirkten sie als Schock: «Diese Erwartungen, vermute ich, steckten indirekt in der Planung und Interpretation traditioneller Laborverfahren» (S. 72).

Als Wissenschaftshistoriker stellt Kuhn primär die Frage nach den Beharrungskräften und Wahrnehmungsschranken im Erkenntnisprozeß; er nimmt also eine wissenschaftsinterne Perspektive ein. Den auf diese Weise erschlossenen Gegenstandsbereichen – theorieimprägnierte Apparaturen, mit Forschungsstrategien aufgeladene Räume – nähert sich die Kulturwissenschaft auf ihre Weise. Auch sie begreift die Wissenschaft als kulturelle Praxis, aber nicht ausschließlich als Praxis von Wissenschaftlern. Damit verlängert sie in wissenschaftsinterner Perspektive die Tendenz zur Kritik und Aufhebung des exklusiven Sonderstatus der Naturwissenschaft. Sie untersucht die Requisiten, Apparaturen, Räume und praktischen, z. B. experimentellen Verfahren der Naturwissenschaften im Blick darauf, wie sie in die Gesamtkultur integriert werden und welche Funktionen sie dort erfüllen. Diese Perspektive bestimmt auch ihren Umgang mit den «Paradigmen» der Wissenschaften. Sie läßt sich deren systematischen, problemgeschichtlichen Ort von der Wissenschaftsgeschichte vorgeben und fragt ihrerseits, wie innerhalb der Gesamtkultur wissenschaftliche Theoreme, Instrumente oder Praktiken durch die Sphären etwa der Literatur, des Theaters oder anderer Künste und Medien zirkulieren. In diesem Sinn ist die Experimentalphysik im 18. Jahrhundert nicht nur als Geschichte der Herausbildung moderner Laborbedingungen aufzufassen, sondern als Feld der wechselseitigen Durchdringung und Richtungsbestimmung divergenter «Wissenskulturen», die das laboratorische Experimentieren im engeren Sinn umschließen.

Der Abstand dieses Geflechts von Wissenskulturen zum harten Kern der experimentellen Wissenschaften ist historisch variabel. Im 18. Jahrhundert ist er kleiner als im späten 19. Jahrhundert. Eine Voraussetzung für die Untersuchung dieser Variablen ist die Einbeziehung des wissenschaftlichen Dilettantismus wenn nicht in die Wissenschaftsgeschichte, so doch in die Geschichte der Wissenskulturen. Zugleich ist stets der Doppelcharakter der wissenschaftlichen Räume, Bedeutungssysteme und Apparaturen in Rechnung zu stellen: Sie sind auf die in ihnen enthaltenen Konzepte, aber auch auf die kulturelle Praxis hin zu untersuchen, die sich an sie anlagern. Das gilt für Räume wie die Wunderkammer, das Naturalienkabinett und schließlich das Laboratorium der Experimentalphysik, die allesamt sowohl Formen der Anordnung und Produktion von Wissen wie Bestandteil der diskursiven Bewegungen sind. Es gilt auch für die Teleskope, Mikroskope und elektrischen Apparaturen, die seit dem 17. Jahrhundert nicht nur forschungspraktisch unverzichtbar werden, sondern auch in Kunst, Literatur und Liebhaberei in Schlüsselpositionen der kulturellen Codierung wissenschaftlicher Weltdeutung rücken.

Die kulturelle Verbreitung wissenschaftlicher Theoreme und Praxen ist in ihrer Reichweite durch die Bindung an Bildungsvoraussetzungen begrenzt. Doch lassen sich Voraussetzungen angeben, durch die sie innerhalb dieser Grenzen begünstigt werden. So haben im späten 18. und frühen 19. Jahrhundert die Experimente mit der Voltaschen Säule zum «Galvanismus» und zur «tierischen Elektrizität» in Arrangements, die denen musikalischer Virtuosenvorführungen vergleichbar waren, das «Batterisieren» als Salonereignis popularisiert. Demgegenüber hat die Befestigung der Grenze zwischen den Laboren der Experimentalphysik und der Alltagswelt zur exklusiven Verselbständigung der Naturwissenschaft im 19. Jahrhundert beigetragen. Dennoch hat sich die Bildfähigkeit wissenschaftlicher Erkenntnisse immer wieder als Ansatzpunkt der Popularisierung oder Ästhetisierung des wissenschaftlichen Blicks erwiesen.

Ein Beispiel hierfür ist die Geschichte der Illustrationen und Schaustellungen des menschlichen Körpers seit dem neuzeitlichen Aufschwung der Anatomie bei Andreas Vesalius. Eine kulturwissenschaftliche Untersuchung dieser zwischen Wissenschaft und Kunst stehenden Darstellungstradition könnte von Aktualisierungen dieser Tradition ausgehen, wie sie etwa in der historischen Ausstellung «Leibesvisitation. Blicke auf den Körper in fünf Jahrhunderten» des Dresdner Hygiene-Museums 1990 und, mit den Methoden resoluter Ästhetisierung, in der erfolgreichen Mannheimer Schau «Körperwelten» 1997 erfolgreich waren. Phänomene wie diese sind in der Beschreibung ihrer synchronen Verbindungen etwa zu den aktuellen kulturellen Symbolen des Todes allein nicht zu fassen. Sie sind zugleich als moderne Nachfahren der Verschränkung von wissenschaftlicher Demonstration und Zurschaustellung des Körpers zu untersuchen. Als Präsentation künstlicher oder «natürlicher» Veranschaulichung des anatomisierten Körpers lassen sie sich auf die Geschichte der plastischen Anatomie und der präparierten Leichen beziehen, wie etwa des berühmten «Auto-Icon», der nach seinem Tod aus seinem Körper erstellten ‹Ikone› seiner selbst des Utilitaristen Jeremy Bentham (vgl. Richardson 1987). Die Stilisierungen der Mannheimer Schau, die die Präparate in klassische Posen brachte, knüpfen an die Wahlverwandtschaft an, die die Ästhetik der antiken Statuen seit der Renaissance zu den Modellen der Anatomie unterhielt.

Appelliert die «Bildergeschichte» der Wissenschaften an die Schaulust und die Sinne als Bundesgenossen der Didaxe, so wirkt die Denkfigur der Analogie als Instrument der Universalisierung wissenschaftlicher Theoreme und Begriffe. Als Medium reflexiver Mischungen, Entgrenzungen und Parallelisierungen hat sie bei strengen Methodikern wie Kant einen schlechten Ruf. Um so mehr wird sie als «heuristisches Hebezeug» (Lichtenberg) der Hypothesenbildung in den Laboratorien des Geistes wirksam. Als Beispiel für solche Prozesse der Universalisierung mit Hilfe der Analogie läßt sich eine der Schlüsselgeschichten in Kuhns Paradigma-Theorie heranziehen: die Revolutionierung der Chemie durch Lavoisier. Die «phlogistische» (= Verbrennungs-)Chemie, die er durch seine Deutung des Verbrennungsprozesses liquidierte, hatte das «Phlogiston», von dem sie annahm, es entweiche beim Verbrennen aus den Körpern, als eine unsichtbare, feinstoffliche Substanz begriffen. Durch Lavoisiers Analyse der Oxydation wurde das Phlogiston zur Chimäre. Doch obwohl widerlegt, erwies es noch nach dem Ende des Paradigmas der phlogistischen Chemie seine diskursive Stärke: nicht zuletzt deshalb, weil es Analogien mit dem Zentralorgan der Unsichtbarkeit am Menschen, der Seele, erlaubte.

Die Entwertung der Phlogiston-Theorie durch die experimentell bewährte Verbrennungstheorie Lavoisiers wird längst nicht mehr als Paradebeispiel der Austreibung von Naturphilosophie durch empirische Forschung verstanden. In neueren Rückblicken stehen sie sich als zwei Paradigmen gegenüber, die beide auf ihre Weise große Bereiche der Empirie zu erfassen vermochten. Die Vorstellung, die Geschichte der modernen Naturwissenschaften lasse sich als Austreibung spekulativ-animistischer Naturphilosophie durch die Kultur des Experiments schreiben, hat dadurch an Attraktivität verloren. So hat auch eines der klassischen Modelle des Denkens in Analogien wissenschaftsgeschichtliche Bedeutsamkeit zurückgewonnen: die Alchemie. In der romantischen Enzyklopädistik des Novalis, der zeitgleich die Rezeption der chemischen Revolution Lavoisiers und der alchemistischen Tradition betrieb, waren hermetisches Wissen und moderne Wissenschaft aufeinander bezogen. Der Prozeß der Empirisierung und Differenzierung, der sich in dieser Umbruchzeit um 1800 herausbildet, ist als Modell des Ungleichzeitigwerdens von Wissenschaftskulturen von Belang. Denn eine der Fragen, die an die Wissenschafsgeschichte zu stellen ist, ist die, was aus entwerteten Paradigmen nach ihrer krisenhaften Auflösung wird. Traditionen, die auf dem Weg zur monoparadigmatischen Wissenschaft, wie sie Kuhn skizziert, zurückbleiben oder ausgeschieden werden, lösen sich ja nicht in nichts auf. Zu fragen ist nach den Asylen, die sie sich – etwa in der Poesie – suchen, und danach, welche kulturelle Funktion sie damit erfüllen (vgl. Böhme 1988).

An die Seite des Bildes und der Analogie als sinnlich-ästhetischen und diskursiven Katalysators zwischen Expertensprache und allgemeiner Wissenskultur tritt die Metapher als Vermittlerin zwischen beiden. Eine Untersuchung ihrer kulturellen Funktion hätte vor allem im Hinblick auf die Selbstauslegung der modernen Naturwissenschaften als Motoren des Abbaus der Angst vor unbegriffener Natur zu erfolgen. Denn das Potential der Metapher als Vermittlerin zwischen Einbildungskraft, wissenschaftlicher Naturaneignung und empirischer Lebens- und Erfahrungswelt ist ambivalent. Sie kann sowohl als Distanzmedium fungieren, das den Schrecken von Natur und Geschichte zähmt, wie als Entfesselung der Angst wider besseres Wissen: «Ich glaube nicht an Gespenster, aber ich habe Angst vor ihnen.»

Zwei Untersuchungsfelder für eine solche Engführung von Wissenschaftsgeschichte und Metaphorologie seien abschließend ins Auge gefaßt. Zum einen, vor dem Hintergrund der neuzeitlichen Astronomie als Garantiemacht einer verläßlichen Himmelsmechanik, die Parallelität von wissenschaftlicher Berechnung der Kometenbahnen und periodisch wiederkehrender Kometenpanik bis hin zum Jahre 1910, in dem die Wissenschaft selbst durch Prognosen eines Giftschweifes am Halleyschen Kometen die Zukunftsgewißheit mit alten Ängsten durchsetzte und irritierte. Dieses Feld ist nicht zuletzt deshalb interessant, weil es die Geschichte der Distanzierung aufgeklärt-wissenschaftlicher Eliten vom «Aberglauben» des Pöbels und damit ein Grundmuster der intrakulturellen Differenz im Prozeß der Aneignung wissenschaftlicher Standards enthält (vgl. Briese 1998).

Zum anderen ist die Geschichte der modernen Geologie in kulturwissenschaftlicher Perspektive interessant. Sie bewahrt den Rückblick auf den neuzeitlichen *locus classicus* der «Erschütterungs»-Metapher, das Erdbeben von Lissabon im Jahre 1755, davor, in der Geistesgeschichte des Zusammenbruchs der Theodizee aufzugehen. Die Geologie ist durch die Polarität von Neptunismus und Vulkanismus zwischen 1770 und 1830 eine der Hauptquellen für die Rivalität zwischen phlegmatisch-stetiger und dramatisch-kataklystischer Natur. Hinzu kommt, daß die Geologie die biblische Chronologie entwertet und dadurch ein Zeitreservoir schafft, in dem scheinbar nur durch kataklystische Eruptionen erklärbare Phänomene durch die Streckung der Zeit als Produkte undramatischer Entwicklung vorstellbar werden (Gould 1990). Die Untersuchung des Wechselspiels der Wissenschaftsgeschichte der Geologie und ihrer Funktion als Reservoir kultureller Selbstvergewisserung und Codierung von Zeit und Raum ist darum ein exemplarisches Untersuchungsfeld kulturwissenschaftlicher Metaphorologie.

Der vorgeschlagene Brückenschlag zwischen Wissenschaftsgeschichte und Kulturwissenschaft erfolgt in doppelter Perspektive. Indem sie sich auf Phänomene wie Verbildlichung, Analogiebildung und Metaphorisierung als Strategien kultureller Codierung von Wissenschaft und damit auf Prozesse konzentriert, die wissenschaftsintern dem Verdacht des Differenzierungsverlusts unterliegen, steht die kulturwissenschaftliche Perspektive in Distanz zur ‹harten› Wissenschaftsgeschichte. Sie kann aber zugleich von deren eigener Tendenz profitieren, in die Geschichtsschreibung der Wissenschaften zunehmend die Geschichte der kulturellen Kontexte, innerhalb deren sie sich entfalten, einzubeziehen.

2. Kulturgeschichte der Natur

Warum sollte die Kulturwissenschaft die Natur zu einem ihrer Gegenstandsfelder machen? Wurde nicht seit der Antike dasjenige, was von sich selbst aus da ist und wächst *(physis)*, von dem unterschieden, was sein Dasein einem anderen Dasein verdankt und von diesem ‹gesetzt› ist *(thesei)*? Wurde mit diesem begrifflichen Gegensatz von Natur und Kultur nicht die moderne Unterscheidung zwischen Natur- und Kulturwissenschaft vorbereitet? Sollte die Kulturwissenschaft die Natur nicht denen überlassen, die mit ihr materiell zu tun haben, also den Naturwissenschaftlern, Technikern, Bauern etc.? Ist es aus Gründen der Ökonomie, welche zu den Tugenden der Wissenschaften zählt, nicht ratsam, die Kulturwissenschaft von diesem Areal zu entlasten?

Dies ist aus mehreren Gründen nicht möglich. Die Kulturwissenschaft hätte nur dann mit Natur nichts zu tun, wenn man Natur als ein ‹da draußen› geschichtslos Vorhandenes verstehen würde, das nach ewigen Gesetzen reguliert wird. Wer meint, diese ‹Natur da draußen› könne man allenfalls mittels Naturwissenschaft erkennen und durch Technik versuchen, sie zu manipulieren, zu nutzen oder sich vor ihr zu schützen, hat nicht etwa mit ‹Natur an sich› zu tun. Sondern er folgt einem historischen Verständnis, wie es für die Neuzeit charakteristisch ist – allenfalls gültig bis zu Immanuel Kant, weder in der Moderne akzeptiert noch in der Antike oder im Mittelalter. Wenn die Kulturwissenschaften (teilweise noch heute) meinen, die Natur gehöre nicht zu ihren Gegenständen, so stehen sie damit im Schatten eines Naturbegriffs, der in Europa nur eine episodische Bedeutung hat, obwohl er auf die überragende Rolle zurückgeht, welche die (Astro-)Physik als Leitwissenschaft im 17. und 18. Jahrhundert spielte.

Heute ist dagegen von folgendem auszugehen: Die Natur hat eine intrinsische wie extrinsische Geschichte. Intrinsisch meint: Die Natur ist *nicht* zu allen Zeiten dieselbe, sondern sie hat eine Evolution; sie ist also zeitlich zu denken. Sehr viele sogenannte Gesetze gelten nicht universal, sondern nur regional und/oder temporal, also nur in bestimmten Regionen des Weltalls (z. B. auf der Erde, aber nicht in anderen Galaxien) oder nur in bestimmten ‹Epochen› seiner Entwicklung (z. B. vor zwei Millionen Jahren, aber nicht heute). Es sind nur wenige ‹Gesetze›, die universell gelten. Die Natur als raumzeitlich-dynamischer Zusammenhang der Materie heißt, daß sich auch die Regeln, nach denen sie sich organisiert, raumzeitlich-dynamisch entwickeln.

Eine extrinsische Geschichte der Natur heißt dagegen: In der Geschichte der Naturerkenntnis haben die Menschen gelernt, daß das, was sie von Natur wissen, niemals deckungsgleich ist mit der Natur selbst. Daraus wird die Konsequenz gezogen: Natur ist prinzipiell nicht ‹an sich› zugänglich, sondern wir haben es immer mit den Formen unserer Erkenntnis zu tun, in denen wir Natur vergegenständlichen und praktisch-technisch manipulieren. Diese Formen sind ebenfalls nicht stabil, also zeitlos, sondern haben eine Geschichte. Das bedeutet: Die Natur ist die Geschichte dessen, was die Menschen aufgrund kognitiver, technischer, ästhetischer, religiöser u. a. Modelle eben *als* Natur entworfen haben. Kurz: Als Natur gilt das, was von ihr gedacht und gewußt wird. Und es wurde zumeist das von ihr ‹gedacht› und ‹gewußt›, was man mit ihr praktisch ‹machen› konnte oder wollte.

Dieses doppelte Register von Zeitlichkeit hat zwei Folgen. Erstens: Natur hat eine Geschichte (eine Genesis, eine Evolution, vielleicht ein Ende) – diese nennen wir *Naturgeschichte*. Zweitens: Alle, auch die wissenschaftlichen Erkenntnisse von Natur, haben eine Geschichte – diese nennen wir die *Wissen(schafts)geschichte* der Natur. Diese historischen Register sind der Grund dafür, daß auch die Fragen der Natur in den Einzugsbereich der Kulturgeschichte gehören. Denn alles, was wir von Natur wissen und mit ihr machen können, ist ein Effekt kultureller Aktivitäten. Darum trägt jede Naturerkenntnis einen kulturellen Index: Naturwissenschaft ist selbst eine kulturelle Praxis. In diesem Sinn sprechen wir von einer *Kulturgeschichte der Natur*. So bildet die Kultur den Rahmen, in welchem Natur überhaupt erscheint und zugänglich wird. Es gibt keinen anderen Zugang zur Natur als in den historischen Formen des Wissens von ihr und des Umgangs mit ihr. Umgekehrt ist die Naturgeschichte älter als alle Kulturen und bildet so den Rahmen, in welchem sich Kulturen koevolutiv allererst bilden. Dieses Wechselverhältnis ist auf allen Stufen einer ‹Kulturgeschichte der Natur› zu berücksichtigen.

Auch im wissenschaftlichen Verhältnis zur ‹Welt› befinden wir uns nicht außerhalb, sondern innerhalb der kulturellen Welt. Von einer Welt unter Abzug des Menschen haben wir (ästhetisch aufschlußreiche) Phantasien, aber keine Erkenntnisse. Dieses ‹Nonplus-Ultra› der Kultur einzusehen, bedurfte es vieler Jahrhunderte. Noch die neuzeitliche Naturwissenschaft begann in der Annahme, daß sie die ‹Natur an sich› zugänglich mache wie einen unbekannten Kontinent. Erst Cassirer analysierte, nach den Erschütterungen der Newtonschen Physik, auch die Naturwissenschaften als «symbolische Form», d. h. als Kultur. Erst im 20. Jahrhundert also, in welchem sich das Problem der Natur verschärfte, nämlich als ökologisches, wurde bewußt, daß ‹die Natur› ein Kulturproblem darstellt. Seither wird die Kulturgeschichte der Natur zu einem zunehmend wichtigen Bestandteil einer praktischen Naturphilosophie und Ökologie.

Dies folgt auch aus dem Reflexivwerden von Kultur *und* Natur in der Neuzeit. Mensch als soziales und naturbearbeitendes Wesen sein heißt, unter den Bedingungen der Möglichkeit von Kultur leben. Kulturtheoretisch gesehen ist die Natur ein Grenzbegriff, der anzeigt, daß es ein ‹Etwas› gibt, *das* wir bearbeiten; hingegen gibt es keine Form der Kultur, welche die ‹Natur an sich› präsentieren würde.

Als was man Natur dachte, wahrnahm oder empfand, begleitete nicht nur, sondern bestimmte auch, wie man mit ihr umging. Dieses Verhältnis läßt sich auch umdrehen: Wie man mit Natur umging und was man (technisch) mit ihr machen konnte, bestimmte die Weisen, wie man sie wahrnahm oder erlebte. Wie dies gewendet wird, ist oft eine Differenz der Methoden: Wissenschafts-, Technik- und Sozialhistoriker neigen dazu, dasjenige, was man mit Natur machen konnte, als die Basis anzusehen, welche auch die Deutungen von Natur festlegte. Ideen- und Mentalitätshistoriker, Literaturwissenschaftler und Ästhetiker neigen eher dazu, die Denk- und Wahrnehmungsformen auch als praxismodellierende Muster zu interpretieren. Gemeinsam ist beiden Seiten: Man ist überzeugt vom Ende der essentialistischen Naturkonzepte oder vollzieht die Wendung nach, die Ernst Cassirer (1910), Kant folgend, den Übergang von der «Substanz» zur «Funktion» nannte.

In sprachlicher Perspektive wird diese Wende auch als die Krise der Repräsentation dargestellt: Wörter und Strukturen der Sprache ‹geben› nicht die Substanz der Dinge ‹wieder›, sondern sind die mentalen Instrumente zur symbolischen Konstruktion der Welt. Niemals und nirgends reichte der Mensch an Natur heran, sondern ‹Natur› sei immer eine Funktion menschlicher Praxis und Kultur. Dies ist ein Effekt des Reflexivwerdens von Praxis, Technik, Wissen, Wahrnehmung und Deutung seit der Aufklärung. Man geht heute, wie gesagt, davon aus, daß es in den Wissenschaften eine Art kulturelles Apriori der Natur gibt. ‹Natur› ist dasjenige, was uns in den kulturellen Formen ihrer Wahrnehmung, Kognition und technischen Stilisierung zugänglich ist.

Wenn vom kulturellen Apriori der Natur gesprochen wird, kommt es darauf an zu sagen, was mit ‹Kultur› gemeint ist. – ‹Kultur› enthält die lateinischen Wurzeln von *colere, cultus, cultor, cultura, colonia* etc. Gemeint sind damit solche (agrikulturellen) Einrichtungen, Handlungen, Prozesse und symbolischen Formen, welche mit Hilfe von planmäßigen Techniken die ‹gegebene Natur› in einen sozialen Lebensraum transformieren, diesen erhalten und verbessern, die dazu erforderlichen Fertigkeiten (Kulturtechniken, Wissen) pflegen und entwickeln sowie das dabei Hochgeschätzte (die Wertebene) in eigens ausdifferenzierten Riten begehen und befestigen (Religion, Feste, Pädagogik etc.) und soziale Ordnungen sowie kommunikative Symbolwelten schaffen, welche kommunitären Gebilden eine dauerhafte Stabilität verschaffen (Niedermann 1941, Perpeet 1976, Böhme 1996).

Neben diesen allgemeinsten Gründen gibt es weitere, welche ‹Natur› zu einem prominenten Gegenstand der Kulturwissenschaft machen. Bereits das Wortverständnis von ‹cultura› impliziert, daß die Bearbeitung von Natur als ursprünglicher Akt der Kultur verstanden wurde. Der Grund ist einfach wie zugleich historisch komplex: Alle bekannten Kulturen, von den Jagdbeutern bis zur High-Tech-Gesellschaft, können sich *als* Kulturen erst bilden durch einen geregelten *Stoffwechsel mit Natur*. Man nennt dies Metabolismus. Gemeint ist damit, daß jede Kultur charakterisiert ist durch einen spezifischen Stoff- und Energiedurchsatz, der durch Input-/Output-Relationen ermittelt werden kann. Dies gilt nicht nur für die Kulturformen der Ernährung, welche den Stoffwechsel der Ernährung der Menschen als Lebewesen regulieren. Sondern es gilt ebenso für alle Arten des Bauens, der Erzeugung von Gerät und des dafür erforderlichen Einsatzes von Energie. Auch die Produktion kultureller Symbole bis hin zu virtuellen Zeichenwelten hat eine materiale Basis, sie braucht und verbraucht Stoffe und Energien, die der Natur entnommen werden (müssen). Der historisch spezifizierte Metabolismus ist eine Möglichkeitsbedingung aller anderen Praktiken und bestimmt den Rahmen eines noch jungen Forschungsfeldes: der Kulturökologie (Bargatzky 1986, Glaeser u. a. 1993).

Innerhalb dieser ist die quantitative und qualitative Bestimmung der Stoffwechselbilanzen eines der wichtigsten Felder – *diachron* von den Jagdbeuter-Gesellschaften bis zur postindustriellen Gesellschaft, *synchron* in der gegenwärtigen Weltgesellschaft durch Vergleich der Stoffwechselbilanzen der verschiedenen Gesellschaften, der Subsysteme innerhalb einer Gesellschaft bis hinunter auf die Ebene der privaten Ökobilanzen. Der quantitative *approach* ist dabei die Folge einer qualitativen Einsicht: Kulturgeschichte wird erinnert daran, daß ihre kulturellen Niveaus und Errungenschaften gebunden sind an bestimmte Typen des Stoffwechsels mit Natur. Man liest die Physiognomie einer Kultur gewöhnlich an ihren repräsentativen Erzeugnissen (in Architektur, Kunst, Wissenschaft, Lebensstil u. ä.) ab. Die Kulturökologie aber entziffert die kulturellen Signaturen aus den Charakteren des Stoffwechsels und qualifiziert Epochen an den ‹Stilen› ihres Naturverbrauchs und ihres Umgangs mit Stoffen (dazu gehören auch Tiere und Pflanzen) und Energien. So hat Johan Goudsblom (1994) eine Kulturgeschichte des Feuers geschrieben, worin er die Zivilisation in Abhängigkeit von der Beherrschung dieses Sektors von Energie darstellt. Oder die Wiener Forschergruppe «Soziale Ökologie» (Fischer-Kowalski u. a. 1997) arbeitet epochentypisch den Metabolismus auf.

Neben der Ebene des realen Stoffwechsels spielen die *kulturellen Leitbilder*, in denen epochentypisch die Wahrnehmungs- und Deutungsperspektiven von Natur geprägt wurden, für eine ‹Kulturgeschichte der Natur› eine tragende Rolle.

Es sind fünf Naturmodelle, welche in Europa kulturell prägend wurden. Dazu gehört 1. das naturphilosophische Modell der Antike: Die Natur wird als Kosmos kontempliert, aber nicht bearbeitet; 2. das hermeneutische Projekt: Die Natur wird gelesen, aber nicht beherrscht. Es gehört dazu 3. das technische Projekt: Natur wird instrumentell beherrscht, aber nicht verstanden; 4. das ökologische Projekt: Natur wird repariert und balanciert, aber nicht gestaltet; und 5. das kulturelle Projekt: Natur wird gestaltet, aber nicht beherrscht. In diesem Rahmen ist auch die Geschichte der Mimesis (als Naturnachahmung) und der Naturästhetik (als Naturwahrnehmung und -gestaltung) zu verhandeln.

1. Die *antike Philosophie* löst die Elementenlehre aus dem Mythos heraus. Sie bildet die erste wissenschaftliche Aufklärung, die bei Empedokles eingeleitet wird und ihren Höhepunkt bei Platon und Aristoteles findet. Diese verleihen der Elementenlehre für 2000 Jahre die theoretische Fassung. Keine andere Theorie hatte eine so lange Geltungsdauer und die Kultur so nachhaltig geprägt.

Darum stellt die Ausgliederung der Elementenlehre aus den Naturwissenschaften um 1800 einen tiefen kulturgeschichtlichen Einschnitt dar.

Ein Nebenzweig der antiken Elementenlehre ist ihre Anwendung in der *Medizin*: Der Mikrokosmos des Leibes spiegelt in Gesundheit wie Krankheit die makrokosmischen Verhältnisse der Elemente. Die Humoralpathologie (Säftelehre), wie sie zwischen Hippokrates und Galen Gestalt gewann, ist Elementenmedizin. Sie gilt bis ins 18. Jahrhundert und bestimmt weitgehend die Anthropologie.

Die *Mythologie der Elemente* reicht zurück auf vorderorientalische Kosmogonien. In der Elementenmythologie bilden sich die ‹Vier Reiche› mit charakteristischen Bildstrukturen heraus. Die vier Reiche stellen die *topologische Ordnung* der Welt dar: von den vier Säften, den vier Temperamenten, über elementenspezifische Berufsgruppen zu den vier Lebensaltern, von den Elementen und ihnen zugehörigen Lebewesen zu den vier Jahreszeiten, vier Winden, vier Qualitäten. Die tetradischen Schemata sind verbunden mit anderen Zahlenordnungen sowie mit musikalischen Harmonien: Die elementischen Kosmologien stehen seit Platon im Bann des Pythagoreismus. So differenziert sich ein komplexes Tableau des Mikro- und Makrokosmos heraus. Es ist das Tableau der sogenannten *Naturgeschichte* in jenem Sinn, wie er bis ins 18. Jahrhundert galt: *historia naturae* ist die klassifikatorische Repräsentation der gesamten Natur in den Ordnungssystemen der drei Naturreiche (Fauna, Flora, Mineralien) ohne temporalen Index (Lepenies 1976).

In den Elementen wurde die *Macht der Natur* am nachdrücklichsten erfahren und die *Macht des Menschen* über die Natur am deutlichsten sichtbar. Die Feuer- und Wasserkatastrophen (Weltbrand und Sintflut) bilden im Abendland die modellgebenden Dramaturgien, in welchen die Angst und die Rettung vor Natur zu szenischer Gestalt fanden. Die Bemächtigung der Elemente ist z. B. daran abzulesen, daß die kulturgeschichtlich epochalen Machtverschiebungen von potamischen zu thalassalen bis zu ozeanischen Kulturen verliefen. Die Geschichte der Flugphantasien spannt den mythischen Traum der Eroberung des Luftreichs aus, das mental längst entgöttlicht wurde, bevor es technisch bewältigbar erschien. Das Feuerwesen (Schmiedekunst, Waffentechnik) wurde mythisch als Eintritt ins tragische Zeitalter begriffen. Keine Ressource der Macht erschien unerschöpflicher als die des Feuers. Von den Energietechniken wurde die Kulturgeschichte maßgebend geprägt. Sie alle aber sind marginal gegenüber der ‹heroischen› Linie, auf der es um die *Tiefenschichten* des Feuers geht: Von Prometheus bis zur Atombombe ist dies die zwischen Schrecken und Erlösungswunsch ambivalente Erzählung einer grandiosen Beschleunigung der Geschichte im Zeichen des Feuers (Böhme/Böhme 1996).

2. Das *hermeneutische Projekt* verdankt seine Entstehung dem Kirchenvater Augustinus, der die Lehre von den zwei Büchern der Offenbarung Gottes begründete: einmal durch die Bibel, zum anderen durch die Natur *(liber naturae).* Diese Lehre herrscht durch das gesamte Mittelalter. In Kunst, Literatur und Philosophie findet man Nachwirkungen bis zur Romantik und darüber hinaus. In sakralkulturellen Gesellschaften zieht die Natur nicht um ihrer selbst willen Aufmerksamkeit auf sich, sondern als ‹Bild› Gottes. Die Dinge werden ‹gelesen›; sie zeigen einen hinter ihnen stehenden Sinn an: Sie sind Leiter, Spur, Weg zu Gott. Der Spur der Dinge nachgehen heißt, ein Fährtenleser in der Welt zu sein, um diese zu transzendieren. Die Natur ist, wie es später Novalis ausdrückt, «Chiffrenschrift». In der Natur agiert man mithin hermeneutisch und rhetorisch, nicht praktisch, technisch oder ästhetisch.

Es ist offensichtlich, daß dieses Modell eine Idee der mittelalterlichen Schriftexperten ist, die ihre dominante Praxis, nämlich mit der (Heiligen) Schrift umzugehen, verallgemeinerten. Der Lesende versenkt sich in den Sinn, der von Gott bei der Schöpfung in die Dinge hineingelegt wurde. Die Natur ist das erste Medium dieses Sinns. Es kann deswegen weder eine geschichtliche Dynamik der Natur noch des Sinns geben, sondern nur Treffen oder Verfehlen des immer schon gegebenen Bedeutungsgefüges der Welt. Die Natur ist Schöpfung. Schöpfung ist Signifikation. Es versteht sich, daß die ‹heilige Semiotik› zwar zu einer *Achtung der Natur* führt. Aber ein solches semiotisches Universum setzt eine *vita contemplativa* voraus und ist ungeeignet, eine *vita activa* zu modellieren. Kaufleute, Schiffer, Schmiede, Sattler, Bauern, die konkret mit Natur konfrontiert waren, konnten in ihrer Praxis damit wenig anfangen (von Konrad Megenberg 1350, Blumenberg 1981).

3. Das hermeneutische Modell der Natur wurde von Galilei durch ein geometrisches ersetzt: «Das Buch der Philosophie ist das Buch der Natur, das vor unseren Augen beständig daliegt, das jedoch nur wenige zu entziffern und zu lesen vermögen, da es in Buchstaben, die von denen unseres Alphabets verschieden sind, in Dreiecken und Quadraten, in Kreisen und Kugeln, in Kegeln und Pyramiden verfaßt und geschrieben ist» (zit. bei Noack 1936, S. 69). Dies Schlüsselzitat bezeichnet den Übergang zum *technischkonstruktiven Projekt* der Natur. Es basiert wesentlich auf Mathematik. Beides ermöglichte die «experimentelle Philosophie» (wie man die *new sciences* nannte) und die inventorische Technik (die Technowissenschaften).

Im 16. Jahrhundert ging dieser Konstellation die Verbindung von Schriftkultur und Optik voraus: Die Erfindungen der Zentralperspektive und des Buchdrucks begründeten die rationale Raumorganisation und dasjenige, was man später die Gutenberg-Galaxis nannte. Zwei Kulturtechniken fusionierten, zu denen nur noch die Tauschabstraktion und die Maschinentechnik treten mußten, um die technische Moderne unwiderstehlich zu machen. Im Kalkül des Sehens, der Buchtechnik und der kopernikanischen Astrophysik entfaltete sich die Schlagkraft des alphanumerischen Codes. Die Erde und das Weltall wurden vermessen, kartographiert und durchgerechnet – ohne Bezug auf einen Schöpfergott. Auf diesen freien Plan trat das Kapital. «Die Mechanisierung des Weltbildes» (Maier 1938) schloß mit dem Entstehen der wissenschaftlichen Anatomie auch die Mechanisierung des Körpers ein. Die mechanischen Künste als Vorläufer der technischen Wissenschaften erlebten eine ungeheure Blüte.

In dieser Zeit wurden die Grundlagen für die globalen Systeme, für die Vorherrschaft der abstrakten Zeichen und Daten und für die technische Beherrschung der Natur gelegt. Natur verstehen oder lesen zu wollen, dies wanderte in die Malerei (Landschaft, Stilleben) und Literatur aus. Sie transformierten das mittelalterliche Erbe und kreierten im 18. Jahrhundert die moderne Naturästhetik. Die Natur zu konstruieren und technisch zu beherrschen bildete indessen den dominanten Zug der Entwicklung (bei Francis Bacon und René Descartes). Wenn man zu Beginn der Neuzeit noch Motive findet, mit Hilfe der Mechanik ins Geheimnis der Schöpfung einzudringen, so ist doch kein Zweifel, daß die Naturwissenschaften an einem *Verstehen* der Natur kein Interesse haben. Kognitive Konstruktion und hermeneutische Lektüre der Natur schließen sich aus. Die Natur, von der Kant in seiner «Kritik der Urteilskraft» (1790) sagt, daß sie «figürlich zu uns spricht» (d. h. poetisch), ist eine grundsätzlich andere Natur als diejenige, die nach den Kategorien des Verstandes konstruiert und in technischen Verfahren zum Objekt der Beherrschung wird. Wenn auch immer wieder Versuche unternommen wurden, die «Einheit der Natur» (C. F. v. Weizsäcker 1971) zu denken, so ist doch unhintergehbar, daß der Kollektivsingular ‹Natur› sich in eine Mannigfaltigkeit von Naturen aufgelöst hat.

4. Nicht vorhersehbar war indessen, daß die Mechanisierung der Natur innerhalb eines industriegesellschaftlichen Systems zu schweren ökologischen Belastungen der «Mitwelt» und «Umwelt» führen mußte (Meyer-Abich 1990, 1997). Es besteht kein Zweifel, daß die Fusion von industriellem System und technischen Wissenschaften die Ursache der Umweltschädigungen ist. Mittelfristig stellt dies eine Gefahr für die Reproduktionschancen nachfolgender Generationen dar. Nach Vorläufern seit dem 19. Jahrhundert, etwa der Natur- und Tierschutzbewegung, entstand in der zweiten Hälfte des 20. Jahrhunderts das *ökologische Projekt*, von dem Wissenschaftler wie etwa S. Moscovici (1972) oder E. U. v. Weizsäcker (1992) sagen, daß es *die* Frage des kommenden Jahrhunderts darstellt.

Ökologie ist die Lehre vom natürlichen Haushalt (Oikos) von kleinen, größeren bis globalen Lebensgemeinschaften. So verstanden ist sie eine Sache der Biologie, in der ökologische Systeme durchweg unter Absehung vom Menschen konstruiert werden. Diese Abstraktion ist eine Schwäche der Umweltwissenschaften, die damit einen Wesenszug aller Naturwissenschaften teilen. Diese Lücke könnte die Kulturwissenschaft schließen. Immer wenn es um «Schützen» und «Bewahren» geht, meint man klein- bis mittelräumige Biotope, die vom Menschen frei belassen sein sollen.

Oft sind solche Vorstellungen von bildkünstlerischen und literarischen Landschaftsbildern geprägt, die ebenfalls kleinere Naturausschnitte bevorzugen. Sie sind durchaus eine Quelle für eine Kultur- und Ästhetikgeschichte der Natur. Über das Bewahren hinaus geht die Reparatur-Ökologie, die stärker an Rehabilitationsmaßnahmen für geschädigte Naturbezirke orientiert ist. Gemeinsam ist beiden eine Art Museumsvorstellung. Die Inanspruchnahme von Natur durch gesellschaftliche Zwecke wird hingenommen, doch fordert man Memorial-Enklaven vergangener Natur, die sich wenig von Museen für kulturell wertvolle Werke unterscheiden. Der Park ist die dominante Leitidee dieser Ökologie; und Parks waren immer schon Gedächtnis- und Gedenkräume.

Allerdings sind solche Naturinseln künstliche Natur. Es gibt sie nur kraft politischer Entscheidungen und technischer Einrichtungen. Durchaus wird hier viel bewirkt. Pflanzen und Tieren werden Überlebenschancen geboten, natürliche Ensembles und Stoffwechselprozesse wiederhergestellt; es werden symbolische Merkzeichen errichtet, welche für die politische Diskussion über Ökologie eine Art normative Kraft des Faktischen entfalten. Dennoch liegen hier keine verallgemeinerbaren Lösungen: Angesichts von sechs bis sieben Milliarden Menschen ist eine musealisierte Natur, in der Menschen ausgeschlossen oder nur Besucher sind, weder eine Lösung der sozialen Probleme noch der längst globalen ökologischen Krise. Ferner ist die Bewahrungsökologie an einem harmonikalen Naturmodell orientiert, das nicht nur die Dimension erhabener, sondern auch gefährlicher Natur vernachlässigt. Übersehen wird auch, daß der Mensch selbst ein Moment der Natur ist. In der menschenlosen Museumsnatur begegnet der Mensch gerade der Natur, die er nicht ist.

5. Aus den Problemen des ökologischen Naturbegriffs entstand das *kulturelle Projekt* der Natur. Kultur wird nicht als bildungsbürgerliche Nischenkultur verstanden. Auch wird der agrikulturelle Grundriß von Kultur um die industriegesellschaftliche und hochtechnische Dimension erweitert. Kultur ist eo ipso technische Kultur, in deren Rahmen auch ‹Natur› zu einem Projekt wird: Die ‹Natur›, in der wir leben und die wir den Nachgeborenen hinterlassen, ist eine zweite und dritte, also anthropogene Natur. Von der

‹zweiten Natur›, die der Mensch künstlich herstellt, sprach bereits Cicero. Die ‹dritte Natur› wäre diejenige, die über die artifiziellen Gegenstände und die technisch modellierte Natur hinaus die künstliche Intelligenz einschließt. Die ‹Natur› in diesem Sinn als eine Kulturaufgabe zu begreifen, erscheint nur dann als anstößig, wenn Natur als das Beständige und der Bestand gilt. Im terrestrischen Maßstab gilt dies nicht mehr: Sie ist nicht ‹beständig›, weil die Natur immer stärker in die Geschichtlichkeit menschlicher Kultur einbezogen wird. Der Klimawandel ist dafür ein Beispiel. Und Natur ist nicht mehr der ‹Bestand›, weil sich erwiesen hat, daß sie ‹verletzlich› und ‹erschöpfbar› ist. Beispiele dafür sind bestimmte Energieressourcen, Pflanzen- und Tierarten u. v. a. m.

Ein Beispiel mag erläutern, was ein kulturgeschichtliches Fragen nach der Natur ist: Man weiß heute, daß sämtlicher Kalk der Erde das durch Jahrmillionen entstandene Produkt von organischen Lebewesen ist. Sie haben nicht Kalk erzeugt, um ihn dem ersten Baumeister der Geschichte zu hinterlassen (es gibt keine Teleologie). Aber ‹es gäbe› keine Baugeschichte ohne Kalk. Es hat einen für die *Ökologie der Kultur* augenöffnenden Effekt, der Tatsache eingedenk zu sein, daß einer der Grundakte der Kultur, nämlich Bauen, aufruht auf der jahrmillionenlangen Arbeit von Organismen. So erkennt man in allen Häusern als Kulturprodukten die Spur der Natur: Es konnte Häuser ‹geben› (man konnte welche bauen), weil ‹es› Kalk ‹gab›, weil ‹es› Organismen ‹gab›, weil ‹es› ungeheure Zeiträume der Akkumulation ‹gab› etc. Man sieht hieran, daß das Gegebensein der Natur ein Akt ist, der erst durch die Reflexion entsteht. Dieses Bewußtsein verändert die Selbstpositionierung des Menschen in der Naturgeschichte. Es macht einen Unterschied, ob man ‹Kultur› (z. B. Häuser mit Hilfe von Kalk bauen) als Abhebung oder Entgegensetzung zur Naturgeschichte versteht oder als ihre Verlängerung und Metamorphose. Das Haus als Metamorphose oder Metapher der Natur ist ein anderes Haus als das, das den Triumph des Baumeisters darstellt. Im ersten Fall bleibt man der Abhängigkeit des kulturell Geleisteten von Natur eingedenk. Von hier aus ist die Natur ‹als Projekt› zu verstehen: Man muß entscheiden, ob man wollen sollte, daß der Kalk (als Natur) als Häuser (metamorphotisierte Natur) projektiert wird.

Daraus folgt erstens, daß *ökologisch orientierte Kulturgeschichte* grundsätzlich das ‹Projekt Mensch› einschließt, und zweitens, daß es im terrestrischen Maßstab nicht um das ‹Bewahren›, sondern um produktives ‹Gestalten› von Natur geht. Zum ersten Punkt: Der Mensch steht so wenig fest wie die Natur selbst. Was die Menschen in ihrer Mannigfaltigkeit kulturgeschichtlich geworden sind, kann man zwar als Selbstbildungsgeschichte lesen. Es herrscht darin aber weder Teleologie noch völlige Willkür. Der Spielraum des Projektcharakters Mensch nimmt jedoch zu. Die Gen-Technik, die die Schaffung einer neuen Spezies Mensch zuläßt, oder die von der Erde ausgehende Implementierung künstlicher Intelligenz im Weltraum zeigen an, wie ‹unheimlich› weit dieser Entscheidungsrahmen für das Projekt ‹Mensch› geworden ist. Hier ist entscheidend, mit welcher Nachhaltigkeit die Menschen die Natur, die sie selbst sind, realisieren oder verlassen wollen. Man kann nicht mehr übersehen, daß einflußreiche Wissenschaften daran arbeiten, Existenzformen zu kreieren, die aus den Naturbedingungen der Erde ausgeklinkt werden sollen. Damit ist ein Stand erreicht, wo das kulturelle Projekt der Natur überhaupt in Frage gestellt ist, das heißt: in seinem Entscheidungscharakter erst transparent wird. Wenn es in den Wissenschaften weder eine natürliche noch eine kulturelle Norm gibt, welche die Entwicklung noch länger auf die gegebene Natur bezieht, dann wird eben dadurch diese Natur zu einer Frage des Entwurfs. Diese Provokation erlaubt das Durchdenken der Frage, was es heißt, sich kulturell im *Oikos* der Erde einzurichten. Erst dadurch, daß wir es (vielleicht) weder müssen noch wollen, entsteht die ultimative Reflexion darauf, was es heißen soll, Mensch auf dieser Erde zu sein. Von diesem Punkt her ist kulturtheoretisch die *Ökologie des Menschen* zu bestimmen.

Dies ist die eine Seite. Die andere betrifft die Erde, ihre Lebensbedingungen, ihre Formationen und Lebewesen. Deren in Jahrmillionen gewachsener Bestand ist durch die temporeiche Entwicklung dieses Jahrhunderts problematisch geworden. Zwar besteht kein Zweifel, daß die gegenwärtigen Wirtschaftsgesellschaften ihre Überlebensfähigkeit nach wie vor der Ausbeutung der menschlichen Arbeitskraft und der Ressourcen der Erde verdanken. Indes ist auch klar, daß es kein Lebewesen, keine Ressource, keine Lebensbedingung auf der Erde mehr gibt, die nicht von der technischen Zivilisation tiefgreifend verändert oder zerstört werden kann. Darum ist die Ökologie nur noch als globale Ökologie möglich. Globale Ökologie aber heißt, daß sie zu einem Projekt der Kultur wird derart, daß Kultur die von Menschen verantwortete *Ökologie der Erde* sein muß, in welche sich die Kulturen plazieren.

Damit hat sich die Lage ergeben, daß die Metapher vom «Heimatplaneten Erde» erstmals durchdacht werden kann. Erst vom möglichen Grenzwert der Verwüstung her ist denkbar, was die Erde als Heimat *sein könnte*. Keineswegs ist die Erde ‹immer schon› Heimat, sondern als solche steht sie aus (Ernst Bloch). Zu einer solchen werden kann sie nur als kulturelles Projekt.

3. Historische Anthropologie

Es ist erläuterungsbedürftig, von der «historischen» Anthropologie als einem Arbeitsgebiet der Kulturwissenschaft zu sprechen. Denn versteht man nicht unter Anthropologie die Lehre vom unveräußerlichen Wesenskern des Menschen, die – biologische oder philosophische – Bestimmung seiner aller Geschichte vorausliegenden Natur? Gewiß, die seit der europäischen Expansion in der frühen Neuzeit intensivierte Sammlung von Wissen über die verschiedenen Erscheinungsformen des Menschen zersplitterte diese Natur zu einer ungeahnten Vielfalt. Aber wurde damit die Suche nach dem Unwandelbaren im Disparaten der Menschheitsgeschichte nicht um so dringlicher? Die Philosophen und Theologen mochten auf ihre Weise an einem einheitlichen Begriff des Menschen festhalten. Aber war es nicht auch Aufgabe der Anthropologie als empirischer Wissenschaft, die unhintergehbaren, unwandelbaren Konstanten der Menschennatur ins Auge zu fassen, an denen sich alles Historische bricht?

In der Tat gehört es zu jeder Anthropologie, das Unwandelbare am Menschen zu reflektieren, etwa seine Sterblichkeit oder die Frage, was ihn vom Tier unterscheidet. Aber es hat mit diesem Unwandelbaren seine besondere Bewandtnis. Denn eine seiner Bestimmungen lautet: Das Unwandelbare am Menschen ist seine

Wandelbarkeit. Diese Bestimmung hebt die Spannung zwischen «Natur» und «Kultur» bzw. «Geschichte» nicht auf. Aber sie verlagert diese in die «Natur» des Menschen selbst. Eine Agentin dieser Verlagerung und daher Wegbereiterin aller «historischen» Anthropologie ist die im 18. Jahrhundert im Rückgriff auf die Antike pointierte Lehre vom Menschen als «Mängelwesen». Diesen Begriff prägte erst Arnold Gehlen im 20. Jahrhundert. Johann Gottfried Herder zeichnet in seiner «Abhandlung über den Ursprung der Sprache» (1772) ein drastisches Bild dieses Mängelwesens, das bei seiner Geburt den instinktsicheren Tieren hoffnungslos unterlegen ist: «bloß unter Tiere gestellet, ists also das verwaisetste Kind der Natur. Nackt und bloß, schwach und dürftig, schüchtern und unbewaffnet; und was die Summe seines Elendes ausmacht, aller Leiterinnen des Lebens beraubt. Mit einer so zerstreueten, geschwächten Sinnlichkeit, mit so unbestimmten, schlafenden Fähigkeiten, mit so geteilten und ermatteten Trieben geboren, offenbar auf tausend Bedürfnisse verwiesen, zu einem großen Kreise bestimmt – und doch so verwaiset und verlassen, daß es selbst nicht mit einer Sprache begabt ist, seine Mängel zu äußern» (1792, S. 24).

Die moderne Säuglingsforschung würde gewiß Korrekturen an diesem allzu jämmerlichen Bild des menschlichen Neugeborenen anbringen. Aber der Kern von Herders Gedankenfigur würde dadurch nicht getroffen: Sie läßt «aus der Mitte dieser Mängel», aus der relativen Instinktarmut und Sinnenschwäche des Menschen, den «Keim zum Ersatze», die Überschreitung der Ausgangslage hervorgehen. Eben weil der Mensch unfertiger als die Tiere ist, bietet sich ihm die Chance, dem Naturzwang zu entgehen. Eben weil seine Sinne an Schärfe und Gerichtetheit denen der Tiere nachstehen, taugen sie als «allgemeinere Sinne der Welt» und gewinnen den «Vorzug der Freiheit». Sein Mangel an Spezialisierung befähigt den Menschen, einen nicht dem Grad, sondern der Art nach gänzlich verschiedenen Entwicklungsweg zu nehmen als das Tier: «Nicht mehr unfehlbare Maschine in den Händen der Natur, wird er sich selbst Zweck und Ziel der Bearbeitung» (1772, S. 26). Indem Herder den Ursprung der Sprache aus der Sinnennatur des Mängelwesens unvermeidlich hervorgehen läßt, schlägt die Armut der Ausstattung in Reichtum an Möglichkeiten um. Dieser Umschlag wird zur Chiffre für die qualitative Differenz zwischen den Tieren, die in einer Welt der Wiederholung des Gleichen, und dem Menschen, der in der Welt der Progression und Perfektibilität lebt.

Die idealistische Freiheitsemphase Herders, das geschichtsphilosophische Pathos, mit dem hier der Mensch als «der erste Freigelassene der Schöpfung» in den unabschließbaren Horizont seiner Selbstentwürfe eintritt, mag heute verblaßt sein. Die Diagnose des Menschen als eines konstitutionell unfertigen, unbestimmten und unspezialisierten Wesens aber gehört noch in unserem Jahrhundert zu den vielfältig variierten und fortgeschriebenen Grundeinsichten der Anthropologie. Es gibt ihr zufolge keine menschliche Natur, für die nicht zugleich der Begriff der Kultur zuständig wäre. Denn im natürlichen «Mangel» an Spezialisierung ist als dynamisierendes Element die Bedingung der Möglichkeit von «Kultur» enthalten. Anders ausgedrückt: Kultur ist nicht die Überformung einer ursprünglichen, im Status reiner Wildheit gegebenen Natur, sondern der unvermeidliche Prozeß einer Bestimmung des Nicht-Festgelegten an einem konkreten historischen Ort unter den Bedingungen dessen, was biologisch festgelegt ist. Die Rekonstruktion solcher Bestimmungen kann man als «historische Anthropologie» bezeichnen. Sie ähnelt dem, was Kant als «pragmatische Anthropologie» anvisiert, wenn er diese fragen läßt, was der Mensch «als freihandelndes Wesen aus sich selber macht oder machen kann und soll». Freilich wird sie weder die hier anklingende normative Orientierung noch Kants Distanz zur «physiologischen Menschenkenntniß», also zur «Erforschung dessen, was die Natur aus dem Menschen macht» übernehmen (Kant 1798, S. 399f.).

Vielmehr wird die historische Anthropologie in ihre Frageperspektive das zweite Element in Herders Anthropologie aufnehmen: die gegen den cartesianischen Dualismus gerichtete Frage nach dem «ganzen Menschen». Sie ruft das Gesamtspektrum der Wissenschaften vom Menschen und der Künste, von der Anatomie und Physiologie bis hin zu Ästhetik und Rhetorik auf. Sie bilden ein Magazin des Wissens von der Einbildungskraft, den Sinnen, Affekten und Gemütsbewegungen. Welchen Status haben aus kulturwissenschaftlicher Perspektive die vielfältigen historischen und aktuellen Quellen, die hierbei, etwa für eine Untersuchung des Phänomens «Mitleid» unter den Bedingungen moderner Industrialisierung, zu konsultieren wären? Sie sind nicht umstandslos als neutrale Zeugen und transparente Niederschläge aufzufassen, die die Umformung eines Elements menschlicher «Natur» lediglich dokumentieren. Vielmehr ist damit zu rechnen, daß sie an der Produktion jener Konstellationen und Umgruppierungen, von denen sie berichten, selbst beteiligt sind. Die Aufmerksamkeit auf diese Teilhabe der Geschichte der Metaphern und Bilder vom Menschen an der *Produktion* dessen, wovon sie sprechen und handeln, ist durch die Diskursanalysen Michel Foucaults gestärkt worden. Man muß die hierbei in Rede stehenden textuellen, ikonographischen, gestischen, rituellen Muster nicht zu subjektlosen Instanzen hypostasieren, um aus dieser Aufmerksamkeit auf die «diskursiven Praktiken» in der scheinbaren Selbstentfaltung menschlicher «Natur» Nutzen zu ziehen. Denn zum einen wird die historische Anthropologie dadurch vor der Anbindung an vorgängige Annahmen über das Substrat des «Humanen» im moralischen Sinn bewahrt, also vor der Annahme einer im Kern «guten» oder «bösen» Natur des Menschen. Zum anderen erscheinen aus diskursanalytischer Perspektive die Metamorphosen dieser «Natur» nicht als Abfolge von Mustern, die sich als ein organisch-evolutionärer Prozeß darstellen ließen, sondern als Effekte von Formierungen, Aus- und Einschlüssen, Parzellierungen und Segmentierungen.

Neben der genealogisch orientierten Diskursanalyse Foucaults ist für die Kulturwissenschaft die Auseinandersetzung mit den angelsächsischen Traditionen der «cultural anthropology» und Ethnographie richtungsbestimmend gewesen. Deren Entwicklung seit dem 19. Jahrhundert führt, pointiert formuliert, von einer naturwissenschaftlich orientierten Evolutionslehre des beobachtbaren und beschreibbaren Verhaltens zur hermeneutischen Entschlüsselung der Bedeutungen, die innerhalb einer beobachteten kulturellen Praxis gesetzt, aktiviert oder modifiziert werden. Edward B. Tylor, ein Hauptvertreter des klassischen Evolutionismus, hatte dem ersten Kapitel seines zweibändigen Werks «Primitive culture» (1871) den programmatischen Titel «Science of culture» gegeben. Er vertrat darin die Auffassung, es würden sich im Zuge der systematischen Beobachtungen und Datensammlungen auf Dauer selbst die scheinbar spontansten und unmotiviertesten Phänomene ganz wie in der Mechanik als Folge von Ursachen und Wirkungen beschreiben lassen (1871, Band I, S. 17). Würde man heute an Tylors Buchtitel womöglich die Verwendung des Begriffs «primitiv» monieren, so waren zum Zeitpunkt seines Erscheinens eher die Nobilitierung der «Primitiven» durch den Kulturbegriff und die Einebnung ihres Gegensatzes zu den «Kulturvölkern» prekär. Die Lockerung der exklusiven und normativen Bindungen des Kulturbegriffs begann sich im frühen 20. Jahrhundert auch dort durchzusetzen, wo, wie bei Max Weber, an den «Kulturmenschen» im vollen Wortsinn höchste Ansprüche gestellt wurden: «Eine Kulturerscheinung ist die Prostitution so gut wie die Religion oder das Geld» (1904, S. 181). Weber war es zugleich, der durch seine eindringliche Frage nach der «Kulturbedeutung» von sozialen Erscheinungen und Handlungen zur Herausbildung des symbol- und bedeutungszentrierten Kulturbegriffs im Verlauf des 20. Jahrhunderts entscheidend beitrug: «‹Kultur› ist ein vom Standpunkt des Menschen aus mit Sinn und Bedeutung bedachter endlicher Ausschnitt aus der sinnlosen Unendlichkeit des Weltgeschehens» (S. 180).

Der Mensch ist ein Bedeutung setzendes Lebewesen. Er ist nicht nur ein Werkzeug machendes, sondern ein Symbole schaffendes und benutzendes Lebewesen. Ein Hauptvertreter dieser symbolorientierten Kulturanthropologie ist innerhalb der gegenwärtigen Ethnographie Clifford Geertz, der sich ausdrücklich auf Max Weber beruft: «Der Kulturbegriff, den ich vertrete, ist wesentlich ein semiotischer. Ich meine mit Max Weber, daß der Mensch ein Wesen ist, das in selbstgesponnene Bedeutungsgewebe verstrickt ist, wobei ich Kultur als dieses Gewebe ansehe. Ihre Untersuchung ist daher keine experimentelle Wissenschaft, die nach Gesetzen sucht, sondern eine interpretierende, die nach Bedeutungen sucht. Mir geht es um Erläuterungen, um das Deuten gesellschaftlicher Ausdrucksformen, die zunächst rätselhaft scheinen» (1973, S. 9).

In seinem berühmt gewordenen Aufsatz «‹Deep play›: Bemerkungen zum balinesischen Hahnenkampf (1972)» hat Geertz dieses Programm mustergültig durchexerziert (1973, S. 202–260). Der Hahnenkampf erscheint dabei als Modell der Selbstinterpretation einer Kultur durch eine institutionalisierte Handlung, deren Bedeutungsreichtum die Intentionen der Teilnehmenden weit übersteigt: als Enthüllung von Gefühlen, die sich nur symbolisch zur Darstellung bringen lassen, als Übersetzung der Statusunterschiede in einen «metasozialen Kommentar», in dem die Hierarchie der Lebenswelt gerade durch ihre Maskierung transparent wird. Ausdrücklich setzt Geertz dabei den «Scheinkrieg symbolischer Gestalten», die «formalisierte Simulation von Statusspannungen» in Analogie zu den ästhetischen Potentialen des Bildes, der Fiktion und der Metapher. So wird der balinesische Hahnenkampf als «Kunstform» zu einem asiatischen Äquivalent zu Shakespeares «King Lear» oder Dostojewskis «Schuld und Sühne». Demonstrativ werden so Lektüre und Texthermeneutik zum Modell für die Darstellung und Analyse kultureller Praxis in der «dichten Beschreibung»: «Ethnographie betreiben gleicht dem Versuch, ein Manuskript zu lesen (im Sinne von ‹eine Lesart entwickeln›), das fremdartig, verblaßt, unvollständig, voll von Widersprüchen, fragwürdigen Verbesserungen und tendenziösen Kommentaren ist, aber nicht in konventionellen Lautzeichen, sondern in vergänglichen Beispielen geformten Verhaltens geschrieben ist» (S. 15).

In dieser Angleichung des Verstehens von Kulturen an das Lesen von Texten beruft sich Geertz auf Paul Ricœur, in dessen Programm einer hermeneutischen Grundlegung der Sozialwissenschaften Kultur und soziales Handeln als «Text-Analog» aufgefaßt werden (Ricœur 1971). Die Kritik an Geertz hat aber zeigen können, daß er dazu neigt, den bei Ricœur stets prekären Status der Text-Analogie zur resoluten Lektüre von «Kultur *als* Text» zu vereinfachen (Berg/Fuchs 1993a, S. 55). Zweierlei ist am durchschlagenden Erfolg dieser Formel als programmatischer Losung der Kulturwissenschaft (vgl. Bachmann-Medick 1998) problematisch. Zum einen führt die Einebnung der Differenz zwischen dem metaphorischen, universalisierten und dem engen, auf schriftliche Quellen beschränkten Textbegriff leicht in methodologische Aporien. Der Versuch, die nur in einem schriftlichen Text überlieferte kulturelle Praxis unmittelbar einer deutenden Lektüre zu unterziehen, neigt dazu, die Eigenlogik des Textes, der sie dokumentiert, zu unterschätzen. Roger Chartier (1989) hat das mit überzeugenden

Argumenten an dem von Geertz' «Hahnenkampf»-Essay inspirierten Titelaufsatz in Robert Darntons Buch «Das große Katzenmassaker» (1984) demonstriert. Zum zweiten geht mit der Ausdehnung und Universalisierung des Textbegriffs nicht selten die Privilegierung des sprachlichen Zugangs zu Bedeutungen einher, der als Königsweg zur Entschlüsselung auch aller anderen Kristallisationsformen kultureller Praxis erscheint. Wer Film, Tanz, Theater, Ritual, Performance, Musik, bildende Künste, mithin die Formen kultureller Praxis insgesamt dem Modell der Lektüre subsumiert, bezahlt dafür mit Differenzierungsverlusten: Die je spezifischen Bedeutungspotentiale der einzelnen Künste oder kulturellen Praxen werden nicht mehr wahrgenommen. Innerhalb der Debatte über die Krise der ethnographischen Repräsentation wurde massive Kritik an der Weise geübt, in der Geertz in seinen Texten seine Autorität als Interpret etabliert, der dem Geschehen mit einem souveränen Deutungsprivileg gegenübersteht (Clifford 1988). Der Grundimpuls der interpretativen Kulturanthropologie bleibt freilich trotz der beobachtbaren Tendenz zum «synekdochischen Verständnis von Kultur als Text» (Bachmann-Medick 1998, S. 25) nicht zuletzt für die kulturwissenschaftliche Öffnung der philologischen Disziplinen attraktiv: die Vermittlung zwischen kulturellen Artefakten, «Werken», und kultureller Praxis. Die «Anthropologisierung» der Literaturwissenschaft läßt sich freilich nicht als schlichte Umkehrung von «Kultur als Text» zu «Text als Kultur» betreiben, sondern im Durchgang durch die von Chartier geforderte Scheidung des metaphorischen vom terminologischen Textbegriff und durch die Kritik, die an Geertz' Rückzug auf eine Hermeneutik des interesselosen Wohlgefallens aus der Perpektive der Diskursanalyse Foucaults formuliert wurde (Rabinow 1986).

Die eingangs angedeutete Spannung zwischen Substantiv und Adjektiv im Begriff «historische Anthropologie» bleibt für alle denkbaren Versuche seiner kulturwissenschaftlichen Inanspruchnahme virulent. Denn «der Mensch», wie ihn die klassische Anthropologie ins Auge faßte und auf den seit dem 18. Jahrhundert das sich rapide ausdifferenzierende Spektrum der «Wissenschaften vom Menschen» als Fiktion eines perspektivischen Fixpunkts bezogen war, ist keine integrative, sondern eine heuristische Kategorie. Er löst sich als isolierbarer Gegenstand in immer neue Pluralisierungen auf, indem er zum Gegenstand «historischer Anthropologie» wird. Die Einsichten der Anthropometrie und Neurophysiologie, also der durch Messung und Experiment gewonnenen Erkenntnisse über Morphologie von Körper und Skelett, sowie die Funktionsmechanismen und Leistungsgrenzen der Sinne liegen ihr voraus, wenn sie z.B. nach dem Ort und der Funktion der Sinne und Gefühle im Prozeß der Konstitution und Selbstauslegung einer kulturellen Formation oder Konstellation fragt. Sie ist dabei auf eine Vielzahl von Ratgebern angewiesen: so auf die Soziologie, die von Max Weber, Werner Sombart und Georg Simmel über Norbert Elias bis hin zu Niklas Luhmann niemals nur Gegenwartswissenschaft war, sondern zugleich Produzentin von Wissen über die historische Modellierung von Affektstrukturen und Wahrnehmungskonventionen durch die Prozesse der Vergesellschaftung. Georg Simmels «Omnibusbeispiel», mit dem er die Herausbildung der großstadttypischen Fähigkeit zur Wahrung psychischer Distanz bei physischer Nähe demonstriert, verweist zudem auf die nicht hintergehbare Bedeutung der raumzeitlichen Koordinaten für die von ihm analysierte «Kultur der Indifferenz» (vgl. Müller 1988). Die Vermittlung der psychisch-affektiven mit der physischen Dimension der Polarität von Nähe und Ferne erfordert nicht erst im Blick auf moderne Gesellschaften die Einbeziehung der Einsichten von Technik- wie Mediengeschichte. Die «historische Anthropologie» wird in dieser Einführung deshalb nicht als ein Gegenstandsbereich begriffen, der sich als eine «Sparte» der Kulturwissenschaft einfügte, sondern eines der sie organisierenden Zentren. Der Leser begegnet ihr daher nicht nur in diesem Abschnitt, sondern auch in denen zur Kulturgeschichte von Technik und Natur sowie zur kulturkonstitutiven Bedeutung von Erinnerung, Gedächtnis und medialen Praktiken. Wenn also im folgenden einige Untersuchungsfelder aus dem Spektrum historischer Anthropologie skizziert werden, geschieht dies in exemplarischer Absicht, nicht als Umgrenzung eines exklusiven Stoffgebiets.

Die *Geschichte der Sinne* erörtert die Kulturwissenschaft in Absetzung von der Neurophysiologie und Wahrnehmungspsychologie. Sie fragt im Bewußtsein der relativen Konstanz der physiologischen Struktur der Sinne nach der Geschichte ihrer kulturellen Codierung und den Formveränderungen ihrer welterschließenden Funktionen. Zu vorgängigen teleologischen Konstruktionen wie etwa der These vom «Verschwinden» des Körpers in der Moderne, zur Diagnose seiner «Entmaterialisierung» in den Prozessen der Rationalisierung, Verrechtlichung und Abstraktion steht sie dabei in Distanz. Denn sie begreift den Körper von vornherein nicht als gegebene «Natur», sondern als kulturell definiertes Feld von Umcodierungen, Umgruppierungen, Umbesetzungen, Auf- und Abwertungen. Zur Struktur dieses Feldes gehört, daß die Sinne hier nicht Einzelauftritte haben, sondern ihren Ort stets im Prozeß der Umgruppierung der Hierarchie und Komplementaritäten von Auge und Ohr, Geruch, Geschmack und Gefühl finden. Die historische Semantik der Sinne, also die Nachzeichnung der Metaphern, Bilder und Figuren, in denen sie zur Darstellung gebracht werden, zielt dabei nicht lediglich auf «Ausdrucksformen», an denen eine «objektive» historische Entwicklung als deren Substrat ablesbar wäre. Vielmehr sind die Umschreibungen, Klassifizierungen, die rhetorischen und ikonographischen Strategien der Bestimmung dessen, was den Sinnen zugeschrieben, zugetraut und abverlangt wird, selbst Elemente im Prozeß ihrer kulturellen Produktion und Modellierung.

An zwei Grundmotiven aus dem Arsenal der sensualistischen Tradition, die im 18. Jahrhundert im Zusammenspiel von Ästhetik und Anthropologie die überkommene Hierarchie der Sinne überprüfte und revidierte, sei dies in groben Zügen erläutert: der Aufwertung des Tastsinns und der Rivalität von Auge und Ohr. Beide arbeiten gegen die über die Jahrhunderte verbindliche «Dreikammertheorie» an, der zufolge die äußeren Dinge dergestalt durch die Pforten der fünf Sinne in das Innere des Menschen treten, daß sie in der ersten Kammer, dem «sensus communis», in Form virtueller Ausdehnung repräsentiert, in der zweiten Kammer, der «memoria», als abrufbare virtuelle Größen abgelagert und in der dritten Kammer von den Vermögen des Geistes in kognitive Ordnungen gebracht werden. In diesem Schema werden die Sinne insgesamt auf eine Struktur gebracht, die sie dem als Organ der Raumwahrnehmung interpretierten Auge angleicht. Sie werden zudem bis ins

18. Jahrhundert hinein sowohl nach der Opposition Nähe/Ferne wie nach der «Feinheit» der Materien gegliedert, denen die einzelnen Sinne zugeordnet sind. In beiden Fällen ergibt sich eine Überordnung der «höheren» Sinne Auge und Ohr gegenüber den «niederen» Gefühl, Geschmack und Geruch. In einer Vorlesung «Über einige Eigenheiten des Gefühlssinnes» (1788/89) kritisierte der Berliner Popularphilosoph Johann Jakob Engel vehement die Tradition der Hierarchisierung «nach der Beschaffenheit des Mediums, vermittelst dessen der Sinn empfindet» (1793, S. 223). Denn in der vom Immateriellen zum «Grobstofflichen» herabsteigenden Reihung Licht, Luft, Salze, Öle, solide Körper ist der Gefühlssinn auf ewig als niederster Sinn dem Sehen, Hören, Riechen und Schmecken nachgeordnet. Engel plädiert demgegenüber für die Aufwertung des Gefühlssinns durch seine Differenzierung in das «grobe» Gefühl und das «feine» Tasten. Dadurch ergibt sich nicht nur die Aufstockung des Gefüges auf sechs statt fünf Sinne, sondern zugleich eine neue Hierarchie, bei der «das Gefühlsorgan» dem gesamten «äußeren Körper» zugeordnet wird und bei den niederen Sinnen Geruch und Geschmack verbleibt, während der neu entstandene, «feinere» und differenziertere Sinn als «das Getast» an die Seite von Auge und Ohr tritt. Umgruppierungen wie diese demonstrieren zum einen die Nicht-Selbstverständlichkeit der Grundannahme eines Ensembles von fünf Sinnen, sondern zugleich und vor allem das seit dem 18. Jahrhundert anwachsende Unbehagen an der Zentralstellung des Auges im Diskurs über die Sinne. Die sensualistischen Revisionen von George Berkeleys «Versuch einer neuen Theorie der Gesichtswahrnehmung» (1709) bis zu Condillacs «Abhandlung über die Empfindung» (1754) arbeiten dem entgegen und lassen den Tastsinn in die Position des Zentralorgans der sinnlichen Weltaneignung und Selbstgewißheit rücken. Die Nähe zum Materiell-Körperlichen wird dabei nicht zuletzt wegen der reflexiven Struktur des Gefühls, bei dem das Subjekt in der Objektwahrnehmung stets sich selbst mit empfindet, positiv umgewertet.

Kulturtheoretische Prägnanz gewinnt diese Umgruppierung bei Johann Gottfried Herder, der gegen jede Hierarchisierung das Plädoyer für die Anerkennung der je spezifischen Eigenleistung des Einzelsinns im Ensemble der Sinne setzt. Nicht nur nobilitiert er in seiner Abhandlung «Plastik» (1778) und ihren Vorstufen den Tastsinn zum ästhetischen Sinn, der in der Anschauung des höchsten Schönen das Auge auf die Hand verpflichtet. Er macht zugleich in der anticartesianischen Formel «Ich fühle mich! Ich bin!» das Gefühl zum Ausgangspunkt nicht nur allen Philosophierens, sondern durch die Parallelisierung von Phylogenese und Ontogenese auch der kulturtheoretischen Reflexion (vgl. Böhme 1996, S. 204). Nicht im Sinne einer neuen Hierarchie, wohl aber als nachgeordnetes, «spätes» Entwicklungsstadium tritt so das Sehen hinter das Fühlen und Hören zurück. Die erste Empfindung des Säuglings verdankt sich dem Tastsinn, der Quelle der Empfindungen. Erst nach dem Hören tritt sodann das Sehen innerhalb einer evolutiven Logik auf den Plan, die dem Distanzorgan Auge keine Unabhängigkeit von den anderen Sinnen erlaubt. Die Schlüsselrolle bei der Humanisierung des Menschen, dies die Pointe von Herders Sprachtheorie, verliert es an das Ohr. Mit den Mitteln der Anthropologie ist so die Revision einer Grundtendenz der europäischen Philosophie seit der Antike eingeleitet. «Die Philosophie hatte aufgehört, zu hören, akroamatisch zu sein, und hatte den anderen Aspekt des Sprachlichen, das Aussprechen, das Produzieren von Wörtern, das Logische betont und schließlich sogar den Logos selbst vom gesprochenen Wort, vom Phonischen gelöst, und an die Anschauung, an das Sehen gebunden. Herders Wiederentdeckung des Ohres kündigt nichts weniger als eine philosophische Wende an, sofern sie der entscheidende erste Schritt von einer traditionell okularen, visuellen (und solipsistischen) Erkenntnistheorie zu einer aurikalen und auditiven – akroamatischen –, schließlich sprachlich-dialogischen Erkenntnistheorie ist» (Trabant 1990, S. 176).

Wie aber wird nun aus diesem philosophiehistorischen Befund ein Gegenstand der Kulturwissenschaft? Die Wiederentdeckung des Ohrs in Herders Sprachtheorie und Anthropologie erfolgte im Kontext eines intensiven literarischen, ästhetischen und philosophischen Diskurses über das Verhältnis von Auge und Ohr (vgl. Utz 1990), innerhalb deren sie eine herausgehobene Position der Umgruppierung und Enthierarchisierung des überlieferten Gefüges der Sinne markierte. Rückblickend läßt sich darin die Formierung eines spezifisch modernen Unbehagens in der Kultur erkennen. Es artikuliert sich nicht zufällig im Horizont der Verschränkung von Anthropologie und der Ästhetik, die als junge Disziplin im 18. Jahrhundert insgesamt der theoretischen Aufwertung der Sinnlichkeit zuarbeitet. Dieses Unbehagen ist erkennbar auf die dynamische Expansion der Schriftkultur als seine wichtigste Hintergrundvoraussetzung bezogen. Die polemische Rebellion gegen die exklusive Beziehung des Verstandessubjekts zum Auge, die Aufwertung des Fundamentalsinns Gefühl und des seit je der sozialen Welt zugewandten Ohrs erfolgt als reflexive Verarbeitung der mit der Verschriftlichung gegebenen Tendenz zur medialen Durchdringung und Komplizierung der Sinnenwelt. Es ist daher nicht verwunderlich, daß im Zuge der fortschreitenden kulturellen Modernisierung das von Herder früh artikulierte Unbehagen immer wieder aufgegriffen wurde. Ein jüngeres Beispiel für die Parallelführung von Aufwertung des Ohrs und Modernitätskritik ist die harsche Kritik Ulrich Sonnemanns an der «Okulartyrannis» (1987, S. 201 ff.). In ihr sind in radikaler Formulierung zentrale Motive der Rebellion gegen die kulturelle Dominanz des Auges zusammengefaßt. Das Ohr wird dabei gegen die Vorstellung, es sei ein «passives» Organ, in Schutz genommen, seine Ungerichtetheit, geringere Verfügbarkeit und reflexive Orientierung (ich höre mich selbst beim Sprechen) gegenüber der Fähigkeit des Auges zur Blickzentrierung und seine Nicht-Reflexivität aufgewertet. Die Musen, die Musik und die Mündlichkeit werden, nicht selten in Ausdeutung antiker Mythen, als Instanzen des Einspruchs gegen den universellen Erfolg der augenzentrierten Inszenierungen von Rationalität gesetzt: «Im Narziß-Mythos ist die Nichtbeachtung des Hörens und die Fixierung auf das Sehen tödlich. Im Marsyas-Mythos besiegt der lichte Apollon den phrygischen Silen mit seinem das Antlitz entstellenden Flötenspiel» (Wulf 1993, S. 12).

Es kann nicht Aufgabe der Kulturwissenschaft sein, Prozesse der diskursiven Umcodierung und Neugruppierung des Ensembles der Sinne lediglich nachzuschreiben oder als schlichter Resonanzverstärker der Rebellion gegen die «Okulartyrannis» zu wirken. Sie hat vielmehr die These vom tief verwurzelten, schon in der Philosophie der Antike codifizierten «Primat des Visuellen» zu überprüfen. Denn es ist immerhin denkbar, daß sich damit zwar die Generaltendenz der kulturellen Codierung der Sinne annähernd beschreiben, deren Ort und Funktion in konkreten historischen Mustern kultureller Praxis aber nicht hinreichend erfassen läßt. Gegenüber der immer wieder erzählten Geschichte vom Siegeszug der Tauschabstraktion, der Zentralperspektive und der Drucktechnik, der seit der frühen Neuzeit den Augensinn privilegierte, hat die Kulturwissenschaft deshalb mit besonderer Aufmerksamkeit alle jene Spuren zu verfolgen, die sich als Hinweise auf *wechselnde* Besetzungen oder nicht-hierarchische Beziehungen zwischen den Sinnen deuten lassen. Sie wird also gerade nicht auf diejenigen Quellen fixiert sein, die den Augensinn in visuellen Metaphern codieren, sondern auch jene heranziehen, in denen die Versprachlichung des Sehens von der Semantik des Tastsinns dominiert ist. Den Traktaten über das Licht, die Sonnenähnlichkeit und Gotteszugewandtheit des Auges wird sie die Kulturgeschichte der Haut, das Lexikon der Berührungsgesten, das religiöse und das politische Register des Handauflegens an die Seite stellen.

Wie zu allen Fiktionen unmittelbarer «Natürlichkeit» wahrt die historische Anthropologie Distanz gegenüber allen einsträngigen Erzählungen und übersichtlichen Ordnungsmetaphern. Eines ihrer Grundanliegen ist die systematische Überprüfung der elementaren Polaritäten, die als richtungbestimmende Faktoren in die kulturelle Codierung und Selbstauslegung menschlicher «Natur» eingehen. Hierzu gehören:

1. *Die Polarität des materiell-raumhaften Außen und des immateriell-raumlosen Innen in der Geschichte der Seele und der Gefühle.* In Johann Gottfried Herders Herausforderung der Philosophie durch die Anthropologie geht die Fundierung der Selbstgewißheit im Gefühl (als Tastsinn) mit der Rückbindung der Gefühle insgesamt an ihre leibliche Herkunft einher. Innerhalb der modernen philosophischen Rehabilitierung der Gefühle gegenüber dem Denken, Meinen und Wollen (vgl. Fink-Eitel/Lohmann 1993) wird dies gelegentlich aufgegriffen, so in der von Hermann Schmitz formulierten These, «daß Gefühle nicht private Zustände seelischer Innenwelten, sondern räumlich ausgedehnte Atmosphären sind und das Fühlen im Sinne affektiven Betroffenseins von Gefühlen in leiblich spürbarem Hineingeraten in den Bann solcher Atmo-

sphären besteht» (1993, S. 33). Mit einer solchen Öffnung der Gefühlssphäre auf einen Raum hin, der den vorgängigen Dualismus des «Außen» und «Innen» transzendiert, lassen sich die Fragestellungen der historischen Anthropologie von denen der Emotionspsychologie abgrenzen, die sich in der Regel auf die Erforschung eines ausdifferenzierten Sets von Gefühlen als «beobachtbares Verhalten» konzentriert und zwischen «innerem» Gefühlsgeschehen und sozialem Handeln durch die Auflistung fester Zeichenverbindungen vermittelt (vgl. Böhme 1996). Die Zeichenlehre, die «Semiotik» des Körpers und der Seele (Erröten, Zittern, Erschauern etc.) gehört seit je zum festen Repertoire der handlungsorientierten Auslegung von Gefühlen, von den Verhaltenslehren der frühen Neuzeit über die barocke Affektenlehre bis zur «Zeremonialwissenschaft» des frühen 18. Jahrhunderts. Durch eine Rekonstruktion der sozialen Codierungen, Stilisierungen, Inszenierungen und Theatralisierungen von Gefühlen allein läßt sich jedoch weder ihr gesamtes subjektives Profil noch das Spektrum ihrer räumlich-atmosphärischen Ausdehnung im Horizont einer gegebenen kulturellen Konstellation erfassen. Um den historischen Wandel der Gefühle und die Art und Weise zu verstehen, in der sie die Individuen betreffen, muß man ihrem Doppelcharakter von selbstevidenter Individualität und medialer, sozialer etc. Codierung in einer möglichst großen Vielzahl von Varianten Rechnung tragen. Dies gilt auch und gerade dort, wo sie, wie in der Kultur und Rhetorik der Empfindsamkeit und ihrer Erben, mit dem Schein gewissermaßen vorkultureller Natürlichkeit umgeben sind.

2. *Die Polarität von Gesundheit und Krankheit.* In kulturwissenschaftlicher Perspektive ist nicht nur die Geschichte der terminologischen Fixierungen dessen relevant, was historisch jeweils dem einen oder anderen Pol zugerechnet wurde, sondern die kulturelle Funktion der zugleich extrem stabilen und extrem wandlungsfähigen Polarität von Gesundheit und Krankheit insgesamt. In ihr steht dem Singular Gesundheit der im Prinzip unendlich ausdifferenzierbare Plural der Krankheiten gegenüber. Die Regulierung des komplizierten Geflechts von Relationsbegriffen, das zwischen diese Pole gespannt wird, ist nicht lediglich auf den Prozeß des Zugewinns an wissenschaftlichen Einsichten über die Struktur des

menschlichen Körpers und Bewußtseins bezogen. Sie ist vielmehr Teil sowohl der *reflexiven Selbstauslegung* wie der *normativen Binnenregulierung* gegebener kultureller Konstellationen und darum Gegenstand nicht nur der Geschichtsschreibung der Medizin. Ein Beispiel für die reflexive Funktion der Polarität ist die rousseauistische Koppelung von Zivilisation und Krankheit, ein Hauptinstrument ihrer normativen Aufladung seit der Antike die Diätetik. In beiden Fällen ist die «Kulturbedeutung» der Polarität eng an die Verschiebbarkeit der Grenzlinien zwischen Krankheit und Gesundheit gebunden. Ein für die modernen Gesellschaften zentrales Paradigma ist die Vorstellung des in sich geschlossenen, nervengesteuerten Organismus. Es tritt seit dem 18. Jahrhundert an die Stelle des «humoralen» Leibes der Säfte- und Temperamentenlehren alteuropäischer Tradition (vgl. Koschorke 1999). In physiologisch-medizinischer Hinsicht wie als Chiffre der reflexiven Verarbeitung von Modernisierungsschüben rücken dabei die Nerven in eine Schlüsselfunktion (vgl. Rousseau 1991). Die terminologische Unschärfe von Hypochondrie, Hysterie und Nervosität geht vom 18. bis ins 20. Jahrhundert als Schubkraft in die kulturelle Codierung der Krankheitsbilder ein (Radkau 1998). Will sie den Zusammenhang zwischen den reflexiven und normativen Funktionen der Polarität Krankheit/Gesundheit auf diesem exemplarischen Feld studieren, muß die Kulturwissenschaft die Quellen aus Medizingeschichte, Literatur-, Theater-, Kunst- und Musikgeschichte aufeinander beziehen.

3. *Die Polarität des Männlichen und des Weiblichen.* Die Kategorie «gender», die im vergangenen Jahrzehnt hierzulande als Import aus den angelsächsischen Debatten (vgl. Butler 1991, Benhabib 1993) aufgegriffen wurde, verdankt ihre Attraktivität nicht zuletzt ihrem Status als Fremdwort, das die Ablösung des kulturellen Konstrukts «Geschlecht» von den biologischen Konnotationen dieses Begriffs signalisiert. Vorschläge, «die Kategorie Geschlecht zu einer analytischen Kategorie in den Geistes- und Kulturwissenschaften zu machen», gehen in der Regel mit der Annähurung des deutschsprachigen Begriffs an das amerikanische «gender» einher, das sich durch seine kulturkritische Aufladung von seiner ursprünglichen Funktion als grammatischer Genus-Klassifizierung

wegentwickelt hat: «Durch die Differenzierung zwischen *sex* und *gender* kann eine Unterscheidung zwischen biologischem und sozialem Geschlecht getroffen werden, die im deutschen Sprachgebrauch in dieser Weise nicht möglich ist» (Stephan 1999, S. 27). Weder auf die Analyse von «Geschlechterbeziehungen» noch auf das Programm einer spezialisierten «Frauenforschung» läßt sich die kulturwissenschaftliche Relevanz der Polarität des Männlichen und des Weiblichen reduzieren. Sie umfaßt vielmehr die kulturelle Funktion dieser Polarität insgesamt. Dafür bedarf es der Koppelung von genealogischer und synchroner Perspektive.

In *genealogisch-diachroner* Perspektive wird die Geschichte der kulturellen Definitionen der Geschlechterpolarität untersucht. Im Blick auf die antike wie die moderne Geschichte der Wissenschaften vom Menschen lassen sich dabei die Umrisse jenes diskursiven Feldes sichtbar machen, dem man den Titel «Die Sonderanthropologie des Weiblichen» geben könnte. Dazu gehören etwa die Frage nach den Verbindungen zwischen der Bestimmung der Rassen- und der Geschlechterdifferenz (Schiebinger 1995) und die Frage nach dem Ort der Geschlechter im klassischen Topos der «Kette der Wesen». Sie zielen auf jenen Prozeß, den «konstruktivistische» Autorinnen wie Judith Butler als «diskursive Herstellung des Körpers» (Breger u. a. 1999) umschrieben haben, um seine Bindung an ein «Natur»-Substrat unmißverständlich zu dementieren. Die Identifizierung des «Diskursiven» mit szientifisch-theoretischen Klassifizierungsstrategien würde freilich diese genealogische Perspektive entscheidend verengen. Sie umfaßt zum einen das Gesamtspektrum der alltagssprachlichen, rituellen, künstlerisch-symbolischen etc. Formen der kulturellen Definition der Geschlechter, zum anderen durchaus nicht nur die Geschichte der langfristig dominanten Muster, sondern zugleich diejenige der Revisionen, Maskeraden, Überschreitungen und Außerkraftsetzungen der scheinbar naturgestützten Polarität.

In *synchroner* Perspektive ist die Rekonstruktion der Überlagerungen, durch die innerhalb einer gegebenen Kultur die Polarität des Männlichen und Weiblichen auf andere regulative Polaritäten bezogen ist, ein zentrales Untersuchungsfeld. Dies betrifft etwa die Polarität von Krankheit und Gesundheit, wenn in der diskursiven

Ausgestaltung von Hypochondrie, Hysterie und Nervosität ihre Codierung als «weibliche» Krankheiten regulative Bedeutung gewinnt (von Braun 1999, S. 27). Es wäre müßig, hier alle Polaritäten (stark/schwach, Form/Stoff, Anmut/Würde etc.) aufzulisten, die in solchen Überlagerungen zur Ausdifferenzierung und Universalisierung der kulturellen Definition von Geschlechtsidentitäten beitragen. In ihrer additiven Auflistung verschwindet die kulturelle Vielfalt, in der solche evidenzverstärkenden Überlagerungen miteinander zu einem Komplex von Analogien verquickt sind, innerhalb deren das Raster der Stereotypen nur einen Sonderfall darstellt.

4. Erinnerung und Gedächtnis

Im Vorwort seines Buchs «Das kulturelle Gedächtnis» schrieb Jan Assmann 1992: «Alles spricht dafür, daß sich um den Begriff der Erinnerung ein neues Paradigma der Kulturwissenschaften aufbaut, das die verschiedenen kulturellen Phänomene und Felder – Kunst und Literatur, Politik und Gesellschaft, Religion und Recht – in neuen Zusammenhängen sehen läßt» (S. 11). Einige Jahre später geht Wolfgang Frühwald als Präsident der Deutschen Forschungsgemeinschaft noch einen Schritt weiter: «Die auf Erinnerung und kulturelles Gedächtnis ausgerichteten Geisteswissenschaften könnten ihnen in Gestalt der Kulturwissenschaften ihr verlorenes Definitionsmonopol für Wissenschaft zurückholen, das sie verloren haben» (1996b).

Wie kein anderes Thema hat der Komplex Gedächtnis und Erinnerung zur gegenwärtigen Renaissance der Kulturwissenschaften beigetragen – sowohl hinsichtlich der interdisziplinären Bestimmung ihrer Inhalte als auch hinsichtlich der Profilierung ihrer spezifischen Verfahren. Warum hat das Interesse an diesem Thema in jüngster Zeit so stark zugenommen? Wieso kann die Beschäftigung damit paradigmatische Konsequenzen für die Kulturwissenschaft haben? Und inwiefern könnte unser Verständnis von Wissenschaft überhaupt von der Ausrichtung auf Erinnerung und kulturelles Gedächtnis reformiert werden?

Eine verstärkte Tendenz zur Rückschau und damit zu verschiedenen Formen des Bilanzierens und Speicherns, des Archivierens und Memorierens können wir generell am Ende des zweiten Jahrtausends unserer Zeitrechnung feststellen. «Rechne mit deinen Beständen» – das Gottfried-Benn-Zitat diente schon Arnold Gehlen zum Beleg der Diagnose, «daß die Ideengeschichte abgeschlossen ist, und daß wir im Posthistoire angekommen sind» (1961b, S. 323), einem nach-geschichtlichen Zustand also, wo das Erzählen wieder ins Aufzählen übergeht, *story* zu *storage* wird. Neben dieser allgemeinen *fin de millenium*-Atmosphäre, die sich an diffusem Sammeleifer, an der Häufung von Dokumentationen und Retrospektiven, am stetig wachsenden Bedürfnis nach erweiterten Kapazitäten bei technischen und natürlichen Speichern ablesen läßt, gibt es heute aber auch sehr konkrete Anlässe, sich mit dem Thema Erinnerung und Gedächtnis zu beschäftigen. Drei dieser Anlässe sind besonders hervorzuheben. Obschon zusammengehörend, sind sie unabhängig voneinander ins Gespräch geraten – Diskussionen, die den Expertenkulturen, denen sie entstammen, rasch entwachsen sind, da sie unsere Wissenschafts- und Lebenspraxis insgesamt betreffen.

So hat *zum einen* die Computertechnik ein Entwicklungs- und Verbreitungsstadium erreicht, das alle früheren Aufzeichnungsformen in den Schatten stellt. Die sogenannten Analogmedien – vom Buchdruck über das Lichtbild zum Magnetton – werden dadurch zwar nicht abgeschafft, erhalten aber andere, zunehmend marginalisierte Aufgaben im Funktionszusammenhang des kulturellen Gedächtnisses zugewiesen. Die zentralen Speichervorgänge übernimmt – unabhängig davon, auf welchem Trägermedium das Gespeicherte letztlich ausgegeben wird – die elektronische Datenverarbeitung. Damit setzt sich ein ganz bestimmtes, universalisiertes Gedächtnismodell gegenüber den unterschiedlichen Merkformen einzelner Analogmedien durch: das Maschinenmodell von *storage and retrieval* (Speicherung und Wiedereinschaltung). Texte, Bilder, Töne werden gleichförmig binär codiert und vorrätig gehalten. Und das uniformiert zugleich auch unsere Art des Umgangs mit den Memorabilia. Zwar ist es eine Illusion, daß die verschiedenen sinnes- und funktionsspezifischen Erinnerungsformen sich alle jenem Universalmodell subsumieren ließen, aber es ist eine Illusion, an die wir aus Gewohnheit zunehmend glauben und die dadurch realitätsbestimmend wird. Die Umgangssprache signalisiert, wie weit dieser Prozeß der Angleichung unserer Vorstellungswelt an die Begrifflichkeit der elektronischen Datenverarbeitung schon fortgeschritten ist – wenn etwa vom «Reinziehen» einer CD die Rede ist, Wissenserwerb als «Input» oder «Upload» umschrieben wird und das Erinnern entsprechend als «Abruf» oder «Download».

Daß Erinnerungsprozesse in Wirklichkeit anders ablaufen, als es das Computermodell suggeriert, belegen *zweitens* die Neurowissenschaften. Diese machten in den neunziger Jahren, die der amerikanische Kongreß zur hochsubventionierten «Dekade des Gehirns» ausgerufen hatte, fulminante Fortschritte. Paradoxerweise waren es gerade die durch Computer erst ermöglichten bildgebenden Verfahren, die zu der Erkenntnis beitrugen, daß die menschlichen Erinnerungsvorgänge nicht so funktionieren wie *storage and retrieval*-Systeme. Seit den Beobachtungen, die Wilder Penfield und Brenda Milner (1958) an Gehirngeschädigten machten, unterscheiden die Neurowissenschaftler zwischen einem «deklarativen» oder «expliziten» Gedächtnis für Bewußtseinsinhalte und einem «prozeduralen» bzw. «impliziten» Gedächtnis motorischer Routinen (z. B. Fahrrad fahren). Diese Grundunterscheidung ist neuerdings weiter differenziert worden durch den Nachweis, daß es auch innerhalb des ersten Gedächtnistyps zwei grundverschiedene Operationen gibt: eine semantisch-lexikalische und eine episodisch-biographische. Beide sind in unterschiedlichen Gehirnarealen lokalisiert und auch unterschiedlich verschaltet – mit entsprechend differierenden Dynamiken (Düzel u. a. 1999). In beiden Fällen werden die Gedächtnisinhalte nicht aus unseren Köpfen wie aus Computerspeichern abgerufen, sondern buchstäblich re-produziert (Roth 1991). So läßt sich aus der Sicht der heutigen Gehirnforschung feststellen, daß das Gedächtnis und die Erinnerung schöpferische Prozesse sind: Etwas erinnern heißt, es aktiv imaginieren – mit Hilfe von Einbildungskraft und Phantasie (Edelman 1993).

Diese Erkenntnis ist eigentlich uralt; es entspricht der Alltagserfahrung, daß wir vergangene Erlebnisse immer wieder anders erinnern (Kotre 1996), und wer hat nicht schon auf Familientreffen

verwundert den Kopf geschüttelt darüber, wie die anderen an ihren
«falschen» Erinnerungen der gemeinsamen Vergangenheit so beharrlich festhalten können – bis womöglich die eigene «untrügliche» Erinnerung durch Dokumente ins Zwielicht gebracht
wurde. Neu an den heutigen Diskussionen über «false memory»
(vgl. Hacking 1995) ist allenfalls, daß man das Phänomen vor dem
Hintergrund der neurobiologischen Erkenntnisse über die Funktionsweise unseres Gehirns nicht mehr rein psychologisch als Täuschung oder Verdrängung abtun kann, sondern als schon aus
physiologischen Gründen unvermeidbar zu verstehen versucht.

Von der Spannung zwischen der Universalisierung des Speichermodells und der Individualität des Erinnerns ist unsere gesamte
moderne Lebenswelt betroffen, insbesondere jener Bereich, der als
dritter Anlaß für die Aktualität des Themas Gedächtnis und Erinnerung anzuführen ist: Das Aussterben der Zeitzeugen des Holocaust, der sich mit jedem nachträglichen Relativierungsversuch nur
um so mehr als Gravitationszentrum der neueren Geschichte erweist, stellt uns vor die Frage, wie wir eine «authentische» Erinnerung dieses schrecklichsten aller Verbrechen bewahren können.
Die Frage bringt das speichertechnische und das biographische
Gedächtnismodell in einen Konflikt. Lassen sich die persönlichen
Erinnerungen von Zeitzeugen in Computerdatenbanken überführen, ohne sie dabei ihrer emotionalen und appellativen Qualitäten
zu berauben? Befördert nicht gerade die personen-unabhängige
Speicherung von Dokumenten das Nivellieren und Vergessen der
Einzelschicksale? Oder bewahrt erst die Unbestechlichkeit von archivalischen Dokumentationen vor Verfälschungen der historischen Wahrheit, die vom Leiden der Opfer zeugt? Die leidenschaftlichen Debatten, in denen solche Fragen erörtert werden – etwa
um das Berliner Holocaust-Mahnmal (vgl. Cullen 1999, Heimrod
u. a. 1999) oder Martin Walsers Friedenspreisrede (vgl. Zuckermann 1999) –, zeigen exemplarisch, daß es sich hier um Phänomene handelt, die nicht von einzelnen Ressorts in Wissenschaft
oder Politik behandelt werden können. Wer die Unbestechlichkeit
von Dokumentationsarchiven favorisiert, setzt sich dem Einwand
aus, die atmosphärischen Qualitäten des biographischen Erinnerns zu vernachlässigen; wer von Mahnmalen fordert, sie müßten

auf individuelle Empfindungen zugeschnitten sein, übersieht leicht, daß Kulturen stets kollektiver Merkzeichen bedürfen – zu denen nicht zuletzt auch die umstrittenenen «Kranzabwurfstellen» gehören.

Der Bedarf nach einer die antagonistischen Thematisierungsformen von Erinnerung und Gedächtnis umfassenden Perspektive, die zwischen den isolierten Aspekten zu vermitteln vermag, ruft die Kulturwissenschaft auf den Plan. Von ihr wird in besonderem Maß erwartet, daß sie die verschiedenen Memorialfunktionen mit ihren sich teils ergänzenden, teils widerstrebenden Dynamiken im lebenspraktischen Zusammenhang erklären kann. «Wo sind», wird etwa gefragt, «die führenden Kulturwissenschaftler, die sich zu Wort melden, um via Feuilleton oder öffentlichkeitswirksamer Rede über das Vergessen des Erinnerns im Gedenken zu sprechen, dem Unterschied zwischen einem Tod in Auschwitz und in Stein nachsinnen und diese Arbeit nicht allein den philosophierenden Amateuren der Politik überlassen?» (Precht 1996)

Die Angesprochenen sind Antworten auf Fragen dieser Art keineswegs schuldig geblieben. Sie können sich dabei auf Ansätze stützen, die bereits seit den zwanziger Jahren des vergangenen Jahrhunderts entwickelt wurden. Neben Aby Warburg (vgl. Kap. II, 4) ist als einer der wichtigsten Anreger für eine kulturwissenschaftliche Problematisierung von Erinnerung und Gedächtnis Maurice Halbwachs zu nennen. In Opposition zur individualistischen Gedächtniskonzeption seines Lehrers Henri Bergson («Materie und Gedächtnis», 1896) hat er den Vorläuferbegriff für das formuliert, was wir heute «kulturelles Gedächtnis» nennen: die *mémoire collective*. Während Bergson davon ausging, daß Erinnerungen wesenhaft subjektiv seien und demgegenüber das historische Gedächtnis nur äußerliche Faktensammlungen bereitstellen könne, die erst durch individuelle Aneignung bedeutungsvoll würden, verhält es sich nach Halbwachs genau umgekehrt. Ihm zufolge ist das individuelle Erinnerungsbild lediglich als «unvollständige und verstümmelte kollektive Vorstellung» anzusehen (1939, S. 89). Nur durch raumzeitliche Bestimmungen und Verortungen innerhalb des öffentlichen Geschichtsbildes kommt dieses individuelle Erinnerungsbild zu sich: «Es würde in diesem Sinne ein kollektives Gedächtnis geben und einen gesellschaftlichen Rahmen des Gedächtnisses geben, und unser individuelles Denken wäre in dem Maße fähig, sich zu erinnern, wie es sich innerhalb dieses Bezugsrahmens hält und an diesem Gedächtnis partizipiert» (1925, S. 21).

Die beiden Gedächtnistheoretiker konnten ihre Kontroverse nicht austragen. Bergson starb 1941 in Paris an den Folgen einer Lungenentzündung, die er sich zuzog, als er im Winter Schlange stand, um sich als Jude registrieren zu lassen. Halbwachs wurde 1945 im Konzentrationslager Buchenwald ermordet. Die Diskussion der polar aufeinander bezogenen Erinnerungsmodelle kam so lange nicht voran, wie das Erinnern selbst als prekär empfunden wurde – bei den Opfern aus übergroßem Schmerz, bei den Tätern und Mitläufern aus verdrängtem Schuldgefühl oder versteckter Scham. «Die Unfähigkeit zu trauern» war denn auch der Titel eines der ersten Werke, mit dem das Erinnern in der Nachkriegsära allmählich enttabuisiert wurde (Mitscherlich/Mitscherlich 1967, vgl. Mitscherlich 1987). Solche Versuche, dem Wechselbezug zwischen kollektivem Gedächtnis und persönlicher Erinnerung in übergreifenden kulturhistorischen Ansätzen nachzugehen, blieben aber zunächst weiterhin rar (Le Goff 1977, Niethammer 1980, Nora 1966, 1984). Es fehlte der kulturwissenschaftliche Rahmen, um die Chance zur Zusammenschau der neueren Befunde wahrzunehmen, die die Einzelwissenschaften über das Gedächtnis zusammentrugen – darunter je für sich Fachgrenzen Überragendes aus der Altphilologie (Lord 1960, Goody/Watt 1968), Ideen- und Religionsgeschichte (F. G. Jünger 1957, Eliade 1964), Kybernetik (v. Foerster 1965), Kunstgeschichte (Yates 1966), Literaturwissenschaft (Düsing 1970, 1982), Neuro- und Kognitionspsychologie (Lurija 1973, Neisser 1967, Baddeley 1976). Erst in den späten achtziger Jahren erfuhr die kulturwissenschaftliche Thematisierung von Erinnerung und Gedächtnis ihren starken Aufschwung, für den die Verschränkung mehrerer Disziplinen charakteristisch ist. Aus der großen Zahl der einschlägigen Publikationen (vgl. etwa Lachmann 1990, Carruthers 1990, Schmidt 1991; Haverkamp/Lachmann 1991, 1993; Berns/Neuber 1993, Wenzel 1995, Smith/Emrich 1995, Oexle 1995, Weinrich 1997, Harth 1998) sind insbesondere die Arbeiten von Jan und Aleida Assmann hervorzuheben.

Sie waren es, die Ende der achtziger Jahre den Begriff des «kulturellen Gedächtnisses» prägten (A. u. J. Assmann 1988, J. Assmann 1988) und systematisch wie historisch entfalteten.

Das «kulturelle Gedächtnis» definiert Jan Assmann in Absetzung vom «kommunikativen Gedächtnis». Während das kommunikative Gedächtnis sich auf «Geschichtserfahrungen im Rahmen individueller Biographien» bezieht, orientiert sich das kulturelle Gedächtnis an den festen Codierungen und Inszenierungen einer subjektunabhängigen Überlieferung (1992, S. 56). Diese außerpersönliche Memorialinstanz gründet ihre kulturstiftende Bedeutung auf das Prinzip der Wiederholung gleichbleibender Muster. Sie bestimmt sich also in Abgrenzung von der Bezugnahme auf Vergangenes durch individuelle Aneignung und Aktualisierung. «‹Wiederholung› und ‹Vergegenwärtigung› sind zwei grundsätzlich verschiedene Formen eines Bezugs», schreibt Jan Assmann und macht diese Differenz zur Grundlage einer Kulturtypologie, die «kanonische» von «postkanonischen» Kulturen unterscheidet, je nachdem, ob in ihnen das Moment der «Nachahmung und Bewahrung» oder der «Auslegung und Erinnerung» vorherrscht (S. 18).

Während der Altertumsforscher Jan Assmann diese Differenz anhand der frühen Hochkulturen Ägyptens, Israels und Griechenlands spezifiziert hat, widmet sich die Anglistin Aleida Assmann den Formen und Wandlungen des kulturellen Gedächtnisses in der Neuzeit. Den Grundunterschied der beiden Memorialfunktionen erläutert sie im Rückgriff auf die lateinischen Begriffe «ars» und «vis» (1999, S. 27 ff.): Das Gedächtnis als «ars», wie es in der rhetorischen Gedächtniskunst von der Antike bis in die Aufklärung hinein geübt wurde, bezieht sich auf «Verfahren der Speicherung» nach topographischem, also räumlichem Vorbild, das eine identische Rückholung des Gespeicherten garantieren soll; ihnen steht das Gedächtnis seit dem 18. Jahrhundert mit einem Ausdruck Vicos als «vis», d. h. als Kraft gegenüber, die sich im «Prozeß des Erinnerns» offenbart, einem Prozeß, der aufgrund seiner zeitlichen Dynamik eine «Verschiebung, Verformung, Entstellung, Umwertung, Erneuerung des Erinnerten» vollzieht. Auch Aleida Assmann zieht aus dieser Grundunterscheidung kulturtypologische Konsequenzen. Sie geht davon aus, daß bis ins 18. Jahrhundert hinein das räumliche Gedächtnismodell vorgeherrscht hat und danach das zeitliche.

Jan und Aleida Assmann sind sich bewußt, daß Gedächtnisformen niemals ganze Epochen charakterisieren, sondern nur dominante Tendenzen markieren können. Der Konflikt zwischen einem Erinnern, das an das persönliche Erleben gebunden ist, und einem kollektiven Gedenken, das unabhängig vom einzelnen Individuum den Traditionszusammenhang aufrechterhält, wird zu jeder Zeit neu ausgetragen und steht insofern quer zu Versuchen der kulturgeschichtlichen Periodisierung. Bei aller Unaufhebbarkeit dieses Konflikts aber wird er doch unterschiedlich geprägt und gewichtet. Eine kraß antagonistische Sicht, wie sie etwa Nietzsche vertrat, entspricht nach Aleida Assmann «dem Entzauberungs-Pathos kulturkritischer Rhetorik», dem sie ein Modell vorzieht, das die beiden Erinnerungsformen als zwei sich komplementär ergänzende «Modi» aufeinander bezieht. Sie tut dies anhand der Unterscheidung von «Funktionsgedächtnis» und «Speichergedächtnis». Das eine ist durch die Aneignung von Gedächtnisinhalten in den individuellen Gebrauchskontext gekennzeichnet, das andere steht diesem gegenüber als tote, unverfügbare Ansammlung von Fakten. Beide sieht Assmann nicht in Opposition zueinander, sondern als wechselseitig sich konturierende Perspektiven, gleichsam wie Vorder- und Hintergrund-Ansicht: «In dieser Bezogenheit von Vordergrund und Hintergrund liegt die Möglichkeit beschlossen, daß sich das bewußte Gedächtnis verändern kann, daß Konfigurationen aufgelöst und neu zusammengesetzt werden, daß aktuelle Elemente unwichtig werden, latente Elemente emportauchen und neue Verbindungen eingehen. Die Tiefenstruktur des Gedächtnisses mit ihrem Binnenverkehr zwischen aktualisierten und nicht-aktualisierten Elementen ist die Bedingung der Möglichkeit von Veränderung und Erneuerung in der Struktur des Bewußtseins, das ohne den Hintergrund jener amorphen Reserve erstarren würde» (1999, S. 130 ff.). Demzufolge bewahrt gerade die Unpersönlichkeit des Speichergedächtnisses das Funktionsgedächtnis vor Vitalitätsverlusten. Freilich läßt sich dieses Komplementärmodell ebenso wenig verabsolutieren wie das Konfrontationsmodell. Gewiß ist nur, daß weder Kulturen ohne kollektives Gedächtnis überlebensfähig sind noch Individuen ohne persönliche Erinnerungen. Beide stehen mit jeweils eigenen Charakteristika in Wechselwirkung zueinander, ja verweisen je von sich aus auf ihr Gegenüber. Das soll im folgenden verdeutlicht werden, wobei in der hier gebotenen Kürze die historische Vermitteltheit jener Reziprozität nur schlaglichtartig zur Geltung gebracht werden kann.

In der abendländischen Tradition begegnet uns das Erinnern erstmals in Gestalt der Göttin Mnemosyne. Sie wird angerufen, wenn es gilt, sich verlorener Zeiten wiederzuerinnern. So von Kritias in Platons gleichnamigem Dialog, als es darum geht, die Katastrophe von Ur-Athen, die den Zeitgenossen nur noch als totes Gedächtnis, gleichsam versteinert bewußt ist, zu vergegenwärtigen (108d). Was prädestiniert Mnemosyne dazu, solche Prozesse lebendigen Erinnerns zu ermöglichen?

Die Göttin der Erinnerung ist zugleich die Mutter der Musen. Als solche begünstigt sie nicht das Aufzeichnen und Auswendiglernen, sondern das Gegenteil: Ausdrücklich heißt es in Hesiods «Theogonie», Mnemosyne habe die Musen geboren, «damit sie Vergessenheit brächten der Leiden und Ende der Sorgen» (V. 54 f.). Denn erst wer sich vom Alltag mit seinen Bedenken und Besorgungen löst, vermag sich an Vorgängiges, Ursprünglicheres zu erinnern. Bei diesem Weg zu Mnemosyne = Lesmosyne helfen musische Einflüsse wie Musik und Tanz. Die «gliederlösende» Wirkung der Musik ist denn auch an dem griechischen Wort *melos* noch abzulesen.

Das Vertrauen in die Tatsache, daß die Selbstvergessenheit nicht in reiner Leere aufgeht, sondern vielmehr den Zugang zu verborgenen Schichten des Erinnerns erst eröffnet, dürfte aus dem altgriechischen, östliche Einflüsse aufgreifenden Glauben an die Seelenwanderung herrühren. Diesem zufolge ist unsere irdische Existenz nur eine eingeschränkte Seinsform, die es zu überwinden gilt, um Anschluß an die präexistenten Ursprünge zu finden. Strukturell ist das noch in Platons Philosophie erhalten geblieben (vgl. Dodds 1951), in deren Zentrum der Begriff der Wiedererinnerung steht. Wahre Erkenntnis ist, Platon zufolge, nur demjenigen möglich, der die Welt der Erscheinungen und angenommenen Meinungen *(Doxa)* überwindet und sich auf jenen Zustand besinnt, den die unsterbliche Seele, der mythischen Überlieferung zufolge, vor dem Eintritt in das irdische Dasein gehabt haben soll: das reine Anschauen der Ideen. Um diesen Zustand zu erreichen, unterzieht Platons literarischer Held Sokrates seine Gesprächspartner einer ganz bestimmten Methode, der ‹Mäeutik› oder ‹Hebammenkunst›. Diese besteht darin, das vermeintliche, kulturell ankonditionierte Wissen zunächst einmal vergessen zu machen, wie einen Schleier beiseite zu schieben, damit die Seele ihr urspüngliches Wissen hervorbringen kann. Das Vergessen erreicht Sokrates bei seinen Gesprächspartnern dadurch, daß er sie in ihren vorgefaßten Meinungen irritiert; er führt sie systematisch in einen Zustand der Verwirrung, der *Aporie*. Wenn diese am größten ist, kommt es in der Regel zum Erlebnis spontaner Wiedererinnerung, zur *Anamnesis*.

Das mäeutische Erinnerungskonzept, dessen Funktionsweise exemplarisch im «Menon» (82b–86c) vorgeführt wird, steht in erklärter Opposition zu den in Platons Zeit bereits etablierten Merkmethoden von Rhetorikmeistern. Diese wurden auch ‹Logographen› genannt, weil sie gegen Bezahlung Reden für andere schrieben, die diese dann nach bestimmten Methoden so perfekt auswendig zu lernen hatten, daß sie – als scheinbar «freie» Darbietung – auf politischen Versammlungen oder vor Gericht entsprechend Eindruck machten. Platon war nicht der erste, der in solchen Entäußerungen des Gedächtnisses einen fundamentalen Kulturverfall sah. Von dem athenischen Staatsmann Themistokles etwa ist überliefert, daß er auf ein Angebot, die Mnemotechnik zu lernen, antwortete, er ziehe es vor, eine «Lethotechnik» zu lernen (vgl. Weinrich 1997, S. 24). Die Absage an das künstliche Gedächtnis konnte er sich leisten, weil er ein hervorragendes natürliches Gedächtnis hatte: Wie Plutarch berichtet, vermochte Themistokles jeden Bürger seiner Stadt beim Namen zu nennen. Den Verdacht aber, daß beides zusammenhängen, die Stärke des natürlichen aus der Absage an das künstliche Gedächtnis geradezu hervorgehen könnte, finden wir erstmals bei Platon ausformuliert und zu einer kulturkritischen These gewendet. In seinem Dialog «Phaidros» erzählt er dazu einen selbstgestrickten Mythos: Der ägyptische Gott Theuth (den die Griechen Hermes nannten) stellt die soeben von ihm erfundene Kulturtechnik der Buchstabenschrift dem König

Thamus vor und preist sie als ein Mittel *(pharmakon)* an, das die Menschen «gedächtnisreicher» machen werde. Der König aber ist skeptisch; er prognostiziert das genaue Gegenteil: «Denn diese Erfindung wird den Seelen der Lernenden vielmehr Vergessenheit einflößen aus Vernachlässigung der Erinnerung, weil sie im Vertrauen auf die Schrift sich nur von außen vermittels fremder Zeichen, nicht aber innerlich sich selbst und unmittelbar erinnern werden. Nicht also für die Erinnerung *(mnemes)*, sondern nur für das Gedächtnis *(hypomneseos)* hast du ein Mittel erfunden, und von der Weisheit bringst du deinen Lehrlingen nur den Schein bei, nicht die Sache selbst» (274d–275b). Die äußeren Gedächtnisstützen, die *Hypomnemata*, werden von Platon verurteilt im Namen eines vom Subjekt in Eigenaktivität zu vollziehenden Er-Innerns, der *Anamnesis*. Merkwürdig inkonsequent daran scheint nur, daß Platon diese Kritik des Aufzeichnens aufgezeichnet hat. Auch er selbst also partizipiert als Schriftsteller an dem prognostizierten Umschlag des mnemonischen *Pharmakons* von einem Gedächtnis-Mittel in ein Gift für das Gedächtnis (vgl. Derrida 1972). Das macht nur Sinn, wenn er davon überzeugt gewesen ist, daß sich das Gift auch wieder in ein Heilmittel zurückverwandeln läßt. Und ebendiese Überzeugung kommt in seinem literarischen Dialogverfahren zum Ausdruck: Es funktioniert als eine Erinnerungstechnik, die das Aufgezeichnete durch verschiedene Verfahren der Selbstrelativierung über ihre *hypomnematische* Funktion hinausführt und für den Leser so zum Anlaß einer *anamnetischen* Lektüreerfahrung wird (Matussek 1996). Damit zeigt Platon bereits zu Beginn der Einführung der Alphabetschrift einen Weg, wie die Problematik dieser Aufzeichnungstechnik mit ihren eigenen Mitteln überwunden werden kann.

Das Gedächtnismodell aber, das sich demgegenüber nachhaltig durchsetzt, ist das rhetorische. Auch hierfür gibt es eine Ursprungslegende. Ihr zufolge soll der Dichter Simonides von Keos (ca. 556–468 v. Chr.) die klassische *ars memoriae* anläßlich eines Palasteinsturzes erfunden haben. Aus den griechischen Quellen allerdings läßt sich dieser Zusammenhang nicht belegen; wir kennen ihn erst aus der Schilderung der römischen Rhetoriklehrbücher. Demnach war Simonides als bezahlter Sänger bei einem Gastmahl geladen. Als er nach seinem Vortrag gerade vor die Tür getreten war, stürzte hinter ihm der Palast ein. Die Verwandten hatten nun Probleme, die nicht unterscheidbaren Opfer zu identifizieren, um sie bestatten zu können. Simonides aber konnte ihnen allein aufgrund der Lage jedes Toten angeben, um wen es sich handelte. Dies soll ihn auf die Idee gebracht haben, daß räumlich angeordnete Vorstellungsbilder die beste Gedächtnisstütze seien. Auf diese Erzählung gründen die klassischen römischen Lehrbücher der Rhetorik ihre Mnemotechnik: die topographische Verwendung von festgelegten Orten und passenden Bildern *(loci et imagines)* zum Einprägen der Memorabilia.

Daß es ausgerechnet ein Dichter gewesen sei, der diese amusi(kali)sche Methode des Auswendiglernens erfunden haben soll, ist an sich schon ein Anlaß für Skepsis. Die *ars memoriae* ist weniger eine «Gedächtniskunst», wie meist irreführend übersetzt wird, als vielmehr eine «Gedächtnistechnik» – ganz im Sinne der urspünglichen Bedeutung von «ars». Inzwischen gilt es auch als nachgewiesen, daß dem eigentlich für seine kunstvollen Trauergesänge berühmten Simonides die Erfindung der topographischen Merkmethode von den römischen Rhetorikern nur nachgesagt worden ist, um die Nüchternheit des Verfahrens auratisierend zu überspielen (Goldmann 1989). Allerdings bedürfte es gar nicht dieses Nachweises, um die rhetorische Memoria zu entzaubern. Denn die Kritik an ihren Verkürzungen ist ihrer Ursprungslegende selbst schon eingeschrieben. So leitet die wichtigste Quelle, Ciceros «De oratore» (55 v. Chr.), ihre Ausführungen zur Rhetorik just mit einer Anspielung auf Platons «Phaidros» ein, das Hauptbuch der Rhetorikkritik. Und wie Platon entwickelt Cicero die Thesen seines Werks in Dialogform, wobei er die Grundlagen der Memoria von einem Gesprächspartner vortragen läßt, der als uninspirierter Pragmatiker charakterisiert wird: «Ich», sagt Antonius, «bin nicht so veranlagt, wie Themistokles es war, daß ich die Technik des Vergessens eher wünschte als die der Erinnerung» (II, 351). Die Simonides-Legende selbst schließlich gibt deutliche Hinweise auf den reduktionistischen Charakter der rhetorischen Mnemotechnik: Nur die durch den Palasteinsturz grausam fixierte Sitzordnung gestattet es dem Sänger, die Personen zu identifizieren – ein Hinweis darauf, daß die Inhalte des künstlichen Gedächtnisses erst mortifiziert, ihres Lebens beraubt werden müssen, um sich der topographischen Methode gemäß speichern zu lassen. Cicero läßt denn auch keinen Zweifel daran, daß eine Gedächtniskunst, die nur für erfolgreiches Plädieren vor Gerichten und in der Politik nützlich ist, am eigentlichen Lebensbedarf vorbeigeht.

Wir sehen schon an den antiken Beispielen, daß die beiden konträren Typen der Memoria und die Methoden ihrer Herbeiführung nicht voneinander abzulösen sind, sondern wechselseitig aufeinander verweisen. Dieser Wechselbezug findet in den verschiedenen mediengeschichtlichen Konstellationen unterschiedliche Ausprägungen. Während etwa die Gedächtnistheater der Renaissance versuchen, die im Zuge des Rhetorikunterrichts überlieferte Mnemotechnik mit neuplatonischen Elementen zu verbinden und dadurch zu reanimieren (Yates 1966), geben in der Spätaufklärung antithetische Konzeptionen den Ton an. Daß auch diese aber gerade aufgrund ihrer Entgegensetzung an einer gemeinsamen Phänomenologie teilhaben, wird insbesondere bei Hegel deutlich.

Hegel, erklärter Gegner der *ars memoriae*, umschreibt das Gedächtnis als ein «Beinhaus der Wirklichkeiten», ja einen «Galgen, an dem die griechischen Götter erwürgt hängen» (1793–1800, S. 346 u. 432), das Erinnern dagegen etymologisch als «Sich-innerlich-machen, Insichgehen» (1816–30, S. 44). Diese schroffe Opposition aber ist bei Hegel durchaus dialektisch vermittelt. Die Erinnerung kann nur eine bewußtlose Aufbewahrung der Bilder der Anschauung im «nächtlichen Schacht» der Intelligenz bieten. Insofern ist ihr Inhalt abstrakt. «Solches abstrakt aufbewahrte Bild», erklärt Hegel, «bedarf zu seinem Dasein einer daseienden Anschauung» (Hegel 1817, S. 261). Diese erlangt sie stufenweise, ausgehend von den Bestimmungen der Anschauung zu Bildern durch die Einbildungskraft, über deren assoziative Verknüpfung mittels der Vorstellung bis hin zu ihrer adäquaten Äußerung im Zeichen. Die zur Zeichenhaftigkeit aufgestiegene Erinnerung aber ist das Gedächtnis (S. 271). So ist, wie Derrida resümiert, «die Technik […] immer der Parasit für die wahre Mnemosyne, die Mutter aller Musen und die lebendige Quelle aller Inspirationen» (1986, S. 64).

Mag es auch evident sein, daß die Erinnerung erst in ihrer zeichenhaften Entäußerung bewußter Gedankeninhalt werden kann, muß doch zugleich festgestellt werden, daß sie sich damit gegen ihre ursprüngliche Motivation wendet. Lebendiges fixieren zu wollen heißt, es um das zu bringen, um dessentwillen man es fixiert. Ebendiese Umkehrung der Zielrichtung veranlaßt die Kulturkritik des ausgehenden 19. Jahrhunderts, in aller Schärfe gegen den parasitären Charakter der Merktechniken zu polemisieren. Auch Kierkegaard konstruiert seinen Begriff des Erinnerns aus der Hegelschen Antithese zum Gedächtnis und knüpft damit an das griechische Mnemosyne-Verständnis an: «Unter Entgegensetzung wider das im Gedächtnis Behalten», schreibt er, «begehre ich mit Themistokles, vergessen zu können; sich erinnern aber und vergessen sind keine Gegensätze» (1845, S. 13). Vor dem Hintergrund einer im Archivierungsdrang erstickenden Museumskultur erklärt dann Nietzsche das «Vergessen-können oder, gelehrter ausgedrückt, das Vermögen [...] unhistorisch zu empfinden», zur Bedingung des Lebensglücks schlechthin (1874, S. 248 ff.). Er äußert die Vermutung, es sei «nichts furchtbarer und unheimlicher an der ganzen Vorgeschichte des Menschen, als seine *Mnemotechnik*» (1887, S. 295). Hugo von Hofmannsthal schließlich schreibt anläßlich seiner «Ariadne auf Naxos»: «Verwandlung ist Leben des Lebens, ist das eigentliche Mysterium der schöpfenden Natur; Beharren ist Erstarren und Tod. Wer leben will, der muß über sich selber hinwegkommen, muß sich verwandeln: er muß vergessen» (1912, S. 297). Allerdings hat er dieses anti-mnemonische Votum nach dem Ersten Weltkrieg deutlich zugunsten einer willensbetonten Erinnerungstherapie abgemildert. Die «Ägyptische Helena» vollzieht in einer Art künstlerischer Umsetzung der Freudschen Psychoanalyse den Prozeß der Wiedergewinnung einer verlorenen Identität durch erinnernde Trauma-Bewältigung (vgl. A. Assmann 1999, S. 279–284).

Sigmund Freud hatte theoretisch konsistent dargelegt, daß auch das Vergessen, als Verdrängung, eine Form unbewältigter und insofern latent fortwirkender Erinnerung sein kann und daß eine Befreiung von der Last des Vergangenen nur im Prozeß ihrer bewußten Durcharbeitung möglich ist («Erinnern, Wiederholen und Durcharbeiten», 1914). Den zweifellos subtilsten Beitrag zur Psychodynamik des Erinnerns aber verdanken wir Marcel Proust. In seiner mehrere tausend Seiten umfassenden «Suche nach der verlorenen Zeit» (1913–27) beschreibt er die allmähliche Rückgewinnung eines in der Vergangenheit zu kurz gekommenen und dann verschütteten Erlebens durch Momente einer *mémoire involontaire* – spontane Erinnerungen, die durch Ähnlichkeitsbeziehungen von diskreten Sinnesempfindungen (den Geschmack eines Gebäcks, das Anschlagen von Besteck an einem Teller, die Körperhaltung beim Schuhezubinden etc.) mit früheren Ereignissen ausgelöst werden. In der Art, wie Proust das Zustandekommen der Wiedererinnerungen seines Romanhelden beschreibt, erkennen wir die mäeutische Trias von Doxa, Aporie und Anamnesis: Das Alltagsbewußtsein muß irritiert werden, um die Wiedererinnerung eines verschütteten Erlebnispotentials zu ermöglichen. Im Unterschied zu Platon allerdings betont Proust den konstruktiven Charakter des Erinnerns. Hierin zeigt sich seine Verwandtschaft mit Freud, der schon während der Zeit seiner Hysterie-Studien festgestellt hatte, daß die «Erinnerung» an ein konstruiertes Kindheitsereignis dieselben therapeutischen Effekte haben konnte wie die an ein tatsächlich stattgefundenes («Konstruktionen in der Analyse», 1937). Im Rekurs auf Freud macht denn auch der begeisterte Proust-Leser Benjamin darauf aufmerksam, daß nur dasjenige Bestandteil der *mémoire involontaire* werden könne, «was nicht ausdrücklich und mit Bewußtsein ist ‹erlebt› worden, was dem Subjekt nicht als ‹Erlebnis› widerfahren ist, sondern als Schock» (1939, S. 613). Die «wiedergefundene Zeit» hat also früher noch gar nicht wirklich stattgefunden; sie wird erst in der produktiven Erinnerung zum gehabten Erlebnis.

Mit dem Erfahrungsgehalt der *mémoire involontaire* ebenfalls verwandt, aber als bewußt kontrollierbar konzipiert ist Henri Bergsons Begriff der *mémoire-souvenir*, die er der gewohnheitsmäßigen *mémoire-habitude* entgegenstellt (1896, S. 70 f.). Das Durchbrechen der zweiten zugunsten der ersten kommt Bergson zufolge in einem Prozeß zustande, der vom Innehalten in der Routinebewegung des sensomotorischen Gedächtnisses ausgelöst wird. Am Beispiel einer Handbewegung erläutert er, wie sich die «Wiedererkennung mit Aufmerksamkeit» von der «automatischen Wiedererkennung» abhebt: Solange ich die Hand gewohnheitsmäßig von A nach B bewege, läuft die Bewegung ohne leibliche Selbstwahrnehmung ab. In dem Moment aber, wo ich mitten in der Bewegung anhalte, geht die Energie meiner Aufmerksamkeit in das leibliche Nachempfinden des soeben noch mechanisch vollzogenen Prozesses. Die *reconnaissance attentive* ist das Resultat einer willkürlich unterbrochenen *reconnaissance automatique* (S. 89 u. 184 f.).

Mit der soziologischen Kritik an Bergson, die von Maurice Halbwachs begonnen wurde und sich in die aktuellen Theorien des kulturellen Gedächtnisses hinein fortsetzt, ist dessen Ansatz keineswegs überholt. Zwar ist es unbestreitbar, daß die individuellen Formen des Erinnerns stets nur vor dem Hintergrund der jeweiligen kollektiven Gedächtnissysteme ihr Profil gewinnen und entsprechend mit diesen zu historisieren sind. Doch abgesehen davon, daß die Geschichte der Aufzeichnungstechniken nur eine grobe Epocheneinteilung zuläßt (etwa als *brain memory, script memory, print memory* und *electronic memory* – vgl. Wenzel 1997) und wegen deren zunehmend komplexeren Überschneidungen keine unmittelbaren Rückschlüsse auf die Lebenswelt erlaubt, ist das individuelle Erinnern nicht als bloßer Sonderfall derartiger Verallgemeinerungen abzutun. Oft kommt es erst im Kontrast zu den monumentalen Erscheinungen des kulturellen Gedächtnisses zu sich. So hat gerade in jüngster Zeit das Bedürfnis, die Auswirkung der technischen Medien auf die menschlichen Erinnerungsformen zu verstehen, das Interesse an Bergsons Philosophie erneuert. Denn diese reflektiert bereits auf die moderne Verschränkung von Alltagswahrnehmung und maschineller Bildanimation, die mit dem Kino aufkommt. Bereits vor Hugo Münsterberg (1916), der das «Photoplay» mit unserem Bewußtseinsstrom verglich, sprach Bergson von der ‹kinematographischen Illusion› unserer Alltagswahrnehmung (1907, S. 305), die uns Serien von Einzelbildern suggeriert, wo in Wirklichkeit ein kontinuierliches Erleben vorliegt – das Erleben der «durée».

Mag man dieses intuitionistische Konzept auch für klärungsbedürftig halten, so bietet es doch einen Anhaltspunkt für eine Kritik der Mediatisierung unseres Erinnerns durch den Film und die neuen Animationsverfahren. Die Konsequenzen müssen keineswegs regressiv sein, sondern können im Gegenteil in der Konzeption neuer Erinnerungstechniken bestehen. Genau diesen Weg beschreitet die Kinotheorie von Gilles Deleuze (1983, 1985). Ausgehend von der bei Bergson erstmals formulierten Problematik entfaltet sie die These, daß das «Bewegungsbild» des traditionellen Action-Kinos mit seiner äußeren Angepaßtheit an die kinematographische Illusion der Alltagswahrnehmung zu einer Stillstellung der Erinnerungsaktivität führt, während das «Zeitbild» unkonventioneller Filme (z. B. Godard, Resnais, Ozu) gerade durch das Anhalten der äußeren Bewegung die innere erlebbar macht. Diese Inversionsfigur, die der Bergsonschen Geste des Anhaltens konditionierter Abläufe entspricht, findet sich auch in der digitalen Medienkunst. Das CD-ROM-Projekt *Immemory* des Filmemachers Chris Marker (1997) etwa oder die Installation *Nomemory* des Internet-Künstlers Valéry Grancher (1998, www.imaginet.fr/nomemory) sind Versuche, dem Phänomen des Erinnerns durch antimnemonische Strategien näherzukommen. Sie wollen die Selbstverständlichkeiten auflösen, mit denen wir uns auf externe Speicher verlassen, und den Bezug auf Vergangenes in die eigene Verfügung bringen. Letztlich finden wir also auch in der Kunst der digitalen Ära die alte platonische Figur der Kritik der Hypomnemata zugunsten der Freisetzung anamnetischer Erfahrungen.

Die historischen Medienwechsel und ihre kulturellen Kontexte haben zwar die Formen solcher Gegenbewegungen verändert, nicht aber die strukturellen Bedingungen ihrer Möglichkeit. Von ihrer Realisierung ist in den Zeiten einer forcierten Unterwerfung aller Memorialvollzüge unter die Logik des maschinellen *storage and retrieval* lebendiges Erinnern mehr denn je abhängig. Das kulturelle Gedächtnis lebt nicht nur vom Erhalt seiner Merkzeichen, sondern zugleich von der produktiven Irritation ihrer routinierten Verwendung. Zwar hat es sich längst herumgesprochen, daß Steigerungen unserer Speicherkapazitäten einhergehen mit Erinnerungsverlusten. Doch reflexartig reagieren wir auf diese Tendenz zur kulturellen Amnesie, indem wir die Techniken weiter ausbauen, die sie hervorrufen – ein Teufelskreis mit zunehmender Rotationsgeschwindigkeit. Angesichts seiner unvermeidlichen ökonomischen und technologischen Zentrifugalkräfte wirken Plädoyers für eine

«Entschleunigung» oft hilflos. Nicht weniger hilflos aber wäre es, die speichertechnischen Innovationszyklen nur mitzumachen, statt ihnen immer wieder neue Formen der Selektion und Selbstreflexion abzugewinnen. In jeder seiner medialen Manifestationen muß das kulturelle Gedächtnis immer auch gegen sich selbst gewendet werden. Denn Kultur ist, wie Gotthart Wunberg betont, zweierlei: «Handeln aus Memoria» und «kritische Befragung der Memoria» 1996, S. 4f.). Die Zusammengehörigkeit der auseinanderstrebenden Aspekte zeigt sich in allen Wissens- und Lebensbereichen. Die Kulturwissenschaft hat die Chance, dieser Zusammengehörigkeit nachzugehen und Wege der Tranformation von mnemonisch erstarrten kulturellen Gedächtnissen in lebendige Erinnerungskulturen zu suchen. Solches Tun könnte in der Tat Rückwirkungen auf unser Verständnis von Wissenschaft überhaupt haben.

5. Kulturgeschichte der Technik

Es ist nicht selbstverständlich, daß die Technik und ihre Geschichte ein Gegenstandsfeld der Kulturwissenschaft ist. Wenn man unter Technikgeschichte ein Segment der Geschichte der Naturwissenschaften versteht, die als eigene Disziplin gelehrt wird, dann ist dies auch nicht plausibel. Es ist auch nicht so, daß die Geschichte der technischen Erfindungen und der Technik-Disziplinen (wie der Maschinenbau, das Ingenieurwesen, die Architektur, die Flugtechnik usw.) nunmehr von der Kulturwissenschaft in Anspruch genommen würden. Vielmehr ist davon auszugehen, daß die Industrieländer einem *technischen Kulturtyp* folgen. Technik ist längst nicht mehr ein Subsystem der Gesellschaft, deren übrige Sektoren – z. B. Medien, Verwaltung, Stadtkultur – sich unabhängig von der Technik entwickeln würden. Eher stellt die Technik eine Superstruktur der Gesellschaft dar, will sagen: Es gibt in der Kultur (beinahe) nichts, was nicht technisch verfaßt wäre. Die moderne Kultur ist *technomorph*, das heißt, ihre wesentlichen Erscheinungsformen sind technisch geprägt.

In einem weniger ‹dichten›, dennoch grundlegenden Sinn gilt dies auch für die alten Gesellschaften. Man muß daran erinnern, daß ‹Kultur› auf lateinisch *colere, cultura* zurückgeht. In diesem Wortstamm steckt ein eminent technischer Sinn, insofern es allererst um die Entwicklung praktischer Fertigkeiten geht, mit Hilfe deren eine Gesellschaft ihre materielle Reproduktion bewältigt, das meint zunächst die Agrikultur, also die Techniken der Bodenbewirtschaftung und der ‹Bebauung› der Erde mit Wohnsitzen und Städten. In diesem Kontext entsteht das Konzept ‹Kultur›. Mit ihr ist vor allem ‹materielle Kultur› gemeint, also Techniken und ihre Produkte. Bis ins 18. Jahrhundert findet man auf allegorischen Abbildungen die antike Tradition fortgesetzt, wonach die als Frau dargestellte Terra (‹Erde›) nicht nur Attribute des Feldbaus zeigt, sondern auf dem Haupt einen Mauerkranz als Symbol des Städtebaus trägt. Die ‹Fruchtbarkeit› der Erde zeigt sich gerade daran, daß auf ihr menschliche Techniken, also Kultur, ‹gedeihen›. Kultur ist hiernach technisch transformierte Natur. Erst davon abgeleitet verstand man auch den religiösen Kultus, die Werte und Normen, die gepflegten Sitten und die Erziehung als Elemente ‹symbolischer Kultur›. *Cultura animi* – die Pflege des Geistes – folgt der *cultura agri*, dem Ackerbau und seinen Techniken nach (Böhme 1995).

In Europa bestand seit der Antike ein Bewußtsein dafür, daß Kultur primär technisch konstituiert ist. Indem Kulturwissenschaft an eine solche Einsicht anschließt, bricht sie mit der bildungsbürgerlichen Tradition des 19. Jahrhunderts, welche ‹Kultur› auf die Sphäre der symbolischen, besonders der sogenannten ‹hohen› Kultur, der Künste, der Bildung und des guten Geschmacks einschränkte. Dabei wurde unterschlagen, daß auch die ‹hohe Kultur› sich spezifischer Kultur*techniken* verdankt. Malerei und Musik, Literatur und Tanz, Oper und Theater setzten ebenso wie der vom Kulturbürgertum gepflegte Wohnstil hocharthizielle Techniken voraus – nicht anders als die Hochöfen oder die Maschinenfabriken, mit denen man das Geld auch für die Erzeugnisse ‹hoher Kultur› verdiente. Selbstverständlich teilt eine moderne Kulturgeschichte diese ideologische Zweiteilung von Hochkultur und Technik nicht. Vielmehr behandelt die Kulturwissenschaft die historische Bedeutung der Technik auf vier Ebenen:

1. basale Techniken, welche die Kultur einer Gesellschaft bedingen und erzeugen (kulturkonstitutive Funktionen);

2. kulturepochale Einschnitte und Beschleunigungen durch technische Innovationen (kulturgeschichtliche Funktion);
3. Rückwirkungen der Techniken auf die Menschen, welche diese Techniken benutzen (anthropologische Funktionen);
4. technische Formationen, die spezifische kulturelle Milieus hervorbringen (kulturprägende Funktionen).

Diese vier Dimensionen sollen durch kurze Beispiele erläutert werden. ‹Basale Techniken› (1) heißen solche, die für Gesellschaften charakteristisch sind: z. B. die agrikulturellen Techniken in den Ackerbaukulturen wie etwa Züchtung und Veredelung, Erfindung des Pfluges, Einsatz von Arbeitstieren, Vorratswirtschaft (delayed-return system). Erreicht eine Gesellschaft ein neues technisches Niveau (2), so wird damit nicht nur eine neue Epoche eingeleitet, sondern ‹alte› Techniken werden nach dem neuen Modell umgewälzt: Die Agrikultur industrialisiert sich, oder die ‹alte› Buchkultur erhält durch die Entwicklung industrieller Drucktechniken ein neues Gepräge. Daß Techniken, die von Menschen erdacht werden, auf diese Menschen zurückwirken (3), mag an zwei Beispielen anschaulich werden: Die Erfindung von Explosivwaffen verändert nicht nur die Kriegsformen, sondern das Verhältnis zum Gegner, zum Töten, zur Aggression; die Erfindung von mechanischen und selbstregulierten Systemen ‹erzeugt› erst die Selbstdeutung des Menschen nach dem Modell der (kybernetischen) Maschine (Baruzzi 1973). Die kulturgeschichtliche Dimension (4) zeigt sich z. B. im technischen Ensemble ‹Fabrik›; es erzeugt eine Reihe von kulturellen Milieus, nämlich die Arbeiterschaft samt ihrer Lebensstile und Politiken, die technischen Eliten mit eigenem sozialen Habitus (Ingenieure), die Verwaltungseliten und Ökonomen (Manager und Betriebswirte) sowie die Besitzer, welche im Jahrhundert des industriellen *take off* zu Leitfiguren einer neuen kulturellen Führungsschicht (Krupp, Siemens, Edison u. a.) wurden. Ein anderes Beispiel ist der frühneuzeitliche Bergbau, der überall in Europa eine zwar regional besondere, im ganzen jedoch kohärente Montankultur hervorbrachte, die weit über die Technik und Ökonomie des Bergwerks hinaus auch die religiösen Formen, Werthaltungen, Lebensstile und Festgebräuche aller Beteiligten prägte – mit Unterschieden zur Bauernkultur oder zur Kultur des städtischen Handwerks und des Handels.

Schon in der griechischen Philosophie wurde die Natur *(physis)*, die ihr Dasein mit Notwendigkeit erlangt, von dem unterschieden, was nur der Möglichkeit nach da ist und mithin etwas voraussetzt, was über eine *hexis poiétiké* verfügt, einen hervorbringenden Entwurf, der allem zugrunde liegt, was nicht von sich aus da ist. In dieser Weise unterscheiden wir noch heute ziemlich treffsicher die beiden Universen technischer und natürlicher Dinge, *physis* und *techné*, *natura* und *ars*. Wir wissen intuitiv, daß ein Rad, ein Mantel, ein Computer, eine Trense, eine Lampenfabrik, eine Brille, ein Elektrizitätswerk, ein Telefon, ein Tempel unter keinen Umständen ‹von Natur aus› da sein können. Und wir wissen ebenso intuitiv, daß wir die Alpen, das Heidekraut, Ebbe und Flut, den Flußbarsch, die Luft, die Sterne, den Kalk, das Moos nicht gemacht haben.

Damit bereits endet die Eindeutigkeit. So führt Platon (im «Timaios») einen Schöpfergott ein (den «Demiurgen»), als habe Gott die Welt wie ein Handwerker *(demiurgos)* hervorgebracht. Das hieße, daß der Natur ein *eidos*, eine ideale Form vorausläge, nach welcher die Schöpfung planvoll verwirklicht sei. Die Natur wäre dann eine gesetzliche, ja mathematische und mithin schöne Ordnung – also ein Kosmos –, weil ihr ein technischer Modus zugrunde liegt, der zwischen der Schöpfungsidee und ihrer materiellen Vergegenständlichung vermittelt. In der Geschichte finden wir immer wieder Vorstellungen, daß Gott ein Handwerker, Geometer, Architekt, Künstler, mechanistischer Ingenieur oder Mathematiker sei, der nach dem jeweiligen technischen Paradigma die Welt konstruiert habe. Heute hätte Gott die beste Chance, wenn er sich als Superexperte für *bioengineering* ausgäbe, der aus den genetischen Grundformeln das Leben konstruiert. Man lernt daraus, daß die Menschen je nach Stand ihrer technischen Einsichten gerade dasjenige wie eine ‹Als-ob-Technik› interpretierten, was dem Begriff nach nicht-technisch ist: die Natur. Dazu gehört auch, daß wir in den alten Kulturen technische Erfindungen oft nicht den Menschen, sondern den Göttern zugeschrieben finden. So wurde die Kreation der Schrift, wahrhaft eine kulturrevolutionäre Erfindung, bei den Ägyptern dem Gott Thoth zugeschrieben; oder die Schmiedekunst, auf der seit der Bronzezeit die Werkzeugherstellung beruhte, wurde von den Griechen dem Gott Hephaistos attestiert.

Das hat bedeutende kulturhistorische Folgen. Zum einen wurde die Natur insgesamt technomorph gedeutet, was sich langfristig als ein Unternehmen erwies, das göttliche Geheimnis der Schöpfung in die Hand des Menschen zu bringen: Denn dieser verstand sich als Technit, als *homo faber*; und was von sich aus eine ‹Als-ob-Technik› ist, das würde sich ihm auf Dauer preisgeben. Zum anderen wurden, indem menschliche Techniken – wie die Schrift, die Schmiedekunst, die Schiffahrt – Göttern zugeschrieben wurden, diese Götter nicht nur anthropomorphisiert, sondern umgekehrt auch technische Fertigkeiten vergöttlicht. Im Mittelalter wurde daraus die durchaus noch fromme Formel des *homo secundus deus* (Rüfner 1955), während im Zeitalter der Mechanisierung z. B. der Automatenbauer zum zweiten Gott und seine Maschinen zu «göttlichen Maschinen» (Sutter 1988) avancierten. Von der Antike bis zur Neuzeit sind der Technit Prometheus, der Ingenieur Dädalos, die Maschinenbauer und Erfinder Heron von Alexandrien oder Archimedes die mythischen Figuren der Technik, die dieser ihren divinen Status oder, modern gesprochen, ihr symbolisches Kapital sichern.

Solche Vorstellungen gehören zur *Imagologie der Technik*. Damit ist ein Forschungsfeld gemeint, das nicht die Geschichte der technischen Ensembles sowie des Wissens bearbeitet, sondern die «Leitbilder der Technik» (Stöcklein 1969), die technischen Träume und Phantasien, das Wunderbare und Mythische, schließlich die technischen Utopien und die *science fiction*, die sich seit der Neuzeit eigene Genres schaffen. Das *Technoimaginäre* ist für eine Kulturgeschichte der Technik nicht nur aufschlußreich, weil in den alten Gesellschaften technische Praktiken vielfach mit dem Sakralen und Religiösen, dem Phantastischen und Traumhaften verbunden waren, sondern weil es bis heute nahezu jede technische Innovation begleitet und in allen Massenmedien einen unermüdlichen Antrieb hat. Man muß nur daran erinnern, welchen Phantasieschub z. B. die legendäre Londoner Ciba-Konferenz der führenden Gen-Techniker (1962) auslöste, die eine paradiesische Welt ohne Krankheit, erfüllt von einer Unzahl dienstbarer neuer Lebewesen (Bio-Maschinen), ausmalten. Oder wie dicht das sogenannte elektronische Zeitalter von technoimaginären Bildern und Rhetoriken teils angetrieben, teils besetzt wird. Für den Kulturhistoriker ist dies ein Normalfall. In Antike wie Neuzeit können wir oft beobachten, daß technische Revolutionen niemals nur ein neues Wissen umsetzen, sondern regelhaft von imaginären und religiösen Energien beflügelt wurden. Nicht selten sind technische Innovationen mit Heilsversprechen eines neues Paradieses verbunden.

Es ist gewiß falsch, wenn man die Technik als die Verwirklichung mythischer Träume deutet (die meisten Erfindungen sind niemals ‹geträumt› worden); doch sicher ist auch, daß selbst in die profanen Formen der modernen Technik seit der Neuzeit eschatologische Hoffnungen, millenaristische Utopien und selbstvergöttlichende Größenphantasien investiert wurden (Felderer 1996). Sie sind als solche in einer Kulturgeschichte der Technik ernst zu nehmen, genau wie die komplementären *Technik-Ängste*, die Apokalyptik von technischen Katastrophen und die technikkritischen Bilder untersuchenswert sind, in denen nach dem mythischen Modell des Zauberlehrlings die Populationen der technisch perfekten Maschinen ihre Erfinder, die imperfekten Menschen, epochal überholen oder beherrschen. Seit die ‹große Industrie› im 19. Jahrhundert Anlaß gab, in ihr ein monströses Ungeheuer zu sehen, das sich die Menschen unterwirft – schon Karl Marx benutzt derartige Metaphern –, finden nicht nur politisch, sondern auch massenmedial (von Fritz Langs «Metropolis» bis zu neuesten Hollywood-Filmen) pessimistische Technik-Ängste ihren Ausdruck (Sieferle 1984). Philosophisch werden sie oft in der negativ-dialektischen Figur gedacht, wonach die instrumentelle Rationalität umschlägt in eine mythische Beherrschung: als seien die Menschen dem technischen System so unterworfen wie früher der mythischen Natur (z. B. Horkheimer/Adorno 1947, Anders 1956).

Eine der Folgen der griechischen Auffassung des demiurgischen Kosmos, der in Mittelalter und Neuzeit das Konzept der «Natur als Künstlerin» folgte, war die wirkungsmächtige Idee, daß Technik wie Kunst nach dem *Vorbild der Natur* verfahren würden. Daraus entstand die Theorie der *Mimesis*, der bildenden Nachahmung, die freilich nicht geeignet war, technische Prozesse, Dinge oder Ensembles angemessen zu deuten. Im ersten Ansehen scheint darin einige Plausibilität zu liegen. ‹Kleidung› herzustellen konnte als

Nachahmung der natürlichen Funktionen von tierischer Befellung gelten. ‹Wohnungen› zu errichten mochte wie die Nachahmung jener Tiere erscheinen, die Nester oder Bauten anlegten. Feldbestellung wurde als Nachahmung natürlicher Wachstumsprozesse verstanden. Selbst die Montan- und Schmiedekunst wurde vor dem Hintergrund, daß die lebendige Erde in ihren natürlichen Gebärmüttern Edelmetalle (Embryonen) heranreifen läßt, als eine «gynäkomorphe Technik» verstanden (Eliade 1956), welche die prokreative Metallurgie der *Terra* nachahmt. Bis zu seiner technischen Bemeisterung folgte der «Traum vom Fliegen» (Behringer/Ott-Koptschalijski 1991) weitgehend dem Modell des Vogelflugs, den die Fluggeräte nachzuahmen strebten – von Dädalos über Leonardo bis zu Lilienthal. Auch heute gibt es hochentwickelte Techniken, die erfolgreiche Prinzipien der Natur unter Laborbedingungen simulieren und apparativ kopieren (Stichwort: Bionik). Überall, wo technisches Erzeugen als magische Operation galt, ist vorauszusetzen, daß der ‹Techniker› als jemand gedacht wurde, der um die *secreta naturae* weiß, sie zu beeinflussen und zu nutzen versteht. Bis ins 16. Jahrhundert galten Technik und Magie als weitgehend identisch. Magie aber ist manipulative Mimesis von Naturkräften. Derartige Vorstellungen des technischen Handelns umfassen die zweitausendjährige Geschichte der Alchemie und noch die Anfänge der neuzeitlichen Mechanik, deren Automatenkunst magischen Modellen folgt. Auch die Anwendung medizinischer Techniken hieße, daß der Arzt seine Therapie als Mimesis gesunder Natur anlegt und dadurch im Kranken die Genesungskräfte befördert.

Obwohl Magie und Mimesis über Jahrtausende, vermutlich schon lange vor Beginn der Schriftüberlieferung, das technische Handeln bzw. seine Deutung bestimmten, wird damit die Radikalität des technischen Impulses verkannt. Die Einbettung des Technischen in sakrale Zusammenhänge und das gegenüber der Natur und den Göttern schwache technische Vermögen hatten zur Folge, daß es ein ausdifferenziertes Wissen, ein technisches Paradigma, nicht geben konnte. Technik war eher ein Zauber oder ein religiöses Handeln denn instrumentelle Rationalität im heutigen Sinn – auch wenn es so *scheinen* mag, daß z. B. bemeisterte mechanische Praktiken sich nach denselben Regeln vollzogen haben wie heute.

Für eine «Gesamtdeutung der Technik» (Langenegger 1990) gilt gleichwohl, daß diese nicht nur nicht darauf eingeschränkt ist, Natur nachzuahmen oder magisch zu manipulieren. Vielmehr zielt sie im Gegenteil strategisch auf das, was weder als Ding noch als Prozeß von Natur aus da ist oder sein könnte, wohl aber kraft einer *hexis techniké*. Merkwürdigerweise hat Aristoteles die Technik strikt von Natur unterschieden, aber zugleich technisches Handeln als Nachahmung der Natur gedeutet. Doch eine Bewässerungspumpe imitiert nicht die Biene, die mit ihrem Saugrüssel den Honig aus der Blüte zieht, sondern sie ist die Vergegenständlichung eines kulturell codierten Wissens und einer konstruktiven Idee, welche den Plan *entwirft*, wie das Wasser, nach Aristoteles, gerade entgegen seiner natürlichen Bewegung fließen *könnte*. In diesem Sinn setzen technische Geräte zwar die Kenntnis von Naturgesetzen voraus, imitieren sie jedoch nicht, sondern nutzen sie für künstliche Prozesse, deren Ergebnis (Produkt) in der Natur *unmöglich* wäre. In diesem Sinn tritt neuzeitliche Technik auf den Plan. In ihrer Frühzeit war sie erfüllt davon, die Natur durch Technik gar übertreffen zu können *(perfectio naturae)*. Natur und Technik traten in Konkurrenz. Die Idee, unter der von Francis Bacon bis René Descartes die Technik gedacht wurde, war klar: Man muß Natur erkennen, um sie zu manipulieren und sich zu ihrem «Herren und Meister» (Descartes) zu machen. Der Bruch mit der Mimesis-Tradition emanzipierte die Technik vom Naturvorbild und begründete die Naturbeherrschung. Das Prinzip ‹Erkennen, um zu beherrschen› (das Baconsche Diktum «Wissen ist Macht») ist strukturell in den technischen Impuls implementiert. Allerdings ließ erst die Neuzeit diesen Zug unverkennbar hervortreten.

Dennoch gilt, daß es keine Technik ohne eine Art Co-Produktivität der Natur geben kann. Dies bedeutet mehr, als daß gegenüber der Technik die Natur insgesamt eine bloße Ressource sei – wie das Öl oder die Kohle für das Kraftwerk. Beim Beispiel der Pumpe sind Eigenschaften des Wassers vorausgesetzt, die innerhalb des technischen Pumpvorgangs *wirken*, also diesen mitermöglichen. Analoges gilt für dramatische Vorgänge, in denen der technische Wille triumphiert, wie bei der gentechnischen Hervorbringung neuer Spezies. Über diese Co-Produktivität wird gewöhnlich, im Dienst der Selbstermächtigung autonomer Technik, geschwiegen, obwohl jeder Techniker davon weiß. Eine Kulturgeschichte wird, gerade indem sie den kulturellen Konstruktionscharakter der Technik historisch herausarbeitet, auch an deren Grenzen interessiert sein, welche die Abhängigkeit der technischen Ensembles von Natur bestimmen – selbst wenn diese Grenzen sich historisch verschieben (vgl. Kap. III, 2).

Moderne Technik tritt nicht mehr als einzelne Praxis auf, sondern als *komplexes soziales System* mit weitreichenden kulturellen Folgen. Ihre Wurzel kann man anthropologisch darin sehen, daß der Mensch ein *tool making animal* ist (vgl. Gehlen 1961a). Werkzeuggebrauch aber ist zur Charakteristik von Technik nicht hinreichend. Schon für vorgeschichtliche Stammeskulturen ist anzunehmen, daß sie über Formen von Kooperation und Arbeitsteilung sowohl in Jagd- wie in Viehhaltungs- und Feldbautechniken verfügten. Diese setzten wiederum symbolvermittelte Verständigung (Sprache und Zeichen) und soziale Institutionen voraus. Erst innerhalb dieser kulturellen Einbettung konnten Werkzeuge und technisches Handeln ihre Funktionen entfalten. Deren Kern besteht zuerst in der Sicherung des *Lebensmittelbedarfs* und des *Wohnens*. Dazu gehörte auch die *Terrainsicherung* und mithin die Kriegstechnik, die nicht jünger sein dürfte als die technisch gestützte Jagd (Leroi-Gourhan 1964/65). Historisch schlossen sich diesen drei Grundfunktionen die *Verkehrstechniken* an, die von der Bemeisterung des Pferds und der Erfindung des Rads bis zum Flugzeug eine kulturgeschichtlich nicht zu überschätzende Rolle für die kulturelle Eroberung, Durchdringung und Vernetzung des Raums spielten. Alle Techniken setzen Wissen, Kommunikation und Organisation voraus – etwas, was man mit Lewis Mumford (1966–70) eine *unsichtbare Maschine* nennen kann, die historisch längst entwickelt war, bevor mit dem Fabriksystem die «Megamaschinen» der Moderne auftraten. Mumfords prominentes Beispiel hierfür ist der Zehntausende Menschen zu einem integralen Arbeitsvorgang organisierende Pyramidenbau in Ägypten. Spätestens mit den antiken Hochkulturen setzte ferner der Prozeß ein, den man als Entwicklung von *Meta-Techniken* bzw. als die Bildung von *Technologien* bezeichnen kann. Dabei geht es nicht nur darum, daß einzelne technische Praktiken eine verwissenschaftlichte Form – ihren ‹Logos› – erhalten: wofür die «Zehn Bücher über Architektur» (33–22 v. Chr.) des römischen Bautheoretikers Vitruv ein Beispiel sind. Vielmehr erhalten auch die Erkenntnisformen selbst eine technische Gestalt – in doppelter Hinsicht: (1) Wissenserzeugung ist selbst eine *techné* (Wissenstechnik); so erhalten einzelne Wissensprozeduren wie das Gedächtnis als *ars memorativa* eine technische Form. (2) Das Wissen ist auf technische Geräte oder Verfahren gestützt (das Kalkül oder die Geometrie ist *techné*, sie setzen technische Codes voraus); das Experiment und die Beobachtung als Wege der Wissensproduktion werden technisch arrangiert (Labor und Instrumente als Funktionen der Datenerzeugung).

Zur Etablierung von technischen Systemen gehört es ferner, daß die *sozialen Kommunikationsformen* entsprechend angepaßt werden – das reicht von der Orientierung in der Zeit und der Synchronisierung von Ereignissen (Kalendertechnik) bis zur Technik von Rede und Diskurs (Rhetorik und Argumentationslehre), von der Entwicklung der Schrift- und Bildmedien bis zu den Nachrichtentechniken und Rechenmaschinen, die nicht mehr nur die Expertenkommunikation, sondern heute auch den Alltag ganzer Bevölkerungen organisieren. Einhergehend mit diesen Entwicklungen wurde der Technik-Begriff zunehmend entgrenzt, bis heute nahezu nichts mehr nicht-technisch ist: Wir sprechen von Liebestechnik wie von der Technik der Psychoanalyse, von der Technik des Tennisspielers und der Atemtechnik genauso wie von der Technik einer Rakete oder eines Kunstwerks, einer Autofabrik oder einer Klempnerei. Daran ist einerseits ablesbar, daß die ältere Auffassung noch partielle Gültigkeit hat, wonach Technik aus einer Optimierung und *vergegenständlichten Projektion* körperlicher Vollzüge hervorgeht, also einer anthropologischen Matrix folgt: das Werkzeug als gegenständliche, geronnene Vollzugsgeste der Hand. Andererseits wird erkennbar, daß die Technik ein *transhumanes*, von Einzelwillen wie -körpern unabhängiges, *selbstreproduktives System* ist oder zu werden droht: Das Auto ist nicht die funktionale Antwort auf ein Bedürfnis nach Bewegungsoptimierung, sondern ein strategisches Dispositiv, das ein ganzes System voraussetzt wie erzeugt: von der Fabrik zum Straßennetz, von der Logistik bis zur Integration einer riesigen Zahl von Sub-Techniken, von der Verhaltenskonditionierung aller Teilnehmer bis zur Verrechtlichung, von der Subsumierung der Städte unter das System Auto bis zu seinen ökonomischen Dimensionen, welche von der Haushaltspolitik des Staates über die Profitpolitik der Industrie bis in die private Ökonomie und den Lebensstil der Nutzer hineinreichen. In diesem Sinn ist das technische Dispositiv ‹Auto› eine komplexe, dynamische und extrem festlegende *kulturelle Konfiguration*.

Diese begriffliche Entgrenzung der Technik wirft Probleme auf für trennscharfe Bestimmungen bzw. sinnvolle Binnendifferenzierungen. Doch hat die Entgrenzung auch einen sachlich-historischen Grund: Immer stärker tritt hervor, daß ‹Technik› alles umfaßt, was ein in praktischen Vollzügen objektiviertes Wissen von Funktionen darstellt (Cassirer), die effektiv und zweckrational für beliebige Ziele sind, denen gegenüber der technische Einsatz selbst gleichgültig ist. Aus diesem Grund unterhält die Technik ebenso vitale Beziehungen zur *Produktion* wie zur *Destruktion*; und aus demselben Grund ist der menschliche Vollzug von Technik, die Arbeit, ebenso produktive Wertschöpfung wie Vernichtungsarbeit, die auf den Tod der anderen und die Zerstörung von Sachgütern und kulturellen Werten zielt (Clausen 1988). Der modernen, autonom gewordenen Technik gilt dies gleichviel: Eine Atombombe ist, technisch gesehen, ein nicht weniger bewunderungswürdiges System als die Elektrifizierung um 1900. So faßt Cornelius Castoriadis zusammen: «Unter Technik(en) versteht das gegenwärtige Zeitalter sowohl die Fähigkeit, mit Hilfe einer geeigneten Tätigkeitsart, ausgehend von bereits bestehenden Elementen, in angemessener Weise etwas hervorzubringen, als auch die Verfügung über die Gesamtheit zueinander passender, bereits hergestellter Mittel (Instrumente), in denen sich diese Fähigkeit verkörpert. Das heißt, daß die Technik ebensowohl getrennt ist von der Schöpfung [...] als auch von Fragen, die sich auf das Was und das Wozu des so Produzierten richten» (1981, S. 200).

Diese Form von Technik führt dazu, daß sie, ohne je als solches intendiert worden zu sein, zu einem Mega-System, zu einem *Technotop* geworden ist, das sowohl das *Biotop* (Natur in mittlerer Größenordnung) wie das *Soziotop* (die Regulierung zwischenmenschlicher Beziehungen und Handlungen) umfaßt. Das macht die philosophische wie kulturwissenschaftliche Reflexion der Technik ambivalent. Es sind dieselben technischen *environments*, die Anlaß bieten für die Skepsis, ob die technische Welt sich noch human organisieren läßt, wie auch für den Optimismus, wonach durch technischen Fortschritt sich lebensgerechte Verhältnisse ergeben. Eine *strukturelle Ambivalenz* liegt in allem Technischen: Man erinnere nur das Beispiel, daß ein Faustkeil ebenso zum Mord wie für die Optimierung von Lebenschancen dienen kann. Es käme nur auf den Menschen an. Doch das Beispiel hinkt, weil ein einzelnes *Gerät* keinen Aufschluß über die technischen *Systeme* gibt, die auf allen Ebenen der Gesellschaft implementiert sind. Systemen gegenüber kann man sich nicht so oder so verhalten, weil sie selbst die Optionen für mögliches Handeln determinieren (Ullrich 1979). Das heißt: In einer technischen Gesellschaft ist das Set möglicher Handlungen als immer selbst schon technisch beinahe vollständig vorgegeben. Auch Technikkritiker oder -feinde verhalten sich ‹technomorph›. Man kann wählen, kein Auto zu haben, weil man das System ‹Auto› für unökonomisch, umweltschädlich, gefährlich etc. hält; aber auch als Fußgänger verhält man sich, bei Strafe des Unfalls, ‹autogerecht› – oder wählt ein anderes technisches System der Fortbewegung. Für welches Verkehrssystem auch immer man sich entscheidet: Im Augenblick, in welchem man sich mit ihm verkoppelt – das Flugzeug, das Fahrrad oder die U-Bahn besteigt –, affirmiert man zwangsläufig eine Unzahl von technikförmigen Handlungstypen, die vom System vorgegeben sind. Die Frage einer ‹nachhaltigen›, nämlich zukunftsfähigen und womöglich sozial gerechten Technikentwicklung ist immer nur relativ zu Lösungen innerhalb des technischen Systems zu beantworten, während dieses selbst ohne Alternative ist. Man kann der *technomorphen Verfassung* der Gesellschaft sowenig entgehen wie der ihr innewohnenden Ambivalenz ihrer kulturellen und politischen Effekte (Ropohl 1985).

In diesem Sinn ist die moderne Technik radikal. Nicht nur dadurch, daß sie an definitiven Grenzen operiert – wie der Manipulation der DNS (des Alphabets der Gene), der Künstlichen Intelligenz, der sogenannten Nano-Physik, der ultimativen Waffen usw.

Sondern sie ist radikal (‹von der Wurzel her›), insofern klassische Sektoren der Gesellschaft wie Wissenschaft, Kultur, Lebenswelt, Politik, Verwaltung, Recht nicht mehr ‹Umwelten› des technischen Segments darstellen, sondern umgekehrt die technischen Systeme *Umwelt* wie *Inwelt* der übrigen sozialen Segmente darstellen. Sie sind ‹Umwelt›, indem z. B. jenseits der Grenzen der Lebenswelt technische Systeme gelagert sind (etwa die Industrie, das Militär), und sie sind ‹Inwelt›, insofern Alltag und Lebenswelt bis ins kleinste von Geräten und Maschinen sowie alltagsstrukturierenden Systemen (z. B. Verkehrssystemen) durchdrungen sind. Insofern sind Versuche, Technikentwicklung durch Ethik zu steuern, eher skeptisch zu beurteilen (Lenk/Ropohl 1987, Hastedt 1991).

Für eine Kulturgeschichte der Technik sind daraus zwei Konsequenzen abzuleiten. Sie wird *erstens* untersuchen, über welche Stationen der Geschichte die sektoralen technischen Praktiken sich zu *Systemen* geschlossen haben und wie diese, in der Moderne, wiederum zu einem Mega-System zusammenwuchsen. Hierbei geht es um die Vorgeschichte der ‹technischen Kultur›. Historisch rücklaufend ist ferner die Frage interessant, welchen Einfluß grundlegende Techniken oder Technologien auf die Kultur genommen haben.

Um ein Beispiel zu geben: Auf der Grundlage von kulturgeographischen Überlegungen von Ernst Kapp (1845) hat Carl Schmitt (1942) vorgeschlagen, die Kulturgeschichte des vorderorientalisch-mediterranen Raums unter dem Gesichtspunkt zu gliedern, inwieweit Kulturen über das jeweilige Optimum bestimmter, wasserbezogener Techniken verfügten. Schmitt teilt die Geschichte demzufolge in potamische, thalassale und ozeanische Kulturtypen ein, die in dieser Reihenfolge sich historisch ablösten. Die mesopotamische und die ägyptische Kultur bildeten sich als Flußkultur (‹potamisch›), indem sie über Techniken der Nutzung und Beherrschung großer Ströme die Grundlage legten für die jeweilige Agrikultur, die Logistik, für eine imperiale Raumachse mit konzentrierten Machtpunkten (flußgelegene Städte) usw. Phönizien, das antike Griechenland der Blütezeit oder Venedig bildeten Herrschaftsräume durch die technische Bemeisterung binnenmeerischer Räume mit entsprechenden mental-kulturellen, ökonomischen, politischen und sogar künstlerischen Effekten. In der Neuzeit wurden die Kulturen führend, welche die ozeanische Raumrevolution mit ihren technisch-logistischen Voraussetzungen am besten lösten (England, Spanien, Portugal, dann Holland, Frankreich). Um diese qualitativ neue Raumdimension zu bewältigen, sind eine Fülle von Sub-Techniken erforderlich wie: Navigationstechniken mit entsprechendem Instrumentenbau und leistungsfähiger Mathematik, Kartographie, Schiffsbau, Waffentechnik, Seekriegsstrategien – und selbstverständlich: ein System von Stützpunkten (Logistik), gesicherte ozeanische Verkehrswege, machtgestützter und technisch effektiver Handel, eine modernisierte Administration im Mutterland usw. Man kann dem anfügen, daß im 20. Jahrhundert nur diejenigen Länder eine Aussicht auf erstrangige Herrschaftspotentiale hatten, welche nicht nur den ozeanischen Raum, sondern, kombiniert mit diesem, die neue Raumrevolution durch Eroberung der Luft und die Eroberung des virtuellen Raums, nämlich durch die Informationstechniken, am besten beherrschten – und durch die Integration vieler Systemtechniken einen Synergieeffekt von einzigartiger Machtkonzentration erzielten (USA). Einer solchen Einteilung der Kulturgeschichte auf Grundlage einer marinen Typologie wäre die Entwicklung terrestrischer Kulturformen mit ihren spezifischen Raumordnungen und technischen Entwicklungsdynamiken beizufügen: Und man bemerkt schnell, daß eine solche Kulturgeschichte eine andere Ansicht der Historie und andere Einteilungen von Epochen erzeugt als etwa die Geschichtswissenschaft oder die Technikgeschichte.

Die *zweite*, auch nur beispielhafte Dimension, an der die kulturell determinierende Macht einer systemisch gewordenen Technik gezeigt werden soll, ist der *Alltag* (Joerges 1988, Giedion 1948). Hierbei wird von den sozialhistorisch und politisch bedeutenden Folgen der Einführung technischer Systeme der Produktion abgesehen (vgl. dazu Thompson 1963). Das heutige Privatleben ist auf drei Typen von Maschinen eingestellt: Haushaltsgeräte (Kühlschrank, Rasierapparat, Bügeleisen, Waschautomat, Staubsauger etc.); Kommunikationsmaschinen (Telefon, Fernseher, Radio, Computer, Internet etc.); Verkehrsmaschinen (Fahrrad, Auto etc.). Fast alle diese Apparate sind Erfindungen des 20. Jahrhunderts. Sie haben nach ihrer

Einführung exponentielle Wachstumsraten erzielt und teilweise Sättigungsgrade von über 90 Prozent erreicht. Die Population der Maschinen im Privatgebrauch übertrifft die Zahl der Gesamtbevölkerung von Industriegesellschaften um ein Vielfaches. Hinzu kommt, daß die Wohnungseinrichtung sowie die Häuser selbst technische Produkte sind und weitere Maschinen beherbergen (z. B. Fahrstühle, Gegensprechanlagen, Energieversorgung). Privates Leben muß, um reproduktionsfähig zu sein, zudem an weitere technische Systeme angeschlossen sein: logistische Systeme der Lebensmittelversorgung und Müllbeseitigung, Elektrizitäts- und Gasnetze, Telekommunikationsnetze, Verkehrsnetze (Straße, Schiene, Luft). Zu diesen Systemanschlüssen erster Ordnung kommen solche zweiter Ordnung; damit ist gemeint, daß die das private Leben mitorganisierenden Verwaltungsakte (z. B. Gesundheitssystem, Versicherungen, Gemeindeverwaltung, Tourismus etc.) selbst technische Systeme darstellen. Ein privater Vorgang wie eine ernsthafte Erkrankung schließt jeden Patienten an die High-Tech-Einrichtung des Krankenhauses und die auf mathematischen Kalkülen basierende Krankenversicherung an. Oder: Man muß eine Vielzahl von technisch-maschinalen Prozessen vorausgesetzen, um von der ersten Information in einem Reisebüro bis nach Mallorca zu kommen und zurück.

Jedes Gerät und jedes technische System enthält *Codierungen des Umgangs* mit ihnen. Sie determinieren mithin Handeln. Und sie verändern Handeln. Das Telefon enträumlicht die mündliche Kommunikation und befreit von der Bedingung der leiblichen Co-Präsenz. Das Handy steigert und modifiziert diese Effekte noch einmal. Die Koppelung von Handy und mobilem Computer verändert die Weise, wie wir kommunizierend ‹in der Welt› sind, weiterhin, da, losgelöst von jedem Raum-/Zeitindex, beinahe alle wichtigen beruflichen wie privaten Vollzüge des Lebens erledigt werden können – bis in bestimmte Formen der Sexualität hinein. Kulturgeschichtlich ist die enorme Vermehrung der Dinge und Geräte, der Maschinen und Systeme im privaten Leben ein wenig erforschtes, doch relevantes Feld (Beck 1995). Denn es ist evident, daß jedes Gerät (sei es ein Stuhl, ein Hammer, ein CD-Player) ein komplettes Programm von Verhalten kulturell implementiert, das gelernt und, da es präskriptiv funktioniert, akzeptiert und internalisiert werden muß – wer dies nicht mitmacht, ist automatisch vom Handlungspotential abgeschnitten, das ein Bügeleisen oder ein Internet-Anschluß eröffnet. Da der Umgang mit technischem Gerät oft automatisiert werden kann (was auch heißt: daß man einem Automaten ähnlich wird), wird die Codierungsmacht von Technik im privaten Leben oft unterschätzt. Privatheit ist aber heute weitgehend nur eine Funktion der in die private Sphäre versenkten technischen Systeme. Von diesem Effekt der Moderne ausgehend, wäre die bestimmende Kraft der Techniken für das Alltagsleben der Menschen für alle Epochen zurückzuverfolgen, um die Dynamik zu verstehen, mit der sie eben nicht nur von Arbeit und Industrie, Wissenschaft und Verwaltung, sondern auch von der Lebenswelt Besitz ergriffen haben.

6. Mediale Praktiken

Der Begriff «Medium» wird heute meist nachrichtentechnisch aufgefaßt. Eine typische Definition im Konversationslexikon etwa lautet: «Mittel und Verfahren zur Verbreitung von Informationen» (Meyer 1987). Historisch gesehen ist dies ein reduzierter Sprachgebrauch, der ein ursprünglich magisches und kultisches Erbe verdrängt hat: «Medien» sind im herkömmlichen Sinn nicht einfach Übermittler von Botschaften, sondern Vermittler von spirituellen Kräften. Sie dienten nicht nur der Distribution von kulturellem Wissen zwischen Sendern und Empfängern, sondern führten zum Erlebnis einer Transformation der Beteiligten im Vollzug kultureller Praktiken – mit allen Vorzügen und Risiken der Selbstpreisgabe.

Man mag ähnliche Tendenzen auch den technischen Medien attestieren. Allerdings ist der transformatorische Charakter bei ihren archaischen Vorläufern, Opfer- und Initiationsriten, religiösen Festen und Trancetänzen (vgl. J. Assmann 1991, Faulstich 1997) sinnfälliger als beim Umgang mit modernen Kommunikationsmitteln. Daß diese gleichfalls einen rituellen Charakter haben und auf die Beteiligten eine oft magische, ja bisweilen religiöse Faszinationskraft ausüben, die das verdrängte Erbe durchscheinen läßt, erschließt sich erst einem kulturhistorischen Blick, der in Medien mehr sieht als Signalübermittler. Freilich wäre es sinnlos, dem etablierten neuen Sprachgebrauch die alte Bedeutung entgegenhalten zu wollen. Denn diese hat sich mittlerweile zu jenen «Medien» verdünnt, die in spiritistischen Séancen und Hypnose-Vorführungen ihr Schattendasein führen. Offenbar hängt die eine Begriffsreduktion mit der anderen zusammen. Um beiden Wortfeldern Raum zu geben, haben wir dieses Kapitel nicht mit dem gängigen Ausdruck «Medientheorie», sondern dem umfassenderen «Mediale Praktiken» überschrieben. In dieser perspektivischen Öffnung erst werden Medien als Gegenstände kulturwissenschaftlicher Forschung und Lehre interessant.

Auch das Nachdenken über die Medienabhängigkeit der Kultur ist nicht so neu, wie es der modische Diskurs bisweilen suggeriert. Schon das biblische Bilderverbot verriet eine differenzierte Einsicht in die Manipulationsmacht visueller Medien. Und spätestens mit der komplementären Warnung vor der Schrift durch den Schriftsteller Platon (vgl. oben S. 157) wurde die Medienkritik selbstreflexiv: als Kulturkritik, die weiß, daß sie sich der als schädlich erkannten Kommunikationsmittel zu bedienen hat. Ein Aspekt dieser Selbstreflexion ist die Einsicht in die kultische Herkunft medialer Praktiken. Sie ist bis in unser Jahrhundert hinein präsent geblieben.

Noch für Ernst Cassirer war «Medium» ein entsprechend universaler Begriff, der alle Wissens- und Handlungsbereiche, religiöse Riten ebenso wie mathematische Formeln umfaßt. Ihm zufolge sind die «einzelnen ‹symbolischen Formen›: der Mythos, die Sprache, die Kunst, die Erkenntnis [...] die eigentümlichen Medien, die der Mensch sich erschafft, um sich kraft ihrer von der Welt zu trennen und sich eben in dieser Trennung um so fester mit ihr zu verbinden» (1942b, S. 25).

Auch Walter Benjamin ging bis in die zwanziger Jahre von einem kulturübergreifenden, ursprachlichen Medienbegriff aus: «jede Sprache teilt sich *in* sich selbst mit, sie ist im reinsten Sinne das ‹Medium› der Mitteilung. Das Mediale, das ist die *Unmittel*barkeit aller geistigen Mitteilung, ist das Grundproblem der Sprachtheorie, und wenn man diese Unmittelbarkeit magisch nennen will, so ist das Urproblem der Sprache ihre Magie» (1916, S. 142 f.). Gerade Benjamin, der zunächst noch aller Medialität ausdrücklich ein theologisches Erbe attestierte, sollte der erste sein, der für seine Gegenwart einen prinzipiellen Bruch mit diesem Erbe diagnostizierte und ihn theoretisch zu begründen suchte. Mit drei Aufsätzen aus den dreißiger Jahren wird er so zum Vorreiter dessen, was später «Medientheorie» genannt wird: «Kleine Geschichte der Photographie» (1931), «Der Autor als Produzent» (1934) und «Das Kunstwerk im Zeitalter seiner technischen Reproduzierbarkeit» (1936). Alle drei Texte können als Versuche gewertet werden, den ästhetischen Schock zu erklären, der von den neuen Reproduktions- und Distributionstechniken Fotografie, Radio und Film in jener Zeit ausging – ein ästhetischer Schock, der auf eigentümliche Weise mit den gewaltigen politischen und ökonomischen Umbrüchen der Zeit zusammenzuhängen, ja in sie verstrickt zu sein schien. Bekannt wurde vor allem Benjamins «Kunstwerk»-Aufsatz, und zwar in einer politisch entschärften französischen Fassung, die Max Horkheimer nach teilweise eigenmächtigen Streichungen und Änderungen in der Zeitschrift des von ihm geleiteten Instituts für Sozialforschung publizierte.

Das Anstößige an dem Aufsatz war für den Direktor des gerade erst nach New York exilierten und den Vorwurf des Linksradikalismus fürchtenden Instituts der Versuch Benjamins, in Reaktion auf die faschistische Propaganda die neuen Massenmedien in den Dienst der kommunistischen Bewegung zu stellen. Dieser Versuch wird in dem Text nicht einfach durch die triviale Forderung einer Änderung der Inhalte realisiert. Der theoretische Ehrgeiz Benjamins zielt vielmehr darauf, allein aus der technischen Beschaffenheit der neuen Kommunikationsmittel ihre progressive gesellschaftliche Funktion abzuleiten. Diese macht er vor allem an dem Merkmal der massenhaften Vervielfältigung und Verbreitung fest. Während das traditionelle bürgerliche Werkverständnis einzigartige Originalwerke für vereinzelte Rezipienten darbietet und eine kontemplative Rezeptionsweise verlangt, die noch auf die kultischen Ursprünge der Kunst zurückgeht, versorgt die neue Reproduktionstechnik viele Menschen gleichzeitig mit exakt denselben Produkten, so daß sie zu einer Gemeinschaft Gleichgestellter verschmelzen. Benjamin bringt das auf die Formel, daß der bisherige rituelle «Kultwert» durch den politischen «Ausstellungswert» (1936, S. 357) ersetzt werde. Diesen Übergang, den er als emanzipatorisch zu erweisen sucht, diagnostiziert er mit einem bis heute vieldiskutierten Theorem als «Verfall der Aura» (S. 354).

Benjamins Grunddefinition für die Aura, die in mehreren seiner Texte wiederkehrt, lautet: «einmalige Erscheinung einer Ferne, so nah sie sein mag» (S. 355; ebenso 1931, S. 378 sowie 1939, S. 647). Damit sind zugleich die Unnachahmlichkeit wie die Unnahbarkeit des kultischen Artefakts angesprochen – Kriterien, die von den Höhlenmalereien bis in die bürgerlichen Vorstellungen authentischen Schöpfertums und ästhetischer Autonomie Gültigkeit behielten. Benjamins Optimismus, daß mit deren Verdrängung durch die neuen Reproduktionsmedien ein neues Reich der Freiheit aufdämmere, wirkt allerdings bemüht, zumal er für die Aura so prägnante und poetische Formulierungen findet, daß sie ihren Verlust eher als beklagens- denn erstrebenswert erscheinen lassen. Auch was er an ihre Stelle treten sieht, klingt nicht unbedingt verlockend: eine Umstellung und Anpassung des menschlichen Wahrnehmungsapparats an den Rhythmus der modernen Fließbandproduktion (1936, S. 381; vgl. 1939, S. 631).

Verständlich werden solche Überlegungen nur vor dem Hintergrund der historischen Situation: Der bürgerliche Kunstbetrieb hatte die Aura zu instrumentalisieren begonnen; ihre Huldigung in der Andacht großer Werke diente zur weltflüchtigen Ignoranz gegenüber den politischen Tendenzen des Totalitarismus. Die ästhetischen Avantgarden sagten sich deshalb von der Beschwörung auratischer Qualitäten los, blieben dabei aber meist einem elitären Werkverständnis verhaftet. Auch sie wichen dadurch einer Auseinandersetzung mit dem Faschismus aus, der die neuen Reproduktionstechniken äußerst erfolgreich einsetzte, um Massenkultur und Führerkult zu amalgamieren. Benjamins Plädoyer für eine entauratisierte, politische Kunst sucht dieser Herausforderung offensiv zu begegnen. Er möchte den von der einen Seite verschmähten, von der anderen mißbrauchten neuen Rezeptionsbedingungen aufklärerische Potentiale abgewinnen. In diesem Bemühen deklariert er selbst so evident auf kommerzielle Unterhaltung angelegte Produkte wie die «Mickymaus» noch als volkspädagogisch wertvoll. Auch das schadenfrohe Lachen über die verprügelten Protagonisten signalisiert für ihn nicht Akzeptanz von Gewalt, sondern deren kathartische Entladung, den «vorzeitigen und heilsamen Ausbruch» von «Massenpsychosen» (1936, S. 377).

Benjamins Versuche einer revolutionären Nobilitierung der Massenkunst haben ihm die scharfe Kritik seines Freundes Adorno eingebracht. Adorno zufolge geht die «einfache Antithese zwischen dem auratischen und dem massenreproduzierten Werk, die, um ihrer Drastik willen, die Dialektik beider Typen vernachlässigt», an der Tatsache vorbei, daß die Aura authentischer Kunst eine «fernrückende, gegen die ideologische Oberfläche des Daseins kritische» Qualität haben kann (1970, S. 89 f.). Dadurch opponiere gerade sie der «Kulturindustrie», die «Aufklärung als Massenbetrug» betreibe (Horkheimer/Adorno 1947, S. 108), während das falsche Versprechen einer künstlichen Auratisierung eher von den neuen Reproduktionstechniken ausgehe, was man etwa am Starkult der Filmbranche beobachten könne. Adorno erinnert zugleich daran, daß Benjamin in der «Kleinen Geschichte der Photographie» noch einen differenzierteren Begriff der Aura verwendete, indem er ihr jene kritische, sich den Verdinglichungsprozessen der modernen Reproduktionstechnik entziehende Qualität zuschrieb. Erst mit der Reproduktionsarbeit, die sich einer «penetranten Beliebtheit» (1970, S. 90) erfreue, sei Benjamin der Vereinfachung erlegen, die Wirkungen von Kunst allein an ihren Produktionsmitteln festzumachen und nicht etwa am Verhältnis ihrer Formsprache zum gesellschaftlichen Kontext. Doch gerade die programmatische Fokussierung auf die technischen Aspekte der Kommunikation macht den Kunstwerkaufsatz zu einem Prätext der «Medientheorie».

Als deren Gründungsdokument ist das knapp 30 Jahre nach Benjamin und unabhängig von diesem geschriebene Buch «Understanding Media» (1964, dt.: Die magischen Kanäle) des kanadischen Anglisten Herbert Marshall McLuhan anzusehen. Es hebt an mit der phonetisch so eingängigen wie inhaltlich provozierenden Formel «The medium is the message», in der alle Medientheorien bis heute ihren – mehr oder weniger expliziten, mehr oder weniger bejahten – Bezugspunkt finden. Um das Anregungspotential dieser

Formel zu verstehen, muß man ihren Entstehungskontext berücksichtigen.

McLuhan hatte kurz zuvor ein anderes Werk abgeschlossen, «Die Gutenberg-Galaxis» (1962), eine Studie über die kulturrevolutionären Folgen des Buchdrucks, die er nicht aus den mit der neuen Technik verbreiteten Inhalten, sondern allein aus den mit ihr verbundenen Produktions- und Distributionsformen ableitete. So nimmt er etwa die Uniformität des typographischen Schriftbildes und seine im Vergleich zur Handschrift statische Erscheinung als Ursache für eine sich entwickelnde Starrheit des Blicks. Diese führt zu festen «Standpunkten» im Denken wie im Sehen: Die Philosophie sucht nach Begründungsfundamenten, und die Malerei führt die Zentralperspektive ein. Die Inspiration zu derartigen Analogiebildungen zwischen technischen und kognitiven Prozessen verdankte McLuhan seiner Begegnung mit dem Ökonomen Harold Innis. Dieser hatte bereits zu Beginn der fünfziger Jahre die These aufgestellt, daß die materiale Beschaffenheit von Kommunikationsmedien einen determinierenden Einfluß auf den Charakter von Kulturen habe. So leitete er etwa aus der Tatsache, daß die Ägypter sich vornehmlich in Stein und Ton «verewigten», die Dauerhaftigkeit und Immobilität ihrer Kultur ab, aus der papiernen Grundlage der neuzeitlichen Nationen hingegen deren Dynamik und Instabilität (vgl. Innis 1997).

McLuhan charakterisiert seine «Gutenberg-Galaxis» ausdrücklich als «Fußnote» zu Innis (1962, S. 63). Dessen Ansatz fortschreibend, verfolgt er die Entwicklungslinie vom schweren Medium des Steins über das Papier hin zum elektrischen Licht, das er als den zentralen kulturellen Transformator der Gegenwart betrachtet und um das nun seine Beobachtungen in «Understanding Media» kreisen. Dabei betont McLuhan immer wieder, daß ein Verständnis von Medien nur möglich ist, wenn man von deren Inhalten absieht: So hat für ihn «die Botschaft des elektrischen Lichtes [...] sein Verwandlungs- und Informationsvermögen» nicht etwa in den Mitteilungen von Signallampen oder Leuchtschriften, sondern darin, daß es den Lebensrhythmus verändert. «Autos können die ganze Nacht fahren, Ballspieler die ganze Nacht spielen und Fenster bei Gebäuden kann man weglassen. [...] Der Medienforscher braucht nur über das Vermögen dieses Mediums des elektrischen Lichtes nachzudenken, kraft dessen jede Raum- und Zeitordnung und jede Arbeits- und Gesellschaftsordnung, das es durchdringt oder berührt, umwandeln kann, und er hat schon den Schlüssel zum Verständnis der Art von Kraft, die in allen Medien steckt, jede Lebensform, die sie berühren, umzugestalten» (1964, S. 69).

Dieser kritische Blick hinter die pseudo-informativen Kulissen der modernen Massenmedien ist es, der sich in der Formel «The medium is the message» verdichtet. Dessenungeachtet ist sie schon bald nach Erscheinen von «Understanding Media» derart popularisiert und trivialisiert worden, daß McLuhan 1969 ein schmales Buch folgen ließ, dessen parodistischer Titel «The Medium is the Massage» (dt.: Das Medium ist Massage) auf das unbedachte Nachgelalle der These anspielt und zugleich klarstellt, daß es ihm nicht einfach um eine zynische Konstatierung von Sinnverlusten ging, sondern darum, auf die neuen Formen der kulturellen Einflußnahme durch Medien aufmerksam zu machen.

Medien bewirken aber nach McLuhan nicht nur Massage-Effekte, sondern sorgen darüber hinaus für Organersatz: «The Extensions of Man» lautete der Untertitel von «Understanding Media». Damit greift McLuhan eine – in Deutschland vor allem mit dem Namen Arnold Gehlen verbundene – These auf, der zufolge Techniken für den Menschen nicht nur äußere Werkzeuge, sondern prothetische Erweiterungen seiner natürlichen Ausstattung sind, und schreibt sie für den Bereich der neuen Kommunikationstechniken fort: Die mit Hilfe der Elektrizität ermöglichten Informationsnetze ergänzen nicht mehr nur mechanische Funktionen des Menschen, sondern sein Zentralnervensystem. Dieses wird durch die Möglichkeiten elektrischer Datenübertragung einerseits «weltumspannend erweitert» (1964, S. 406) und läßt doch andererseits dank der Geschwindigkeit elektrischer Impulsübertragung alle Informationen greifbar nah erscheinen – so entsteht die «neue Welt des globalen Dorfes» (S. 113). Wie bei jeder Prothese aber sind auch die medialen Extensionen des Menschen ihrer selbst notwendig unbewußt: «Selbstamputation schließt Selbsterkenntnis aus» (S. 59). Diese unvermeidliche Ambivalenz der Technik ins Bewußtsein zu heben und damit in die menschliche Verfügung zurückzuholen, ist das zentrale Anliegen McLuhans. Immer wieder bekennt er sich dezidiert zu dem «Versuch, alle Medien sowie die Konflikte, aus welchen sie entstehen, und die noch größeren Konflikte, zu welchen sie Anlaß geben, zu verstehen, diese Konflikte durch zunehmende Autonomie des Menschen zu verringern» (S. 68). «Da Verstehen das Handeln unterbindet [...] können wir die Härte dieser Auseinandersetzung nur dadurch mildern, daß wir die Medien verstehen, die uns ausweiten und diese Kriege in uns und um uns verursachen» (S. 27).

Einen Hauptgrund für die Konflikte der Moderne sieht McLuhan darin, daß sie durch den Buchdruck in einen «typographischen Trancezustand» versetzt worden sei, der die Lebendigkeit oraler Kulturen in einer Blickfixierung zum Verstummen gebracht habe. Die Zukunftsperspektive der Menschheit macht er entsprechend davon abhängig, wie die «Entscheidungsschlacht zwischen Sehen und Hören, zwischen der schriftlichen und mündlichen Form der Wahrnehmung und Organisation des Daseins» ausgeht (S. 26 f.). Diese sinnesästhetische Differenzierung und Bewertung medialer Wirkungen, die McLuhans Werk durchzieht, ist ebenfalls keine Innovation McLuhans, sondern verdankt sich Anregungen aus der Altphilologie. Milman Parry war es bereits in den zwanziger Jahren gelungen, den empirischen Nachweis für eine These zu erbringen, die seit August Wilhelm Schlegel immer wieder nur als Vermutung vorgebracht werden konnte: daß die homerischen Epen urspünglich kein schriftstellerisches Werk seien, sondern dazu bestimmt waren, gesungen, also mündlich überliefert zu werden. Anhand von Feldstudien bei den jugoslawischen Guslaren, die seinerzeit als letzte lebende Epensänger galten, zeigte Parry, daß charakteristische Stilmerkmale der homerischen Epen (formelhafte Wiederholungen, Rhythmik etc.) primär die Funktion hatten, besser im Gedächtnis behalten werden zu können, also nicht auf dichterische Freiheit, sondern die Erfordernisse einer oralen Mnemotechnik zurückgingen.

Parrys Beobachtungen sind vor allem durch eine Veröffentlichung seines Schülers Albert B. Lord aus dem Jahre 1960 bekannt geworden. Geradezu schlagartig erschienen in den folgenden Jahren neben McLuhans Hauptwerken eine Reihe weiterer bedeutender Untersuchungen zur Medienabhängigkeit von kulturellen Äußerungsformen, insbesondere zum Verhältnis von Schriftlichkeit und Mündlichkeit. Erwähnt seien nur Claude Lévi-Strauss (1962), Eric A. Havelock (1963), Jack Goody und Ian Watt (1963), Walter J. Ong (1967) und Jacques Derrida (1967).

Daß so plötzlich in den sechziger Jahren eine bis heute anhaltende Flut von Untersuchungen über den griechischen Übergang von der Oralität zur Literalität aufkam, spricht für andere Beweggründe als rein historische Interessen. Vielmehr ist es die Zeit, in der Computer den Alltag zu durchdringen begannen und die kulturelle Vorherrschaft des Buchs zu bedrohen schienen. Das führte zu dem Bedürfnis, aus einer genaueren Kenntnis vergangener Medienwechsel Kriterien für die Beurteilung des gegenwärtigen zu gewinnen. So hat etwa Ong, ein Freund und Schüler McLuhans, im Anschluß an Havelocks Charakterisierungen der mündlichen Kultur der Griechen seine Prognose vom Anbruch eines Zeitalters der «sekundären Oralität» abgeleitet: Die elektronischen Medien dementieren die von der Schrift bewirkte Distanzierung zwischen Autor und Leser; denn das globale Dorf bietet Partizipationsmöglichkeiten, die die Merkmale der primären Oralität, Situations- und Adressatenbezogenheit, auf höherer Stufe erneuern (1982, S. 136).

Bei aller Vielfalt der Quellen, die McLuhan aufgriff, und bei aller Unterschiedlichkeit der Anregungen, die von seiner provokativen Verdichtung dieser Quellen ausging, bildet er, wie gesagt, den zentralen Bezugspunkt dessen, was heute unter Medientheorie verstanden wird. Diesen Status verdankt er der Konsequenz, mit der er die «Materialität der Kommunikation» (vgl. Gumbrecht/Pfeiffer 1988) als konstitutiv für die Stiftung von kulturellem Sinn herausgestellt und so die alte geisteswissenschaftliche Ansicht von der Kulturgeschichte als Ideengeschichte unterminiert hat.

McLuhans Kernthese, daß Medien *der* kulturbestimmende Faktor seien, unterscheidet seinen Begriff von Medientheorie sowohl von «Einzelmedientheorien» wie auch den in Kommunikations-, Gesellschafts- oder Systemtheorie eingerahmten Medientheorien (vgl. Faulstich 1991). Er präsentiert sich gegenwärtig in zwei konträren Varianten: Die eine sieht in der technischen Struktur der Medien ihre Wirkursachen, die andere in der Art, wie sie sich der

Wahrnehmung präsentieren. Beide Richtungen, die technologische und die phänomenologische, sind in der heutigen Diskussion gleichermaßen stark vertreten. Sie seien in exemplarischen Ausschnitten dargestellt, um zu erkunden, inwieweit Kulturtheorie als Medientheorie überhaupt betrieben werden kann.

Der *technologische* Ansatz der Medientheorie geht wie der phänomenologische davon aus, daß «Medien anthropologische Aprioris» (Kittler 1986, S. 167) seien, begreift dies aber so, daß es nicht deren konkrete Erscheinungsweise ist, die die Lebenswelt der Benutzer prägt, sondern eine jenseits der phänomenalen Gegebenheit wirkende, prinzipiell unverstehbare Logik: «Alle Buchstaben, die scheinbar harmlos auf den Monitoren, Druckern und Synthesizerkeyboards laufen, sind nichts anderes als endlos verschlüsselte Zahlen» (Meier 1996, S. 168). Schulbildend für diese Betrachtungsweise ist der zum Medientheoretiker konvertierte Literaturwissenschaftler Friedrich Kittler, der diesbezüglich in Deutschland eine Vorreiterrolle hat. Sein Ausgangspunkt sind die kanonischen Objekte der literarischen Hermeneutik in Goethezeit und Jahrhundertwende, die er vor dem Hintergrund der Erfahrungen mit PCs an den geisteswissenschaftlichen Fakultäten als Teileelemente des jeweiligen historischen Standes technischer Datenverarbeitung liest. Diese Rekonstruktion der «Aufschreibesysteme 1800/1900» (1985) verdankt sich methodisch der Diskursarchäologie Foucaults (1966, 1969), die an der kulturgeschichtlichen Entwicklung der Ordnungsvorstellungen eine Perfektionierung unbewußt machtgesteuerter Regelsysteme des Denkens und Handelns offengelegt hatte. Kittlers Fortschreibung dieses Ansatzes besteht darin, daß er ihn auf die «Regelkreise» von Kommunikationstechniken bezieht: «Spätestens seit der zweiten industriellen Revolution mit ihrer Automatisierung von Informationsflüssen erschöpft eine Analyse nur von Diskursen die Macht- und Wissensformen noch nicht. Archäologien der Gegenwart müssen auch Datenspeicherung, -übertragung und -berechnung in technischen Medien zur Kenntnis nehmen. Gerade die Literaturwissenschaft kann nur lernen von einer Informationstheorie, die den erreichten technischen Stand formalisiert anschreibt, also Leistungen oder Grenzen von Nachrichtennetzen überhaupt meßbar macht» (1985, S. 429).

Der in diesen programmatischen Sätzen vollzogene Übergang von der Kenntnisnahme zur Priorisierung der Basisfunktionen der Datenverarbeitung bezeichnet präzise den Fortgang der Arbeiten Kittlers. Mit «Grammophon, Film, Typewriter» (1986) verfolgt er konsequent die Weiterentwicklung der Speichertechnologien seit 1900, die er in einer eigenwilligen Adaption Lacans Begriffen des Realen, Imaginären und Symbolischen zuordnet: Die Bezeichnungen, die der strukturalistische Psychoanalytiker für unterschiedliche Weisen der Selbstwahrnehmung (im unmittelbaren Begehren, im Spiegelbild, in der Sprache) verwendet hatte, werden bei Kittler auf die drei Formen der Nachrichtenübertragung projiziert.

Eine weitere Zuspitzung seines Erklärungsansatzes, der seinen Fluchtpunkt in einem digitalen «Aufschreibesystem 2000» hat, vollzieht Kittler in weitgestreuten und facettenreichen Einzelstudien mit Hilfe der mathematischen Informationstheorie Claude E. Shannons. Diese Theorie fußt auf einer Konzeption von 1928, die sich dem Versuch verdankte, den damaligen Stand der Nachrichtentechnik so weit in eine formale Beschreibung zu überführen, daß es möglich wurde, die Fähigkeiten verschiedener Systeme, Informationen zu übertragen, rein quantitativ durch Zahlen auszudrücken. Zu diesem Zweck unterschied Shannon fünf miteinander verschaltete Instanzen für die Übertragung von Datenströmen: Informationsquelle, Sender, Kanal, Empfänger und Senke (d. h. die Adresse, wo die Information schließlich niedergelegt wird). Kittler sieht in dieser formalen Einteilung den Endpunkt einer Medienevolution, die sich aus ursprünglichen Amalgamierungen der fünf Instanzen allmählich ausdifferenziert habe, wobei «der historische Übergang von Mündlichkeit zu Schriftlichkeit einer Entkopplung von Interaktion und Kommunikation gleichkam, der Übergang von Schrift zu technischen Medien dagegen einer Entkopplung auch von Kommunikation und Information» (1996, S. 650). Nach Shannon allerdings besteht ein Primat der «semantischen Aspekte der Kommunikation» über die technischen: Während jene «nicht im Zusammenhang mit den technischen Problemen stehen», wäre ihm zufolge der Umkehrschluß gleichwohl falsch, «daß die technischen Aspekte unabhängig sind von den semantischen» (Shannon/ Weaver 1948, S. 41 u. 18). Ebendiese Priorisierung der Semantik wird von der Kittler-Schule invertiert: Das rechnerische Maß der Informierbarkeit wird zur Determinante aller mit ihr übermittelten Bedeutungen wie auch der lebensweltlichen Kontexte, in denen diese Übermittlungen stattfinden (vgl. Kümmel 1997) – eine Engführung der Kernthese McLuhans im Geiste der Mathematik.

Diese Engführung ist nicht unwidersprochen geblieben. Besonders jüngere Medientheoretiker – aufgewachsen mit Computern, die nicht mehr nur als Rechen- und Chiffriermaschinen fungieren – melden Bedenken an gegenüber einer Verabsolutierung des nachrichtentechnischen Modells: «Denn geht es in der Rockmusik oder im Spielfilm tatsächlich um eine ‹Speicherung von Information›? Und wenn, ist dies der gleiche Informationsbegriff, der innerhalb der Datenverarbeitung gilt? Der Begriff scheint zu wenig geklärt, als daß eine solche Verallgemeinerung sinnvoll wäre» (Winkler 1997, S. 83). In der Tat bedarf es angesichts der Vielfalt medialer Praktiken mehr als nur formaler Argumente, um die These zu halten, daß es die Signalübertragung ist, die allen Lebensbereichen, also etwa auch Körpertechniken, wesentlich zugrunde liegt. Kittler sucht den empirischen Nachweis hierfür dadurch zu erbringen, daß er den Krieg zum Vater aller Medien erklärt. Angeregt durch die einschlägige These von Paul Virilio (1984), leitet er die Universalität der nachrichtentechnischen Basisoperationen aus militärstrategischen Notwendigkeiten ab: das Speichern aus denen des amerikanischen Bürgerkriegs, das Übertragen aus denen des Ersten Weltkriegs und das Berechnen aus denen des Zweiten (1986, S. 352). Aus dieser funktionalen Zurüstung aller Medien nach militärstrategischen Erwägungen gibt es nach Kittler kein Entrinnen. Rockmusik etwa erscheint unter dieser Perspektive als «Mißbrauch von Heeresgerät» (S. 170).

Gewiß entbehrt der «Umkehrschluß», der aus der Tatsache, «daß alle wesentlichen Kriegstechnologien Techniken der Kommunikation sind», die These folgert, «daß unsere Kommunikation durch Medien gewährleistet wird, die nichts als Kriegsabfall sind» (Kümmel 1997, S. 226), der formalen Stringenz. Doch es ist gerade dieser Hang zur Übertreibung, der – als kryptonormativer Appell – die Engführungen der Kittler-Schule essayistisch aufhellt. Das unterscheidet sie von einem medientechnologischen Faktizismus, der im Bemühen um zeitgemäßes Denken jeden reflexiven Anspruch rigoros verwirft. «Menschen», befindet etwa Norbert Bolz, «sind heute nicht mehr Werkzeugbenutzer, sondern Schaltmomente im Medienverbund [...] – wir rasten in Schaltkreise ein» (1993, S. 115). Diese Alternativlosigkeit bestimmt auch die anthropologische Innenperspektive: «Der Mensch – und auch sein Stolz: Phantasie, Kunst – zerfällt in Physiologie und Datenverarbeitung, die nur durch eine Medientheorie wieder zu integrieren wären.» Die medientheoretische Integration muß unter diesen Umständen mager ausfallen; sie kann nur noch die Reduktionen addieren, von denen sie ausgeht: «So können wir die beiden Grundvorgänge bestimmen, die das Gesicht der postmodernen Welt prägen – nämlich einmal die Entäußerung des Zentralnervensystems in den neuen Medien; zum anderen der Transfer des Bewußtseins in den Computer durch elektronische Simulation.» Ein Drittes gibt es nicht: «Was einmal Geist hieß, schreibt sich heute im Klartext von Programmen» (1994, S. 9).

Diese vorauseilende Unterwerfung unter die möglichen Tendenzen der Computergesellschaft findet den Beweisgrund ihrer Thesen in sich selbst. So hatte schon Alan Turing auf die Frage reagiert, ob Maschinen einmal ebenso denken können würden wie Menschen. Unser *Begriff* des Denkens, schrieb er, werde sich bis zur Jahrtausendwende so weit geändert haben, daß er auf Mensch und Maschine gleichermaßen angewendet werden könne, ohne daß mit Widerspruch zu rechnen wäre (1950, S. 117).

Auch wenn Turings Prognose noch nicht ganz zutreffen dürfte, hat die technologische Medientheorie zweifellos den Trend auf ihrer Seite. Indem sie es zum «Faktum» erhebt, «daß die Gegenwart von Algorithmen und Schaltkreisen gemacht wird» (Bolz/Kittler/Tholen 1994, S. 7), macht sie sich zur *self-fulfilling prophecy*. Damit aber entkräftet sie die Kernthesen McLuhans, die sie unter Abschneidung ihrer emanzipatorischen Gehalte zuspitzen möchte (vgl. Bolz 1990). Hatte McLuhan noch den Anspruch vertreten, den medialen Prothesen durch Bewußtmachung ihre determinierende Macht zu nehmen, versucht der technologische Ansatz der Medientheorie in seiner radikalisierten Variante nur noch, diese Determinationsmacht bestätigt zu finden.

In dieser pessimistischen Grundtendenz kommt er mit der kulturkonservativen Medienkritik überein, wie sie etwa von Neil Postman vertreten wird. Auch Postman beruft sich auf eine generalisierte Fassung von McLuhans berühmter Grundformel. Ihr zufolge sind Medien Metaphernmaschinen, die «ebenso unaufdringlich wie machtvoll ihre spezifischen Realitätsdefinitionen durchsetzen» (1985, S. 20). Für das Zeitalter der elektronischen Bildmedien heißt das, daß diese die Sinngehalte wortbestimmter Kulturen torpedieren und mit ihrer Mischung von Information und Entertainment einen neuen Denk- und Wahrnehmungsstil bewirken, der die Rezipienten zu urteils- und erinnerungsunfähigen Konsumenten infantilisiert. Damit aber sei ein «Absterben der Kultur» überhaupt verbunden: «Wir amüsieren uns zu Tode» verkündet Postman mit einem populären Buchtitel von 1985, denn nur das Lesen und Hören von Texten übt ihm zufolge jene geistige Konzentration, die für ein ernsthaftes und kohärentes Weltbild nötig ist. Die Fernsehwelt hingegen zeichne sich durch Konfusion, Unernst und Inkohärenz aus – und zwar nicht erst durch ihre Inhalte, sondern allein schon aufgrund ihrer Kombination von Telegraphie und Bildtechnik, die per se bestimmte Darbietungs- und Rezeptionsformen begünstige. Als Symptom dieser «Guckguck-Welt» (S. 83) nennt Postman etwa das Aufkommen von Quizspielen und Ratesendungen: «Während die Menschen früher nach Informationen suchten, um den realen Kontext ihres Daseins zu erhellen, mußten sie jetzt Kontexte erfinden, in denen sich nutzlose Informationen scheinbar nutzbringend gebrauchen ließen» (S. 97). Solche Pseudo-Kontexte treten mehr und mehr an die Stelle der Wirklichkeit. Sie werden augenblicksartig konsumiert, ohne sich in der Erinnerung zu halten. Was sich dabei aber unterschwellig als neuer Daseinsinhalt in den Menschen festsetzt, ist – wie Postman beobachtet – der Glaube an die Technologie als solche, der die Pseudo-Kontexte entnommen werden. An die Stelle der tradierten Kulturwerte mit ihren «transzendenten Orientierungen oder Sinnbestimmungen» tritt das «Technopol», das die Menschen in seinen Bann zieht und ihre Vorstellungsarten beherrscht (1992, S. 73).

So führt der technologische Ansatz der Medientheorie in seiner wertkonservativen wie in seiner postmodernistischen Variante zu der Erkenntnis, daß der kulturprägenden Macht der Medien nicht durch inhaltliche oder gestalterische Maßnahmen beizukommen sei, da diese den determinierenden Faktoren der Technik, ihrer Hardware, gegenüber immer bloße Kosmetik bleiben müßten. «Es gibt keine Software», lautete Kittlers Befund (1993, S. 202). Postman allerdings zieht daraus andere Konsequenzen. Er mag sich nicht mit einer medienarchäologischen Konstatierung der Fakten begnügen. Der Tatsache, daß es in der informationstechnisch profanisierten Welt «keine Götter mehr» gebe, setzt er die Forderung nach sinnstiftenden Potentialen entgegen, die die Qualität einer «großen Erzählung» haben, das heißt «einer, die genug Glaubwürdigkeit, Komplexität und symbolische Kraft hat, um es Menschen zu ermöglichen, sie in den Mittelpunkt ihres Lebens zu stellen» (1995, S. 18).

Der genaue Gegentyp zur Medientheorie Postmans ist diejenige Vilém Flussers, die hier als Exponent des *phänomenologischen* Ansatzes vorgestellt sei. Während Postmans Medienökologie als Alternative zum Technopol neue Götter fordert, sieht Flussers «Medien-Theologie» (Neswald 1998) gerade *in* der Informationstechnik die Chance einer Apotheose. Der besorgten Mahnung, daß wir uns zu Tode amüsieren, steht ein beherztes «Lob der Oberflächlichkeit» (1993) gegenüber. Für den einen ist die elektronische Bilderflut der Untergang des Abendlandes, für den anderen dessen Rettung: «Ins Universum der technischen Bilder» (1985) führt bei Flusser der Weg zum Heil.

Diese Polarität der Einschätzungen resultiert aus der Gegensätzlichkeit der medientheoretischen Ansätze: In technologischer Hinsicht sind die Auswirkungen von Medien an deren objektiver Beschaffenheit abzulesen, unabhängig davon, wie sie den wahrnehmenden Subjekten erscheinen mögen. In phänomenologischer Hinsicht dagegen bestimmt die lebensweltliche Situation des Subjekts, als was ein Medium ihm jeweils erscheint und wie es auf ihn einwirkt. Ein an Albert Einstein angelehntes Beispiel von Maurice Merleau-Ponty mag diesen Unterschied der Betrachtungsweisen illustrieren: Wenn von zwei Zügen, die auf einem Bahnhof nebeneinander stehen, einer abfährt, so wird für einen Fahrgast immer derjenige Zug der unbewegliche zu sein scheinen, in dem er sich lebensweltlich situiert: «Wenn ich in meinem Abteil Karten spiele, ist es der Nachbarzug, der abfährt. Wenn ich mich umgekehrt nach jemandem im Nachbarzug umsehe, dann ist es der meinige.» Nach Merleau-Ponty handelt es sich auch im Fall des faktischen Irrtums nicht einfach um optische Täuschungen, sondern um Wirklichkeiten, die sich entsprechend meiner Wahrnehmung der Welt vor mir organisieren (1945, S. 233). Diesen phänomenologischen Grundsatz sieht Merleau-Ponty auch in der filmischen Montage bestätigt und verweist als Beleg auf das berühmte Experiment von Pudowkin: Der russische Filmregisseur hatte Anfang der zwanziger Jahre Großaufnahmen eines Schauspielers mit neutralem Gesichtsausdruck in verschiedene Filmszenen einmontiert, die einen Teller Suppe, einen Sarg mit der Leiche einer Frau und ein kleines Mädchen, das mit einem Teddybär spielt, zeigten. Für das Publikum wirkte der Schauspieler nachdenklich angesichts der vergessenen Suppe, traurig beim Anblick der Toten und beglückt beim Betrachten des kleinen Mädchens, obwohl es sich stets um den gleichen Gesichtsausdruck handelte. Entscheidend ist also nicht, resümiert Merleau-Ponty, wie die Dinge wirklich sind, sondern wie sie dem Subjekt im Kontext seiner Weltwahrnehmung erscheinen. Dies gilt für ihn auch bei einem so technischen Medium wie dem Kino, das hiermit völlig anders eingeschätzt wird als etwa von Benjamin, der die angebliche Nichtkontemplativität des Films mit dem rein technischen Argument begründet hatte, daß dessen Bilder sich permanent veränderten (1936, S. 379). «Bewegung und Ruhe», schreibt dagegen der Phänomenologe, «verteilen sich für uns in unserer Umgebung durchaus nicht gemäß der Voraussetzungen, die zu konstruieren unsere Intelligenz beliebt, sondern gemäß der Art und Weise, wie wir uns in der Welt verwurzeln, und gemäß der Situation, die unser Körper darin mitschafft» (1945, S. 233).

In diesem Sinn lehnt auch Flusser eine objektivistische Sicht auf die Medientechnologie als unangemessene Verkürzung der subjektiven Wahrnehmungs- und Gestaltungsfaktoren ab. Die äußere Erscheinung eines Mediums – von der archaischen Ritzerei in Lehm bis zum Monitorbild – ist ihm zufolge nicht marginal, sondern gerade in ihrer Oberflächlichkeit essentiell. Die auf Computerbildschirmen dargebotene Information sieht Flusser als Endpunkt eines gattungsgeschichtlichen Entwicklungsprozesses, der sich am Leitfaden einer zunehmenden Sublimierung der Wahrnehmung in fünf Stufen gliedern läßt: Ausgangspunkt ist die «Stufe des konkreten Erlebens»: Das Tier und der «Naturmensch» sind hier noch «in eine vierdimensionale Raumzeit», eine kontinuierliche «Lebenswelt gebadet». Diese wird in der dreidimensionalen Erfahrungsweise des Urmenschen vergegenständlicht. Darauf folgt, beginnend mit der Höhlenmalerei, die Epoche der «traditionellen Bilder», die sich als «imaginäre, zweidimensionale Vermittlungszone» zwischen den Menschen und die Objektwelt schieben. Die Erfindung der Schrift hat eine weitere, nunmehr eindimensionale «Vermittlungszone», die der «linearen Texte, eingeschoben», auf der unser Begreifen und geschichtliches Denken beruhen. Die Schriftstufe schließlich wird durch die «Stufe des Kalkulierens und Komputierens» abgelöst. Sie ist Voraussetzung für das «dimensionslose, eingebildete Universum der technischen Bilder» (1985, S. 10–14). Flussers Entsinnlichungsgeschichte, die sich auf den ersten Blick in die kulturpessimistischen Untergangsszenarios einzureihen scheint, bürstet diese in einer originellen Wendung gegen den Strich: Die fortschreitende Abstraktion der Informationsmedien ist für ihn kein Verlust, sondern eine Annäherung an das eigentliche Ziel der Information. Dieses besteht nicht einfach in der Datenübertragung, sondern bedeutet, getreu der Etymologie des Worts ‹in-formieren›, «Formen in etwas graben» (1987, S. 15), ein ursprünglich taktiles «Ein-bilden», das auf dem Weg der Sublimierung eins wird mit seinem immateriellen Substrat, der menschlichen Einbildungskraft (1985, S. 39 ff.).

Wie Shannon benutzt Flusser den aus der Thermodynamik entlehnten Begriff der Entropie als negatives Maß von Information. Flusser jedoch versteht die durch Information bewirkte «Negentropie» im Unterschied zum nüchtern mathematischen Nachrichtenmodell als utopisches Potential: «Denn die Apparate sind menschliche Produkte und der Mensch ist ein Wesen, das gegen die sture Tendenz des Universums zur Desinformation engagiert ist. Seit der Mensch seine Hand gegen die ihn angehende Lebenswelt ausstreckte, um sie aufzuhalten, versucht er auf seinen Umstand Informationen zu drücken. Seine Antwort auf den ‹Wärmetod› und den Tod schlechthin ist: ‹informieren›» (S. 19). Somit werden just die Zentralkategorien der elektronischen Datenverarbeitungstechnik durch einen phänomenologischen Perspektivwechsel in Leitbegriffe einer Eschatologie umgewendet, die dem Menschen qua Gestaltung virtueller Realitäten Erlösung von der Erdenschwere des Daseins verheißt.

In der schöpferischen Kraft von Informationen, die durch die Manipulierbarkeit der elektronischen Bilder freigesetzt wird, sieht Flusser die bisher nicht dagewesene Chance des Menschen, eine neue kulturelle Stufe zu erobern: die «telematische Gesellschaft». Sie ist dann erreicht, wenn die Gesellschaft sich von ihrem falschen Gebrauch der Informationstechniken zu Kontroll- und Herrschaftszwecken freimacht und dem genuin emanzipatorischen Charakter dieser Techniken gerecht wird, das nicht auf autoritäre, sondern auf dialogische Kommunikationsformen angelegt ist (S. 72). Möglich sind derartige Perspektiven nur, weil Flusser «Medien» nicht als anonyme und unveränderliche Übermittler von Nachrichten versteht, sondern als gestisch-aktive Vermittler zwischen Menschen (1991, S. 98).

Die Stärke des phänomenologischen Ansatzes in der Medientheorie besteht darin, die Effekte der Kommunikationstechniken nicht als gegeben hinzunehmen, sondern als Wechselspiel von Subjekten und Objekten zu begreifen. Merleau-Ponty zufolge ist «Sinn immer nur als sinnlich inkarnierter Sinn gegeben». Dieses «Verhältnis von Sinn und Sinnlichkeit wird», wie Sybille Krämer dargelegt hat, «geprägt in der Performanz unseres Medienumgangs» (1996, S. 34 f.). Worte oder Bilder, Analoges oder Digitales sind eben nicht *eo ipso* in ihrer Bedeutung und Wirkung festgelegt, sondern entfalten diese erst in der lebensweltlichen Situation ihres Gebrauchs, der gerade bei digitalen Medien durch deren Gestaltungsmöglichkeiten extrem flexibilisiert wird.

Schwächen zeigt der phänomenologische Ansatz dort, wo er dazu neigt, die subjektive Wahrnehmung zu enthistorisieren und damit als Faktor der Medienrealität zu überschätzen. Zwar bestimmt das Interface-Design und nicht die Hardware darüber, wie Daten von Rezipienten aufgenommen und dadurch erst zu Informationen synthetisiert werden, aber umgekehrt entscheidet der jeweilige Stand der Technik darüber, was der Wahrnehmung der Rezipienten überhaupt dargeboten werden kann (und damit unweigerlich wird) und welche Metaphoriken sein Selbstverständnis prägen. So haben die Technik der Filmprojektion oder das Computermodell von *storage and retrieval* unsere Vorstellungen von Bewußtseins- und Gedächtnisvorgängen stark beeinflußt – jedenfalls in den Frühphasen dieser Medien, bis der Schock des Neuen verflogen war und die psychische Bewältigungsstrategie einer Identifikation mit dem technischen Angreifer (vgl. Turkle 1984) einer selbstbewußteren Betrachtung weichen konnte.

Der technologische Ansatz der Medientheorie kann durch den phänomenologischen nicht ersetzt werden – auch dann nicht, wenn dieser sich explizit zu einer *phänomenologischen Mediengeschichte* erweitert (Därmann 1995). Denn es wäre ein zirkuläres Unterfangen, die historischen Veränderungen der Wahrnehmungsmodalitäten, die den Interpretationsspielraum der Subjekte begrenzen, vom Subjekt her zu bestimmen. Ebenso verkürzt ist es aber, die Geschichte der menschlichen Apperzeption und Kognition mit der Technikgeschichte in eins zu setzen. Was es dagegen in einer wechselseitigen Ergänzung von phänomenologischen und technologischen Aspekten zu berücksichtigen gilt, ist die Tatsache, daß beide Entwicklungen asynchron verlaufen. So werden zwar die Wahrnehmungsformen des Menschen zweifellos von den Techniken der Datenverarbeitung beeinflußt – z. B. das Sehen durch die optischen Apparate (vgl. Crary 1990) –, doch die organischen Veränderungen entsprechen keineswegs den technischen Innovationszyklen. Die Struktur der menschlichen Sinne ist in Zehntausenden von Jahren relativ konstant geblieben im Verhältnis zu dem, was ihr die Medienevolutionen in immer rascherem Wechsel zumuten. Und kein Anpassungsdruck vermag die natürliche Grenze zu überschreiten, die von den neurophysiologischen Grundgegebenheiten unserer Wahrnehmung gesetzt wird – etwa der Tatsache, daß jede Erfahrung einer Situation als «Gegenwart» auf das Minimum eines «Drei-Sekunden-Fensters» angewiesen ist (Pöppel 1989).

Will man beide Aspekte, den subjektiven der menschlichen Wahrnehmung und den objektiven der maschinellen Datenverarbeitung, in ihrer Wechselwirkung begreifen, darf keiner von beiden verabsolutiert werden. Es gibt keine einseitigen Abhängigkeiten zwischen Kultur- und Mediengeschichte. Ein angemessenes Bild ihres Verhältnisses kann daher nur von einer Forschungsperspektive entworfen werden, die beide Ansätze in sich aufnimmt. Es gibt diverse Konzepte, die eine solche Rahmengebung versuchen. Abermals konzentrieren wir uns auf zwei Richtungen, die in der gegenwärtigen Mediendebatte tonangebend sind: Systemtheorie und historische Anthropologie.

Die *systemtheoretische Medientheorie* geht auf Niklas Luhmann zurück. Ihr Medienbegriff ist wesentlich weiter gefaßt als der technologische oder phänomenologische. Im Rekurs auf Fritz Heider (1926) und Talcott Parsons (1937) knüpft Luhmann an jene umfassendere Wortbedeutung an, die von der nachrichtentechnischen verkürzt worden war. «Medien» sind bei ihm Vermittler von Erkenntnisgegenständen, Individuen und Gesellschaften: Wahrheit, Liebe, Recht etwa oder Glaube, Macht, Geld. Als gemeinsamer Nenner des Luhmannschen Begriffs von Medien läßt sich sagen, daß sie «als Codes für die Kommunikation von sozialen Systemen unter besonderer Berücksichtigung personaler Systeme» fungieren (Faulstich 1991, S. 171). Ein Vorteil dieses erweiterten Medienbegriffs ist, daß er deterministischen Verkürzungen entgeht. Nach Luhmann ist das Medium keineswegs schon die Botschaft, sondern dieser gegenüber neutral und unbestimmt. Erst durch die verschiedenen Formen, die es je nach Bedarf annehmen kann, tritt es als solches in Erscheinung. Diese Sichtweise gestattet es, Einzelmedien wie Buch, Radio oder Computer derart zu kontextualisieren, daß sie in ihrem jeweiligen Verhältnis zum allgemeinen Zweck der Ermöglichung von Kommunikation beurteilt werden können, statt ihre technischen Gegebenheiten als Wirkungsfaktor zu verabsolutieren.

Allerdings geht damit auch eine Neutralisierung von Technikfolgen einher. So könnte Luhmanns Medienbegriff mit seiner kommunikationstheoretischen Kopplung von Information und Motivation zwar Phänomene wie die Anziehungskraft von Computern erklären, müßte dabei aber all diejenigen Aspekte ausblenden, die in dieser kommunikativen Funktion nicht aufgehen: z. B. Suchtverhalten und Zwangshandlungen, die von den Anmutungen der Apparate selbst ausgelöst werden. So ist der Vorteil der Systemtheorie, ihr hoher Abstraktionsgrad, zugleich auch ihre Schwäche. Gleichwohl übt sie auf die gegenwärtige Debatte einen nachhaltigen Einfluß aus und inspiriert zu Fortschreibungen (vgl. etwa Esposito 1993, 1998).

Ein anderer Ansatz zur Vermittlung von phänomenologischen und technologischen Aspekten der Medientheorie ergibt sich aus der *historischen Anthropologie*. Diese ist, wie oben (Kap. III, 3) dargelegt, kein einheitliches Gebiet, sondern ein Spektrum unterschiedlicher Versuche, den Wechselwirkungen zwischen kultureller Evolution und individueller Erlebnissphäre nachzugehen. Entsprechend vielgestaltig sind die Thematisierungen von Medien, die sich dieser Richtung zuordnen lassen. Werner Faulstich etwa unternimmt in einem mehrbändigen Werk den Versuch einer «Medienkulturgeschichte», die «zwischen Einzelmediengeschichten auf der einen und einer allgemeinen Kommunikationsgeschichte auf der anderen Seite» vermittelt (1997, S. 9). Hartmut Winkler möchte aus dem Dilemma zwischen einer medialen Innenansicht, die nur den «‹Stand der Technik› für die Medienentwicklung verantwortlich macht», und einer Außenansicht, die «die Medienentwicklung durch technik-externe, gesellschaftliche Funktionen bestimmt sieht», herausführen. Zu diesem Zweck bringt er sie in einer «Strukturbeobachtung» von «Wunschkonstellationen» zusammen, die beiden Dynamiken zugrunde liegen (1997, S. 15 ff.). Auch Jan und Aleida Assmann betonen die Notwendigkeit, über die «Aporien» hinauszukommen, in die sich der «Mediendeterminismus» einerseits und die «geistesgeschichtliche Deutung» der Medien andererseits verstrickt haben, weil sie «die vom jeweils anderen Ansatz hervorgehobenen Zusammenhänge nicht gebührend berücksichtigen»; ihr Vermittlungsansatz sieht vor, daß sie beide Richtungen «einstellen in den größeren Horizont der ‹Konstruktion kultureller Zeit›» (J. Assmann 1992, S. 25). Explizit als Beiträge zu einer historischen Anthropologie der Medien verstehen sich die Beiträge in den von Müller-Funk und Reck (1996) sowie von Faßler und Halbach (1998) herausgegebenen Sammelbänden. In der programmatischen Einleitung des ersten wird postuliert, «mediale Maschinerien als Spiegelungen von Bedürfnissen, Antrieben und Phantasmen einer Menschheit zu verstehen, die nicht zuletzt in Gestalt der *techné* praktische Anthropologie betreibt», sowie «danach zu fragen, wie diese mediale *techné* die Befindlichkeit des Menschen verändert, variiert und modifiziert, die sich nicht einfach und statisch zwischen Mensch und Welt stellt, sondern indem sie letztere erst in der uns heute geläufigen Form konstituiert, auch [...] Momente des Inszenatorischen und Imaginären ins Blickfeld rückt» (S. 1). Dabei ist den Herausgebern klar, daß diese Doppelperspektive nicht in methodologischer Festlegung, sondern nur in einer Vervielfältigung der Perspektiven, als «Heterologie» (S. 244) betrieben werden kann (vgl. ähnlich Pfeiffer 1999).

Bei aller Verschiedenheit der Positionen kann eine solche Heterologie als notwendige Bedingung jeder kulturwissenschaftlichen Beschäftigung mit Medien gelten. Erst im Spektrum der vielfältigen kulturgeschichtlichen Faktoren – psychologischen wie soziologischen, politischen wie theologischen – gewinnt die technische Entwicklung der Medien ihre eigene Kontur: als ein Teilsystem, das in Wechselwirkung mit diesen Faktoren steht, die es nicht einsinnig bestimmt, sondern von denen es auch umgekehrt bestimmt wird. Von welchem Detail ihre Untersuchung auch immer ausgeht – erst in der Öffnung des Blicks für die Lebensvollzüge, in die sie eingelassen sind, d. h. erst in der Betrachtung von Medien als Elementen medialer Praktiken, wird man ihrer kulturellen Bedeutung gerecht.

In dieser doppelten Blicköffnung für die konkreten Situationen des aktuellen Mediengebrauchs bei gleichzeitiger Berücksichtigung ihrer historischen Verwandtschaften kommt etwa auch die Tatsache zum Vorschein, daß der magische Ursprung von Medien keineswegs erledigt ist, sondern in der digitalen Ära eine Fortsetzung mit anderen Mitteln erfährt. Just in dem Moment, da der Computer mit seinen Basisoperationen – Speichern, Übertragen, Prozessieren – die signaltechnische Ausnüchterung des Medienbegriffs zu vollenden scheint, stellen wir verwundert fest, daß die mit ihm erst möglichen Animationsverfahren zur Wiederkehr animistischer Vorstellungen und Praktiken führen. Elektronisch Vernetzte reaktivieren als Tele-Theologen und Cybergnostiker den Mediumismus alter Prägung, elektronische Avatare reinkarnieren sich digital und finden im Online-Sein ihr wahres, überreales Selbst (Davis 1994, Turkle 1995, Matussek 1997).

Mögen diese Erscheinungen bloße Mißverständnisse sein – man wird deren Zustandekommen und Faszinationen nur verstehen, wenn man den Fokus von der rein technologischen Betrachtung neuer Medien erweitert zugunsten einer historisch-anthropologischen Bestimmung ihrer Stellung und Funktion im lebensweltlichen Zusammenhang. Dabei wird rasch klar, daß jene Exzesse nur die Extreme einer Verkultungstendenz sind, die von elektronischen Medien ausgelöst wird. Das Personalisieren des Computers als «anderes Selbst» und als «Wunschmaschine» (Turkle 1984) wird mehr oder weniger bewußt und unterschwellig vollzogen. Wer hat nicht schon seinem Computer bewundernde Blicke bei hoher Rechenleistung zu- oder im Störungsfall unfreundliche Worte «an den Kopf» geworfen – wobei man in der Regel, technisch unsinnig, nicht die unter dem Schreibtisch befindliche Recheneinheit, sondern den Monitor adressiert, der an den algorithmischen Fehlfunktionen keine Schuld trägt. Solche Anthropomorphisierungen gehören zu den Strategien von Menschen, sich der Befremdlichkeit oder Bedrohlichkeit von Techniken zu erwehren (Krämer 1997). Die sogenannten «Hacker» sind keineswegs frei davon. Als «Computergurus» sind gerade sie häufig die Subjekte wie Objekte von Mystifikationen, umgeben von einer Aura der «Eingeweihten» und mit ihren Geräten jene magischen Rituale veranstaltend, die sie im Namen dieser Geräte verabschiedet zu haben erklären. So kehrt gerade im neuesten Medienverständnis das allerälteste zurück.

Aber auch da, wo neue Medien nicht mystifiziert werden, geht ihr Gebrauch weit über dasjenige hinaus, was sich in nachrichtentechnischen Begriffen beschreiben ließe. Was etwa die Arbeit an einem vernetzten Rechner bedeutet, ist nicht allein aus den übermittelten Codes und der Art ihrer Berechnung zu ermitteln, sondern auch aus dem gesamten situativen und atmosphärischen Kontext, dem Handlungs-, Erfahrungs- und Erlebnisgefüge, in dem dieser Gebrauch stattfindet. Als mediale Praktiken sind sie, ihrer Natur gemäß, nicht in theoretischen Konzepten allein zu erfassen, sondern erst auf der Grundlage eigener Erfahrungen. Diese dürfen sich allerdings nicht in der Bedienung von Apparaten erschöpfen, sondern müssen das von historisch-kritischer Reflexion angeleitete Erproben neuer Gebrauchsweisen und Gestaltungsformen einschließen. Nur in diesem Sinn kann die heute vielfach geforderte «Medienkompetenz» tatsächlich eines der vorrangigen Vermittlungsziele von kulturwissenschaftlicher Forschung und Lehre sein: als Reflexionskompetenz, die im Handeln zur Selbstbesinnung befähigt.

IV. Perspektiven

1. Hat Kulturwissenschaft Zukunft?

Die Zukunft *der* Kulturwissenschaft als Einzeldisziplin ist noch offen. Man tut gut daran, sie nicht mit der Zukunft der Kulturwissenschaft*en* in eins zu setzen. Denn es ist denkbar, daß die Kulturwissenschaft als transdisziplinäre Perspektive, auf die hin sich die geisteswissenschaftlichen Fächer orientieren sollen, und das Projekt der Kulturwissenschaft als Einzeldisziplin den Schein einer Parallelaktion abstreifen und in Rivalität zueinander geraten. Die Lage wird zudem dadurch kompliziert, daß sich in beiden Inanspruchnahmen des Begriffs wissenschaftsinterne wie -externe Motivationen überlagern.

Von den wissenschaftsinternen Motiven läßt sich sagen, daß sie im Kern auf die Erhöhung der Komplexität von Forschung und Lehre zielen. Denn das Unbehagen der Geisteswissenschaften an sich selbst und an der Aufsplitterung ihrer Gegenstandsbereiche und die Rückgewinnung übergreifender Fragestellungen können nur durch die Anhebung der theoretischen Niveaus, nicht im Rückgang auf die naive Fiktion «gegebener» Gegenstände aufgehoben werden. «Kulturwissenschaft» ist, so gesehen, eine der Chiffren, in deren Namen sich der allen Wissenschaften innewohnende Prozeß der Komplexitätssteigerung vollzieht. Eine «neue Einfachheit» wird aus der Skepsis gegenüber übersteigerten Spezialisierungen nicht hervorgehen. Diese Skepsis entsteht jedoch nicht allein wegen des zersplitterten Verhältnisses der Wissenschaften zu ihren Gegenständen, sondern vor allem wegen des gestörten Verhältnisses zwischen Wissenschaft und Lebenswelt. Zwischen ihnen klaffen Abgründe, obwohl die Lebenswelt zunehmend wissenschaftlich-technisch durchdrungen wird. Allenthalben ist die soziale und politische Forderung nach einer Abstandsverringerung zwischen Wissenschaft und Leben, Universität und künftiger beruflicher Praxis zu hören; doch erhöhen sich dadurch die Schwierigkeitsgrade von Wissenschaft und Ausbildung noch einmal.

Ein Großteil der Hoffnungen, die sich auf die Kulturwissenschaft als Motor der Überwindung «lebensferner» Spezialisierung richten, geht aus dieser Motivlage hervor. Sie entspricht dem Bedürfnis nach Orientierung und Überblick, Perspektive und Integration des Wissens. Doch diese Bedürfnisse steigern gerade die Komplexität und damit indirekt wieder den Abstand der Wissenschaften zum ‹Leben›. Was die Kluft zwischen Expertenwissen und Lebenswelt überbrücken soll, wird selbst zum Hindernis des Ausgleichs zwischen Wissenschaft und Leben. Als Leitfigur des geforderten Ausgleichs taucht im Umkreis der kulturwissenschaftlichen Diskussion immer wieder der «flexible Generalist» auf. Er ist disziplinär gefestigt genug, um die Bedingungen zu erfüllen, die an einen Wissenschaftler gestellt werden. Und er ist hinreichend unspezialisiert, um zwischen verschiedenen, auch weit auseinander liegenden Sphären der Wissenschaft vermitteln zu können. Eine der Hypothesen, die bei der Entwicklung kulturwissenschaftlicher Studiengänge eine zentrale Rolle spielen, geht davon aus, daß sich für diesen Typus des flexiblen Generalisten ein langfristiger gesellschaftlicher Bedarf prognostizieren läßt: «der Bedarf an Generalisten mit ausgeprägten Analyse- und Kommunikationsfähigkeiten ist noch immer der Bedarf der Zukunft. Und hier drückt sich ganz klar ein gesellschaftlicher Kompetenzbedarf aus, den die Universitäten befriedigen müssen. Vor diesem Hintergrund ist ein transdisziplinäres Konzept mit einem weitgefaßten Kulturbegriff in jedem Fall zukunftweisend» (Greis 1996, S. 33).

Es ist fraglich, ob sich eine primär auf Bedarfsanalysen gegründete Kulturwissenschaft in der Konkurrenz der akademischen Disziplinen behaupten können wird. Mit Verweisen auf die Effektivität von Lehrangeboten läßt sich die Forderung nach einer umfassenden theoretischen Begründung der Notwendigkeit der Kulturwissenschaft nicht beruhigen. Um diesen Legitimationsdruck zu vergegenwärtigen, seien seine bestimmenden drei Argumentationslinien rekapituliert. Der erste Einwand richtet sich gegen die Kulturwissenschaft als potentiell hypertrophe, die Eigenlogik der etablierten Disziplinen ignorierende «Superwissenschaft». Der zweite Einwand stellt sie unter Verdacht, Wissenschaft zu ermäßigten Bedingungen zu sein: «Wissenschaft light», die vor der überbordenden Spezialisierung ins andere Extrem, in den Universaldilettantismus, flieht. Der dritte Einwand verfährt weniger polemisch. Er bestreitet nicht die Legitimität der kulturwissenschaftlichen Entgrenzung und Synthetisierung des aktuellen Fächerkanons, wohl aber die Notwendigkeit der Kulturwissenschaft als eigenständiger Disziplin: Ihre Fragestellungen seien in die philologischen, historischen und kunstwissenschaftlichen Disziplinen mit Gewinn integrierbar, ihre institutionelle Verselbständigung darum überflüssig.

Nicht zuletzt vor dem Hintergrund dieses dritten Einwandes sind die Zukunft der Kulturwissenschaft als Disziplin und die der pluralen kulturwissenschaftlichen Orientierung voneinander zu unterscheiden. Die letztere kann erfolgreich auch dann als Ferment innerhalb der Disziplinen wirken, wenn die erstere in Ansätzen steckenbleibt. So ist es durchaus denkbar, daß nach Rückgang des überhitzten kulturwissenschaftlichen Diskurses der alte Fächerkanon und Status quo, mit neuen Akzenten in Forschung und Lehre versetzt, weitgehend erhalten bleibt. Denkbar ist ferner, daß die bisher eingerichteten kulturwissenschaftlichen Studiengänge, so attraktiv und effektiv sie sein mögen, als unkoordiniert entstandene Reformmaßnahmen nebeneinander bestehenbleiben, ohne daß sich aus der organisatorischen Selbständigkeit eine überregionale disziplinäre Identität herausbildet. Die Kulturwissenschaft als Disziplin wird diese Identität nur gewinnen können, wenn es ihr gelingt, die Spannung zwischen den Motiven der komplexitätssteigernden Synthese und der Abstandsverringerung von Wissenschaft und kultureller Praxis auf hohem Niveau auszuhalten, statt an einem der beiden Pole stillzustellen.

2. Kulturwissenschaftliche Kernkompetenzen

Soweit man von einem Prozeß der Institutionalisierung, sei es der kulturwissenschaftlichen Orientierung, sei es der Kulturwissenschaft als Einzeldisziplin, sprechen kann, erfolgte er in den vergangenen Jahrzehnten eher zufällig und war stärker von den jeweiligen lokalen Theorietraditionen geprägt als von einem einheitlichen Impuls. Kennzeichend für das im folgenden vorgestellte Spektrum kulturwissenschaftlicher Studiengänge und Einrichtungen in Deutschland sind die Heterogenität der Ausbildungsziele, der unterschiedliche Status der Studiengänge und die Divergenz zwischen primär praxisorientierter, «angewandter» Kulturwissenschaft, die häufig als Teil- oder Begleitstudium konzipiert ist, und der Kulturwissenschaft als akademischer Disziplin im vollen Wortsinn, mit grundständigem Studiengang und forschungsorientierter Einbeziehung von Promotionen und Graduiertenkollegs.

Charakteristisch für beide Tendenzen ist die Abgrenzung von einer spezifischen Berufsorientierung. Dies gilt auch dort, wo programmatisch die «Verbesserung des Transfers zwischen Wissenschaft und Praxis» (Greis 1996) gefordert wird. Diese Skepsis gegenüber der Praxis- und Berufsorientierung ist kein Echo auf die alten, seit den sechziger Jahren vorgebrachten Einwände gegen die Einebnung der traditionellen Differenz von wissenschaftszentrierter «Bildung» versus gesellschaftsorientierter «Ausbildung». Sie ist vielmehr ein Reflex auf die beschleunigte Veränderungsgeschwindigkeit der Praxis selbst in allen ihren Facetten: den medialen, den infrastrukturellen wie den technischen.

Die Praxis selbst macht alle universitären Curricula, die auf ihre je aktuelle Gestalt fixiert sind, obsolet. Sie wertet das Gewicht von Reflexions- und Methodenkompetenz *(lifelong learning)* gegenüber der Anhäufung von schnell überholtem Sachwissen auf. Gerade die allzu intensive Spezialisierung auf bestimmte Praxisfelder gefährdet die allgemeine Praxistauglichkeit. Diese «lebensweltliche» Begünstigung von Reflexivität und ständiger Revision der eigenen Kompetenzen steht hinter der Forderung nach dem «flexiblen Generalisten». Die Formel umschreibt zunächst nicht mehr als einen gewünschten intellektuellen und sozialen Habitus. Sie hat den Nachteil, daß sie allzu sehr an vielseitige Verwendbarkeit und allzu wenig an Reflexionsfähigkeit und Kritik denken läßt, deren innere Verbindung nur um den Preis der Verflachung des Denkens auflösbar wäre. Um die Spannung zwischen Praxisorientierung und unvermeidlicher Komplexität der Kulturwissenschaft aufrechtzuerhalten, verpflichtet diese ihre Studierenden auf den Erwerb von Kernkompetenzen. Das ist aber nur möglich, wenn Forschung und Lehre *über* kulturelle Praxis ohne ständige Rücksicht auf ihre Verwendbarkeit *für* kulturelle Praxis erfolgen können. Zu diesen Kernkompetenzen gehört neben der selbstverständlichen Vertrautheit mit wissenschaftlichen Arbeitsformen und Methoden auch eine Grundausbildung im Sich-Wundern, die habituelle Neigung, alle kulturellen Produkte wie alle kulturelle Praxis unter dem Blickwinkel ihrer Nicht-Selbstverständlichkeit wahrzunehmen. Sie führt über die Elementarfragen danach, was man in einem bestimmten Medium (Schrift oder Bild, Film oder Computeranimation etc.) eigentlich vor sich hat, zur ebenso habituellen Aufmerksamkeit auf das «Gemachtsein» alles dessen, worauf, in Natur wie in Kultur, der analytische Blick fällt. Daß dabei das Erbe der differenzierten Hermeneutiken von Text und Bild nicht auszuschlagen ist, liegt auf der Hand. Doch läßt sich das Material, an dem sich die kulturwissenschaftliche Propädeutik zu bewähren hat, nicht um ein exklusives Zentrum wie «Text» oder «Bild» oder «Zahl» verläßlich arrangieren. Sie muß deshalb die methodischen Fähigkeiten im Umgang mit analogen und digitalen Einzelmedien ebenso wie mit Dingen, Gesten und Mustern kultureller Praxis schulen. Dazu gehören – um gänzlich verschiedene Beispiele zu nennen – Phänomene wie ‹Baustellen› oder ‹Speicher›, ‹Haut› oder ‹Maske›, deren Begreifen und Verstehen das Zugleich von technischen, lebensweltlich-praktischen und symbolischen Dimensionen von kulturellen Gegenständen sichtbar werden lassen.

Der beschriebene Anspruch der Kulturwissenschaft schließt ein, daß sie diese Kernkompetenzen in historisch-diachroner wie in systematischer Perspektive zu entfalten sucht. Um dabei der Illusion entgegenzuwirken, die Fragen an einen Gegenstand ergäben sich spontan aus diesem selbst, wird sie die angezielte Reflexionskompetenz an die Rezeption und Anwendung rivalisierender Theorien von Kultur rückzubinden haben.

3. Eingrenzung oder Öffnung?

Schon früh war in den Debatten um die «Kulturwissenschaft» und die Modernisierung der Geisteswissenschaften der Gedanke einflußreich, die universitäre Ausbildung im Prinzip disziplinär, die Forschungspraxis aber «transdisziplinär» auszurichten (Mittelstraß 1989). Die Kulturwissenschaft wäre in dieser Perspektive vor allem ein Privileg der Postgraduierten, die sich in einem Spezialfach solide Grundkenntnisse erworben haben und von daher zu einer anspruchsvollen Horizonterweiterung befähigt sind. Es ist fraglich, ob diese zeitliche Reihenfolge von Disziplinarität und Interdisziplinarität sinnvoll ist: Wer zum ‹Fachidioten› ausgebildet wird, wandelt sich nicht nach dem Examen plötzlich zum transdisziplinären Forscher. Dennoch ist unverkennbar, daß dieses Modell die gegenwärtigen Institutionalisierungsprozesse der Kulturwissenschaft bestimmt. Das Netz der Forschungsinstitute und Graduiertenkollegs mit kulturwissenschaftlicher Ausrichtung ist sehr viel engmaschiger als das der Studiengänge.

Wenn sich die Kulturwissenschaft als grundständiges Fach gegenüber diesem Modell idealer «transdisziplinärer» Forschung behauptet, so gewiß nicht, indem sie sich dem Phantasma einer Superwissenschaft angleicht, die den Diskurs der geistes- und sozialwissenschaftlichen Disziplinen moderierend begleitet und optimiert. Gegen die Entleerung zur Moderatorfunktion bleibt ihr nur, sich ihrerseits als Disziplin mit ausgeprägten Forschungsprofilen auszuweisen, die auf das Lehrangebot und den verläßlichen Ausbau der skizzierten Kernkompetenzen rückwirken. Dazu gehört intern, daß sie den Versuchungen des Universaldilettantismus entgegensteuert, und extern, daß sie den Legitimationsdruck erfolgreich beantwortet, der nicht zuletzt aus wissenssoziologischen Gründen auf jedem Neuling im Kanon der Universitätsfächer lastet.

Dabei kann ihr zum einen die Erinnerung helfen, daß alle Sozial- und Geisteswissenschaften, die dem Sezessionsdrang skeptisch begegnen, als Produkte des 19. Jahrhunderts noch relativ jung sind. Zum anderen der Hinweis, daß Erosion, Sezession und disziplinäre Neuordnung wissenschaftsgeschichtlich nicht den Notstand oder Ausnahmefall anzeigen, sondern zur Normalität der Entfaltung des modernen Wissenschaftssystems gehören. Und drittens ist das ihr häufig vorgeworfene Dilemma der Unschärfe des Kulturbegriffs zugleich eines ihrer Fundamente: «Die häufig beobachtete und beklagte Unschärfe des Kulturbegriffs ist diesem unveräußerlich. [...] Das Charakteristische der Kultur ist nicht als Gegebenes, nicht als Tatsache oder ‹Faktenaußenwelt› beliebig verfügbar. Ebensowenig läßt sich, was wir Kultur nennen, planmäßig erzeugen oder willkürlich steuern» (Konersmann 1996a, S. 327).

4. Empfehlung für Studienanfänger

Wer ein Studium der Kulturwissenschaft aufnehmen möchte, sollte sich unbedingt vorher informieren, in welcher Form – wenn überhaupt – das Fach an der angezielten Universität angeboten wird und in welchem Verhältnis es dort zu den etablierten geisteswissenschaftlichen Disziplinen steht. Stand und Ausrichtung der Kulturwissenschaft differieren nämlich an deutschen Universitäten extrem, und auch die ‹kulturwissenschaftliche Modernisierung› der traditionellen Fächer weist erhebliche Unterschiede auf. Für Studierende ist es darum wichtig zu erfahren, was sie an den jeweiligen Orten der Universitäten erwartet. Da die Kulturwissenschaft in jedem Fall transdisziplinär ausgerichtet ist, sollte ferner die Frage der mitzustudierenden Zweitfächer sorgfältig entschieden werden: Gründliche Erfahrungen in einer anderen Disziplin mit tradierten Inhalten und Forschungsmethoden sind für Studierende der Kulturwissenschaft hilfreich – unabhängig davon, ob die Zweitfächer einmal als Vorbild der reflektierten Anlehnung oder kritischen Abgrenzung dienen werden. Erst auf der Grundlage solcher Recherchen sollten künftige Studierende der Kulturwissenschaft eine Entscheidung über einen Studienort und eine konkrete Fächerkombination treffen. Die genaue Information über Lehrangebote und Studienpläne der Kulturwissenschaft an den verschiedenen Universitäten ist hier noch wichtiger als bei anderen Fächern. Ein erster Überblick findet sich im folgenden Kapitel.

V. Kulturwissenschaftliche Studienangebote und Forschungseinrichtungen

Seit der ersten Auflage dieses Buchs im Jahr 2000 hat sich der Trend zur Herausbildung kulturwissenschaftlich orientierter Lehrangebote und Forschungsprojekte erheblich verstärkt und diversifiziert. Wir haben deshalb die Auflistung wichtiger kulturwissenschaftlicher Studienangebote und Forschungseinrichtungen im deutschsprachigen Raum für die vorliegende Ausgabe auf den aktuellen Stand (Januar 2007) gebracht. Dabei mussten wir die einzelnen Beschreibungen aus Platzgründen kürzen. Zur weiterführenden Information sei auf die jeweils mit angegebenen Internetadressen verwiesen.

Die Zunahme kulturwissenschaftlicher Angebote in Forschung und Lehre ist nicht gleichzusetzen mit der Herausbildung *der* Kulturwissenschaft (im Singular) als akademische Disziplin. Diese ist vielmehr ein Sonderfall innerhalb des lockeren Gewebes, als das man bis heute die Infrastruktur und Institutionalisierung der Kulturwissenschaften bezeichnen muss. Die in den Debatten der 1980er und 1990er Jahre ausgeprägte Konkurrenz zwischen den Kulturwissenschaf*ten* als Großensemble und *der* Kulturwissenschaft als eigenständigem Fach ist nicht nur rhetorischer Natur. Die dominante, von Institutionen wie der Deutschen Forschungsgemeinschaft unterstützte Tendenz hat stets den «Begriff der historisch-anthropologisch ausgerichteten Kulturwissenschaften» als Perspektive oberhalb der im Prinzip unveränderten Einzeldisziplinen gedacht, als «Fluchtlinie, auf die hin viele Entwicklungen in den einzelnen Disziplinen der Geistes- und Sozialwissenschaften konvergieren». Man kann aus dieser Perspektive die kulturwissenschaftliche Orientierung als Motor für «eine neue innere, die Einzelfächer inhaltlich und methodisch übergreifende Einheit» (Gall 1993, S. 14) fördern, ohne die Kulturwissenschaft als Disziplin zu wollen.

Dies erschwert für Studienanfänger die Orientierung. Sie sehen sich einer Vielfalt von kulturwissenschaftlichen Studiengängen gegenüber, die zwischen konsequenter Praxis- bzw. Berufsorientierung und synthetisierendem Theorieanspruch oszillieren. Zugleich stoßen sie innerhalb der traditionellen Disziplinen, etwa in den Philologien, allenthalben auf die «Kulturwissenschaften». Aus beiden Feldern ergeben sich die Umrisse dessen, was künftig «Kulturwissenschaft» im Singular sein könnte. Ihre Ansatzpunkte sind in Kapitel III entwickelt worden.

Um für Einsteiger den Informationshorizont zu öffnen und auf laufende Entwicklungen abzustimmen, werden in dem folgenden Überblick neben Studienangeboten, die unter «Kulturwissenschaft» firmieren, auch wichtige Forschungseinrichtungen aufgenommen, die organisatorisch an das Ensemble der Kulturwissenschaft*en* gebunden sind. Auch an ihnen sollte man ablesen, wohin sich die Kulturwissenschaft heute entwickelt. Deswegen sind zudem eine Reihe außeruniversitärer Forschungsinstitute mit kulturwissenschaftlicher Orientierung berücksichtigt. Sie sind keine Ausbildungsinstitutionen, wohl aber Schaltstellen für die universitäre wie außeruniversitäre Konzeption und Reflexion von Kulturwissenschaft wie Kulturwissenschaft*en*. Die Übersichten sind jeweils nach Städten sortiert.

1. Studienangebote

In den Vorlesungsverzeichnissen der Universitäten findet sich eine breite Streuung des Adjektivs «kulturwissenschaftlich» als Bezeichnung ganzer Fakultäten wie auch einzelner Institute, Studiengänge oder -schwerpunkte. Die Struktur des Fächerkanons bleibt davon oft unberührt. Erst in jüngerer Zeit haben sich grundständige kulturwissenschaftliche Studiengänge (mit Magister-, BA-, MA- oder Diplomabschluss) herausgebildet. Deren Profil ist oft stärker von lokalen Konstellationen geprägt als von den überregionalen, allgemeinen Debatten über Begriff und Status der Kulturwissenschaft(en). Charakteristisch für die Kulturwissenschaft als Disziplin ist der schwache organisatorische Zusammenhang oberhalb der lokalen Curricula. Es ist auch eine Konsequenz des Föderalismus, dass man das Fach Kulturwissenschaft in Leipzig anders als in Lüneburg, hier wieder anders als in Berlin, Saarbrücken, Tübingen oder Frankfurt/Oder aufgebaut hat. Während sich die *Zeitschrift für Kulturwissenschaften* in der Gründungsphase befindet, gibt es für *die* Kulturwissenschaft kein verbindliches Sprachrohr, keinen Dachverband. Da das Fach noch jung ist, haben die Älteren unter den Lehrenden in der Regel nicht selbst «Kulturwissenschaft» studiert und rekrutieren sich aus historisch-philologischen und sozialwissenschaftlichen Disziplinen.

Nicht minder vielfältig als die Ausbildungsziele und das Lehrangebot kulturwissenschaftlicher Studiengänge ist ihr Status. Die Definition der Kulturwissenschaft als «transdisziplinäre» oder «interdisziplinäre» Reflexionswissenschaft führt an einigen Universitäten dazu, sie nicht als Vollstudiengang, sondern als Ergänzungsangebot mit Nebenfachstatus oder als fakultatives Begleitstudium anzubieten.

Die folgende Übersicht ist auf kulturwissenschaftliche Studienangebote im engeren Sinn begrenzt und kann nur eine Auswahl bieten. Sie berücksichtigt nicht das inzwischen breit gefächerte Lehrangebot auf dem Gebiet des «Kulturmanagements» (Jäger/Schönert 1997), nimmt aber die «Angewandten Kulturwissenschaften» auf. Wo als mögliche Abschlüsse, neben den jüngst eingeführten Bachelor- und/oder Master-Abschlüssen, auch noch der «Magister» angegeben ist, handelt es sich um auslaufende Magisterstudiengänge. Angaben über die Studierendenzahlen schließen diese mit ein. Sie unterliegen ebenso wie die Angaben über die Zahl der angestellten Hochschullehrer und -innen konjunkturbedingten Schwankungen. Die Beschreibungen der Studienangebote sind, sofern nicht anders angegeben, Auszüge aus den jeweils angegebenen Internetseiten.

**Institut für Europäische Ethnologie /
Volkskunde an der Universität Augsburg**
Gründungsjahr: 2005
Leiterin: Prof. Dr. Sabine Doering-Manteuffel (Fachvertreterin)
Mögliche Abschlüsse: Magister, Diplom
Lehrende: 8, Studierende: 550
Internet: www.philhist.uni-augsburg.de/lehrstuehle/volkskunde/
index.html

«Die gegenwärtige Europäische Ethnologie/Volkskunde versteht sich als eine Disziplin, die sich mit dem alltäglichen Leben breiter Bevölkerungskreise, deren kulturellen Äußerungen in Vergangenheit und Gegenwart beschäftigt. Sie analysiert dabei Zeugnisse aus materiellen, ‹geistigen›, sozialen Kulturbereichen und der Geschichte der europäischen Alltagskultur.

In Augsburg wird trotz eines geringen Personalstandes ein breiter Ansatz verfolgt, so bekommen die Studierenden einen umfangreichen Einblick in das Fach. Dabei kommen sowohl regionale Phänomene aus dem bayerisch-schwäbischen Raum zur Sprache als auch überregionale und europäische Vergleiche.

Feste Bestandteile der momentanen Forschungsfelder in Augsburg sind: Magie und Aberglaubensforschung, Kleiderforschung (Kleidungsverhalten, Mode), Populärkultur und soziale Bewegungen, Märchen und Erzählforschung, Migration und interethnische Forschung (Interaktionssystem zwischen verschiedenen ethnischen Einheiten) sowie zahlreiche praxisbezogene Projekte.

Hinsichtlich der Frage nach den Qualifikationen von Europäischen EthnologInnen/VolkskundlerInnen für spezielle Berufsbilder wird man die jeweiligen Fächerkombinationen als persönliche Schwerpunktsetzung interpretieren können. Die der Europäischen Ethnologie/Volkskunde am nächsten stehenden Einzelwissenschaften sind, neben den verschiedenen historischen Fächern, die Kunstgeschichte, die Soziologie und die Germanistik. Möglich ist jedoch auch eine individuelle Fächerauswahl, wobei Kombinationen mit philologischen, medienwissenschaftlichen, pädagogischen und geographischen Fächern sowie Politologie, Psychologie usw. üblich sind.»

Studiengang «Kulturwissenschaft mit Schwerpunkt Religion»
an der Kulturwissenschaftlichen Fakultät der Universität Bayreuth
Gründungsjahr: 1999
Leiterin: Prof. Dr. Wiebke Putz-Osterloh (Dekanin)
Mögliche Abschlüsse: Bachelor, Master
Lehrende: 9, Studierende: 110
Internet: www.uni-bayreuth.de/departments/kuwi/index.html

«Der neuartige Studiengang wendet sich an Studierende, die sich rasch und umfassend orientieren und ihre spätere Berufsplanung flexibel gestalten möchten. Er kombiniert Elemente aus Religionswissenschaft, ev. und kath. Theologie, Soziologie, Islamwissenschaft und anderen Fächern zu einem gut organisierten Studienprogramm rund um das Thema ‹Religion›. Schwerpunkte sind gegenwärtige Entwicklungen, europäische Religionsgeschichte, indische und afrikanische Religionen, interreligiöser Dialog. Das Studium bietet somit eine Alternative zu den herkömmlichen Religionsfächern mit ihrer festgelegten theologisch-kirchlichen oder historisch-philologischen Ausrichtung. Der Abschluss ist nicht konfessionsgebunden.

Der Studiengang vermittelt Kenntnisse für eine Berufstätigkeit außerhalb der klassischen Religionsberufe (Pfarrer/in, Religionslehrer/in) in Bereichen wie Kulturmanagement, Beratungstätigkeiten in religiösen und interkulturellen Belangen, Erwachsenenbildung, Medien- und Verlagswesen, Kongress- und Ausstellungsorganisation. Um die Berufschancen zu verbessern, werden allgemeine Basiskenntnisse vermittelt (z. B. professionelle Textgestaltung), berufsqualifizierende Seminare durchgeführt und – in Zusammenarbeit mit potentiellen Arbeitgebern – Praktika organisiert. Mit der Wahl eines nichtgeisteswissenschaftlichen Nebenfachs wird die Berufsqualifikation weiter verstärkt.»

Kulturwissenschaftliches Seminar der Humboldt-Universität zu Berlin
Gründungsjahr: 1970/1993/2006
Geschäftsführende Direktorin: Prof. Dr. Christina von Braun
Mögliche Abschlüsse: Magister, Bachelor, Master
Lehrende: 21, Studierende: 1300; zulassungsbeschränkt (NC)
Internet: www.culture.hu-berlin.de

«Die Bachelorstudiengänge ‹Kulturwissenschaft› (Kombi-BA) und ‹Archäologie und Kulturwissenschaft› (Mono-BA) setzen die kulturwissenschaftliche Tradition der Humboldt-Universität zu Berlin fort.

Für die kulturwissenschaftliche Ausbildung gilt dabei die Prämisse, dass Kulturarbeit heute mehr denn je konzept- und wissensorientiert ist. Der erfolgreiche Studienabschluss qualifiziert daher für Berufe mit historisch-systematisch fundierten Reflexionsansprüchen in den Bereichen von Bildung und Wissensvermittlung, Kultur- und Kunstproduktion, Redaktion, Öffentlichkeitsarbeit, Beratung und nicht zuletzt von Wissenschaft und Forschung.

Die Berliner Kulturwissenschaft fokussiert weniger auf Begriffe, Ideen oder Theorien als auf Gegenstände, Artefakte und den kulturellen Umgang mit ihnen. (...) Die Analyse der Kulturtechniken (...), der dabei stattfindenden Wissenstransformationen und der für diese Praktiken notwendigen Materialität (Artefakte, Apparate, Medien usf.) ersetzt nicht die Arbeit am Text, am Begriff oder der Theorie. Doch ist beides nicht ohne das andere denkbar und bedingt sich gegenseitig.

Die kulturwissenschaftlichen Studiengänge (...) stellen sich dem Anspruch, dass sich Kulturen über das von ihnen über lange Zeiträume tradierte Wissen konstituieren, sei es als Geschlechterordnung, Wahrnehmungs- und Bewertungsschemata, Kult/Religion, Techniken und Medien oder als Performance. Kulturgeschichte widmet sich nicht nur einer Wissenschaftsgeschichte im Sinne einer *history of science*, sondern vor allem der Geschichte des Wissens als einer *history of knowledge*. (...)

Neben den einführenden Modulen ‹Theorien – Methoden – Kanon› und ‹Studienpraxis› durchlaufen die Studierenden vier weitere Module: 1. Gegenstände: Texte, Dinge, Bilder, Operationen; 2. Imagination – Körper – Wahrnehmung; 3. Techniken – Praxen – Materialisierungen; 4. Episteme – Strukturen – Medien.

Der zum Sommersemester 2009 startende Master-Studiengang ‹Kulturwissenschaft› schließt direkt an die Ausbildung im Bachelor an.»

Institut für Europäische Ethnologie an der Humboldt-Universität zu Berlin
Gründungsjahr: 1970/1992
Geschäftsführender Direktor: Prof. Dr. Wolfgang Kaschuba
Mögliche Abschlüsse: Magister, Bachelor
Professoren: 3, Studierende: 600; zulassungsbeschränkt (NC)
Internet: www2.hu-berlin.de/ethno

«Europäische Ethnologie ist in ihrem Berliner Zuschnitt eine noch junge, perspektivreiche Disziplin. Durch die Erkenntnis geprägt, dass die klassischen Sozialwissenschaften mit ihrer Zersplitterung in Sub- und Teildisziplinen bei der empirischen Analyse von Phänomenen und Prozessen spätmoderner Gesellschaften offenbar an die Grenzen ihrer Erklärungskraft gelangt sind, bildet Europäische Ethnologie ein spannendes Unternehmen im Schnittfeld von Volkskunde, Ethnologie und Geschichtswissenschaft.

Als Studienfach hat sich die Europäische Ethnologie vor allem in kritischer Auseinandersetzung mit der Volkskunde einerseits und der außereuropäischen Ethnologie andererseits entwickelt. Die klassische Unterscheidung beider Fächer wurde lange Zeit in Form einer einfachen Gegenüberstellung bestimmt, nach der sich die Volkskunde mit der ‹eigenen Kultur› beschäftigte, die Völkerkunde hingegen mit ‹fremden Kulturen›. Diese Formel beinhaltet jedoch eine Reihe von Vorannahmen, die nicht mehr tragfähig erscheinen. Die ‹eigene Kultur› moderner Industriegesellschaften, die meist innerhalb sprachlicher und politisch-nationaler Grenzen konzipiert wurde, erweist sich in ihrer sozialen Gliederung, in ihrer Einbindung in globale Kulturprozesse und Migrationsbewegungen als alles andere denn homogen, vertraut und ‹eigen›. Umgekehrt gilt für außereuropäische Kulturen, daß diese oft in hohem Maße in die gleichen globalen Prozesse wie westliche Industriegesellschaften eingebunden sind und kulturelle Muster in Auseinandersetzung mit Transformationsprozessen entwickelt werden, die als andere – aber eben nicht völlig andere – Modernisierungspfade analysiert werden können. In eine – allerdings unzulängliche – Kurzformel gebracht, kann das Anliegen des Faches Europäische Ethnologie als die Beobachtung und Erforschung des Anderen in der ‹eigenen› wie in ‹fremden› Kulturen beschrieben werden, wobei dieses Andere stets durch den forschenden Blick fixiert und mitkonstruiert wird: Menschen, Gruppen, Verhaltensweisen, Werthorizonte, Symbole, Dinge werden als ‹anders› wahrgenommen, indem sie ins Auge gefaßt werden, um sie zu verstehen.»

Institut für Kulturwissenschaft an der Universität Bremen
Gründungsjahr: 1986
Geschäftsführende Direktorin: Prof. Dr. phil. Dorle Dracklé
Mögliche Abschlüsse: Magister, Bachelor, Master
Lehrende: 5, Studierende: 1000
Internet: www.kultur.uni-bremen.de

«An der Universität Bremen ist die Ausbildung akademisch auf drei Säulen ausgerichtet, die in dieser Kombination in Deutschland einmalig sind. Die Ausbildung umfasst Kulturtheorie und Kulturgeschichte, Ethnologie und Kommunikations- und Medienwissenschaft. (...) Kultur ist der Ausgangspunkt, von dem aus die drei Einzelwissenschaften sich aufeinander zubewegen, sich gegenseitig informieren und austauschen. Während des Studiums werden die Grundlagen der Fachgebiete vermittelt, um später interdisziplinär arbeiten zu können. Das Studium verbindet Kulturtheorie und Kulturgeschichte, Kommunikations- und Medienwissenschaft und Ethnologie. Kulturtheorie und Kulturgeschichte werden in ihren gesellschaftlichen Dimensionen gelehrt, um die Reflexion über die Produktion von Wissen und seine Konstruktivität zu fördern. Die Kommunikations- und Medienwissenschaft untersucht Prozesse von Medienkommunikation im Hinblick auf deren Bedeutung für Kulturen und ihren Wandel. Die Ethnologie gewinnt Erkenntnisse über Interkulturalität aus der intensiven Beziehung der Forschenden zu ihrem Untersuchungsgegenstand, dem Menschen in seinem jeweiligen kulturellen Kontext, und aus der Dynamik zwischen Eigenem und Fremdem. Im B. A. Kulturwissenschaft sind diese drei Bereiche bereits im Studium durch die Methodenausbildung und ein übergreifendes Projektmodul zur Vertiefung eigener Studieninteressen verbunden. Das Studium des B. A. beinhaltet Medienpraxis, praktische Methodenausbildung sowie ein betreutes Berufspraktikum und ein fakultatives Auslandsstudium.

Der Bachelorstudiengang Kulturwissenschaft bildet Studierende für Berufsfelder einer im weitesten Sinne zu verstehenden Kulturpraxis aus: Dazu gehören z. B. Öffentlichkeitsarbeit, Arbeit in Medien, Verbänden und Unternehmen sowie in öffentlichen und privaten Kulturinstitutionen.»

Institut für Kultur und Medien
an der Heinrich-Heine-Universität Düsseldorf
Gründungsjahr: 2006
Geschäftsführender Leiter: Prof. Dr. Reinhold Görling
Mögliche Abschlüsse: Bachelor, Master, Promotion
Lehrende: 2 (+12 Eckprofessuren), Studierende: 374;
zulassungsbeschränkt (NC, Eignungsprüfung)
Internet: www.phil-fak.uni-duesseldorf.de/medienkulturwissenschaft

«Der Bachelorstudiengang Medien- und Kulturwissenschaft ist ein interdisziplinär konzipierter Integrationsstudiengang, an dessen Durchführung mehrere Fächer beteiligt sind: Kunstgeschichte, Philosophie, Geschichte, Modernes Japan, Germanistik, Romanistik, Anglistik/ Amerikanistik, Allgemeine Sprachwissenschaft, Pädagogik und Informationswissenschaft. Das Ziel des Studienganges ist es, den Studierenden den komplexen Zusammenhang zwischen Medien und Kultur transparent zu machen und sie durch Vermittlung von Wissen, analytischen Fähigkeiten und dem Erwerb gestalterischer Kompetenzen zu befähigen, zukünftige Entscheidungen in ihrem Berufsleben unter Berücksichtigung dieser Komplexität zu fällen und kreativ zu wirken. Anthropologische, soziologische, psychologische, historische und ästhetische Zugangsweisen ergänzen und konturieren das interdisziplinäre Fach. Visuelle Kultur und der Darstellungscharakter von Kultur sind sich durchziehende Fragestellungen.

Das Studium gliedert sich in die vier Modulbereiche Kommunikation, Kultur, Medien, Interkulturelle Kommunikation, Praxis und einen Wahlbereich. Nach den Einführungsmodulen der ersten beiden Semester werden die Aufbaumodule ‹Medien und Gesellschaft›, ‹Medien und Ästhetik›, ‹Medien, Gesellschaft, Technik›, ‹Interkulturalität› studiert, die jeweils Veranstaltungen aus mehreren Modulbereichen umfassen. Das Modul ‹Praxis› soll mit den verschiedenen medienkulturellen Tätigkeiten und Berufsfeldern bekannt machen; diese Seminare und Übungen werden überwiegend von Lehrbeauftragten durchgeführt, die im medienkulturellen Bereich tätig sind.

Der forschungsorientierte Master-Studiengang verfolgt das Ziel, die Studierenden zu einer breiten Kenntnis und zur Fähigkeit der kritischen Analyse der medialen Konstitution und Prägung von Subjektivität und Kultur zu führen. Ein Schwerpunkt liegt in der Qualifikation zum theoretischen und praktischen Verständnis wissensbasierter und interkultureller Prozesse. Der Studiengang zeichnet sich durch seine intensive Berücksichtigung der inter- und transkulturellen Dimension sowie seine besondere Akzentuierung der vergleichenden Medienkulturforschung aus.

Darüber hinaus bietet er eine Qualifikation für Tätigkeiten in allen Praxisfeldern der kulturellen Öffentlichkeit und ermöglicht den Einstieg in die Forschung in diesem im Entstehen begriffenen Fachgebiet.

Einem Einführungsmodul folgen im ersten und zweiten Semester die Grundlagenmodule ‹Wahrnehmung›, ‹Darstellung› und ‹Produktion›. Im zweiten und dritten Semester müssen die Studierenden das Vertiefungsmodul ‹Interkulturalität und Vergleichende Medienkulturforschung› absolvieren und können zwischen den Vertiefungsmodulen ‹Wissensinszenierungen› oder ‹Audiovisuelle Kultur› wählen. Es muss ein Teamprojekt im Zusammenhang mit den Vertiefungsmodulen durchgeführt und präsentiert werden. Die Masterarbeit soll auf das vierte Semester fallen und wird von einem Masterkolloquium begleitet.»

(*Quelle:* Originalbeitrag Reinhold Görling)

Institut für Kulturanthropologie und Europäische Ethnologie der Universität Frankfurt / Main
Gründungsjahr: 1974
Geschäftsführender Direktor: Prof. Dr. Manfred Faßler
Mögliche Abschlüsse: Magister, Bachelor, Master
Lehrende: 12, Studierende: 600; zulassungsbeschränkt (NC)
Internet: www.uni-frankfurt.de/fb09/kulturanthro

«Das Frankfurter Institut für Kulturanthropologie und Europäische Ethnologie wurde 1974 gegründet. Im Jahr 2000 eröffnete sich die Chance, die Lehr- und Forschungsschwerpunkte Medienevolution sowie Medien- und Wissenskulturen neu einzuführen und aufzubauen. (...)

Das Forschungsprofil des Schwerpunkts manifestiert sich in der empirischen Erforschung kultureller Prozesse in gegenwärtigen Gesellschaften, die sich ebenso aus sozialwissenschaftlicher Methodik wie aus den Instrumentarien der Sozial- und Kulturanthropologie (ethnographische Feldforschung, Kultur- und Gesellschaftsvergleich) speist. Die Forschungsfelder sind identisch mit den Lehrbereichen, zu denen die Lehrenden des Instituts kontinuierlich Veranstaltungen anbieten.

Themen sind: transnationale Beziehungen und globale Kulturprozesse, Kulturproduktion und -vermittlung, Wissensgesellschaft, Stadt- und Regionalentwicklung, Medienkulturen, Lebens- und Konsumstile,

Medial verfasste Raum- und Zeitkonzepte, Medienanthropologische Forschungen.»

Studiengang «Kulturwissenschaften» an der Kulturwissenschaftlichen Fakultät der Europa-Universität Viadrina in Frankfurt/Oder
Gründungsjahr: 1993
Leiter: Prof. Dr. Heinz Dieter Kittsteiner (Dekan)
Mögliche Abschlüsse: Bachelor, Master (auslaufend)
Lehrende: 28, Studierende: 800; zulassungsbeschränkt (NC)
Internet: www2.kuwi.euv-frankfurt-o.de/de/profil/index.html

«Der Bachelorstudiengang hat fünf Funktionen:

Erstens werden die Studierenden mit den Gegenständen, Fragestellungen, Methoden sowie der Entwicklung der Kulturwissenschaften vertraut gemacht. Zentrale Texte der Kulturwissenschaften werden erarbeitet, zentrale Begriffe und Konzepte diskutiert sowie in Probleme des interdisziplinären Arbeitens eingeführt.

Zweitens werden in zwei frei wählbaren Disziplinen Techniken des wissenschaftlichen Arbeitens, ‹Handwerkszeug›, Basiskenntnisse und theoretische Orientierungen auf disziplinärer Basis vermittelt. Es kann zwischen folgenden Disziplinen gewählt werden: Kulturgeschichte, Literaturwissenschaften, Sprachwissenschaften, Vergleichende Sozialwissenschaften.

Drittens erfolgt eine fundierte Ausbildung – Unicert II bzw. eine Allgemeinsprachliche Ausbildung – in zwei frei wählbaren modernen Fremdsprachen. Das Erlernen von Fremdsprachen ist Teil des kulturwissenschaftlichen Studiums, keine Zulassungsvoraussetzung.

Viertens bilden an den anderen Fakultäten der Viadrina – der juristischen oder der wirtschaftswissenschaftlichen – zu erbringende Leistungsnachweise die angestrebte interdisziplinäre Zusammenarbeit der an der Universität vertretenen Fachbereiche.

Fünftens bekommen die Studierenden praxisrelevante Fertigkeiten vermittelt, die für den Berufseinstieg von großer Bedeutung sind: Neben einem mindestens vierwöchigen berufsbezogenen Praktikum und einem mindestens dreimonatigen Auslandsaufenthalt (…) sind zwei Wahlpflichtelemente aus den Bereichen Exkursionen, Projektseminare, Kultur- und Projektmanagement und ähnlichen Bereichen zu belegen.»

(*Quelle*: http://www2.kuwi.euv-frankfurt-o.de/de/studium/bachelor/index.html)

Institut für Kulturanthropologie / Europäische Ethnologie
an der Georg-August-Universität in Göttingen
Gründungsjahr: 2003
Leiterin: Prof. Dr. Regina Bendix
Mögliche Abschlüsse: Magister, Bachelor, Master
Lehrende: 12, Studierende: 442; zulassungsbeschränkt (NC)
Internet: www.kaee.uni-goettingen.de

«Kulturanthropologie/Europäische Ethnologie, kurz: KAEE, ist eine kulturwissenschaftliche Disziplin, die in enger Nachbarschaft zu Geschichte, Sprach- und Literaturwissenschaft, Kunstgeschichte, Völkerkunde, Religionswissenschaft u. a. die Lebensformen der Bevölkerung im europäischen Bereich untersucht.

Gegenstand der Forschung sind geistige und materielle Kulturgüter als Ausdruck von Werten und Normen sowie die wechselseitigen Vermittlungsprozesse innerhalb sozialer Schichten und Gruppen. Ziel kulturanthropologischer Kulturanalyse ist es, mit Hilfe vergleichender Methoden Konstanz und Wandel des Alltagslebens in Vergangenheit und Gegenwart aufzuzeigen und nach Möglichkeit an der Lösung soziokultureller Probleme in unserer Gesellschaft teilzunehmen.»

**Studiengang «Kulturwissenschaften und ästhetische Praxis»
im Fachbereich II: Kulturwissenschaften und Ästhetische
Kommunikation an der Universität Hildesheim**
Gründungsjahr: 1977
Leiter: Prof. Dr. Wolfgang Schneider (Dekan)
Möglicher Abschluss: Diplom
Lehrende: 21, Studierende: 750; zulassungsbeschränkt (NC)
Internet: www.uni-hildesheim.de/de/fb2.htm

«Die Interaktion von wissenschaftlicher und ästhetischer Praxis gibt diesem Studiengang das unverwechselbare Anspruchsprofil. Literatur, Theater, Medien, Musik und Bildende Kunst sind gleichermaßen Gegenstände der wissenschaftlichen wie der künstlerischen Reflexion. In den künstlerischen Fächern wird eine Sensibilität für ästhetische Prozesse entwickelt, die dem wissenschaftlichen Studium zugute kommt und umgekehrt. Kulturpolitische Studien und Praktika ergänzen das durch Bezugsfächer wie Philosophie, Soziologie, Psychologie usf. fundierte Studienprogramm.»

Studienbereich «Volkskunde / Kulturgeschichte»
an der Friedrich-Schiller-Universität Jena
Gründungsjahr: 1998
Leiter: Prof. Dr. Christel Köhle-Hezinger / Prof. Dr. Michael Maurer
Mögliche Abschlüsse: Magister, Bachelor, Master
Lehrende: 2, Studierende: 500; zulassungsbeschränkt (NC)
Internet: www.uni-jena.de/Bereich_Volkskunde_
Kulturgeschichte.html

«Volkskunde/Kulturgeschichte besteht aus den Teilfächern Volkskunde und Kulturgeschichte. Im Grundstudium müssen beide Teilfächer belegt werden, im Hauptstudium ist eine Schwerpunktbildung möglich. Volkskunde wurzelt im 18. Jahrhundert, in Staatswissenschaft, Statistik und Romantik. Mit ihren Sammlungen zu ‹Volkspoesie und Rechtsaltertümern› legten die Brüder Grimm (wie schon zuvor J. G. Herder) den Grundstein für eine geisteswissenschaftlich-philologisch ausgerichtete Disziplin. In den 1970er Jahren wandelte sich das Selbstverständnis der Volkskunde hin zu einer Sozial- und Kulturwissenschaft. Erzählforschung und Sachkulturforschung, jene seit Anbeginn der Volkskunde ‹eigenen› Bereiche, sind bis heute die unbestritten zentralen Forschungsfelder des Faches. Volkskunde ist eine kulturwissenschaftliche Disziplin, die sich den Lebensformen der Menschen zuwendet, vornehmlich im Bereich der eigenen (regionalen, deutschsprachigen) Kultur. Volkskunde ist ein empirisches Fach. Seine Zugänge sind vornehmlich qualitativ (‹weiche Methoden›), seine Arbeitsweisen hermeneutisch-interpretativ. Im Zentrum seines Interesses steht die Popular- und Alltagskultur (Geschichte, Geschlecht, Gesellschaft, Symbole und Zeichen). Die Jenaer Kulturgeschichte befasst sich schwerpunktmäßig mit der eigenen Kultur, d. h. mit der europäisch-abendländischen Kultur. Die Kulturgeschichte gewinnt ihre Erkenntnisse in methodisch verantworteter Weise aus Quellen (empirisch vorfindlichen Substraten, Objektivationen des Kulturprozesses), unter denen traditionell Schriftquellen an erster Stelle stehen (im Blick auf das Privatleben von Menschen also beispielsweise Autobiographien, Tagebücher, Briefe, Reiseberichte usw.), die jedoch im Rahmen einer fortschreitenden Kulturwissenschaft zunehmend durch Sachrelikte, Bildquellen, musikalische Überlieferung ergänzt werden.

Die Jenaer Kulturgeschichte bietet im Wechsel Lehrveranstaltungen an, die sich fünf verschiedenen Ansatzpunkten zuordnen lassen: Vergleichende europäische Kulturgeschichte, Kulturtheorie, Wissenschaftsgeschichte, Institutionenkunde, Medienanalyse.»

(*Quelle:* www.unijena.de/data/unijena_/studium/grundstaendig/magister/MANFVOLKSKUNDE.pdf)

**Begleitstudium «Angewandte Kulturwissenschaft»
an der Universität Karlsruhe**
Gründungsjahr: 2002
Leiterin: PD Dr. Caroline Y. Robertson-von Trotha
Mögliche Abschlüsse: Begleitstudium
Lehrende: 7, Studierende: 352
Internet: www.zak.uni-karlsruhe.de

«Im Rahmen des Begleitstudiums Angewandte Kulturwissenschaft erhalten Studierende einen fundierten Einblick in gesellschaftliche und kulturelle Kontexte, Kausalitäten, Bedingungen und Vorgänge. Ergänzend zum Fachstudium werden Grundlagen der Kulturwissenschaft und Kulturarbeit und Schlüsselqualifikationen wie interdisziplinäres Denken und Handlungskompetenz, (inter-)kulturelle und soziale Kompetenz und fachübergreifendes Orientierungswissen vermittelt, die für alle Berufe zunehmend an Bedeutung gewinnen.

Die Studierenden erlangen zusätzliche Berufsqualifikationen, z. B. für Wissenschafts- und Technikjournalismus, Öffentlichkeitsarbeit und kulturorientierte Managementberufe. Da die zentrumseigenen Seminarangebote (ebenso wie viele der assoziierten Fakultäten) in kleineren Gruppen stattfinden, werden zudem im Begleitstudium grundlegende Techniken der Recherche, der teamorientierten Gruppenarbeit, Präsentation von Ergebnissen und der schriftlichen Ausarbeitung von Themenstellungen vermittelt und eingeübt.

Das Begleitstudium steht Studierenden aller Fakultäten der Universität Karlsruhe (TH) ab dem ersten Semester offen. Dabei richtet es sich gleichermaßen an Studierende und Promovierende der Ingenieurs-, Technik- und Naturwissenschaften wie auch der Geistes- und Sozialwissenschaften.»

(*Quelle:* http://www.zak.uni-karlsruhe.de/255.php)

Institut für Kulturwissenschaften der Universität Leipzig
Gründungsjahr: 1963 / 1993
Geschäftsführende Direktorin: Prof. Dr. Monika Wohlrab-Sahr
Mögliche Abschlüsse: Magister, Bachelor
Lehrende: 6, Studierende: 1000; zulassungsbeschränkt (NC)
Internet: www.uni-leipzig.de / ~kuwi

«Im Zentrum von Lehre und Forschung des Studiengangs Kulturwissenschaften steht die Analyse der Kultur moderner Gesellschaften vom 19. Jahrhundert bis zur Gegenwart. Ausgehend von einer eingehenden Beschäftigung mit den spezifischen Merkmalen und Entwicklungen der deutschen Kultur werden diese im Verlaufe des Studiums unter einer komparativen Perspektive in Beziehung gesetzt zu Kulturen anderer west- und osteuropäischer Länder.

Wir gehen des weiteren davon aus, dass sich so komplexe Phänomene wie Kulturen nicht hinreichend unter einer einzelnen fachspezifischen Perspektive analysieren lassen. Insofern ist der Studiengang Kulturwissenschaften in Leipzig interdisziplinär ausgerichtet. Die Fächer Kulturphilosophie, Kulturgeschichte und Kultursoziologie sind die drei beteiligten akademischen Disziplinen; sie beleuchten aus ihrer je spezifischen Perspektive die Merkmale, Strukturen und Entwicklungspfade moderner Kulturen und vermitteln Studenten substantielles Grundwissen über verschiedene europäische Kulturen, aber vor allem analytische Fähigkeiten, um die Entstehung, Veränderung und Auflösung von Symbolwelten von Gesellschaften verstehen und erklären zu können. Dieser Struktur des kulturwissenschaftlichen Studiengangs widerspricht es nicht, dass diesem zugleich eine (berufs-)praktische Orientierung zu eigen ist. In dem vierten Bereich des Studiengangs, dem Bereich ‹Kulturmanagement und Kulturvermittlung›, wird betriebswirtschaftliches, organisatorisches und rechtliches Wissen der Kulturproduktion und des Kulturtransfers vermittelt. (...) Zudem sind die Studenten verpflichtet, während ihres Studiums ein längeres Praktikum bei Kulturverwaltungen und Kulturbetrieben zu absolvieren. Diese Praktika dienen nicht nur der Vermittlung angewandten Wissens, sondern auch der Kontaktaufnahme zu möglichen späteren Berufsfeldern.»

Studiengang «Angewandte Kulturwissenschaften»
an der Universität Lüneburg
Gründungsjahr: 1986
Leiter: Prof. Dr. Herbert E. Colla (Dekan)
Möglicher Abschluss: Magister
Lehrende: 70, Studierende: 1700; zulassungsbeschränkt (NC)
Internet: www.uni-lueneburg.de/fb3/einricht/kuwi.php

«Das Konzept des Lüneburger Studiengangs ‹Angewandte Kulturwissenschaften› zielt darauf ab, die Vielfalt und Offenheit der durch die Neuen Kulturwissenschaften thematisierten Gegenstandsfelder in angemessener Reduktion abzubilden. Als Magisterstudiengang betont er einen wissenschaftsbezogenen und theoretischen Zugriff; mit der Zusatzbezeichnung ‹angewandt› akzentuiert er einen Praxisbezug, der flexibel auf die expandierenden kulturellen Berufsfelder reagiert. Mit diesem ‹gemischten› Konzept hat der Studiengang bislang mehr als 1000 Absolventinnen und Absolventen hervorgebracht, die sehr guten Anschluss an den Arbeitsmarkt (...) gefunden haben.

Der 1986 gegründete Studiengang führt zu einem Magisterabschluss (M. A.) nach einer Regelstudienzeit von neun Semestern. Postgradual kann ein Dr. phil. erworben werden.

Die zu wählende Teilfächerstruktur umfasst insgesamt ein Hauptfach, zwei Nebenfächer und einen als Allgemeinqualifizierenden Grundblock bezeichneten Bereich (...).

Zu den Besonderheiten des Lüneburger Modells zählt die Untergliederung des Hauptfaches, ein Strukturmerkmal, das auf eine Erhöhung der Interdisziplinarität des Studiums zielt. Das Hauptfach besteht aus zwei Teilen, die als ‹Studiengebiete des Hauptfaches› bezeichnet werden. Erstes und zweites Studiengebiet des Hauptfaches sind aus einem Spektrum zu wählen, das insgesamt sieben Teilfächer umfasst. Gewählt werden können die folgenden Studiengebiete: Betriebswirtschaftslehre, Kunst- und Bildwissenschaften, Kulturgeographie, Kulturtheorie, Musik, Sozial- und Kulturgeschichte, Sprache und Kommunikation.»

**Institut für Europäische Ethnologie / Kulturwissenschaft
an der Philipps-Universität Marburg**
Gründungsjahr: 1963
Geschäftsführender Direktor: Prof. Dr. Harm-Peer Zimmermann
Mögliche Abschlüsse: Magister, Master, Bachelor
Lehrende: 3, Studierende: 546
Internet: www.uni-marburg.de/fb03/euroethno

«Das Fach Europäische Ethnologie/Kulturwissenschaft versteht sich als eine empirisch ausgerichtete, ethnologisch (Paradigma des Fremdverstehens) und kulturwissenschaftlich (verstehend-deutend) argumentierende Wissenschaft, die sich mit den Formen alltäglicher Lebensgestaltung und populären Kulturphänomenen im europäischen (wie im historischen) Kontext befasst. EE/KW fragt danach, welche Erfahrungen die Individuen in gegebenen Machtverhältnissen und Strukturen machen, welche Handlungsmotivationen und Innensichten sie dabei ausbilden und welche Gruppenzusammengehörigkeiten sie konstituieren. Es geht um die hermeneutische Auslegung von Alltagspraktiken, Identitätskonstruktionen und Differenzentwürfen vor dem Hintergrund ihres geschichtlichen Gewordenseins.

Die Stärke des Fachs besteht darin, in ethnographisch dichter Weise einen Ausschnitt von Welt, sei es nun eine Lebenswelt, ein Netzwerk, ein Konflikt oder ein Diskursraum, in seiner ganzen Komplexität und seinen multiplen Dimensionen greifbar zu machen und so den ‹großen Erzählungen›, d. h. übergreifenden Gesellschaftserklärungen, aussagekräftige ‹kleine Erzählungen›, d. h. ‹dichte Beschreibungen›, zur Seite zu stellen. Dabei richtet sich die Aufmerksamkeit besonders auf solche Themen und Felder, die im gesellschaftlichen Diskurs unsichtbar bleiben oder marginalisiert werden, auf Ab- und Ausgrenzungen bzw. Konstruktionen von ‹Authentizität› und ‹reinen› Formen, auf ethnisierende Tendenzen und kulturalistische Setzungen. Die Kategorie ‹Gender› sowie Ansätze aus der Friedens- und Konfliktforschung werden im Fach EE/KW mitgedacht.»

«Angewandte Kulturwissenschaften –
Kultur, Kommunikation & Management»
an der Westfälischen Wilhelms-Universität Münster
Gründungsjahr: 1993
Leiter: Prof. Alexander Dilger
Mögliche Abschlüsse: Nebenfach im Magisterstudiengang, Bachelor
Lehrende: 14, Studierende: 500
Internet: egora.uni-muenster.de/kkm

«Das Ausbildungskonzept des Faches Angewandte Kulturwissenschaften – Kultur, Kommunikation & Management vermittelt den Studierenden die Fähigkeit, den raschen Wandel, den wir in den letzten Jahren in der Gesellschaft erlebt haben, zu begreifen, ihn zu interpretieren und im Rahmen ihrer zukünftigen Tätigkeit in den Bereichen Kultur, Medien und Wirtschaft mitzugestalten.

Letztmalig wurden zum Wintersemester 2004/05 Studierende in ein erstes Semester dieses Studiengangs eingeschrieben.»

«Historisch orientierte Kulturwissenschaften» an der Universität
des Saarlandes in Saarbrücken
Gründungsjahr: 1999
Leiter: Prof. Dr. Clemens Zimmermann
(Erster Sprecher des Studiengangs)
Mögliche Abschlüsse: Diplom
Lehrende: 23, Studierende: 180; zulassungsbeschränkt (NC)
Internet: www.hok.uni-saarland.de/index.htm

«Der Diplom-Studiengang ‹Historisch orientierte Kulturwissenschaften› (HoK) ermöglicht ein interdisziplinär ausgerichtetes Studium mit wissenschaftlichem Charakter – unter besonderer Betonung der historischen Dimension –, das in Tätigkeiten des modernen Kultur- und Medienbetriebs einführt. (…)

Neben der grundständigen Ausbildung in Disziplinen wie Geschichte, Geographie, Philosophie, Kunst- und Musikgeschichte, Archäologie oder Religionswissenschaft (…) können im sogenannten Ergänzungsfach Zusatzqualifikationen in Bereichen wie Wirtschaft, Recht, Medien, Psychologie oder Sprache erworben werden.

Das Konzept des (…) Studiengangs ‹Historisch orientierte Kulturwissenschaften› lässt sich nicht von einem engen, fest umrissenen Kulturbegriff leiten. Es folgt vielmehr dem Anspruch, ein umfassendes Verständnis der in historischen Prozessen variierenden Denk- und Verhaltensweisen von Menschen und gesellschaftlichen Gruppen zu erzielen. (...)

In der wissenschaftlichen Arbeit richtet sich der Blick sowohl auf die ‹objektiven› ökonomischen, sozialen, politischen, religiösen, kulturellen und räumlichen Strukturbedingungen der Lebenspraxis als auch auf die subjektiven Wahrnehmungs-, Deutungs- und Handlungsmuster der Akteure, auf die ihnen zugrunde liegenden Moral- und Wertvorstellungen sowie auf die individuell unterschiedliche, emotional gesteuerte Verarbeitung von Erfahrungen. Die Studieninhalte sind dabei sowohl periodenorientiert (von der Vor- und Frühgeschichte bis zur Zeitgeschichte) als auch problemorientiert gegliedert (Wirtschafts- und Religionsgeschichte, Kulturgeographie, Lateinische Kultur, Kunst- und Musikgeschichte, Kultur- und Mediengeschichte, Philosophie).

Das ‹Saarbrücker Modell› unterscheidet sich von kulturwissenschaftlichen Studiengängen anderer Universitäten (...) durch seine konsequente historische Orientierung. Von einem traditionellen Magisterstudium hebt sich der neue Ansatz insofern deutlich ab, als kulturwissenschaftlich interessante Phänomene durch verschiedenste disziplinäre Zugänge hindurch untersucht werden.»

Ludwig-Uhland-Institut für empirische Kulturwissenschaft der Universität Tübingen
Gründungsjahr: 1971
Leiter: Prof. Dr. Bernhard Tschofen
Mögliche Abschlüsse: Magister, Bachelor, Master
Lehrende: 15, Studierende: 450; zulassungsbeschränkt (NC)
Internet: www.uni-tuebingen.de/kultur

«Die Tübinger Empirische Kulturwissenschaft (EKW) gehört zum Kreis der Fächer, die aus der Volkskunde hervorgegangen sind. Sie untersucht Phänomene der Alltagskultur in gegenwartsbezogener und historischer Perspektive. Beide Sichtweisen dienen dazu, die kulturelle Ordnung und Dynamik moderner Gesellschaften zu analysieren und zu interpretieren. Grundlegende theoretische Kategorie der EKW ist Kultur, verstanden als der permanente Prozess des praktischen Aushandelns der Regeln, nach denen Menschen, Gruppen und Gesellschaften zusammenleben, sich verständigen und voneinander abgrenzen. Die EKW erforscht, wie Menschen arbeiten, ihren Alltag organisieren und miteinander verkehren, wie sie mit dem natürlichen und kulturellen Erbe umgehen und welches Bild sie sich von diesen Beziehungen selbst machen.

Im Rahmen eines BA-Studiums kann Empirische Kulturwissenschaft als Hauptfach, Nebenfach oder Ergänzungsfach/Wahlpflichtfach studiert werden. Das BA-Studium ist Teil eines konsekutiven Studiengangs; bei einem qualifizierten Abschluss kann es in einem zweijährigen forschungsorientierten Master-Studiengang EKW fortgeführt werden.

Der Bachelorstudiengang EKW vermittelt grundlegende fachwissenschaftliche Kenntnisse, Methoden und Arbeitstechniken, die zum Verständnis der historischen und kulturellen Konstitution der modernen europäischen Gesellschaften notwendig sind. Die Studierenden erwerben die Fähigkeit, alltägliche regionale, ethnische, religiöse und genderbezogene Phänomene und Konflikte im Kontext sozialer, historischer und gesellschaftspolitischer Entwicklungen zu analysieren. Dazu fokussieren der Modulaufbau und die thematische Ausrichtung der Lehrveranstaltungen alltagskulturelle Phänomene und verknüpfen gegenwartsorientierte, historische, vergleichende und methodisch-reflexive Blickrichtungen.

Integraler Bestandteil des Studiums sind Fachexkursionen sowie zwei Praktika von insgesamt zwölf Wochen Dauer, die in einem Kolloquium vorbereitet, begleitet und ausgewertet werden. Das Studium schließt verschiedene berufsfeldbezogene Zusatzqualifikationen ein und bereitet auf ein breites Spektrum von Berufen und Tätigkeitsfeldern vor.»

(*Quelle*: Studienordnung Empirische Kulturwissenschaft, September 2006)

**Studiengang «Medienkultur» an der Fakultät
«Medien, Bereich Medienkultur» der Bauhaus-Universität Weimar**
Gründungsjahr: 1996
Leiter: Prof. Dr. sc. hum. Jens Geelhaar (Dekan)
Mögliche Abschlüsse: Bachelor, Master
Lehrende: 9, Studierende: 800; zulassungsbeschränkt (NC)
Internet: www.uni-weimar.de/cms/Studiengaenge.29,0.html

«Die Wissenschaft der ‹Medienkultur› entwickelt historische und theoretische Modelle, die den ästhetischen, gesellschaftlichen und technologischen Wandel als Kulturvorgang und Sinnprozess begreifen und beschreiben. Sie begleitet somit forschend und lehrend die vielfach aufgefächerten medialen Prozesse und fördert die historische und theoretische Urteilskraft im Umgang mit den Medien. Sie greift mit Hilfe ihrer Beschreibungen und Diagnosen in die Auseinandersetzung mit den Medien und mit ihrer Gestaltung ein.

Medienkulturelle Lehre trägt zum Erwerb von Medienkompetenz als wichtiger Kulturtechnik bei. Dabei untersucht Medienkultur auch den Einfluss von Medien als Erkenntnismittel auf die historische und theoretische Erkenntnis selbst. Im Rahmen der Kultur-, Geistes- und Humanwissenschaften wächst Medienwissenschaft und mit ihr auch die medienkulturelle Forschung in die Funktion einer Grundlagendisziplin hinein. Dabei sind eine Berücksichtigung auch praktischer Belange der Mediengestaltung und eine besondere Beschäftigung mit Fragen des Medienmanagements notwendig.

Zu den wichtigsten Aufgaben künftiger Absolventen im Studiengang Medienkultur zählt der Erwerb interkultureller Kompetenz. Das Studium der Medienkultur ist deshalb international und in Sonderheit europäisch orientiert. Das Lehrangebot der Medienkultur erstreckt sich über die Bereiche: medienwissenschaftliche Grundlagen (Medientheorie, Mediengeschichte), Medienphilosophie, Geschichte und Theorie Künstlicher Welten, Geschichte und Theorie der Kulturtechniken, Geschichte und Theorie der Bildmedien, Europäische Medienkultur, Mediensoziologie, Medienmanagement, Marketing und Medien, Kunst-, Design- und Architekturwissenschaften; zudem werden mediengestalterische Praxisanteile integriert.»

(*Quelle:* http://www.uni-weimar.de/cms/Medienkultur.2.0.html)

2. Forschungseinrichtungen

Institut für Europäische Kulturgeschichte an der Universität Augsburg
Gründungsjahr: 1990
Geschäftsführender Direktor: Prof. Dr. Wolfgang E. J. Weber
Internet: www.uni-augsburg.de/institute/iek/html/iek.html

«Das Institut für Europäische Kulturgeschichte ist eine zentrale wissenschaftliche Einrichtung der Universität Augsburg. Seine Aufgabe ist die Förderung von interdisziplinären Forschungen zur europäischen Kulturgeschichte auf der Grundlage der historischen Quellenbestände in den Bibliotheken und Archiven in Augsburg und Schwaben.

Der Aktivitätsbereich des IEK umfasst:

- die Erfassung und Verbreitung entsprechender Informationen in Wort, Schrift und Bild
- die Unterstützung und Durchführung entsprechender Vorträge, Tagungen und Ausstellungen
- die Unterstützung und Vermittlung von Forschungsaufenthalten und -aktivitäten einschlägig arbeitender Doktoranden, Postdoktoranden und Professoren
- die Anregung, Planung und Unterstützung entsprechender Lehrveranstaltungen
- die Vermittlung, Unterstützung und Realisierung entsprechender Publikationen.»

Graduiertenkolleg 510: «Wissensfelder der Neuzeit» am Institut für Europäische Kulturgeschichte der Universität Augsburg
Gründungsjahr: 1998
Leiter: Prof. Dr. Johannes Burkhardt
Internet: www.uni-augsburg.de/institute/iek/html/gk.html

«Das Graduiertenkolleg ist der multidisziplinären Erforschung derjenigen Formen der Wissensproduktion, -verbreitung und -speicherung gewidmet, die die Entstehung und den Aufbau der neuzeitlichen Informationskultur bedingen. Gefördert werden Promotionsvorhaben oder Forschungsvorhaben von Promovierten aus den genannten Fachrichtungen. Im Vordergrund stehen die frühmoderne Ausweitung von Schriftlichkeit in skriptographischer und typographischer Form und die serielle Bündelung von Texten in medialen Feldern und Beständen. Diese Aspekte können an den kulturhistorischen Avantgardismen und den umfassenden Archiv- und Bibliotheksbeständen Augsburgs unter Nutzung der Infrastruktur des Instituts für Europäische Kulturgeschichte exemplifiziert werden.»
(*Quelle*: http://www.dfg.de/jahresbericht/Web4fb2047f61/.htm)

Graduiertenkolleg 424: «Codierung von Gewalt im medialen Wandel» an der Humboldt-Universität zu Berlin
Gründungsjahr: 1998 (endet 2007)
Leiter: Prof. Dr. Joseph Vogl
Internet: www2.hu-berlin.de/gewalt/programm.htm

«Im Verständnis des Graduiertenkollegs gilt Gewalt nicht als natürliche oder anthropologische Gegebenheit, sie wird durch – im weitesten Sinne – ‹symbolische Kulturtechniken› hervorgebracht. (…)

Im Sinne des Kollegs gelten Medien methodisch als praktische und technische Möglichkeitsbedingungen, unter denen Codierungen von Gewalt historisch implementiert wurden und werden. In diesem Sinne erforscht das Kolleg den medialen Wandel, durch den sich eine ‹Geschichte› der Medien allererst konstituiert.»

Graduiertenkolleg 1014: «Geschlecht als Wissenskategorie»
an der Humboldt-Universität zu Berlin
Gründungsjahr: 2005
Leiterin: Prof. Dr. Christina von Braun
Internet: www2.hu-berlin.de/gkgeschlecht/

«Die Geschlechter- bzw. Genderforschung ist ein interdisziplinäres Forschungsfeld, das in den letzten Jahrzehnten entscheidend dazu beigetragen hat, die Konzeptionen von Geschlecht in vielen Disziplinen grundlegend zu reflektieren.

Das Graduiertenkolleg greift diesen interdisziplinären Ansatz auf, um erstens die für die einzelnen Disziplinen charakteristische Formierung von Geschlecht als Wissenskategorie zu untersuchen und zweitens vergleichend die Differenzen zwischen den Disziplinen wie auch die Gemeinsamkeiten im Umgang mit dieser Wissenskategorie herauszuarbeiten.

Dabei rekurriert das Kolleg auf die immer deutlicher werdenden Überschneidungen zwischen der Wissenschaftstheorie und -geschichte einerseits und der Geschlechterforschung andererseits. Das Ziel ist ein doppeltes: Erstens soll mit ‹Geschlecht als Wissenskategorie› das kritische Potential der Geschlechterforschung für die innerdisziplinäre Reflexion der epistemologischen Grundlagen des Wissens fruchtbar gemacht werden. Zweitens verfolgt die transdisziplinäre Fragestellung des Kollegs das Ziel, der Geschlechterforschung eine tragfähige methodologische Basis zu geben.»

Sfb 447: «Kulturen des Performativen» an der Freien Universität Berlin
Gründungsjahr: 1999
Leiterin: Prof. Dr. Erika Fischer-Lichte
Internet: www.sfb-performativ.de

«Der *Sonderforschungsbereich Kulturen des Performativen* untersucht das Verhältnis von Performativität und Textualität sowie die Funktionen und Bedeutungen des Performativen in den großen europäischen

Kommunikationsumbrüchen im Mittelalter, in der Frühen Neuzeit und in der Moderne.

Im Sonderforschungsbereich werden Funktion und Bedeutung performativer Prozesse und ihr Verhältnis zur Textualität zur Zeit großer Kommunikationsumbrüche der europäischen Kultur systematisch erforscht. Denn es erscheint sinnvoll, die Relation von Performativität und Textualität in Konstellationen zu untersuchen, in denen die Kommunikationsverhältnisse eine neue Wertung erfahren und mithin die Bedingungen der Materialität und Medialität von Kommunikation veränderte Vorgaben für Performativität und Textualität schaffen, wie sich dies zum Beispiel an der Einführung eines professionellen Theaters als eines multimedialen Massenmediums im ausgehenden 16. Jahrhundert zeigen lässt. Die erste Umbruchsituation, die der Sonderforschungsbereich untersucht, umfasst das Mittelalter und die frühe Neuzeit. In diesem Zeitraum sind vor allem vier entscheidende Veränderungen der Kommunikationsverhältnisse zu nennen: die Verschriftlichung der Volkssprachen, die ihren ersten Höhepunkt im 12. Jahrhundert erreichte, die Erfindung des Buchdrucks im 15. Jahrhundert, ein verstärkter dialogischer Bezug auf antike Autoritäten sowie die Begegnung mit den neu ‹entdeckten› Kulturen. Die zweite wichtige Umbruchsituation ist mit der Entwicklung der ‹neuen› Medien seit dem 19. Jahrhundert gegeben und erstreckt sich bis in die unmittelbare Gegenwart.»

Berlin
Sfb 640: «Repräsentationen sozialer Ordnungen im Wandel» an der Humboldt-Universität zu Berlin
Gründungsjahr: 2005
Leiter: Prof. Dr. Hartmut Kaelble
Internet: www.repraesentationen.de/

«Der SFB widmet sich der vergleichenden Erforschung eines breiten Spektrums von Repräsentationen sozialer Ordnungen: politischen, religiösen, ethnischen, multiethnischen, gesellschaftlichen, nationalen und internationalen. Als Repräsentationen werden öffentlich ausgehandelte oder durchgesetzte, gesellschaftlich konsensfähige oder umstrittene Vorstellungen und Bilder verstanden, die vergangene, gegenwärtige oder zukünftige gesellschaftliche Wirklichkeiten darzustellen beanspruchen und in denen Entwürfe des Eigenen wie des Anderen enthalten sind. Repräsentationen sind unter dieser Perspektive nicht bloße Widerspiegelungen von sozialen Ordnungen, sondern auch Modelle für die Wirklichkeit, so interessieren vor allem die Wirkungen von Repräsentationen auf soziale Ordnungen. Hauptziel des SFB ist der Vergleich zwischen Europa und außereuropäischen Kulturen in Asien, Afrika und Lateinamerika und die Untersuchung ihrer Verflechtungen.»

Sfb 644: «Transformationen der Antike»
an der Humboldt-Universität zu Berlin
Gründungsjahr: 2005
Leiter: Prof. Dr. Hartmut Böhme
Internet: www.sfb-antike.de

«Der Sonderforschungsbereich ‹Transformationen der Antike› vereint zehn kulturwissenschaftliche Fächer der Humboldt-Universität zu Berlin, zwei Fächer der Freien Universität Berlin und das Max-Planck-Institut für Wissenschaftsgeschichte in 16 Projekten mit ca. 50 Wissenschaftlerinnen und Wissenschaftlern aus insgesamt sechs Fakultäten. Das Ziel des Projektes ist es,
• die konstitutiven Funktionen der Antike bei der Ausbildung der europäischen Wissenschaftsgesellschaft und ihrer Disziplinen sowie
• die Rolle der Antike bei der Entstehung neuzeitlicher und moderner kultureller Identitäten und Selbstkonstruktionen zu untersuchen und dabei besonders
• die künstlerischen, literarischen, übersetzerischen und medialen Formen der Rezeption zu analysieren.

Auf allen drei Ebenen des Projekts stehen dabei die Transformationen im Mittelpunkt, die sowohl die Ausgangskulturen wie die jeweiligen Zielkulturen betreffen. (...)

Die Untersuchungsfelder des SFB 644 erstrecken sich von der Spätantike und das Mittelalter über die Frühe Neuzeit, die Aufklärung und das 19. Jahrhundert bis in die Moderne.»

Hermann von Helmholtz-Zentrum für Kulturtechnik (HZK)
an der Humboldt-Universität zu Berlin
Gründungsjahr: 2000
Leiter: Prof. Dr. Jochen Brüning
Internet: www2.hu-berlin.de/kulturtechnik

«Das Hermann von Helmholtz-Zentrum für Kulturtechnik (HZK) ist ein interdisziplinäres Zentrum der Humboldt-Universität zu Berlin. Es dient der systematischen Erforschung der Wechselwirkungen zwischen wissenschaftlichen oder kulturellen Umbrüchen und technischen Neuerungen. Die Arbeit ist projektbezogen. Schwerpunkte werden gesetzt bei den fundamentalen Kulturtechniken Bild, Schrift und Zahl und ihrer wechselseitigen Verschränkung sowie bei der Sammlung und Analyse der die technologischen Innovationen begleitenden technischen Bilder. In enger Verbindung mit diesen Untersuchungen widmet sich das Zentrum in einem besonderen Schwerpunkt der Erschließung und Präsentation des großen wissenschaftsgeschichtlichen Fundus, den die Sammlungen der Humboldt-Universität darstellen.»

Graduiertenkolleg 1049: «Archiv, Macht, Wissen – Organisieren, Kontrollieren, Zerstören von Wissensbeständen von der Antike bis zur Gegenwart» an der Universität Bielefeld
Gründungsjahr: 2005
Leiterin: Prof. Dr. Martina Kessel
Internet: www.uni-bielefeld.de/geschichte/gk1049

«Das Graduiertenkolleg bietet (...) bis zu 17 hochqualifizierten NachwuchswissenschaftlerInnen die Möglichkeit zur Promotion an der Universität Bielefeld. Regelmäßig werden Arbeitsgruppen und Kolloquien sowie Workshops und Tagungen mit SpezialistInnen abgehalten. Der Zuschnitt der Veranstaltungen ist interdisziplinär und international. Die DoktorandInnen werden intensiv durch ProfessorInnen der Universität Bielefeld betreut und haben die Möglichkeit zum Austausch mit jährlich wechselnden PostdoktorandInnen und internationalen GastwissenschaftlerInnen. Mehrmonatige Auslandsaufenthalte der DoktorandInnen sind vorgesehen.

Das Graduiertenkolleg hat zum Ziel, unterschiedliche methodische Ansätze – von der material culture über die historische Semantik bis zur Institutionengeschichte – miteinander zu verbinden. Damit sollen die Prämissen einer neuen Kulturgeschichtsschreibung im Sinne einer historisch-anthropologischen Erforschung von Wissenskonstruktionen berücksichtigt werden.»

Graduiertenkolleg 706: «Kulturhermeneutik im Zeichen von Differenz und Transdifferenz» an der Universität Erlangen
Gründungsjahr: 2001
Leiter: Prof. Dr. Kay Kirchmann
Internet: www.kulturhermeneutik.uni-erlangen.de

«Zentraler Forschungsgegenstand des Graduiertenkollegs sind Prozesse kultureller Differenzierung und Entdifferenzierung. Vor dem Hintergrund von Globalisierung einerseits und (Re-)Partikularisierung andererseits geht es darum, komplexe Vorgänge kulturellen Wandels und kultureller Übersetzung wahrnehmbar und beschreibbar zu machen bzw. im hermeneutischen Sinne zu verstehen. Methodisch knüpfen die Forschungen an die in der deutschen und europäischen Geistesgeschichte prominente Hermeneutik an, transformieren und erweitern diese jedoch von einem traditionsreichen Verfahren der Textauslegung zu interdisziplinären Methoden der Erschließung kultureller Prozesse. Eine solche Kulturhermeneutik geht von einem weiten und nicht normativen Kulturbegriff aus und versteht Kultur niemals als homogen und statisch, sondern immer als dynamisch, komplex und heterogen. Demgemäß bedeutet ‹Verstehen› nicht ‹Horizontverschmelzung›, sondern beständige Auseinandersetzung und Aushandlung. Dieser Zugang ist zudem notwendigerweise selbstreflexiv, da Standpunkt und Perspektive der Forschenden ihren Gegenstand mit hervorbringen.»

**Kulturwissenschaftliches Institut in Essen
im Wissenschaftszentrum Nordrhein-Westfalen**
Gründungsjahr: 1988
Leiter: Prof. Dr. Jörn Rüsen
Internet: www.kwi-nrw.de

«Das Kulturwissenschaftliche Institut in Essen ist ein interdisziplinäres Forschungskolleg in der Tradition internationaler Advanced-study-Institute. Es dient als Kristallisationskern für fachübergreifende Debatten und Forschungen im Bereich kulturwissenschaftlicher Grundsatzprobleme, die durch fachspezifische Fragestellungen allein nicht beantwortet werden können.

Die Arbeitsthemen der Forschungsgruppen beziehen sich auf Orientierungsprobleme des zeitgenössischen Kulturbewußtseins. (...) Ein Blick auf die seit der Eröffnung des Instituts im Jahre 1989 bearbeiteten Themen zeigt die Spannbreite der Fragestellungen: Gedächtnis, Ikonographie des Politischen, Topographie der Geschlechter, Kulturgeschichte der Natur, Ästhetische Inszenierung der Demokratie, Revierkultur, Demokratie – Öffentlichkeit – Medien, Staatswerdung Europas, Sinnkonzepte als Orientierungssysteme, Politische Theorie der Massenkultur, Lebensformen im Widerstreit, Antinomien der postmodernen Vernunft.»

(*Quelle*: http://www.kwi-nrw.de/cms/k7.Kulturwissenschaftliches_Institut_NRW_Essen.htm)

Graduiertenkolleg 563: «Öffentlichkeiten und Geschlechterverhältnisse. Dimensionen von Erfahrung» der Johann Wolfgang Goethe-Universität Frankfurt/Main und der Universität Kassel
Gründungsjahr: 1999
Leiterinnen: Prof. Dr. Claudia Brinker-von der Heyde, Prof. Dr. Barbara Friebertshäuser
Internet: web.uni-frankfurt.de/cgc/cgc-grako.html

«In dem interdisziplinär zusammengesetzten Graduiertenkolleg werden die historisch gewordenen und gegenwärtig vorherrschenden Konzeptionen von Öffentlichkeit und Privatheit sowie die damit verbundene Dimension der Erfahrung analysiert. (...) Neben der Rekonstruktion der Entstehung bestimmter Denkweisen, Handlungsformen und Gefühle in unterschiedlichen Epochen hinterfragt das Forschungsprogramm auch die scheinbaren Selbstverständlichkeiten von Denk- und Lebensweisen in unterschiedlichen kulturellen und sozialen Konfigurationen gegenwärtiger Gesellschaften. Zu den Problemfeldern, die im Rahmen des Graduiertenkollegs bearbeitet werden, gehören: die rechtlichen und sozialen Implikationen humangenetischer Forschungen und Reproduktionstechnologien beim Eingriff in die menschliche Fortpflanzung; Bilder von Mütterlichkeit und mütterliches Handeln zwischen privater und öffentlicher Sphäre; der Strukturwandel von Fürsorgeverhältnissen und ihre Neubewertung; die Vergesellschaftung des Alters und des Alterns angesichts gravierender demographischer Veränderungen einer alternden Gesellschaft; die öffentliche Artikulation von Unrechtserfahrungen in den Debatten um Menschenrechte und Asyl; Fragen von Bürgerrechten, Religionsfreiheit und Chancengleichheit im Kontext von Migrations- und Zuwanderungsprozessen; die Inszenierungen des Körpers und die darin sich verändernden Geschlechterverhältnisse im Lebenslauf bis ins Alter und damit einhergehende neue Alter(n)srisiken von Frauen und Männern.»

Sfb/FK 435: «Wissenskultur und gesellschaftlicher Wandel»
an der Johann Wolfgang Goethe-Universität Frankfurt/Main
Gründungsjahr: 1999
Leiter: Prof. Dr. Johannes Fried
Internet: web.uni-frankfurt.de/SFB435/

«Seit 1999 untersucht das (...) Forschungskolleg in variierender Besetzung Wechselwirkungen zwischen Wissen und Gesellschaft. In transdisziplinärem Zugriff arbeiten dazu Historiker verschiedener Ausrichtungen, Philosophen, Soziologen, Juristen, Ökonomen und Ethnologen (...) eng zusammen.

(...) Bei einem genetischen Wissensbegriff, der seinen Gegenstand nicht als ein überzeitliches Absolutum auffasst, zählen Begründbarkeit und Tradierbarkeit zu seinen in jeweils kontextabhängiger Ausgestaltung auftretenden Merkmalen. Sie machen deutlich, dass Wissen nur in einem Bezugsfeld von sozialen Praktiken thematisiert werden kann. Für dieses Bezugsfeld hat das Frankfurter Forschungskolleg den Begriff der Wissenskultur vorgeschlagen. Unter Wissenskultur verstehen wir daher all diejenigen Praktiken, die der Begründung eines Wissens als Wissen; seiner Sammlung, Ordnung und Prüfung; seiner Systematisierung; seiner Aufbewahrung, Weitergabe und Vermehrung; seiner Aktualisierung und Neuanwendung gelten. (...)

Die Präzisierung und Weiterentwicklung unserer Fragen (...) hat für die 2005 begonnene Arbeitsperiode nicht nur zu neuen Forschungsprojekten geführt, sondern auch zu einer Neustrukturierung der Bereiche (...):

A: Theorien des Wissens und der Wissenschaften

B: Institutionen der Wissenspolitik und der Wissensvermittlung

C: Formen des gesellschaftlichen Wissensgebrauchs

D: Generierung von Wissen und Wissenskulturen im gesellschaftlichen Wandel

E: Eigenlogik von Wissenskulturen im gesellschaftlichen Wandel

F: Transfer von Wissen und Wissenskulturen im gesellschaftlichen Wandel.»

**Zentrum zur Erforschung der frühen Neuzeit (Renaissance-Institut)
an der Johann Wolfgang Goethe-Universität Frankfurt/Main**
Gründungsjahr: 1993
Leiter: Prof. Dr. Alessandro Nova
Internet: www.uni-frankfurt.de/org/we/ri/index.html

«Das Zentrum zur Erforschung der Frühen Neuzeit (ZFN) dient der Erforschung der Umbruchzeit vom 15. bis zum 18. Jahrhundert, in der sich die modernen geistigen und gesellschaftlichen Verhältnisse herausbilden. Die Fragestellungen ergeben sich aus den Problemen der entwickelten Moderne (‹Postmoderne›, ‹Krise der Moderne›, ‹Dialektik der Aufklärung›): Gab es Alternativen? War der Prozeß der Modernisierung unausweichlich? Wo waren Krisen vorprogrammiert? Wo liegen unausgeschöpfte Möglichkeiten? Wie verstellt der jeweilige interessengeleitete Blick die Wahrnehmung anderer Möglichkeiten am Beginn der Moderne? Und wie sind die Einsichten in die Strukturen der Etablierung der ‹Moderne› nutzbar zu machen für eine humane ‹postmoderne› Welt?

Das Zentrum arbeitet dabei transdisziplinär und ist somit auch keinem Fachbereich an der Universität zugeordnet. Das ZFN will das an der Universität und in außeruniversitären Einrichtungen vorhandene Fachwissen koordinieren und Formen der Kooperation anregen.»

**Graduiertenkolleg 1185: «Lebensformen und Lebenswissen»
an der Universität Potsdam und der Europa-Universität Viadrina
Frankfurt/Oder**
Gründungsjahr: 2005
Leiter: Prof. Dr. Anselm Haverkamp, Prof. Dr. Christoph Menke
Internet: www.gk-lebensformen-lebenswissen.de

«Das Graduiertenkolleg Lebensformen und Lebenswissen untersucht Theorien, Praktiken und Künste des lebensimmanenten Wissens. ‹Lebenswissen› ist, in diesem Sinne verstanden, ein Wissen vom Leben, das im Leben gewonnen, formuliert, tradiert und zirkuliert wird. Im Konzept des Lebenswissens implizieren Leben und Wissen einander wechselseitig: Lebenswissen ist ein Wissen, das nur im Leben gewonnen werden kann, und bezieht sich auf ein Leben, das nur angeleitet durch Wissen geführt werden kann.

Das Kolleg gewinnt seine Perspektive auf diesen Gegenstand aus der Reflexion auf die Wissensbegriffe und Wissensordnungen der Moderne. Ihr Einsatz um 1800 ist durch das Projekt einer ‹Wissenschaft vom Leben› gekennzeichnet. Damit war nicht nur ein neuer Gegenstand wissenschaftlicher Erforschung gewonnen, sondern ein epistemologisches Modell formuliert, das bis zu den jüngsten Entwicklungen der Biowissenschaften den Begriff disziplinären Wissens insgesamt bestimmt hat. Weniger die neuzeitlichen Naturwissenschaften als vielmehr die ‹modernen› Lebenswissenschaften wurden zum Modell der späteren Kulturwissenschaften. Zugleich geriet die epistemologische Modellierung der Kulturwissenschaften nach dem Vorbild der Lebenswissenschaften an eine Grenze. Sie ist markiert durch die wechselseitige Äußerlichkeit von Wissen und Leben in den Lebenswissenschaften: Denn dort bezieht sich das Wissen vom Leben von außen auf das Leben als sein Objekt; dort ist deshalb das Leben ein Geschehen, das von sich selbst nichts weiß. Das gilt in modifizierter Weise besonders für die Neubestimmung der Lebenswissenschaften als ‹Biowissenschaften› in den letzten fünfzig Jahren.»

Graduiertenkolleg 1288: «Freunde, Gönner, Getreue. Praxis und Semantik von Freundschaft und Patronage in historischer, anthropologischer und kulturvergleichender Perspektive»
an der Albert-Ludwigs-Universität Freiburg
Gründungsjahr: 2006
Leiter: Prof. Dr. Ronald G. Asch
Internet: www.grk-freundschaft.uni-freiburg.de

«Das Graduiertenkolleg soll persönliche, den Familien- und Verwandtschaftskontext überschreitende Nahbeziehungen in unterschiedlichen Zeiten und Kulturen im Spannungsfeld zwischen symmetrischen Loyalitätsbindungen (Freundschaft von Gleichgestellten) und asymmetrischen Beziehungen (Patronage/Klientel) untersuchen. Nahbeziehungen dieser Art stellen ein offensichtlich universales, in allen Gesellschaften und Kulturen in unterschiedlicher Weise anzutreffendes Phänomen dar. Dies lässt sie geeignet erscheinen, im epochen- und kulturübergreifenden Vergleich analysiert zu werden. Dabei sollen bewusst die Themenkomplexe Freundschaft und Patronage miteinander verbunden werden. Nur so kann einerseits die Genese des modernen Ideals einer streng symmetrischen, von utilitaristischen Erwägungen freien, eher affektiven Freundschaftsbeziehung in ihrem historischen Kontext deutlich werden und andererseits eine Perspektive vermieden werden, die Patronage auch in vormodernen Gesellschaften nur unter instrumentellen Gesichtspunkten sieht. Das Kolleg soll sich thematisch an einer Reihe zentraler Fragen orientieren, die die Semantik von Freundschaft und Patronage, die historischen Konjunkturen der Freundschaft und die besondere Bedeutung interkultureller und geschlechtergeschichtlicher Aspekte ebenso einbeziehen wie die Verbindungen zwischen spezifischen Formen der Freundschaft und der politischen Kultur einer Gesellschaft. Auch die ökonomischen Aspekte solcher Beziehungen (gegenseitige wirtschaftliche Unterstützung) und die sozialen Praktiken, die Freundschaftsbindungen durch Gewährleistung von Zuversicht oder Vertrauen Dauerhaftigkeit verleihen, wären näher zu untersuchen.»

Sfb 434: «Erinnerungskulturen»
an der Justus-Liebig-Universität Gießen
Gründungsjahr: 1997
Leiter: Prof. Dr. Jürgen Reulecke
Internet: www.uni-giessen.de/erinnerungskulturen/home/index.html

«Der Gießener Sonderforschungsbereich 434 Erinnerungskulturen (...) untersucht die Inhalte und Formen kultureller Erinnerungen in ihrer Pluralität, Konstruktivität und Dynamik. Sein Anliegen ist es, Formen und Funktionen des Erinnerns von der Antike bis ins 21. Jahrhundert zu analysieren und so das Bewusstsein für die Historizität erinnerungskultureller Konstellationen zu schärfen. (...) Das Potential einer interdisziplinären Erinnerungsforschung wird von dem SFB seit seiner Gründung dazu genutzt, die Rahmenbedingungen des historischen Erinnerns, die Ausbildung spezifischer Erinnerungskulturen sowie der unterschiedlichen Formen der Erinnerung zu untersuchen.

Der SFB Erinnerungskulturen verbindet die praxisreflexive Methodik der Sozial- und Geschichtswissenschaften mit dem stärker formenorientierten Zugang der Literatur- und Kunstwissenschaften. Die interdisziplinäre Zusammenarbeit ermöglicht die Untersuchung der Rahmenbedingungen des historischen Erinnerns, der Ausbildung spezifischer Erinnerungskulturen sowie unterschiedlicher Formen der kollektiven Erinnerung. Durch das Zusammenspiel von Empirienähe und Theorieoffenheit, von Praxisreflexion und Beachtung des Medialen, von historischer Tiefendimension und Sensibilität für Aktualität wird Erinnerung zu einem integrativen Konzept der Kulturwissenschaften.»

**Giessen Graduate School for the Humanities (GGK) /
Giessener Graduiertenzentrum Kulturwissenschaften (GGK)
der Justus-Liebig-Universität**
Gründungsjahr: 2001
Direktor: Prof. Dr. Ansgar Nünning
Internet: www.uni-giessen.de/graduiertenzentrum/home/index.html

«Neben der strukturierten Gestaltung und qualitativen Verbesserung der Graduiertenausbildung stehen dabei die Erhöhung der Forschungsintensität des wissenschaftlichen Nachwuchses sowie die Internationalisierung und Professionalisierung der Promotionsphase im Vordergrund.»

**Graduiertenkolleg 1083: «Generationengeschichte.
Generationelle Dynamik und historischer Wandel im 19. und
20. Jahrhundert» an der Georg-August-Universität Göttingen**
Gründungsjahr: 2005
Leiter: Prof. Dr. Bernd Weisbrod
Internet: www.generationengeschichte.uni-goettingen.de

«Nach einer klassischen Definition von Wilhelm Dilthey ‹bildet eine Generation einen Kreis von Individuen, welche durch Abhängigkeit von denselben großen Tatsachen und Veränderungen, wie sie im Zeitalter der Empfänglichkeit auftraten, trotz der Verschiedenheit hinzutretender anderer Faktoren zu einem homogenen Ganzen verbunden sind›. Ganz ähnlich argumentiert Marc Bloch. (...) Aber weder ist nach Bloch von einer ‹Periodizität der Generationen› auszugehen noch von einer einheitlichen generationellen Prägung der verschiedenen Milieus. Obwohl der Begriff also selber ‹dehnbar› ist und sich Generationen per definitionem immer ‹gegenseitig durchdringen›, scheint ihm der Generationsbegriff ‹mehr und mehr dazu bestimmt, die erste Meßeinheit bei einer rationalen Analyse der Menschheitsgeschicke darzustellen›, weil Generationen in Kurzform dasselbe sind wie ‹Kulturen› (civilizations) in Langform. (...)

Die zahlreichen aktuellen Thematisierungen der Generationenproblematik stehen weitgehend unverbunden nebeneinander. Es führt kein Weg von der Stilisierung der ‹Generation Golf› – inzwischen schon wieder als Nachtrag – zum ‹Krieg der Generationen› in der Sozialstaatsdebatte oder von der ‹politischen Generation› in der nationalsozialistischen Täterforschung zur ‹generationellen Tradierungskrise› beim Zusammenbruch der DDR. Demgegenüber erwies sich die Annahme als verbindender methodischer Ansatz, daß die so gerne beschworenen Generationen in ihren Abfolgen und Konflikten in der Regel nicht die Lösung des zu untersuchenden Problems darstellten, sondern daß die generationelle Inszenierung solcher Abfolgen und Konflikte selber Teil des Problems ist.»

Forschungsstelle Politische Ikonographie an der Universität Hamburg
Gründungsjahr: 1991
Leiter: Dr. Joachim Buttler
Internet: www.warburg-haus.hamburg.de

«Die Forschungsstelle ist erwachsen aus einem Sonderbereich der Diathek des Kunstgeschichtlichen Seminars, in welchem die Diapositive nicht mehr nach Künstlern und Orten, sondern nach Themen geordnet waren. Von den Dias wurden Papierabzüge angefertigt, diese unter Stichworten eingestellt und um weitere Materialien (wie Fotos, Postkarten usw.) ergänzt. (…) Mit Hilfe von Wissenschaftlichen Mitarbeiter/innen und zahlreichen Hilfskräften entstand so im Laufe von fünf Jahren ein Sammlungskomplex, der sich aufgrund seiner Größe und Komplexität, aber auch aufgrund seiner ikonographischen Fragestellung für eine Unterbringung im zurückerworbenen Bibliotheksgebäude in der Heilwigstraße anbot. Heute umfasst die Forschungsstelle vier größere Abteilungen: den Bildindex, die Bibliothek, die Sammlung von Originalen, die Warburg Electronic Library.»

Sfb 619: «Ritualdynamik. Soziokulturelle Prozesse in historischer und kulturvergleichender Perspektive»
an der Ruprecht-Karls-Universität Heidelberg
Gründungsjahr: 2002
Leiter: Prof. Dr. Axel Michaels
Internet: www.ritualdynamik.uni-hd.de/

«Der Leitbegriff ‹Ritualdynamik› umfasst die folgenden Grundannahmen:
– Rituelles Tun ist (…) eine intra- und transkulturell zu beobachtende, über expressive Ausdrucksformen vermittelte Art und Weise symbolischen Verpflichtungshandelns, deren Wandel durch den Austausch zwischen unterschiedlichen Lebensformen bedingt ist, was u. a. auch komparatistische Untersuchungen nahelegt (Kriterium der Universalität).

– Rituale besitzen eine prozedurale Struktur, deren wissenschaftliches Studium auf besondere, prozessanalytisch fundierte Methoden angewiesen ist, die im Rahmen interdisziplinärer – text- und erfahrungswissenschaftlicher – Forschungsprogramme zu entwickeln und zu erproben sind (Kriterium der Prozessualität).

– Die Rekonstruktion der historischen Dynamik rituellen Handelns hat die besondere, im Sinne der Gleichzeitigkeit des Ungleichzeitigen beschaffene Zeitlogik dieses Handlungstyps zu beachten, die in der Regel am Rückgriff auf uralte Symbolisierungs- und Performanzmuster abzulesen ist (Kriterium der Rekursivität). (...)

– Die Forschungen der Teilprojekte beziehen sich auf rituelle Praktiken und Prozesse des alltagstranszendierenden Typs: Toten- und Initiationsrituale/Alters-, Sterbe- und Ahnenrituale/Macht- und Herrschaftsrituale/Tempel- und Festrituale/Freimaurerrituale/Gebets-, Weihe-, Trance- und Priesterrituale/Ritualisierungen des Kulturtransfers, des Holocaustgedenkens, der literarischen Kanonbildung, des jugendlichen Drogenkonsums und der Internetpräsentation.

– Folgende Kulturen und Länder gehören zum Spektrum des Forschungsprogramms des Projekts: Mesopotamien, Altägypten, hellenistische und kaiserzeitliche Kulturen Griechenlands und Roms, spätmittelalterliches und modernes Europa, Australien, Indien, Marokko, Nepal, Syrien, Taiwan, Türkei.»

Sfb 482: «Ereignis Weimar–Jena. Kultur um 1800»
an der Friedrich Schiller Universität Jena
Gründungsjahr: 1998
Leiter: Prof. Dr. Georg Schmidt
Internet: www2.uni-jena.de/ereignis

«Im Ereignis Weimar–Jena kulminiert die Aufklärung. Im Ereignis Weimar–Jena wird der Umbruch von weltordnenden zu weltentwerfenden Vorstellungen greifbar. Im Ereignis Jena–Weimar liegt eine der Nahtstellen in der Entwicklung von der Naturgeschichte zu den Naturwissenschaften.

Aus der Zusammenarbeit von Natur- und Geisteswissenschaften heraus sollen die wesentlichen Aspekte der Kultursynthese in Weimar und Jena um 1800 erschlossen werden. In transdisziplinären Studien sind Voraussetzungen, Triebkräfte und Leistungen dieses Ereignisses zu klären und in ihrer Bedeutung für die heutige Kulturdiskussion zu bestimmen. Fragestellung und Erkenntnisinteressen zielen auf die Gesamtkonstellation, die ideellen und materiellen Grundlagen, die Menschen und ihre Beziehungen, Ambitionen und Wirkungen, die gesellschaftlichen Strukturen und das Zusammenspiel von Politik, Wirtschaft, Wissenschaften und Künsten in Weimar–Jena am Ausgang des 18. und zu Beginn des 19. Jahrhunderts.

(…) Der Ereignisraum Weimar–Jena scheint aufgrund der Überschaubarkeit seines zeitlichen, räumlichen und personellen Rahmens ein Exempel zu sein, das prinzipielle Einsichten in das, was unter Kultur zu verstehen ist, gewinnen lässt. (…) Die erklärte Absicht, aus den fachlichen Perspektiven auszubrechen, dabei aber nicht einfach eine Vielzahl von Fragestellungen anzuhäufen, sondern auf eine auch methodologische Synthese der unterschiedlichsten Ansätze hinzuarbeiten, soll erlauben, die Kultur von Weimar–Jena in ihrer exemplarischen Bedeutung zu verstehen. Kultur, das, was der Mensch gestaltend hervorbringt, lässt sich als Überlagerung von Sozialem und Alltäglichem, Ästhetischem und Wissenschaftlichem erkennen.»

Graduiertenkolleg 658: «Bild. Körper. Medium. Eine anthropologische Perspektive» an der Staatlichen Hochschule für Gestaltung Karlsruhe
Gründungsjahr: 2000
Leiter: Prof. Dr. Beat Wyss
Internet: kunstwissenschaften.hfgkarlsruhe.de/index.php?option=
com_content&task=view&id=36&Itemid=49

«Die Fragen, die den Bildwissenschaften heute aufgegeben sind, tragen mehrere Optionen in sich. In dem GK sollen solche Fragen unter einer anthropologischen Perspektive gestellt werden. Diese Option bedarf keiner besonderen Rechtfertigung, da ‹das Bild›, wenn man dem Begriff auf den Grund geht, letztlich nur als anthropologische Kategorie Sinn macht. Aber kein einzelnes Fach, auch nicht jene mit dem Namen Anthropologie, ist für eine solche Fragestellung alleine gerüstet. Nur ein interdisziplinärer Ansatz, wie ihn die Antragsteller verfolgen, kann der Frage nach dem Bild als Frage nach dem Menschen, der Bilder erfindet und benutzt, gerecht werden. So haben Kunstgeschichte und klassische Archäologie Bilder vorrangig als Produkte von Künstlern untersucht. Psychologie und Hirnforschung, welche die mentalen und neuronalen Bilder zu ihrem Thema machen, sind wiederum mit den historischen Bildartefakten wenig vertraut. So will das GK zur Suche nach gemeinsamen oder komplementären Bildbegriffen beitragen, indem es ein Gespräch zwischen verschiedenen Disziplinen eröffnet. Zugleich ist es als Forum für interkulturelle Fragen konzipiert, die den interdisziplinären Ansatz ergänzen. Auf diese Weise soll der Bildbegriff aus seiner Einengung auf westliche Denktraditionen (z. B. durch den Blick auf Asien) befreit werden.

Die anthropologische Fragestellung soll sich konkret an den Parametern von Körper und Medium bewähren. ‹Körper› wird hier als Generalformel benutzt, um den Menschen als Produzenten und Rezipienten der Bilder umfassend ins Spiel zu bringen. So verstanden, sind Körper auch Träger der alten Welt- und Selbsterfahrungen wie Raum, Zeit und Tod, die sich immer neu zu Bildern verdichtet haben. Körperwahrnehmung und Bildwahrnehmung sind in allen historischen Kulturen eng und zuweilen gegensätzlich miteinander verbunden, so dass eine Bildgeschichte auch eine Kulturgeschichte des Körpers impliziert und umgekehrt.»

Abteilung für Kultur- und Wissenschaftsanalyse an der Fakultät für Interdisziplinäre Forschung und Fortbildung der Universität Klagenfurt
Gründungsjahr: 2004
Leiter: Prof. Dr. Markus Arnold
Internet: www.iff.ac.at/kwa

«Die Abteilung für Kultur- und Wissenschaftsanalyse widmet sich der interdisziplinären Analyse kultureller Prozesse und sozialer Handlungsräume; ein Schwerpunkt liegt dabei auf den Wissenschaften als kulturellen Erkenntnispraktiken und Formen moderner Vergesellschaftung.

Kulturen tradieren neben verschiedenen Praktiken und Symbolsystemen auch spezifische Formen sowohl der Kritik als auch der Reflexion. Neben den Medien und einer Vielzahl an temporären Öffentlichkeiten sind es insbesondere die Wissenschaften, die innerhalb der modernen Kultur öffentliche Orte hierfür bereitstellen.

Ein genuines Forschungsfeld der Kulturanalyse bilden daher die Erkenntnispraktiken und Darstellungsformen der Wissenschaften, der Medien wie auch der des Alltags. Uns interessiert dabei insbesondere die Frage, wie Wissen in gesellschaftliches Handeln umgesetzt wird. Mit anderen Worten: wie überhaupt Wissen in einer Kultur wirksam ist und durch kritische Reflexion wirksam gemacht werden kann.

Die aktuellen Arbeitsschwerpunkte der Abteilung sind: Studium Integrale – Umweltgeschichte. Wissenschaft und Arbeitswelt. Wissenschaft und Öffentlichkeit.»

Sfb/FK 427: «Medien und kulturelle Kommunikation»
an der Universität Köln
Gründungsjahr: 1999
Leiter: Prof. Dr. Ludwig Jäger
Internet: www.uni-koeln.de/inter-fak/fk-427

«Das Forschungskolleg stellt sich die Aufgabe, Fragen der Medienevolution mit einer kulturwissenschaftlichen Akzentsetzung zu bearbeiten. Damit soll der Tatsache Rechnung getragen werden, dass neue Medialität den kulturellen Haushalt unserer Gesellschaft neu formatiert. Die Forschungen des Kollegs zielen auf die Beobachtung und Analyse solcher Veränderungen im Hinblick auf:
    A: Mediale Differenzen und ihre Evidenzverfahren und -effekte
    B: Kommunikationskulturen als Politiken der Sichtbarkeit
    C: Mediendiskurse in ihrem Verhältnis zu Beobachter-Instituierung und Handlungsmacht»

Graduiertenkolleg 838: «Die Figur des Dritten»
an der Universität Konstanz
Gründungsjahr: 2003
Leiter: Prof. Dr. Albrecht Koschorke
Internet: www.uni-konstanz.de/figur3/dsip.htm

«Schlichter, Beobachter, Boten, Dolmetscher, Parasiten, Rivalen, Verräter, Sündenböcke, tricksters, queers, cyborgs – eine Vielzahl von Bewohnern der Zwischenräume tummeln sich in den kulturwissenschaftlichen Theorien des 20. und beginnenden 21. Jahrhunderts. Als Mittler-, Überschreitungs- und Hybridgestalten, als ausgeschlossene und zugleich eingeschlossene, verfemte und lachende Dritte unterlaufen sie herkömmliche dualistische Ordnungsmodelle. ‹Effekte des Dritten› entstehen in dem Maß, in dem intellektuelle Operationen nicht mehr bloß zwischen den beiden Seiten einer geltenden Unterscheidung hin- und herlaufen, sondern der Akt des Unterscheidens selbst zum Gegenstand und Problem wird.

    Das Graduiertenkolleg ‹Die Figur des Dritten› geht von der Beobachtung aus, dass eine augenfällige Affinität derartiger, die großen Systematiken verunreinigender Denkfiguren und Zwitterwesen zu literarischkünstlerischen Darstellungsweisen besteht. Die Literatur verfügt nicht nur über reiche Erfahrung mit Grenzgänger-Helden, sondern stellt auch die Artikulationsmittel bereit, um intermediäre Phänomene im weiteren Sinn beschreibbar zu machen. Dies eröffnet einen genuin literaturwissenschaftlichen Zugang zu Fragen der kulturellen Semiosis überhaupt – auch im Blick auf die rhetorische und narrative Verfasstheit nichtliterarischer Formationen des Wissens.»

Sfb 485: «Norm und Symbol. Die kulturelle Dimension sozialer und politischer Integration» an der Universität Konstanz
Gründungsjahr: 2000
Leiter: Prof. Dr. Rudolf Schlögl
Internet: www.gw-sfb.de/projekte/sfb485.html

«Das Forschungskolleg ‹Norm und Symbol› untersucht die Funktion von Normen und Symbolen für den Aufbau und die Stabilität sozialer Ordnung. Es verbindet Projekte aus den Fächern Geschichte, Soziologie, Literatur- und Politikwissenschaft, Philosophie und Rechtswissenschaft. Der Forschungshorizont erstreckt sich vom Alten Orient bis zur Zeitgeschichte. Durch ihre Verankerung in unterschiedlichen Fachkulturen bringen die Teilprojekte verschiedene methodische Orientierungen in den Verbund ein. Indem er die Methoden und Fragemuster der beteiligten Fächer zusammenführt, arbeitet der Verbund als ein Laboratorium kulturwissenschaftlicher Grundlagenforschung.»

Graduiertenkolleg 446: «Wissensrepräsentation» an der Universität Leipzig
Gründungsjahr: 1998
Leiter: Prof. Dr. Gerhard Brewka
Internet: www.uni-leipzig.de/ral/wissen.html

«Forschungsgegenstand des Graduiertenkollegs ist die Repräsentation und Verarbeitung von Wissen. Neuere theoretische Ergebnisse aus dem Bereich der philosophischen Logik und Wissenschaftstheorie sowie aus der eher grundlagenorientierten Forschung innerhalb der Künstlichen Intelligenz haben bisher nur wenig Eingang gefunden in konkrete Anwendungssysteme. Umgekehrt werden Erfordernisse an Repräsentations- und Verarbeitungstechniken, die sich aus konkreten Anwendungsfragestellungen ergeben, von den Theoretikern oft nicht genügend zur Kenntnis genommen.

Eines der wesentlichen Ziele des Kollegs ist es deshalb, in der Ausbildung der Graduierten eine Brücke zu schlagen von grundlagenorientierten Fragestellungen der Wissensrepräsentation über die informationstechnische Umsetzung entsprechender Methoden bis hin zu konkreten Anwendungen aus den Bereichen Wirtschaftsinformatik und Medizininformatik.»

Sfb 573: «Pluralisierung und Autorität in der Frühen Neuzeit» an der Ludwig-Maximilians-Universität München
Gründungsjahr: 2001
Leiter: Prof. Dr. Wulf Oesterreicher
Internet: www.sfb-frueheneuzeit.uni-muenchen.de

«Der SFB untersucht Konstitutionsbedingungen und Basisstrukturen der Frühen Neuzeit. Die Kulturwissenschaften erkennen die Frühe Neuzeit zunehmend als eigene Epoche, die einerseits noch von den Traditionsvorgaben des Mittelalters abhängig ist, andererseits aber die Voraussetzungen für den Übergang ‹Alteuropas› zur Moderne schafft. Der SFB bündelt entsprechende literaturwissenschaftliche, historische, kunst- und wissenschaftsgeschichtliche Forschungen unter den Leitbegriffen ‹Pluralisierung› und ‹Autorität›. Pluralisierung meint zunächst die Vermehrung der in einem Lebens- oder Kulturbereich bekannten und relevanten Repräsentationen der Wirklichkeit und bedeutet darüber hinaus die Emergenz von ‹neuem› bzw. alternativem Wissen und das Entstehen kompetitiver Teilwirklichkeiten. Diese müssen aufeinander abgestimmt werden; es entstehen Formen des Dialogs, der, über die Grenzen der Teilwelten hinweg, Unterscheidungen, Vergleiche und Übersetzungen vornimmt. Die Felder dieser Dynamik sind bekannt: Konfessionalisierung, Ausdifferenzierung von Wissen, Entdeckung neuer Kontinente, Ausbildung neuer Muster sozialen Verhaltens usw.

Dabei ist davon auszugehen, dass Pluralität noch nicht Pluralisierung bedeutet, die sich erst in einem langen, widerspruchsvollen Prozess einspielt. Wahrheitsansprüche werden nicht lediglich demonopolisiert, sondern auf neue Instanzen und Geltungsbereiche verschoben. Hier fordert der Begriff der Pluralisierung den komplementären der Autorität. Autorität meint unterschiedliche Formen von Normierungsansprüchen. Darunter fallen Instanzen politischer und religiöser Macht, die ihre Setzungen zu exekutieren vermögen, ebenso wie Prozesse der Kanonisierung sowie all jene informellen Geltungsansprüche, die schon dem lateinischen Begriff ‹auctoritas› innewohnen. Autorität fungiert als Geltungsmacht, die Entscheidungen herbeiführt und legitimiert. Sie ist nicht nur Gegenhalt zu Prozessen der Pluralisierung, die sie zähmt, sondern sie kann Widerspruch hervortreiben und so neue Freiheitsräume eröffnen.»

Graduiertenkolleg 582: «Gesellschaftliche Symbolik im Mittelalter» an der Westfälischen Wilhelms-Universität Münster
Gründungsjahr: 1999
Leiter: Prof. Dr. Nikolaus Staubach
Internet: www.uni-muenster.de/Geschichte/Grad

«‹Symbol› und ‹Ritual› sind Zentralkategorien der historischen wie ethnologischen Kulturanthropologie geworden, weil sie sich zur Erfassung der Regelhaftigkeit und (verborgenen) Signifikanz von Kommunikations- und Interaktionsprozessen fremder Gesellschaften besonders gut eignen. Ihre erkenntnistheoretische Problematik liegt jedoch sowohl in der definitorischen Abgrenzung, etwa von Alltagsgewohnheiten, wie auch in der Interpretation ihrer Funktion und ihrer Bedeutung. Angesichts dieser Schwierigkeiten bietet sich das europäische Mittelalter als Paradigma zur Erforschung gesellschaftlicher Symbolik an. (...) Dabei machte die Pluralität der Kulturen schon früh das Verständnis- und Übersetzungsproblem virulent und ließ eine Bewusstheit im Umgang mit formalisierter Kommunikation und eine Sensibilität für die Lesbarkeit der Zeichen entstehen, die in einfacheren, homogenen Gesellschaften nicht vonnöten war. Zugleich wurden durch das aus der jüdisch-patristischen Bibelexegese entwickelte System allegorischer Deutung von Welt, Mensch, Geschichte und Gesellschaft alle Lebensbereiche mit transzendenter Signifikanz imprägniert, die den Symbolen eine ontologische Dignität verlieh. Ziel des Graduiertenkollegs ist es, in einem interdisziplinären Verbund exemplarischer Forschungsprojekte diese Deutungs- und Bedeutungskultur, die wohl in Teilbereichen untersucht, aber als solche noch nie thematisiert worden ist, in ihrer Funktion für die Konstituierung und Evolution der mittelalterlichen Gesellschaft zu erfassen.»

Sfb 496: «Symbolische Kommunikation und gesellschaftliche
Wertesysteme vom Mittelalter bis zur Französischen Revolution»
an der Westfälischen Wilhelms-Universität Münster
Gründungsjahr: 2000
Leiterin: Prof. Dr. Barbara Stollberg-Rilinger
Internet: www.uni-muenster.de/SFB496

«Der Sonderforschungsbereich 496 beschäftigt sich mit der fundamentalen sozial und politisch strukturbildenden Wirkung des Symbolischen in der europäischen Vormoderne. Im Zentrum steht die Frage, wie gesellschaftliche Wertesysteme durch symbolische Kommunikation manifestiert, visualisiert, auf Dauer gestellt, aber auch angegriffen und verändert wurden. ‹Symbolisch› ist dabei im Gegensatz zu ‹instrumentell› und zu ‹diskursiv›, ‹abstrakt-begrifflich› zu verstehen. Thematisiert werden Symbolisierungen verbaler, visueller, gegenständlicher und gestischer Art, wie etwa Metaphern, Artefakte, Gebärden, aber auch komplexe symbolische Handlungsfolgen wie Rituale und Zeremonien, Werke der Literatur, Musik und bildenden Kunst.

Das Augenmerk richtet sich auf das vormoderne Europa vom frühen Mittelalter bis zur Französischen Revolution, auf eine Zeitspanne also, in deren Verlauf sich die Formen der Kommunikation erheblich gewandelt haben. Bei allen Unterschieden in den Methoden und Fragestellungen verbindet die Vertreter der beteiligten Disziplinen die Überzeugung, dass die verschiedenen Formen symbolischer Kommunikation einen Schlüssel zum Verständnis der vormodernen Gesellschaften, ihrer spezifischen Rationalität und ihres Wandels liefern. Ausgangspunkt war die inzwischen vielfach bestätigte These, dass man sich dieser symbolischen Formen mit einem hohen Maß an reflektiertem Kalkül bediente und dass ihnen eine spezifische Leistungskraft für das Funktionieren dieser Gesellschaften zukam, die vor allem in ihrer verbindlichkeitsstiftenden Wirkung bestand.»

Graduiertenkolleg 1242: «Kulturkontakt und Wissenschaftsdiskurs»
an der Universität Rostock
Gründungsjahr: 2006
Leiterin: Prof. Dr. Gesa Mackenthun
Internet: www.uni-rostock.de/andere/grk1242/

«Der wissenschaftliche Diskurs über das Phänomen Kulturkontakt kann auf eine lange Geschichte zurückblicken. Unter starker Beteiligung deutscher Philosophen und Denker bildete er einen zentralen Bestandteil der europäischen Aufklärung, deren Gedanken wiederum selbst ganz entscheidend von der Begegnung mit und dem Studium von nichteuropäischen Kulturen geprägt wurden. (...) Während sich in direkter Folge der frühen wissenschaftlichen Beschäftigung mit der ‹Natur des Menschen› die Disziplinen Ethnologie und Anthropologie herausbildeten, ist die Erforschung des Stellenwerts kultureller Differenz angesichts der zunehmenden Erfahrung eines durch die Globalisierung ausgelösten Kulturaustauschs in den letzten zwei bis drei Jahrzehnten zu einem der wichtigsten Anliegen fast aller geisteswissenschaftlichen Disziplinen geworden. Das Graduiertenkolleg (...) vereinigt VertreterInnen aus den Fachgebieten Klassische Archäologie, Kirchengeschichte, germanistische Mediävistik, Europäische Ethnologie, Nordamerikastudien, Lateinamerikanistik, Politikwissenschaft, Britische Kulturwissenschaft, Musikwissenschaft und Religionsgeschichte mit dem Ziel, die historische Entwicklung und das theoretische Spektrum der Diskurse über Kulturkontakt kritisch zu reflektieren und anhand konkreter empirischer Untersuchungsgegenstände sowohl den Einfluss historisch gewachsener Theoriemodelle und Methoden auf die Erforschung des jeweiligen Gegenstands zu analysieren als auch die Theoriebildung in transdisziplinärer Weise voranzutreiben.»

Sfb/FK 615: «Medienumbrüche: Medienkulturen und Medienästhetik zu Beginn des 20. Jahrhunderts und im Übergang zum 21. Jahrhundert» an der Universität Siegen
Gründungsjahr: 2002
Leiter: Prof. Dr. Peter Gendolla
Internet: www.fk615.uni-siegen.de/de/index.php

«Forschungsleitend ist die Beobachtung, dass Medienumbrüche umfassende, diskontinuierliche, strukturelle Veränderungen innerhalb der Mediengeschichte darstellen. (...)
In historischer Perspektive haben evolutionäre mediengeschichtliche Prozesse immer wieder Phasen eines abrupten Übergangs in eine bislang nicht bekannte Qualität der Medienentwicklung erfahren. Medienumbrüche treten mit der Dynamik eines epochalen Durchbruchs auf. Sie indizieren einen historisch neuen, singulären Stand der Medienentwicklung wie der Wahrnehmungsgeschichte. Die Entwicklungsrichtung eines solchen Umbruchs ist unbestimmt. Er kann technologische Faktoren

und anthropologische Dimensionen der Mediengeschichte ebenso einschließen wie tradierte gesellschaftliche und kulturelle Institutionen oder ästhetische Traditionen. Das Forschungskolleg untersucht Medienumbrüche in ihrer Bedeutung für die Entstehung und Veränderung von Medienkulturen und für die Entwicklung der Medienästhetik unter Einbeziehung medientechnologischer Aspekte. Ziel des Forschungskollegs ist der kontrastive Vergleich der beiden strukturell prägenden Medienumbrüche des 20. Jahrhunderts, die sich als Umbruch zu den analogen Medien zu Beginn des 20. Jahrhunderts und als Umbruch zu den digitalen Medien im Übergang zum 21. Jahrhundert bestimmen lassen.

Im Unterschied zu vergleichbaren Forschungsprojekten schließt das Forschungskolleg sowohl technologische Aspekte als auch anthropologische, kulturhistorische und literaturwissenschaftliche Fragestellungen ein, die den digitalen Umbruch im Übergang zum 21. Jahrhundert bedingen und begleiten. Der Vergleich mit der medialen Umbruchsituation zu Beginn des 20. Jahrhunderts ermöglicht die Bildung kontrastiver Schwerpunkte, die zur historischen Fundierung des Rahmenthemas Medienumbrüche dienen.»

Internationales Zentrum für Kultur- und Technikforschung (IZKT) an der Universität Stuttgart
Gründungsjahr: 2002
Leiter: Prof. Dr. Georg Maag
Internet: www.uni-stuttgart.de/izkt

«Das Internationale Zentrum für Kultur- und Technikforschung (IZKT) (…) setzt die Forschungstradition des (…) Zentrums für Kulturwissenschaften und Kulturtheorie fort (…). Die Forschungsprojekte des IZKT sind an Schnittstellen zwischen den einzelnen Wissenschaften angesiedelt und gehen Fragen nach, die sich insbesondere aus den Wechselwirkungen von kulturellen Formationen und technologischen Innovationen ergeben und die in fachspezifischer Perspektive allein nicht mehr beantwortet werden können.

Technologische Innovationen wie z. B. im Bereich der Informations- und Kommunikationsmedien bedeuten eine radikale Transformation der Gesellschaften, ihrer Wahrnehmungs-, Denk- und Interaktionsstrukturen. Erforderlich ist ein integrierter kulturwissenschaftlicher Ansatz, der den Blick auf das Ganze der technologisch veränderten Welt offenhält und sie sich reflexiv aneignet.

Das Internationale Zentrum für Kultur- und Technikforschung initiiert und koordiniert einschlägige Forschungsvorhaben; es fasst Projekte aus den Geisteswissenschaften, Sozial- und Wirtschaftswissenschaften, Naturwissenschaften, Ingenieurwissenschaften und der Architektur zu interdisziplinären Forschungsverbünden zusammen.»

Sfb 600: «Fremdheit und Armut.
Wandel von Inklusions- und Exklusionsformen
von der Antike bis zur Gegenwart» an der Universität Trier
Gründungsjahr: 2002
Leiter: Prof. Dr. Lutz Raphael
Internet: www.sfb600.uni-trier.de

«Der Sfb 600 (...) hat seine Arbeit am 1. Januar 2002 aufgenommen und befindet sich derzeit in der zweiten Förderphase (2005–2008). Ihm gehören 17 Teilprojekte an. Neben dem Fach Geschichte beteiligen sich die Fächer Germanistik, Kunstgeschichte, Medienwissenschaft, Politikwissenschaft, Rechtsgeschichte und Katholische Theologie.

Im Mittelpunkt des Forschungsinteresses steht die Frage, welche Formen des Umgangs mit Fremden und Armen in Gesellschaften unterschiedlichen Typs von der Antike bis in das 20. Jahrhundert ausgebildet wurden. Mit der Analyse des Wandels von Inklusions- und Exklusionsformen von Fremden und Armen sollen die Grundlagen für eine sozial- und kulturgeschichtliche Beschreibung europäischer und mediterraner Gesellschaften geschaffen werden, die insbesondere die mit der Organisation gesellschaftlicher Solidarität und ihrer Begrenzung verbundenen Probleme in den Blick nimmt. Der weite zeitliche und räumliche Horizont wird dabei Gemeinsamkeiten und Unterschiede sowie Brüche und Kontinuitäten im gesellschaftlichen Umgang mit Fremden und Armen freilegen.

Das Forschungsprogramm ist untergliedert in drei Projektbereiche:
Projektbereich A: Fremdheit
Projektbereich B: Armut und Armenfürsorge
Projektbereich C: Kollektive Repräsentationen und die historische Semantik von Armut und Fremdheit.»

Graduiertenkolleg 1020: «Mediale Historiographien»
an der Bauhaus-Universität Weimar
Gründungsjahr: 2005
Leiter: Prof. Dr. Bernhard Siegert
Internet: www.mediale-historiographien.de/AKT.html

«Das Verhältnis von Geschichte und Medien wurde in den letzten Jahrzehnten aus verschiedenen Perspektiven diskutiert. Denn einerseits hat die aktuelle Berichterstattung immer wieder Debatten ausgelöst, die um die mediale Inszenierung historischer Ereignisse kreisen. Andererseits hat sich in neueren Theorien der Medien wie der Geschichtsschreibung die Frage gestellt, wie unterschiedliche Medien die Kodierung historischer Situationen und Prozesse bestimmen. In all diesen Fällen und Problemlagen geht es nicht nur um eine wechselseitige Abhängigkeit von Ereignis- und Symbolstruktur, sondern noch grundlegender um die Reichweite jener medialen Bedingungen, die über die Gestalt dessen entscheiden, was als ‹Geschichte› wahrgenommen und erfahren werden kann.

Das Graduiertenkolleg Mediale Historiographien nimmt Diskussionen dieser Art zum Anlass und verfolgt eine Problemstellung, in der sich die Frage nach einer ‹Geschichte der Medien› mit der Frage nach den ‹Medien der Geschichtsschreibung› verschränkt. Ein historischer Ausgangspunkt wird zum einen in jenen Medienumbrüchen erkannt, mit denen sich seit dem 19. Jahrhundert eine Schrift- und Buchkultur um weitere Massenmedien, neue technische Kommunikationsmedien und Bildmedien ergänzt hat; zum anderen in der Entstehung moderner Geschichtsbegriffe, die sich seit Ende des 18. Jahrhunderts um die problematische Spannung zwischen Ereignis und Prozess ausgeprägt haben.»

Kommission für Kulturwissenschaften und Theatergeschichte (KKT)
der Österreichischen Akademie der Wissenschaften in Wien
Gründungsjahr: 1999
Leiter: Univ. Prof. Dr. Moritz Csáky
Internet: www.oeaw.ac.at/kkt

«Die Forschungsaktivitäten der KKT beziehen sich auf drei Schwerpunktbereiche der Grundlagenforschung: (1) Theater in der Habsburgermonarchie, (2) Orte des Gedächtnisses – Erinnerungsräume, (3) Kulturen des Wissens. Die Schwerpunkte sind von einem übergreifenden Kulturbegriff bestimmt und durch das Leitmotiv Gedächtnis – Erinnerung – Identität miteinander vernetzt. (…)

Die Aktivitäten der Kommission umfassen folgende sieben Bereiche: Forschungsprojekte; projektbegleitende bzw. aus den Forschungsprojekten sich ergebende internationale Konferenzen (eine pro Jahr); internationale Workshops (zwei bis fünf pro Jahr); jours fixes (monatlich) zu aktuellen Themen des kulturwissenschaftlichen Diskurses (Förderung des wissenschaftlichen Nachwuchses); Durchführung des Ernst-Mach-Forums; Wissenschaften im Dialog (Diskussionsplattform unter Mitwirkung internationaler VertreterInnen der Kultur-, Natur-, Medizin- und Technikwissenschaften, 2 Veranstaltungen pro Jahr in Kooperation mit dem Österreichischen Rundfunk [Ö1] und der Stadt Wien); internationales Austauschprogramm; Betreuung von DiplomandInnen und DissertantInnen durch die MitarbeiterInnen der Kommission.

Die Grundlagenforschungsprojekte beziehen sich auf die Analyse der Verschränkung kultureller Prozesse von regionaler (Zentraleuropa), europäischer und globaler Relevanz und der Konstruktion von Identität und Gedächtnis: u. a. in den Bereichen Theater; Transformationen gesellschaftlicher Erinnerung im europäischen Vergleich; Gedächtnisorte; Transformationen in den Kulturen des Wissens (Wandlungsprozesse in den Kulturwissenschaften; Wissenschaftsinstitutionen; Orientalismus).»

Internationales Forschungszentrum Kulturwissenschaften (IFK) in Wien
Gründungsjahr: 1993
Leiter: Prof. Dr. Hans Belting, ab WS 2007 Prof. Dr. Helmuth Lethen
Internet: www.ifk.ac.at

«Das IFK Internationales Forschungszentrum Kulturwissenschaften in Wien wurde 1993 gegründet. Es ist ein außeruniversitäres und unabhängiges Wissenschaftskolleg mit dem Ziel, interdisziplinäre Formen von Kulturanalyse und Kulturstudien zu entwickeln und zu fördern.

Die wichtigsten Ziele des IFK liegen
• in der Förderung von jungen KulturwissenschaftlerInnen im Rahmen von Junior Fellowships
• der Internationalisierung der österreichischen Humanwissenschaften durch die Einladung von Senior Fellowships und Research Fellowships,
• in der Entwicklung von neuen Forschungsansätzen im Rahmen von Forschungsschwerpunkten (derzeit ‹Blicke im Widerstreit› und ‹Die kulturellen Paradoxien der Globalisierung›) (...)

Das IFK steht für einen breiten Kulturbegriff, der Kunst, Literatur,

Architektur, Wissenschaften, Medien, Lebensstile, Alltagskultur etc. umfasst. Kultur wird dabei nicht rein historisch als das Gedächtnis einer Gesellschaft begriffen, sondern als Medium der Auseinandersetzung über die Zukunft einer Gesellschaft. Sie wird als dynamischer Prozess aufgefasst, der von lebensweltlichen Orientierungen ebenso geprägt ist wie von politischen, gesellschaftlichen und wirtschaftlichen Rahmenbedingungen. Kultur ist nicht auf sich selbst bezogen, wenn sie als Summe der Lebensformen von Menschen verstanden wird, die je nach Ort, Gesellschaft und Geschichte unterschiedlich sind. (…) Die Kulturwissenschaften können als ein Projekt verstanden werden, Kulturen als Texturen des Sozialen zu entziffern: Kultur ist in dieser Lesart weder ein Faktor (neben anderen) noch ein in sich geschlossener Bereich, sondern sie imprägniert gewissermaßen das gesellschaftliche Leben überhaupt.»

Graduiertenkolleg 278: «Wahrnehmung der Geschlechterdifferenz in religiösen Symbolsystemen» an der Universität Würzburg
Gründungsjahr: 1998
Leiter: Prof. Dr. Bernhard Heininger
Internet: www.theologie.uni-wuerzburg.de/kolleg

«Die verschiedenen Fachrichtungen des Kollegs gehen dem gemeinsamen Ziel der Geschlechterforschung im Rahmen einer wissenschaftlichen Auseinandersetzung mit Religionen nach.

Religionen waren und sind ein wichtiges Medium, um Geschlechterrollen zu konstituieren, zu prägen und zu stabilisieren. Sie enthalten jedoch auch Momente, in denen festgesetzte Rollenmodelle unterlaufen und aufgebrochen werden können. Das Kolleg befasst sich mit Religionen aus verschiedenen räumlichen und zeitlichen Kontexten, setzt dabei aber bestimmte Schwerpunkte:

Unter historischen Fragestellungen werden die Religionen vorgeschichtlicher und klassisch antiker Gesellschaften aus dem europäischen Raum, im Vorderen Orient und Ägypten einbezogen, die für die europäische Kulturgeschichte und die christliche Religion prägend waren. Ergänzend kommen empirische Fragestellungen hinzu, die sich auf gegenwärtige religiöse Formen und Inhalte beziehen und auch die zunehmende Säkularisierung der Gesellschaft thematisieren.

Die gemeinsame Gesprächsebene für die verschiedenen religiösen Phänomene bietet das Verständnis von Religionen als Symbolsysteme. Dieser aus der Kulturtheorie stammende Begriff fasst Religionen als geschichtlich übermittelte Komplexe von Bedeutungen und Vorstellungen auf, die in symbolischer Form zutage treten und auf diese Weise ihre Kommunikation und Weiterentwicklung ermöglichen (C. Geertz). Symbolsysteme funktionieren auf zweifache Weise: Sie sind einerseits Modelle von Wirklichkeit und gestalten sie andererseits.»

Schweizerische Gesellschaft für Kulturwissenschaften (SGKW) in Zürich
Gründungsjahr: 2002
Leiterin: Prof. Dr. Ursula Ganz-Blättler u. a.
Internet: www.culturalstudies.ch/d/index.html

«Die Schweizerische Gesellschaft für Kulturwissenschaften SGKW bietet ein Forum für den Informationsaustausch und die Vernetzung in der kulturwissenschaftlichen Forschung und den Praktiken von Cultural Studies.

Cultural Studies und Kulturwissenschaften werden in der Schweiz zwar schon seit längerem betrieben, haben sich aber bisher hauptsächlich zwischen und außerhalb etablierter wissenschaftlicher Fachdiskurse bewegt. Um dies zu ändern und um Cultural Studies und kulturwissenschaftlichen Ansätzen größeres Gewicht zu verschaffen, ist am 1. Februar 2002 in Zürich die Schweizerische Gesellschaft für Kulturwissenschaften SGKW gegründet worden.

Die Schweizerische Gesellschaft für Kulturwissenschaften SGKW bietet interdisziplinären kulturanalytischen Studien und Praktiken ein Forum, in dem thematisch relevante Fragestellungen vorgestellt und debattiert werden können. Sie unterstützt so die Erforschung und Vernetzung von kulturbezogener Wissensproduktion aus dem akademischen Wissenschaftsbetrieb sowie aus nichtakademischen Feldern journalistischer, kuratorischer, filmischer, künstlerischer und lehrender Tätigkeiten. Zudem stimuliert die SGKW Initiativen von Cultural-Studies-Aktivitäten mit erkennbarem Profil und Arbeitsweise.»

Anhang

Literaturverzeichnis

Die mit einem * versehenen Titel werden besonders zur Einführung empfohlen.

Adorno, Theodor W. [1943]: Geschichtsphilosophischer Exkurs zur ‹Odyssee›. Frühe Fassung von ‹Odysseus oder Mythos und Aufklärung›. In: Frankfurter Adorno Blätter V (1998), S. 37–89.
*Adorno, Theodor W. [1951]: Minima Moralia. Reflexionen aus dem beschädigten Leben (1944–47); Frankfurt am Main 1980.
Adorno, Theodor W. [1966]: Negative Dialektik; Frankfurt am Main 1980.
Adorno, Theodor W. [1969]: Keine Angst vor dem Elfenbeinturm. Spiegel-Gespräch mit dem Frankfurter Sozialphilosophen Professor Theodor W. Adorno. In: Der Spiegel 19 (1969), S. 204–209.
Adorno, Theodor W. [1970]: Ästhetische Theorie; Frankfurt am Main 1977.
*Anderegg, Johannes/Kunz, Edith Anna (Hg.) [1999]: Kulturwissenschaften. Positionen und Perspektiven; Bielefeld 1999.
Anders, Günther [1956/80]: Die Antiquiertheit des Menschen. Über die Seele im Zeitalter der zweiten industriellen Revolution; 2 Bde. München 1956/80.
Appelsmeyer, Heide/Billmann-Mahecha, Elfriede (Hg.): Kulturwissenschaft. Felder einer prozeßorientierten wissenschaftlichen Praxis; Velbrück 2001.
Aschenbach, Günter [1988]: Wilhelm Wundt: Vater der experimentellen Psychologie? Kulturwissenschaftliche Aspekte in Wilhelm Wundts Psychologieverständnis. In: Jüttemann, Gerd (Hg.): Wegbereiter der Historischen Psychologie; München Weinheim 1988, S. 230–244.
*Assmann, Aleida [1999]: Erinnerungsräume. Formen und Wandlungen des Gedächtnisses; München 1999.
Assmann, Aleida/Assmann, Jan [1988]: Schrift, Tradition und Kultur. In:

Raible, Wolfgang (Hg.): Zwischen Festtag und Alltag; Tübingen 1988, S. 25–50.

Assmann, Jan [1988]: Kollektives Gedächtnis und kulturelle Identität. In: Assmann, Jan/Hölscher, Tonio (Hg.): Kultur und Gedächtnis; Frankfurt am Main 1988, S. 9–19.

Assmann, Jan [1991]: Der zweidimensionale Mensch. Das Fest als Medium des kulturellen Gedächtnisses. In: ders. (Hg.): Das Fest und das Heilige. Religiöse Kontrapunkte des Alltags. Studien zum Verstehen fremder Religionen 1; Gütersloh 1991.

*Assmann, Jan [1992]: Das kulturelle Gedächtnis. Schrift, Erinnerung und politische Identität in frühen Hochkulturen; München 1992.

Bachelard, Gaston [1949]: Psychoanalyse des Feuers; München 1989.

*Bachmann-Medick, Doris (Hg.) [1996]: Kultur als Text. Die anthropologische Wende in der Literaturwissenschaft; Frankfurt am Main 1996.

Baddeley, Alan D. [1976]: Die Psychologie des Gedächtnisses; Stuttgart 1979.

Baecker, Dirk: Wozu Kultur? Berlin 2000.

Bargatzky, Thomas [1986]: Einführung in die Kulturökologie; Berlin 1986.

Baruzzi, Arno [1973]: Mensch und Maschine: Das Denken sub specie machinae; München 1973.

Bausinger, Hermann [1971]: Volkskunde: von der Altertumsforschung zur Kulturanalyse; Darmstadt 1971.

Bausinger, Hermann/Jeggle, Utz/Korff, Gottfried [1993]: Grundzüge der Volkskunde; Darmstadt 1993. Neuauflage Darmstadt 1996.

Beck, Stefan [1995]: Umgang mit Technik. Kulturelle Praktiken und kulturwissenschaftliche Forschungskonzepte; Berlin 1995.

Behlke, Ingrid (Hg.) [1971]: Moritz Lazarus und Heymann Steinthal: Die Begründer der Völkerpsychologie in ihren Briefen. Schriftenreihe Wissenschaftlicher Abhandlungen des Leo Baeck Instituts 21; Tübingen 1971.

Behringer, Wolfgang/Ott-Koptschalijski, Constance [1991]: Der Traum vom Fliegen. Zwischen Mythos und Technik; Frankfurt am Main 1991.

*Benhabib, Seyla (Hg.) [1993]: Der Streit um Differenz; Frankfurt am Main 1993.

Benjamin, Walter [1916]: Über Sprache überhaupt und über die Sprache des Menschen. In: Gesammelte Schriften, hg. v. Rolf Tiedemann u. Hermann Schweppenhäuser, Bd. II.1; Frankfurt am Main 1980, S. 140–157.

Benjamin, Walter [1931]: Kleine Geschichte der Photographie. In: Gesammelte Schriften, hg. v. Rolf Tiedemann u. Hermann Schweppenhäuser, Bd. II.1; Frankfurt am Main 1980, S. 368–385.
*Benjamin, Walter [1936]: Das Kunstwerk im Zeitalter seiner technischen Reproduzierbarkeit [zweite Fassung]. In: Gesammelte Schriften, hg. v. Rolf Tiedemann u. Hermann Schweppenhäuser, Bd. VII.1; Frankfurt am Main 1991, S. 350–384.
Benjamin, Walter [1939]: Über einige Motive bei Baudelaire; In: Gesammelte Schriften, hg. v. Rolf Tiedemann u. Hermann Schweppenhäuser, Bd. I.2; Frankfurt am Main 1980, S. 605–653.
Berg, Eberhard/Fuchs, Martin [1993a]: Phänomenologie der Differenz. Reflexionsstufen ethnographischer Repräsentation. In: dies.: Kultur, soziale Praxis, Text. Die Krise der ethnographischen Repräsentation; Frankfurt am Main 1993, S. 11–108.
*Berg, Eberhard/Fuchs, Martin (Hg.) [1993b]: Kultur, soziale Praxis, Text. Die Krise der ethnographischen Repräsentation; Frankfurt am Main 1993.
Bergson, Henri [1896]: Materie und Gedächtnis. Eine Abhandlung über die Beziehung zwischen Körper und Geist; Hamburg 1991.
Bergson, Henri [1907]: Schöpferische Entwicklung; Jena 1912.
Berns, Jörg Jochen/Neuber, Wolfgang (Hg.) [1993]: Ars memorativa. Zur kulturgeschichtlichen Bedeutung der Gedächtniskunst 1400–1750; Tübingen 1993.
*Biti, Vladimir: Literatur- und Kulturtheorie. Ein Handbuch gegenwärtiger Begriffe; Reinbek bei Hamburg 2001.
Blumenberg, Hans [1981]: Die Lesbarkeit der Welt; Frankfurt am Main 1983.
Bödeker, Hans Erich u. a. (Hg.) [1999]: Wissenschaft als kulturelle Praxis 1750–1900; Göttingen 1999.
Böhme, Gernot/Böhme, Hartmut [1996]: Feuer Wasser Erde Luft. Eine Kulturgeschichte der Elemente; München 1996.
Böhme, Hartmut [1988]: Geheime Macht im Schoß der Erde. Das Symbolfeld des Bergbaus zwischen Sozialgeschichte und Psychohistorie. In: ders.: Natur und Subjekt; Frankfurt am Main 1988, S. 67–144.
*Böhme, Hartmut [1995]: Vom Cultus zur Kultur(wissenschaft). Zur historischen Semantik des Kulturbegriffs. In: Glaser, Renate/Luserke, Matthias (Hg.): Literaturwissenschaft – Kulturwissenschaft. Positionen, Themen, Perspektiven; Opladen 1996, S. 48–69.
Böhme, Hartmut [1996]: Der Tastsinn im Gefüge der Sinne. Anthropolo-

gische und historische Ansichten vorsprachlicher Aisthesis. In: Kunst- und Ausstellungshalle der Bundesrepublik Deutschland (Hg.): Tasten; Göttingen 1996, S. 185–211.

*Böhme, Hartmut/Scherpe, Klaus R. (Hg.) [1996]: Literatur und Kulturwissenschaften. Positionen, Theorien, Modelle; Reinbek bei Hamburg 1996.

Bollenbeck, Georg [1997]: Die Kulturwissenschaften – mehr als ein modisches Label? In: Merkur 3 (1997), S. 259–265.

Bolz, Norbert [1990]: Theorie der neuen Medien; München 1990.

Bolz, Norbert [1993]: Am Ende der Gutenberg-Galaxis. Die neuen Kommunikationsverhältnisse; 2. Aufl. München 1995.

Bolz, Norbert [1994]: Computer als Medium – Einleitung. In: Bolz, Norbert/Kittler, Friedrich/Tholen, Christoph (Hg.): Computer als Medium; München 1994, S. 9–19.

Bolz, Norbert/Kittler, Friedrich/Tholen, Christoph (Hg.) [1994]: Computer als Medium; München 1994.

*Brackert, Helmut/Wefelmeyer, Fritz (Hg.) [1990]: Kultur. Bestimmungen im 20. Jahrhundert; Frankfurt am Main 1990.

Braun, Christina von [1999]: Warum ‹Gender Studies›? In: Zeitschrift für Germanistik. Neue Folge. IX, 1 (1999), S. 9–22.

Breger, Claudia u. a. [1999]: Gender Studies/Gender Troubles. Tendenzen und Perspektiven der deutschsprachigen Forschung. In: Zeitschrift für Germanistik, Neue Folge IX, 1 (1999), S. 72–113.

Briese, Olaf [1998]: Die Macht der Metaphern. Blitz, Erdbeben und Kometen im Gefüge der Aufklärung; Stuttgart 1998.

*Bromley, Roger/Göttlich, Udo/Winter, Carsten (Hg.) [1999]: Cultural Studies. Grundlagentexte zur Einführung; Lüneburg 1999.

Bruch, Rüdiger vom/Graf, Friedrich Wilhelm/Hubinger, Gangolf (Hg.) [1989]: Kultur und Kulturwissenschaften um 1900. Krise der Moderne und Glaube an die Wissenschaft; Stuttgart 1989.

Bundesministerium f. Wissenschaft u. Verkehr/Internationales Forschungszentrum Kulturwissenschaften (Hg.) [1999]: The Contemporary Study of Culture; Wien 1999.

Bunzi, Matti [1996]: Franz Boas and the Humboldtian Tradition: from Volksgeist and Nationalcharakter to an Anthropological Concept of Culture. In: Stocking, George W. (Hg.): ‹Volksgeist› as Method and Ethic. Essays on Boasian Ethnography and the German Anthropological Tradition; Madison 1996, S. 17–78.

Burkhard, Franz-Peter (Hg.): Kulturphilosophie; Freiburg München 2000.

*Burckhardt, Jacob [1859]: Die Kultur der Renaissance in Italien. Hg. v. Horst Günther; Frankfurt am Main 1989.
Burckhardt, Jacob [1898]: Griechische Kulturgeschichte. Erster Band; Berlin und Leipzig 1930.
Burckhardt, Jacob [1905]: Über das Studium der Geschichte. Der Text der «Weltgeschichtlichen Betrachtungen», hg. v. P. Ganz; München 1982.
*Burkert, Walter [1972]: Homo Necans. Interpretationen altgriechischer Opferriten und Mythen; Berlin New York 1972.
Butler, Judith [1991]: Das Unbehagen der Geschlechter; Frankfurt am Main 1991.
Butler, Judith [1993]: Bodies that Matter. On the Discursive Limits of «Sex»; New York London 1993.
Carruthers, Mary [1990]: The Book of Memory – A Study of Memory in Medieval Culture; Cambridge 1990.
Cassirer, Ernst [1910]: Substanzbegriff und Funktionsbegriff. Untersuchungen über die Grundfragen der Erkenntniskritik; Berlin 1910.
Cassirer, Ernst [1923–29]: Philosophie der symbolischen Formen; Berlin 1923–1929. 6. Aufl. Darmstadt 1973–1975.
*Cassirer, Ernst [1942a]: Zur Logik der Kulturwissenschaften. Fünf Studien; Darmstadt 1994.
Cassirer, Ernst [1942b]: Der Gegenstand der Kulturwissenschaft. In: ders.: Zur Logik der Kulturwissenschaften. Fünf Studien; Darmstadt 1994, S. 1–33.
Cassirer, Ernst [1942c]: Die «Tragödie der Kultur». In: ders.: Zur Logik der Kulturwissenschaften. Fünf Studien; Darmstadt 1994, S. 103–127.
Cassirer, Ernst [1944]: Versuch über den Menschen. Einführung in eine Philosophie der Kultur; Frankfurt am Main 1990.
Cassirer, Ernst [1956]: Wesen und Wirkung des Symbolbegriffs; Oxford 1956. Nachdr. Darmstadt 7. Aufl. 1983.
Castoriadis, Cornelius [1981]: Technik. In: ders.: Durchs Labyrinth: Seele. Vernunft, Gesellschaft; Frankfurt am Main 1981, S. 195–219.
Cerquiglini, Bernard [1989]: Éloge de la variante. Histoire critique de la philologie; Paris 1989.
Chartier, Roger [1989]: Text, Symbol und Frenchness. Der Historiker und die symbolische Anthropologie. In: ders.: Die unvollendete Vergangenheit. Geschichte und die Macht der Weltauslegung; Berlin 1989.
Chvojka, Erhard/Schwarcz, Andreas/Thien, Klaus (Hg.): Zeit und Geschichte. Kulturgeschichtliche Perspektiven; München 2001.

Cicero, Marcus Tullius [-55]: De Oratore/Über den Redner. Lat./Dt. übers. u. hg. v. Harald Merklin; 2. Aufl. Stuttgart 1991.

Clausen, Lars [1988]: Produktive Arbeit, Destruktive Arbeit; Berlin New York 1988.

Clifford, James [1986]: Über ethnographische Autorität. In: Fuchs, Martin/Berg, Eberhard (Hg.): Kultur, soziale Praxis, Text; Frankfurt am Main 1993, S. 109–157.

Clifford, James [1988]: Über ethnographische Selbststilisierung: Conrad Malinowski. In: Bachmann-Medick, Doris (Hg.): Kultur als Text. Die anthropologische Wende in der Literaturwissenschaft; Frankfurt am Main 1996.

Crary, Jonathan [1990]: Techniken des Betrachters. Sehen und Moderne im 19. Jahrhundert; Basel 1996.

Cullen, Michael S. [1999]: Das Holocaust-Mahnmal. Dokumentation einer Debatte; Zürich 1999.

Culler, Jonathan [1982]: Dekonstruktion. Derrida und die poststrukturalistische Literaturtheorie; Reinbek bei Hamburg 1988.

Daniel, Ute: Kompendium Kulturgeschichte. Theorien, Praxis, Schlüsselwörter; Frankfurt am Main 2001.

Därmann, Iris [1995]: Tod und Bild. Eine phänomenologische Mediengeschichte; München 1995.

Darnton, Robert [1984]: Das große Katzenmassaker. Streifzüge durch die französische Kultur vor der französischen Revolution; New York 1984. München 1989.

Davis, Erik [1994]: Techgnosis, Magic, Memory, and the Angels of Information. In: Dery, Mark (Ed.): Flame Wars. The Discourse of Cyberculture; Durham London 1994, S. 29–61.

Deleuze, Gilles [1983]: Das Bewegungs-Bild. Kino 1; 2. Aufl. Frankfurt am Main 1990.

Deleuze, Gilles [1985]: Das Zeit-Bild. Kino 2; Frankfurt am Main 1991.

Derrida, Jacques [1967]: Grammatologie; Frankfurt am Main 1983.

Derrida, Jacques [1972]: Dissemination; Wien 1995.

Derrida, Jacques [1986]: Mémoires. Für Paul de Man; Wien 1988.

Dessoir, Max (Hg.) [1925]: Der Okkultismus in Urkunden. Bd. 1: Der physikalische Mediumismus. Von W. Gulat-Wellenburg, Carl v. Klinckowstroem, Hans Rosenbusch; Berlin 1925

Devereux, Georges [1962]: Angst und Methode in den Verhaltenswissenschaften; Frankfurt am Main 1984.

Devereux, Georges [1972]: Ethnopsychoanalyse; Frankfurt am Main 1978.

Devereux, Georges [1981]: Baubo – Die mythische Vulva; Frankfurt am Main 1981.

Diesener, Gerald (Hg.) [1993]: Karl Lamprecht weiterdenken. Universal- und Kulturgeschichte heute; Leipzig 1993.

*Dilthey, Wilhelm [1883]: Einleitung in die Geisteswissenschaften: Versuch einer Grundlegung für das Studium der Gesellschaft und der Geschichte. In: Gesammelte Schriften, 1. Band; Stuttgart Göttingen 1959.

Dilthey, Wilhelm [1910]: Der Aufbau der geschichtlichen Welt in den Geisteswissenschaften; Frankfurt am Main 1970.

*Dinzelbacher, Peter (Hg.) [1993]: Europäische Mentalitätsgeschichte; Stuttgart 1993.

Dodds, Eric Robertson [1951]: Die Griechen und das Irrationale; Darmstadt 1970.

Dubiel, Helmut [1978]: Wissenschaftsorganisation und politische Erfahrung. Studien zur frühen kritischen Theorie; Frankfurt am Main 1978.

*Düllo, Thomas u. a. (Hg.): Einführung in die Kulturwissenschaft; Münster Hamburg London 1998.

Düllo, Thomas u. a. (Hg.): kursbuch kulturwissenschaft; Münster Hamburg London 2000.

Düsing, Wolfgang [1970]: Utopische Vergangenheit: Zur Erinnerungstechnik in Musils früher Prosa. In: Zeitschrift für Deutsche Philologie 89 (1970), S. 531–560.

Düsing, Wolfgang [1982]: Erinnerung und Identität. Untersuchungen zu einem Erzählproblem bei Musil, Döblin und Doderer; München 1982.

Düzel, Emrah u. a. [1999]: Task-related and item-related brain processes of memory retrieval. In: Proceedings, Bd. 96 (1999), S. 1794–1799.

Edelman, Gerald M. [1993]: Unser Gehirn – ein dynamisches System. Die Theorie des neuronalen Darwinismus und die biologischen Grundlagen der Wahrnehmung; München 1993.

Eliade, Mircea [1956]: Schmiede und Alchemisten; 2. Aufl. Stuttgart 1980.

Eliade, Mircea [1964]: Die Mythologie der Erinnerung und des Vergessens. In: Antaios 5 (1964), S. 28–48.

Elias, Norbert [1939]: Über den Prozeß der Zivilisation. Soziogenetische und psychogenetische Untersuchungen; 2 Bde. 21. Aufl. Frankfurt am Main 1997.

Ellenberger, Henry F. [1961]: Die Entdeckung des Unbewußten. Geschichte und Entwicklung der dynamischen Psychiatrie von den Anfängen bis zu Janet, Freud, Adler und Jung. 2 Bde. Wien 1973.

Engel, Johann Jakob [1793]: Über einige Eigenheiten des Gefühlssinnes. In: Schriften, Bd. 9; Berlin 1805, S. 201-228.
Esposito, Elena [1993]: Der Computer als Medium und Maschine. In: Zeitschrift für Soziologie 1/22 (1993), S. 338-354.
Esposito, Elena [1998]: Fiktion und Virtualität. In: Krämer, Sybille (Hg.): Medien, Computer, Realität. Wirklichkeitsvorstellungen und Neue Medien; Frankfurt am Main 1998, S. 269-297.
Faßler, Manfred/Halbach, Wulf (Hg.) [1998]: Geschichte der Medien; München 1998.
Faulstich, Werner [1991]: Medientheorien; Göttingen 1991.
Faulstich, Werner [1997]: Die Geschichte der Medien. Bd. 1: Das Medium als Kult. Von den Anfängen bis zur Spätantike (8. Jahrhundert); Göttingen 1997.
Felderer, Brigitte (Hg.) [1996]: Wunschmaschine – Welterfindung. Eine Geschichte der Technikvisionen seit dem 19. Jahrhundert; Berlin Heidelberg New York 1996.
Fink-Eitel, Hinrich/Lohmann, Georg (Hg.) [1993]: Zur Philosophie der Gefühle; Frankfurt am Main 1993.
Fischer-Kowalski, Marina u. a. (Hg.) [1997]: Gesellschaftlicher Stoffwechsel und Kolonisierung von Natur. Ein Versuch in Sozialer Ökologie; Amsterdam 1997.
Fleck, Ludwik [1935]: Die Entstehung und Entwicklung einer wissenschaftlichen Tatsache; Frankfurt am Main 1991.
Flusser, Vilém [1985]: Ins Universum der technischen Bilder; Göttingen 1985.
Flusser, Vilém [1987]: Die Schrift. Hat Schreiben Zukunft? Göttingen 1987.
Flusser, Vilém [1991]: Gesten. Versuch einer Phänomenologie; Frankfurt am Main 1997.
Flusser, Vilém [1993]: Lob der Oberflächlichkeit. Für eine Phänomenologie der Medien; Bensheim und Düsseldorf 1993.
Foerster, Heinz von [1965]: Gedächtnis ohne Aufzeichnung. In: ders.: Sicht und Einsicht; Braunschweig Wiesbaden 1985, S. 123-172.
Fontane, Theodor [1878]: Berlin vor fünfzig Jahren. In: ders.: Das Ländchen Friesack und die Bredows. Hg. v. G. Erler; Berlin 1991, S. 368-385.
*Foucault, Michel [1966]: Die Ordnung der Dinge. Eine Archäologie der Humanwissenschaften; 3. Aufl. Frankfurt am Main 1980.
Foucault, Michel [1969]: Archäologie des Wissens; Frankfurt am Main 1973.

Frank, Manfred [1983]: Was ist Neostrukturalismus? Frankfurt am Main 1984.
Frede, Dorothea/Schmücker, Reinold (Hg.) [1997]: Ernst Cassirers Werk und Wirkung. Kultur und Philosophie; Darmstadt 1997.
Freud, Sigmund [1969–75]: Studienausgabe, hg. v. A. Mitscherlich, A. Richards u. J. Strachey; 10 Bde. u. 1 Ergänzungsband, 11. Aufl. Frankfurt am Main 1982.
Frühwald, Wolfgang [1996a]: Altlasten des Geistes. Ein Gespräch mit dem Präsidenten der DFG. In: Die Zeit, 3. 5. 1996, S. 33f.
Frühwald, Wolfgang [1996b]: Palimpsest der Bildung. Kulturwissenschaft statt Geisteswissenschaft. In: FAZ, 8. 5. 1996, S. 41.
*Frühwald, Wolfgang/Jauß, Hans Robert/Koselleck, Reinhart/Mittelstraß, Jürgen/Steinwachs, Burkhart [1991]: Geisteswissenschaften heute; Frankfurt am Main 1991.
Fuchs, Thomas [1992]: Die Mechanisierung des Herzens. Harvey und Descartes. Der virale und der mechanische Aspekt des Kreislaufs; Frankfurt am Main 1992.
Gabriel, Norbert [1997]: Kulturwissenschaft und Neue Medien. Wissensvermittlung im digitalen Zeitalter; Darmstadt 1997.
Gall, Lothar [1993]: Auf dem Weg zu den Kulturwissenschaften. In: forschung – Mitteilungen der DFG 3 (1993), S. 3–15.
Garber, Klaus (Hg.): Kulturwissenschaftler des 20. Jahrhunderts; München 2001.
*Geertz, Clifford [1973]: Dichte Beschreibung: Beiträge zum Verstehen kultureller Systeme; Frankfurt am Main 1983.
Geertz, Clifford [1984]: Anti-Antirelativismus. In: Konersmann, Ralf (Hg.): Kulturphilosophie; Stuttgart 1996, S. 253–291.
*Gehlen, Arnold [1940]: Der Mensch. Seine Natur und seine Stellung in der Welt; Textkritische Edition, hg. von Karl-Siegbert Rehberg, Frankfurt am Main 1993.
Gehlen, Arnold [1953]: Die Technik in der Sichtweise der Anthropologie. In: ders.: Anthropologische Forschung. Zur Selbstbegegnung und Selbstentdeckung des Menschen; Reinbek bei Hamburg 1961, S. 93–103.
Gehlen, Arnold [1958]: Über Kultur, Natur und Natürlichkeit. In: ders.: Anthropologische Forschung. Zur Selbstbegegnung und Selbstentdeckung des Menschen; Reinbek bei Hamburg 1961, S. 78–92.
Gehlen, Arnold [1961a]: Anthropologische Forschung. Zur Selbstbegegnung und Selbstentdeckung des Menschen; Reinbek bei Hamburg 1961.

Gehlen, Arnold [1961b]: Über kulturelle Kristallisation. In: ders.: Studien zur Anthropologie; Berlin 1963, S. 311–328.

Gerndt, Helge (Hg.) [1988]: Fach und Begriff «Volkskunde» in der Diskussion; Darmstadt 1988.

Giedion, Sigfried [1948]: Die Herrschaft der Mechanisierung. Ein Beitrag zur anonymen Geschichte; Frankfurt am Main 1987.

*Ginzburg, Carlo [1983]: Spurensicherungen. Über verborgene Geschichte, Kunst und soziales Gedächtnis; Berlin 1983.

Giuliani, Regula (Hg.): Merleau-Ponty und die Kulturwissenschaften; München 2000.

Glaeser, Bernhard/Teherani-Krönner, Parto (Hg.) [1993]: Humanökologie und Kulturökologie; Opladen 1993.

*Glaser, Renate/Luserke, Matthias (Hg.) [1996]: Literaturwissenschaft – Kulturwissenschaft. Positionen, Themen, Perspektiven; Opladen 1996.

Gleßgen, Martin-Dietrich/Lebsanft, Franz (Hg.) [1997]: Alte und neue Philologie; Tübingen 1997.

Gloy, Karen (Hg.): Im Spannungsfeld zweier Kulturen. Eine Auseinandersetzung zwischen Geistes- und Naturwissenschaft, Kunst und Technik; Freiburg München 2001.

Goldmann, Stefan [1989]: Statt Totenklage Gedächtnis. Zur Erfindung der Mnemotechnik durch Simonides von Keos. In: Poetica 21 (1989), S. 43–66.

Gombrich, Ernst H. [1970]: Aby Warburg. Eine intellektuelle Biographie; Frankfurt am Main 1981.

Goody, Jack/Watt, Ian [1963]: Konsequenzen der Literalität. In: Goody, Jack/Watt, Ian: Entstehung und Folgen der Schriftkultur; Frankfurt am Main 1986, S. 63–123.

Goody, Jack/Watt, Ian [1968]: Literalität in traditionellen Gesellschaften; Frankfurt am Main 1981.

Goudsblom, Johan [1994]: Fire and civilization; London New York 1994.

*Gould, Stephen J. [1990]: Die Entdeckung der Tiefenzeit – Zeitpfeil oder Zeitzyklus in der Geschichte unserer Erde; München 1992.

Grabner-Haider, Anton [1995]: Kritische Kulturphilosophie. Europäische und außereuropäische Lebenswelten; Graz 1995.

Greenblatt, Stephen [1995]: Schmutzige Riten. Betrachtungen zwischen Weltbildern; Frankfurt am Main 1995.

Greis, Jutta [1996]: Universitas semper reformanda – der Königsweg der Kulturwissenschaft. In: Winter, Carsten (Hg.): Kulturwissenschaft: Perspektiven, Erfahrungen, Beobachtungen; Bonn 1996, S. 31–38.

Greverus, Ina-Maria [1969]: Zu einer nostalgisch-retrospektiven Bezugsrichtung der Volkskunde. In: Hessische Blätter für Volkskunde 60 (1969), S. 11–28.

Greverus, Ina-Maria u. a. (Hg.) [1993]: Kulturanthropologie – und dann? In: Blamberger, Günter u. a. (Hg.): Berufsbezogen studieren. Neue Studiengänge in den Literatur-, Kultur- und Medienwissenschaften; München 1993, S. 59–62.

Greverus, Ina-Maria u. a. (Hg.) [1994]: Kulturtexte. Zwanzig Jahre Institut für Kulturanthropologie und Europäische Ethnologie; Frankfurt am Main 1994.

Gumbrecht, Hans Ulrich/Pfeiffer, K. Ludwig (Hg.) [1988]: Materialität der Kommunikation; Frankfurt am Main 1988.

Habermas, Jürgen [1976]: Zur Rekonstruktion des Historischen Materialismus; Frankfurt am Main 1976.

Habermas, Jürgen [1981]: Theorie des kommunikativen Handelns; 2 Bde. Frankfurt am Main 1981.

Hacking, Ian [1995]: Multiple Persönlichkeiten. Zur Geschichte der Seele in der Moderne; München 1996.

Halbwachs, Maurice [1925]: Das Gedächtnis und seine sozialen Bedingungen; Frankfurt am Main 1985.

*Halbwachs, Maurice [1939]: Das kollektive Gedächtnis. Übersetzung aus dem Französischen v. H. Lhoest-Offermann, mit einem Geleitwort v. H. Maus; Frankfurt am Main 1991.

Haller, Albrecht von [1787]: Tagebuch seiner Beobachtungen über Schriftsteller und über sich selbst, zweyter Theil; Bern 1787. Reprint Frankfurt am Main 1971.

Hansen, Klaus P. [1995]: Kultur und Kulturwissenschaft. Eine Einführung; Tübingen und Basel 1995.

Hardtwig, Wolfgang (Hg.) [1997]: Wege zur Kulturgeschichte. Geschichte und Gesellschaft, 23. Jg. Heft 1; Göttingen 1997.

Hardtwig, Wolfgang/Wehler, Hans-Ulrich (Hg.) [1996]: Kulturgeschichte heute; Göttingen 1996.

Harth, Dietrich [1998]: Das Gedächtnis der Kulturwissenschaften; Dresden 1998.

Hastedt, Heiner [1991]: Aufklärung und Technik. Grundprobleme einer Ethik der Technik; Frankfurt am Main 1994.

Hausen, Karin/Rürup, Reinhard (Hg.) [1975]: Moderne Technikgeschichte; Köln 1975.

Havelock, Eric A. [1963]: Preface to Plato; Cambridge London 1963.

*Havelock, Eric A. [1992]: Als die Muse schreiben lernte; Frankfurt am Main 1992.

Haverkamp, Anselm/Lachmann, Renate (Hg.) [1991]: Gedächtniskunst. Raum – Bild – Schrift. Studien zur Mnemotechnik; Frankfurt am Main 1991.

Haverkamp, Anselm/Lachmann, Renate (Hg.) [1993]: Memoria. Vergessen und Erinnern; München 1993 (= Poetik und Hermeneutik XV).

Hegel, Georg Wilhelm Friedrich [1793–1800]: Frühe Schriften. In: Werke in zwanzig Bänden, Bd. 1; Frankfurt am Main 1995.

Hegel, Georg Wilhelm Friedrich [1816–30]: Vorlesungen über die Geschichte der Philosophie II. In: Werke in zwanzig Bänden, Bd. 19; Frankfurt am Main 1995.

Hegel, Georg Wilhelm Friedrich [1817]: Enzyklopädie der philosophischen Wissenschaften im Grundrisse III. In: Werke in zwanzig Bänden, Bd. 10; Frankfurt am Main 1995.

Hegel, Georg Wilhelm Friedrich [1821]: Grundlinien der Philosophie des Rechts. In: Werke in zwanzig Bänden, Bd. 7; Frankfurt am Main 1995.

Heider, Fritz [1926]: Ding und Medium. In: Symposion 1 (1926), S. 109–157.

Heimrod, Ute/Schlusche, Günter/Seferens, Horst (Hg.) [1999]: Der Denkmalstreit – das Denkmal? Die Debatte um das «Denkmal für die ermordeten Juden Europas». Eine Dokumentation; Bodenheim 1999.

Henningsen, Bernd/Schröder, Stephan Michael (Hg.) [1997]: Vom Ende der Humboldt-Kosmen. Konturen von Kulturwissenschaft; Baden-Baden 1997.

Herder, Johann Gottfried [1772]: Abhandlung über den Ursprung der Sprache. Hg. v. Hans Dietrich Irmscher; Stuttgart 1989.

Herrmann, Hans-Christian von/Middell, Matthias (Hg.) [1998]: Orte der Kulturwissenschaft. 5 Vorträge; Leipzig 1998.

Hofmannsthal, Hugo von [1912]: Ariadne. Aus einem Brief an Richard Strauß. In: Gesammelte Werke. Dramen V – Operndichtungen; Frankfurt am Main 1979, S. 297–300.

*Hohendahl, Peter Uwe/Steinlein, Rüdiger (Hg.): Kulturwissenschaften – Cultural Studies. Beiträge zur Erprobung eines umstrittenen literaturwissenschaftlichen Paradigmas; Berlin 2001.

Horkheimer, Max [1937]: Traditionelle und kritische Theorie. In: ders.: Traditionelle und kritische Theorie. Vier Aufsätze; Frankfurt am Main 1970, S. 12–64.

*Horkheimer, Max/Adorno, Theodor W. [1947]: Dialektik der Aufklärung. Philosophische Fragmente; Frankfurt am Main 1981.

Huber, Ludwig (Hg.): Wie das Neue in die Welt kommt. Phasenübergänge in Natur und Kultur; Wien 2000.

Humboldt, Wilhelm von [1796/97]: Plan einer vergleichenden Anthropologie. In: Werke in fünf Bänden, hg. v. Andreas Flitner und Klaus Giel. Erster Band: Schriften zur Anthropologie und Geschichte; Berlin 1960, S. 337–375.

Inglis, Fred [1993]: Cultural Studies; Oxford 1993.

Innis, Harold [1997]: Kreuzwege der Kommunikation. Ausgewählte Texte. Hg. v. Karlheinz Barck; Wien 1997.

*Jäger, Georg/Schönert, Jörg (Hg.) [1997]: Wissenschaft und Berufspraxis. Angewandtes Wissen und praxisorientierte Studiengänge in den Sprach-, Literatur-, Kultur- und Medienstudiengängen; Paderborn 1997.

*Jay, Martin [1973]: Dialektische Phantasie. Die Geschichte der Frankfurter Schule und des Instituts für Sozialforschung 1923–1950; Frankfurt am Main 1981.

Joerges, Bernward (Hg.) [1988]: Technik im Alltag; Frankfurt am Main 1988.

Jünger, Friedrich Georg [1957]: Gedächtnis und Erinnerung; Frankfurt am Main 1957.

Kaes, Anton [1995]: New Historicism. Literaturgeschichte im Zeichen der Postmoderne? In: Moritz Baßler (Hg.): New Historicism. Literaturgeschichte als Poetik der Kultur; Frankfurt am Main 1995, S. 251–267.

Kalmar, Ivan [1987]: The Völkerpsychologie of Lazarus and Steinthal and the modern concept of culture. In: Journal of the History of Ideas (1987), S. 671–691.

Kant, Immanuel [1798]: Anthropologie in pragmatischer Hinsicht. In: Schriften zur Anthropologie, Geschichtsphilosophie, Politik und Pädagogik 2. Werkausgabe Bd. XII, hg. v. Wilhelm Weischedel; Frankfurt am Main 1977.

Keck, Annette/Kording, Inka/Prochaska, Anja (Hg.): Verschlungene Grenzen. Anthropophagie in Literatur und Kulturwissenschaften; Tübingen 1999.

Kierkegaard, Sören [1845]: Stadien auf des Lebens Weg. Band 1; Gütersloh 1982.

*Kittler, Friedrich A. [1985]: Aufschreibesysteme 1800/1900; 2. Aufl. München 1987.

Kittler, Friedrich A. [1986]: Grammophon, Film, Typewriter; Berlin 1986.
Kittler, Friedrich A. [1993]: Draculas Vermächtnis. Technische Schriften; Leipzig 1993.
Kittler, Friedrich A. [1996]: Kommunikationsmedien. In: Wulf, Christoph (Hg.): Vom Menschen. Handbuch historische Anthropologie; Weinheim und Basel 1996, S. 649–661.
Kittler, Friedrich A. [1999]: Eine Kulturgeschichte der Kulturwissenschaft; München 1999.
Klein, Wolfgang/Naumann-Beyer, Waltraud (Hg.) [1995]: Nach der Aufklärung? Beiträge zum Diskurs der Kulturwissenschaften; Berlin 1995.
Klemm, Gustav Friedrich [1851]: Grundideen zu einer allgemeinen Cultur-Wissenschaft. In: Sitzungsberichte der kaiserlichen Akademie der Wissenschaften. Philosophisch-historische Classe, Band 7; Wien 1851, S. 167–190.
Klemm, Gustav Friedrich [1854/55]: Allgemeine Culturwissenschaft. Die materiellen Grundlagen menschlicher Cultur; 2 Bde. Leipzig 1854–55.
*Kloock, Daniela/Spahr, Angela [1997]: Medientheorien. Eine Einführung; München 1997.
Konersmann, Ralf [1996a]: Kultur als Metapher. In: ders.: Kulturphilosophie; Stuttgart 1996, S. 327–354.
*Konersmann, Ralf (Hg.) [1996b]: Kulturphilosophie; Stuttgart 1996.
Konersmann, Ralf (Hg.): Kulturkritik. Reflexionen in der veränderten Welt; Stuttgart 2001.
Korff, Gottfried [1996]: Namenswechsel als Paradigmenwechsel? Die Umbenennung des Faches Volkskunde an deutschen Universitäten als Versuch einer «Entnationalisierung». In: Fünfzig Jahre danach. Zur Nachgeschichte des Nationalsozialismus, hg. v. Sigrid Weigel und Birgit Erdle; Zürich 1996, S. 403–435.
Korte, Eduard [1992]: Kulturphilosophie und Anthropologie; Hamburg 1992.
Koschorke, Albrecht [1999]: Körperströme und Schriftverkehr. Mediologie des 18. Jahrhunderts; München 1999.
Kotre, John [1996]: Weiße Handschuhe. Wie das Gedächtnis Lebensgeschichten schreibt; München 1996.
Krämer, Sybille [1996]: Sinnlichkeit, Denken, Medien: Von der «Sinnlichkeit als Erkenntnisform» zur «Sinnlichkeit der Performanz». In: Kunst- und Ausstellungshalle der Bundesrepublik Deutschland (Hg.): Sinn der Sinne; Göttingen 1996, S. 24–39.
Krämer, Sybille [1997]: Vom Mythos «Künstliche Intelligenz» zum My-

thos «Künstliche Kommunikation» oder: Ist eine nicht-anthropomorphe Beschreibung von Internet-Interaktionen möglich? In: Münker, Stefan: Mythos Internet; Frankfurt am Main 1997, S. 83–107.

Kramer, Dieter [1997]: Von der Notwendigkeit der Kulturwissenschaft. Aufsätze zu Volkskunde und Kulturtheorie; Marburg 1997.

Kramme, Rüdiger [1997]: ‹Kulturphilosophie› und ‹Internationalität› des ‹Logos› im Spiegel seiner Selbstbeschreibung. In: Hubinger, Gangolf/Bruch, Rüdiger vom/Graf, Friedrich Wilhelm (Hg.): Kultur und Kulturwissenschaften um 1900. Heft 2: Idealismus und Positivismus; Stuttgart 1997.

*Kreuzer, Helmut (Hg.) [1969]: Die zwei Kulturen. Literarische und naturwissenschaftliche Intelligenz. C. P. Snows These in der Diskussion; Stuttgart 1969.

Kümmel, Albert [1997]: Mathematische Medientheorie. In: Kloock, Daniela/Spahr, Angela: Medientheorien; München 1997, S. 205–236.

Kuhn, Thomas S. [1962]: Die Struktur wissenschaftlicher Revolutionen; Frankfurt am Main 1967.

Lachmann, Renate [1990]: Gedächtnis und Literatur; Frankfurt am Main 1990.

Lämmert, Eberhard [1969]: Das Ende der Germanistik und ihre Zukunft. In: Kolbe, Jürgen (Hg.): Ansichten einer künftigen Germanistik; München 1969, S. 79–104.

Lamprecht, Karl [1897]: Was ist Kulturgeschichte? Beitrag zu einer empirischen Historik. In: Ausgewählte Schriften zur Wirtschafts- und Kulturgeschichte und zur Theorie der Geschichtswissenschaft. Mit Vorwort und literarischen Bemerkungen von Herbert Schönebaum; Aalen 1974, S. 257–327.

Langenegger, Detlev [1990]: Gesamtdeutungen moderner Technik. Moscovici, Ropohl, Ellul, Heidegger. Eine interdiskursive Problemsicht; Würzburg 1990.

Lazarus, Moritz [1860]: Geographie und Psychologie. In: Zeitschrift für Völkerpsychologie und Sprachwissenschaft. Band 1; Berlin 1860, S. 212–221.

Lazarus, Moritz [1865]: Einige synthetische Gedanken zur Volkerpsychologie. In: Zeitschrift für Völkerpsychologie und Sprachwissenschaft. Band 3; Berlin 1865, S. 1–94.

Lazarus, Moritz/Steinthal, Heymann [1860]: Einleitende Gedanken über Völkerpsychologie. In: Zeitschrift für Völkerpsychologie und Sprachwissenschaft. Band 1; Berlin 1860, S. 1–81.

Le Goff, Jacques [1977]: Geschichte und Gedächtnis; Frankfurt am Main New York Paris 1992.
Lehmann, Hans-Thies [1984]: Nach Adorno. Zur Rezeption ästhetischer Theorie. In: Merkur 38 (1984), H. 4, S. 391–398.
Lenk, Hans/Ropohl, Günter (Hg.) [1987]: Technik und Ethik; Stuttgart 1987.
Lepenies, Wolf [1976]: Das Ende der Naturgeschichte. Wandel kultureller Selbstverständlichkeiten in den Wissenschaften des 18. und 19. Jahrhunderts; Frankfurt am Main 1976.
Leroi-Gourhan, André [1964–65]: Hand und Wort. Die Evolution von Technik, Sprache und Kunst. Übers. v. M. Bischoff; Frankfurt am Main 1980.
Lévi-Strauss, Claude [1962]: Das wilde Denken; Frankfurt am Main 1968.
Lichtblau, Klaus [1997]: Georg Simmel; Frankfurt am Main 1997.
Lindner, Rolf [2000]: Die Stunde der Cultural Studies; Wien 2000.
Litt, Theodor [1919–24]: Individuum und Gemeinschaft. Grundlegung der Kulturphilosophie; Leipzig Berlin 1924.
Lord, Albert B. [1960]: Der Sänger erzählt; München 1965.
Lotman, Jurij [1990]: Über die Semiosphäre. In: Zeitschrift für Semiotik 12 (1990), S. 287–305.
Luhmann, Niklas [1987]: Soziale Systeme. Grundriß einer allgemeinen Theorie; Frankfurt am Main 1987.
*Luhmann, Niklas [1995]: Kultur als historischer Begriff. In: ders.: Gesellschaftsstruktur und Semantik. Studien zur Wissenschaftssoziologie der modernen Gesellschaft; Bd. 4, Frankfurt am Main 1985, S. 31–54.
Lukács, Georg [1916]: Die Theorie des Romans. Ein geschichtsphilosophischer Versuch über die Formen der großen Epik; 9. Aufl. Darmstadt Neuwied 1984.
Lukács, Georg [1955]: Die Zerstörung der Vernunft; Neuwied 1962.
Lurija, Alexander R. [1973]: The Neuropsychology of Memory; Washington 1976.
*Lutter, Christina [1998]: Kulturwissenschaften in einem gradualen und postgradualen Curriculum; [Feasability-Studie] Wien 1998.
*Lutter, Christina/Reisenleitner, Markus [1998]: Cultural Studies. Eine Einführung; Wien 1998.
*Lutter, Christina/Reisenleitner, Markus: Cultural Studies. Eine Einführung; Wien 1998.
Maier, Anneliese [1938]: Die Mechanisierung des Weltbildes; Leipzig 1938.

Mall, Ram Adhar [1995]: Philosophie im Vergleich der Kulturen. Interkulturelle Philosophie – eine neue Orientierung; Darmstadt 1995.
Marcus, George E. (Hg.) [1992]: Rereading Cultural Anthropology; Duke University Press 1992.
*Marquard, Odo [1986]: Über die Unvermeidlichkeit der Geisteswissenschaft. In: ders.: Apologie des Zufälligen. Philosophische Studien; Stuttgart 1986, S. 98–116.
Marschall, Wolfgang (Hg.) [1990]: Klassiker der Kulturanthropologie. Von Montaigne bis Margaret Mead; München 1990.
Marx, Karl [1844]: Zur Kritik der Hegelschen Rechtsphilosophie. Einleitung. In: Marx-Engels Studienausgabe in 4 Bänden, hg. v. Iring Fetscher, Bd. I; Frankfurt am Main 1971, S. 17–30.
Marx, Karl [1845]: Thesen über Feuerbach. In: Marx-Engels Studienausgabe in 4 Bänden, hg. v. Iring Fetscher, Bd. I; Frankfurt am Main 1966, S. 139–144.
Matussek, Peter [1992]: Naturbild und Diskursgeschichte. «Faust»-Studie zur Rekonstruktion ästhetischer Theorie; Stuttgart 1992.
Matussek, Peter [1996]: Hypomnemata und Hypermedia. Erinnerung im Medienwechsel. In: Medien des Gedächtnisses. Sonderband der Deutschen Vierteljahrsschrift für Literaturwissenschaft und Geistesgeschichte 1998, S. 264–278.
Matussek, Peter [1997]: www.heavensgate.com – Virtuelles Leben zwischen Eskapismus und Ekstase. In: Paragrana 6 (1997), H. 1: Selbstfremdheit, S. 129–147.
Maus, Heinz [1946]: Zur Situation der deutschen Volkskunde. In: Gerndt, Helge (Hg.): Fach und Begriff «Volkskunde» in der Diskussion; Darmstadt 1988, S. 25–40.
McLuhan, Herbert Marshall [1962]: Die Gutenberg-Galaxis. Das Ende des Buchzeitalters; Düsseldorf Wien 1968.
*McLuhan, Herbert Marshall [1964]: Die magischen Kanäle («Understanding Media»); Düsseldorf Wien New York Moskau 1992.
McLuhan, Herbert Marshall/Fiore, Quentin [1969]: Das Medium ist Massage; Frankfurt am Main Berlin 1969.
Megenberg, Konrad von [1350]: Das Buch der Natur. Die erste Naturgeschichte in deutscher Sprache. Hg. v. Franz Pfeiffer; Stuttgart 1861. 2. Reprint Hildesheim 1971.
Meier, Cordula [1996]: Gedächtnis-Bilder/Bild-Gedächtnis. In: Bolz, Norbert/Meier, Cordula/Holschbach, Susanne (Hg.): Riskante Bilder. Kunst – Literatur – Medien; München 1996, S. 151–175.

Merleau-Ponty, Maurice [1945]: Das Kino und die neue Psychologie. Deutsch von Claudia Brede-Konersmann. In: Konersmann, Ralf (Hg.): Kritik des Sehens; Stuttgart 1997, S. 227–247.

Meyer-Abich, Klaus Michael [1990]: Aufstand für die Natur. Von der Umwelt zur Mitwelt; München 1990.

Meyer-Abich, Klaus Michael [1997]: Praktische Naturphilosophie. Erinnerung an einen vergessenen Traum; München 1997.

Meyers Lexikonredaktion (Hg.) [1987]: Meyers großes Taschenlexikon in 24 Bänden; Mannheim Wien Zürich 1987.

Mitscherlich, Alexander/Mitscherlich, Margarete [1967]: Die Unfähigkeit zu trauern. Grundlagen kollektiven Verhaltens; München 1967.

Mitscherlich, Margarete [1987]: Erinnerungsarbeit. Zur Psychoanalyse der Unfähigkeit zu trauern; Frankfurt am Main 1987.

Mittelstraß, Jürgen [1989]: «Wohin geht die Wissenschaft? Über Disziplinarität, Transdisziplinarität und das Wissen in einer Leibniz-Welt». In: Konstanzer Blätter für Hochschulfragen XXV (1989), S. 97–115.

*Mojse, Georg Matthias [1976]: Kulturgeschichte. In: Historisches Wörterbuch der Philosophie, Bd. IV; Darmstadt 1976, Sp. 1333–1338.

*Montrose, Louise [1995]: Die Renaissance behaupten. Poetik und Politik der Kultur. In: Baßler, Moritz (Hg.): New Historicism. Literaturgeschichte als Poetik der Kultur; Frankfurt am Main 1995, S. 251–267.

Moscovici, Sergio [1990]: Versuch über die menschliche Geschichte der Natur; Frankfurt am Main 1990.

Mühlberg, Dietrich [1965]: Technische Revolution und einige Aspekte der marxistischen Kulturtheorie. In: Deutsche Zeitschrift für Philosophie, Sonderheft 1965, S. 205–207.

Müller, Lothar [1988]: Die Großstadt als Ort der Moderne. Über Georg Simmel. In: Scherpe, Klaus R. (Hg.): Die Unwirklichkeit der Städte. Großstadtdarstellungen zwischen Moderne und Postmoderne; Reinbek bei Hamburg 1988, S. 14–36.

Müller-Funk, Wolfgang/Reck, Hans-Ulrich (Hg.) [1996]: Inszenierte Imagination. Beiträge zu einer historischen Anthropologie der Medien; Wien New York 1996.

Münsterberg, Hugo [1916]: The Photoplay; Reprint New York London 1970.

Mumford, Lewis [1966–70]: Mythos der Maschine. Kultur, Technik und Macht; Frankfurt am Main 1986.

Musner, Lutz/Wunberg, Gotthart/Lutter, Christina (Hg.): Cultural Turn. Zur Geschichte der Kulturwissenschaften; Zürich 2001.

Neisser, Ulric [1967]: Kognitive Psychologie; Stuttgart 1974.
Nell, Werner/Riedel, Wolfgang [2000]: Kulturwissenschaften. Geschichte, Grundlagen, Perspektiven; Opladen 2000.
Neswald, Elizabeth [1998]: Medien-Theologie. Das Werk Vilém Flussers; Köln 1998.
Neumann, Gerhard/Weigel, Sigrid (Hg.): Lesbarkeit der Kultur. Literaturwissenschaften zwischen Kulturtechnik und Ethnographie; München 2000.
Niedermann, Joseph [1941]: Kultur. Werden und Wandlungen eines Begriffs und seiner Ersatzbegriffe von Cicero bis Herder; Firenze 1941.
Niethammer, Lutz (Hg.) [1980]: Lebenserfahrung und kollektives Gedächtnis. Die Praxis der «Oral History»; Frankfurt am Main 1980.
*Nietzsche, Friedrich [1874]: Unzeitgemäße Betrachtungen. Zweites Stück: Vom Nutzen und Nachtheil der Historie für das Leben. In: Sämtliche Werke. Kritische Studienausgabe, 15 Bde. Hg. v. Giorgio Colli u. Mazzino Montinari; München Berlin New York 1988, Bd. 1, S. 243–334.
Nietzsche, Friedrich [1887]: Zur Genealogie der Moral. Eine Streitschrift. In: Sämtliche Werke. Kritische Studienausgabe, 15 Bde. Hg. v. Giorgio Colli u. Mazzino Montinari; München Berlin New York 1988, Bd. 5, S. 245–412.
Noack, Hermann [1936]: Symbol und Existenz der Wissenschaft; Halle 1936.
Nora, Pierre [1966]: Zwischen Geschichte und Gedächtnis; Berlin 1990.
Nora, Pierre (Hg.) [1984]: Les lieux de Mémoire. I: La République, II: La Nation; 7 Bde. Paris 1984.
Oexle, Otto Gerhard (Hg.) [1995]: Memoria als Kultur; Göttingen 1995.
*Oexle, Otto Gerhard [1996]: Geschichte als Historische Kulturwissenschaft. In: Hardtwig, Wolfgang/Wehler, Hans-Ulrich (Hg.): Kulturgeschichte Heute; Göttingen 1996, S. 14–40.
Ong, Walter J. [1967]: The Presence of the Word; New Haven London 1967.
Ong, Walter J. [1982]: Oralität und Literalität. Die Technologisierung des Wortes; 2. Aufl. Opladen 1987.
Orth, Ernst Wolfgang: Was ist und was heißt «Kultur»? Zur Medialität der menschlichen Orientierung; Würzburg 2000.
Parry, Milman [1928]: The Making of Homeric Verse; Oxford 1971.
Parsons, Talcott [1937]: The Structure of Social Action; New York 1937.
Penfield, Wilder/Milner, Brenda [1958]: Memory deficit produced by bi-

lateral lesions of the hippocampal zone. In: Arch. Neurol. Psychiat. 74 (1958).

*Perpeet, Wilhelm [1976]: Kulturphilosophie. In: Archiv für Begriffsgeschichte 20 (1976), S. 42–99.

Peters, Ursula [1997]: Zwischen New Historicism und Gender-Forschung. Neue Wege der älteren Germanistik. In: DVjS, 71. Jg. (1997), Heft 3, S. 363–396.

Pfeiffer, K. Ludwig: Das Mediale und das Imaginäre. Dimensionen kulturanthropologischer Medientheorie; Frankfurt am Main 1999.

Pöppel, Ernst [1989]: Gegenwart – psychologisch gesehen. In: Wendorff, Rudolf: Im Netz der Zeit. Menschliches Zeiterleben interdisziplinär; Darmstadt 1989, S. 11–16.

Postman, Neil [1985]: Wir amüsieren uns zu Tode. Urteilsbildung im Zeitalter der Unterhaltungsindustrie; Frankfurt am Main 1993.

Postman, Neil [1992]: Das Technopol. Die Macht der Technologien und die Entmündigung der Gesellschaft; Frankfurt am Main 1992.

Postman, Neil [1995]: Keine Götter mehr. Das Ende der Erziehung; Berlin 1995.

Precht, Richard David [1996]: Kultur. Ein Plädoyer gegen die kulturelle Belanglosigkeit der Kulturwissenschaft. In: Die Zeit, 12. 7. 1996, S. 29.

Rabinow, Paul [19]: Repräsentationen sind soziale Tatsachen. Moderne und Postmoderne in der Anthropologie. In: Fuchs, Martin/Berg, Eberhard (Hg.): Kultur, soziale Praxis, Text. Frankfurt am Main 1993, S. 158–199.

Radkau, Joachim [1998]: Das Zeitalter der Nervosität. Deutschland zwischen Bismarck und Hitler; Darmstadt 1998.

Raulff, Ulrich [1993]: Von der Kulturgeschichte zur Geschichtskultur. Eine wissenschaftsgeschichtliche Skizze. In: Hansen, Klaus P. (Hg.): Kulturbegriff und Methode. Der stille Paradigmenwechsel in den Geisteswissenschaften; Tübingen 1993, S. 133–148.

Raulff, Ulrich (Hg.) [1986]: Vom Umschreiben der Geschichte. Neue historische Perspektiven; Berlin 1986.

Raulff, Ulrich (Hg.) [1987]: Mentalitäten-Geschichte; Berlin 1987.

Rheinberger, Hans-Jörg/Hagner, Michael/Wahrig-Schmidt, Bettina (Hg.) [1995]: Räume des Wissens. Repräsentation, Codierung, Spur; Berlin 1995.

Richardson, Ruth [1987]: Jeremy Bentham's self image: an exemplary request for dissection. In: British Medical Journal 295 (1987), S. 195–198.

Rickert, Heinrich [1898]: Kulturwissenschaft und Naturwissenschaft. Mit einem Nachwort herausgegeben von Friedrich Vollhardt; Stuttgart 1986.

Ricœur, Paul [1971]: Der Text als Modell hermeneutischen Verstehens. In: Boehm, Gottfried/Gadamer, Hans-Georg (Hg.): Seminar: Die Hermeneutik und die Wissenschaften; Frankfurt am Main 1978, S. 83–117.

Riedel, Wolfgang [1994]: Anthropologie und Literatur in der deutschen Spätaufklärung. Skizze einer Forschungslandschaft. In: Internationales Archiv für Sozialgeschichte der deutschen Literatur, 6. Sonderh., 3. Folge, S. 93–154.

Röcke, Werner [1996]: Mentalitätsgeschichte – ‹New Historicism›: Perspektiven einer kulturwissenschaftlichen Mediävistik. In: Mittellateinisches Jahrbuch, 21, H. 2 (1996), S. 21–37.

Ropohl, Günter [1985]: Die unvollkommene Technik; Frankfurt am Main 1985.

Roth, Gerhard [1991]: Die Konstitution von Bedeutung im Gehirn. In: Gedächtnis. Probleme und Perspektiven der interdisziplinären Gedächtnisforschung, hg. v. S. J. Schmidt; Frankfurt am Main 1991.

Rousseau, George [1991]: Cultural History in a New Key: Towards a Semiotics of the Nerve. In: Pittock, Joan H./Wear, Andrew (Hg.): Interpretation and Cultural History; London 1991, S. 25–81.

Rüfner, Vinzenz [1955]: Homo secundus Deus. Eine geistesgeschichtliche Studie zum menschlichen Schöpfertum. In: Philosophisches Jahrbuch der Görres-Gesellschaft 63 (1955), S. 248–291.

Schiebinger, Londa [1995]: Am Busen der Natur. Erkenntnis und Geschlecht in den Anfängen der Wissenschaft; Stuttgart 1995.

Schiller, Friedrich [1780]: Versuch über den Zusammenhang der tierischen Natur des Menschen mit seiner geistigen. In: Sämtliche Werke, 5. Bd., hg. v. G. Fricke und H. G. Göpfert; 8. Aufl. München 1989, S. 287–324.

Schiller, Friedrich von [1789]: Brief vom 26. März 1789. In: Werke. Nationalausgabe, Bd. 25: Briefwechsel 1788–1790. Hg. v. Eberhard Haufe; Weimar 1979, S. 229–232.

Schleier, Hans [1997]: Deutsche Kulturhistoriker des 19. Jahrhunderts. Über Gegenstand und Aufgaben der Kulturgeschichte. In: Geschichte und Gesellschaft, Heft 1 (1997), S. 70–98.

Schmidt, Siegfried J. (Hg.) [1991]: Gedächtnis. Probleme und Perspektiven der interdisziplinären Gedächtnisforschung; Frankfurt am Main 1991.

Schmidt, Siegfried J.: Kalte Faszination. Medien – Kultur – Wissenschaft in der Mediengesellschaft; Weilerswist 2000.

Schmitt, Carl [1942]: Land und Meer. Eine weltgeschichtliche Betrachtung; Köln 1981.

Schmitz, Hermann [1993]: Gefühle als Atmosphären und das aktive Betroffensein von ihnen. In: Fink-Eitel, Hinrich/Lohmann, Georg (Hg.): Zur Philosophie der Gefühle; Frankfurt am Main 1993, S. 33–56.

Schnädelbach, Herbert [1992]: Plädoyer für eine kritische Kulturphilosophie. In: Konersmann, Ralf: Kulturphilosophie; Stuttgart 1996, S. 307–326.

Schnell, Ralf: Kultur der Gegenwart. Lexikon; Stuttgart 2000.

Schnell, Rüdiger [1987]: Was ist neu an der ‹New Philology›? Zum Diskussionsstand der germanistischen Mediävistik. In: Alte und neue Philologie. Hg. von Martin-Dietrich Gleßgen und Franz Lebsanft; Tübingen 1987, S. 61–95.

Schönert, Jörg [1996]: Literaturwissenschaft – Kulturwissenschaft – Medienkulturwissenschaft. In: Glaser, Renate/Luserke, Matthias (Hg.): Literaturwissenschaft – Kulturwissenschaft. Positionen, Themen, Perspektiven; Opladen 1996, S. 192–208.

Schorn-Schütte, Luise [1984]: Karl Lamprecht. Kulturgeschichtsschreibung zwischen Wissenschaft und Politik; Göttingen 1984.

*Schröder, Gerhard/Breuninger, Helga (Hg.): Kulturtheorien der Gegenwart. Ansätze und Positionen; Frankfurt am Main 2001.

Schwemmer, Oswald [1987]: Handlung und Struktur: zur Wissenschaftstheorie der Kulturwissenschaften; Frankfurt am Main 1987.

Seeba, Hinrich C. [1993]: Kulturanthropologie und Wissenschaftsgeschichte. Ansätze ihrer Verbindung bei Humboldt, Steinthal und Riehl. In: Germanistik und Komparatistik. DFG-Symposium 1993. Hg. v. Hendrik Birus; Stuttgart Weimar 1995, S. 111–131.

Shannon, Claude E./Weaver, Warren [1948]: Mathematische Grundlagen der Informationstheorie; München Wien 1976.

Siebert, Irmgard [1991]: Jacob Burckhardt. Studien zur Kunst- und Kulturgeschichtsschreibung; Basel 1991.

Sieferle, Rolf Peter [1984]: Fortschrittsfeinde? Opposition gegen Technik und Industrie von der Romantik bis zur Gegenwart; München 1984.

*Simmel, Georg [1911a]: Philosophische Kultur. Gesammelte Essais. In: Gesamtausgabe. Hg. v. Otthein Rammstedt, Bd. 14; Frankfurt am Main 1996, S. 159–461.

Simmel, Georg [1911b]: Der Begriff und die Tragödie der Kultur. In: Philosophische Kultur. Gesammelte Essays. Gesamtausgabe. Hg. v. Otthein Rammstedt, Bd. 14; Frankfurt am Main 1996, S. 385–417.

Smith, Gary/Emrich, Hinderk M. (Hg.) [1995]: Vom Nutzen des Vergessens; Berlin 1995.

Snow, Charles Percy [1967]: Die zwei Kulturen. Literarische und naturwissenschaftliche Intelligenz; Stuttgart 1967.

Sonnemann, Ulrich [1987]: Tunnelstiche; Frankfurt am Main 1987.

Squire, Larry, R./Kossly, Stephen M. [1998]: Findings and current opinion in cognitive neuroscience/Current opinion in neurobiology; Cambridge, Mass. 1998.

Stanitzek, Georg/Voßkamp, Wilhelm (Hg.): Schnittstelle: Medien und Kulturwissenschaften; Köln 2001.

Stein, Ludwig [1900]: An der Wende des Jahrhunderts. Versuche einer Kulturphilosophie; Freiburg u. a. 1900.

Steinhausen, Georg [1904/13]: Geschichte der Deutschen Kultur. Zweite, neubearbeitete und vermehrte Auflage; 2 Bde. Leipzig und Wien 1913.

Steinthal, Heymann [1864]: Philologie, Geschichte und Psychologie in ihren gegenseitigen Beziehungen. In: Kleine sprachtheoretische Schriften. Neu zusammengestellt und mit einer Einleitung versehen von Waltraud Baumann; Hildesheim New York 1970, S. 436–511.

Steinthal, Heymann [1886]: Begriff der Völkerpsychologie. In: Kleine sprachtheoretische Schriften. Neu zusammengestellt und mit einer Einleitung versehen von Waltraud Baumann; Hildesheim New York 1970, S. 606–637.

Stephan, Inge [1999]: ‹Gender›: ine nützliche Kategorie für die Literaturwissenschaft. In: Zeitschrift für Germanistik, Neue Folge IX, 1 (1999), S. 23–35.

Stockheim, Ansgar/Rassem, Mohammed (Hg.) [1989–95]: Technik und Kultur; 11 Bde. Düsseldorf 1989–95.

Stöcklein, Ansgar [1969]: Leitbilder der Technik. Biblische Tradition und technischer Fortschritt; München 1969.

Stolz, Fritz: Weltbilder der Religionen. Kultur und Natur – Diesseits und Jenseits – Kontrollierbares und Unkontrollierbares; Zürich 2001.

Strupp, Christoph: Johan Huizinga. Geschichtswissenschaft als Kulturgeschichte; Göttingen 2000.

Sturm, Dieter (Hg.) [1991]: Kultur und Kulturwissenschaft; Lüneburg 1991.

Sutter, Alex [1988]: Göttliche Maschinen. Die Automaten für Lebendiges; Frankfurt am Main 1988.

Tholen, Georg Christoph: Die Zäsur der Medien. Kulturphilosophische Konturen; Frankfurt am Main 2001.

Thompson, Edward P. [1963]: The Making of the English Working Class; New York 1963.

Trabant, Jürgen [1990]: Traditionen Humboldts; Frankfurt am Main 1990.

Troitzsch, Ulrich/Wohlauf, Gabriele (Hg.) [1980]: Technik-Geschichte. Historische Beiträge und neuere Ansätze; Frankfurt am Main 1980.

Turing, Alan M. [1950]: Kann eine Maschine denken? In: Kursbuch 8 (1967), S. 106–138.

Turkle, Sherry [1984]: Die Wunschmaschine. Der Computer als zweites Ich; Reinbek bei Hamburg 1986.

Turkle, Sherry [1995]: Life on the Screen. Identity in the Age of the Internet; New York 1995.

Tylor, Edward B. [1871]: Primitive Culture: Researches into the development of Mythology, Philosophy, Religion, Art, and Custom; 2 Bde. London 1994.

Ullmaier, Johannes: Kulturwissenschaft im Zeichen der Moderne. Hermeneutische und kategoriale Probleme; Tübingen 2001.

Ullrich, Otto [1979]: Technik und Herrschaft. Vom Hand-Werk zur verdinglichten Blockstruktur industrieller Produktion; Frankfurt am Main 1979.

Usener, Hermann [1876]: Götternamen. Versuch einer Lehre der religiösen Begriffsbildung; Berlin 1876.

Usener, Hermann [1912–14]: Kleinere Schriften; 4 Bde. Leipzig Berlin 1912–1914.

Utz, Peter [1990]: Das Auge und das Ohr im Text. Literarische Sinneswahrnehmung in der Goethezeit; München 1990.

Vico, Giovanni Battista [1725]: Neue Wissenschaft über die gemeinschaftliche Natur der Völker (Nova Scienza ...); 2 Teilbände Hamburg 1990.

Virilio, Paul [1984]: Krieg und Kino; Frankfurt am Main 1989.

Vissmann, Cornelia [1996]: Rhetorik, Medialität und Wissen. Kulturwissenschaften an der Europa-Universität Viadrina Frankfurt an der Oder; In: Winter, Carsten (Hg.): Kulturwissenschaft: Perspektiven, Erfahrungen, Beobachtungen; Bonn 1996, S. 105–110.

Vosskamp, Wilhelm [1990]: Literaturwissenschaft als Geisteswissenschaft. Thesen zur Geschichte der deutschen Literaturwissenschaft nach dem zweiten Weltkrieg. In: Prinz, Wolfgang/Weingart, Peter (Hg.): Die sog. Geisteswissenschaften: Innenansichten; Frankfurt am Main 1990, S. 240–247.

*Warburg, Aby [1923]: Schlangenritual. Ein Reisebericht. Mit einem Nachwort von Ulrich Raulff; Berlin 1988.
Warburg, Aby [1924–29]: Mnemosyne-Atlas [Rekonstruktion als Begleitmaterial zur Ausstellung «Mnemosyne», hg. v. Marianne Koos, Wolfram Pichler, Werner Rappl, Gudrun Swoboda]; Hamburg 1994.
Warburg, Aby M. [1979]: Ausgewählte Schriften und Würdigungen. Hg. v. Dieter Wuttke; 3. Aufl. 1992.
*Weber, Max [1904]: Die «Objektivität» sozialwissenschaftlicher und sozialpolitischer Erkenntnis. In: Gesammelte Aufsätze zur Wissenschaftslehre; Tübingen 1968, S. 146–214.
Weinrich, Harald [1997]: «Lethe». Kunst und Kritik des Vergessens; München 1997.
Weizsäcker, Carl Friedrich von [1971]: Die Einheit der Natur. Studien; München Wien 1974.
Weizsäcker, Ernst Ulrich von [1990]: Erdpolitik; 3. Aufl. Darmstadt 1992.
Wenzel, Horst [1995]: Hören und Sehen. Schrift und Bild. Kultur und Gedächtnis im Mittelalter; München 1995.
Wenzel, Horst [1997]: Gespräche – Boten – Briefe. Körpergedächtnis und Schriftgedächtnis im Mittelalter; Berlin 1997.
White, Hayden [1994]: Metahistory. Die historische Einbildungskraft im 19. Jahrhundert in Europa; Frankfurt am Main 1994.
Wimmer, Andreas [1996]: Kultur. Zur Reformulierung eines sozialanthropologischen Grundbegriffs. In: Kölner Zeitschrift für Soziologie und Sozialpsychologie, Heft 3 (1996), S. 401–425.
Winkler, Hartmut [1997]: Docuverse. Zur Medientheorie der Computer; Regensburg 1997.
Winter, Carsten (Hg.) [1996]: Kulturwissenschaft: Perspektiven, Erfahrungen, Beobachtungen; Bonn 1996.
Witte, Bernd [1994]: «(...) das gepfleget werde/Der feste Buchstab, und bestehendes gut/gedeutet». Über die Aufgaben der Literaturwissenschaft. In: Jäger, Ludwig/Switalla, Bernd (Hg.): Germanistik in der Mediengesellschaft; München 1994, S. 111–131.
Wolf, Friedrich August [1807]: Darstellung der Altertumswissenschaft nach Begriff, Umfang, Zweck und Wert. Mit einem Nachwort von Johannes Irmscher; Weinheim 1986.
Wulf, Christoph (Hg.) [1993]: Das Ohr als Erkenntnisorgan. = Paragrana. Internationale Zeitschrift für Historische Anthropologie, Bd. 2, Heft 1–2; Berlin 1993.

*Wulf, Christoph (Hg.) [1996]: Vom Menschen. Handbuch Historische Anthropologie; Weinheim und Basel 1996.

Wunberg, Gotthart [1996]: Anstelle einer Vorrede oder was ist der Gegenstand der Kulturwissenschaften? In: IFK news 2 (1996), S. 4–5.

Wundt, Wilhelm [1886]: Ziele und Wege der Völkerpsychologie. In: ders.: Probleme der Völkerpsychologie. Zweite Auflage; Stuttgart 1921, S. 1–37.

Wundt, Wilhelm [1900]: Völkerpsychologie. Eine Untersuchung der Entwicklungsgesetze von Sprache, Mythos und Sitte. Erster Band. Die Sprache; Leipzig 1900.

Wuttke, Dieter [1997]: Dazwischen. Kulturwissenschaft auf Warburgs Spuren; 2 Bde. Baden-Baden 1997.

Yates, Frances A. [1966]: Gedächtnis und Erinnern. Mnemonik von Aristoteles bis Shakespeare; 3. Aufl. Berlin 1994.

Yerushalmi, Yosef Hayim [1992]: Freuds Moses. Endliches und unendliches Judentum; Berlin 1992.

Zuckermann, Moshe [1999]: Gedenken und Kulturindustrie. Ein Essay zur neuen deutschen Normalität; Berlin Bodenheim 1999.

Namenregister

Adelung 45
Adenauer 101
Adler 82
Adorno 59, 79, 90, 93, 94, 96, 98, 99, 100, 101, 102, 103, 169, 183
Anders 169
Antonius 158
Apel 103
Archimedes 168
Aristoteles 171
Arnim 82
Aschenbach 42
Assmann, A. 153, 154, 160, 199
Assmann, J. 147, 152, 153, 154, 179, 199
Augustinus 125
Austin 103

Bachelard 111
Bacon 105, 127, 171
Baddeley 152
Barante 49
Bargatzky 122
Barski 228
Baruzzi 166
Bataille 76
Baumann 89
Bausinger 24
Beck 178
Behlke 41
Behringer 170
Belting 245
Benhabib 145
Benjamin 59, 76, 96, 161, 180, 181, 182, 183, 194

Benn 64, 148
Bentham 115
Bergson 57, 96, 151, 152, 161–163
Berkeley 140
Bernfeld 89
Berns 152
Biedermann 46, 47
Bloch 16, 18, 59, 131
Bloom 13
Blumenberg 126
Boas 43
Bödeker 112
Boeckh 28, 30
Böhme 57, 116, 122, 125, 141, 144, 165
Bollenbeck 33
Bolz 191
Bourdieu 59
Braun von 147
Breger 146
Briese 117
Bruno 233
Bunzi 44
Burckhardt 49, 52–56, 66, 72, 107
Burkert 88
Butler 89, 145, 146

Carruthers 152
Cassirer 59, 62, 64, 65, 66–80, 106, 107, 120, 121, 174, 180, 216
Castoriadis 93, 174
Cerquiglini 31
Chartier 18
Chaunu 18

Chladenius 106
Cicero 105, 129, 158, 159
Clausen 174
Condillac 140
Crary 197
Cullen 150
Culler 103

Dädalos 168, 170
Därmann 197
Darnton 18
Davis 200
Deleuze 88, 163
Derrida 157, 159, 187
Descartes 81, 112, 127, 171
Devereux 88
Diekmann 243
Diesener 56
Dilthey 20, 57, 68, 216
Dinzelbacher 30
Dodds 155
Dostojewski 136
Dubiel 96
Durkheim 66, 75
Düsing 152
Düzel 149

Edelman 149
Edison 166
Einstein 193
Eliade 152, 170
Elias 24, 90, 138
Ellenberger 81, 82
Empedokles 123
Emrich 152
Engel 140

285

Erdheim 88
Eschenmayer 82
Esposito 199
Eucken 58

Faßler 199
Faulstich 179, 187, 198, 199
Febvre 16, 17
Felderer 169
Feuerbach 86, 93
Fink-Eitel 143
Fischer-Kowalski 123
Fischer-Lichte 241, 242
Fleck 109, 110
Flowerman 100
Flusser 193, 194, 195, 196
Foerster 152
Fontane 49, 50
Foucault 14, 31, 134, 188
Frank 103
Franklin 112
Frazer 66, 75
Frede 62
Freud 64, 66, 76, 78, 79, 80, 81, 82, 83, 84, 85, 86, 87, 88, 89, 90, 91, 93, 98, 160, 161
Freytag 49
Frobenius 107
Fromm 90, 96, 102
Frühwald 19, 21, 22, 147
Fuchs 110, 111
Fustel de Coulanges 75

Galen 124
Gall 210
Geertz 59, 64, 65, 135, 136
Gehlen 59, 63, 64, 132, 148, 172, 185
Gerndt 26
Giedion 177
Ginzburg 73
Girard 88

Glaeser 122
Gleßgen 30
Godard 163
Goethe 38, 44, 188
Goldmann 158
Gombrich 77, 78, 80
Goody 152, 187
Gothein 50
Goudsblom 123
Gould 118
Grabner-Haider 65
Grancher 163
Greenblatt 14, 15, 16
Greis 204, 206
Greverus 25, 26, 216
Grünberg 95
Guattari 88
Gumbrecht 187

Habermas 68, 76, 102
Hacking 150
Hagner 112
Halbach 199
Halbwachs 151, 152, 162
Hall 12
Haller 112
Haraway 92
Hardtwig 56
Harrison 75
Harth 152
Hartmann 83
Hastedt 176
Havelock 187
Haverkamp 152, 244
Hegel 36, 38, 44, 56, 73, 76, 81, 159, 160
Heidegger 76
Heider 198
Heimrod 150
Heinrich 87
Heraklit 69
Herbart 36, 38, 43
Herder 29, 38, 45, 51, 76, 105, 106, 132, 133, 140–143

Heron von Alexandrien 168
Hesiod 155
Hippokrates 124
Hitler 96, 97
Hoffmann 82
Hofmannsthal 57, 160
Hoggart 12
Horkheimer 59, 79, 90, 95–102, 169, 181, 183
Huizinga 107
Humboldt 21, 22, 38, 40, 41
Hume 86
Husserl 58, 68

Inglis 12
Innis 184

Jäger 212
Janet 82
Jay 101
Jean Paul 82
Joerges 177
Jung 82, 86, 89
Jünger 152

Kaes 14
Kalmar 39, 44
Kant 29, 36, 37, 66, 67, 68, 76, 81, 106, 115, 119, 121, 127, 133
Kapp 176
Kierkegaard 160
Kieser 82
Kittler 188, 189, 190, 191, 193
Klemm 35, 36, 39
Kluge 82
Kolumbus 83
Konersmann 61, 65, 209
Kopernikus 83
Korff 25, 222
Körner 46
Korte 65

Koschorke 145
Kotre 149
Krämer 196, 201
Kramme 58
Kreuzer 71
Kritias 155
Kroner 58
Krupp 166
Kuhn 109, 110, 112, 113, 116
Kümmel 190

Lacan 89, 90, 91, 92, 189
Lachmann 152
Lämmert 26
Lamprecht 46, 50, 51, 52, 56, 72, 76, 107
Lang 169
Langenegger 171
Langer 64
Lavoisier 112, 116
Lawrence 12
Lazarsfeld 100, 102
Lazarus 34, 36, 37, 38, 39, 40, 41, 42, 43, 75, 218
Le Goff 152
Leavis 12
Lebsanft 30
Lehmann 103
Leibniz 36
Leiris 88
Lenk 176
Leonardo 170
Lepenies 124
Leroi-Gourhan 172
Lévi-Strauss 59, 74, 79, 85, 88, 187
Lichtblau 59
Lichtenberg 115
Lilienthal 170
Litt 61
Lohmann 143
Lord 152, 186
Lorenzer 90
Lotman 71

Löwenthal 96, 101
Luhmann 68, 73, 106, 138, 198
Lukács 57, 95, 102
Lurija 152

Macaulay 49
Maier 126
Mall 65
Marcus 13
Marcuse 90, 96, 101
Marker 163
Marquard 20, 65
Marschall 36
Marx 60, 64, 86, 93, 94, 95, 96, 97, 98, 101, 102, 169
Matussek 103, 157, 200
Maus 23, 24
Mauss 66, 75
Mayer 90
McLuhan 183, 184, 185, 186, 187, 190, 191, 192
Megenberg von 126
Mehlis 58
Meier 188
Merleau-Ponty 193, 194, 196
Mesmer 82
Meyer 66, 179
Meyer-Abich 127
Michelet 49
Milner 149
Mitscherlich 152
Mittelstraß 208
Mojse 45
Montrose 15, 16
Moscovici 127
Müller 138
Müller-Funk 199
Mumford 172
Münsterberg 162

Nadig 240
Neisser 152

Neswald 193
Neuber 152
Neumann 89
Newton 106, 120
Niedermann 122
Niethammer 152
Nietzsche 52, 57, 64, 76, 98, 154, 160
Noack 126
Nora 152
Novalis 82, 116

Oexle 56, 152
Ong 187
Ott-Koptschalijski 170
Ozu 163

Panofsky 75, 76, 107
Parin 88
Parry 186
Parsons 198
Penfield 149
Perpeet 107, 122
Peters 30
Pfeiffer 187, 200
Platon 123, 124, 155, 156, 157, 158, 161, 167, 180
Plinius 105
Plutarch 156
Pöppel 197
Postman 192, 193
Precht 151
Proust 161
Pudowkin 194
Pufendorf 106
Puységur 82

Rabelais 17
Radkau 145
Rank 87
Ranke von 49
Raulff 16, 45
Reck 199
Reich 89
Reichert 235

Resnais 163
Rheinberger 112
Richardson 115
Rickert 58, 68, 107
Ricœur 136
Riedel 29, 30
Riehl 23, 24
Robertson 231
Röcke 30
Ropohl 175, 176
Roth 149
Rousseau 145
Rüfner 168
Rüsen 235

Saussure 91, 103
Schäfer 50
Schelling 82
Scherpe 242
Schiebinger 146
Schiffauer 228
Schiller 29, 45, 46
Schlegel 186
Schleier 47
Schlesier 244
Schmidt 152
Schmitt 176
Schmitz 143
Schmücker 62
Schnädelbach 65
Schnell 31
Schönert 27, 212
Schorn-Schütte 56
Schröder 236
Schubert 82
Schultz 107
Schwemmer 65
Scott 49
Searle 103
Seeba 39
Shakespeare 15, 136
Shannon 189, 195
Siebert 53, 55

Sieferle 169
Siemens 166
Simmel 42, 58, 59, 60, 61, 62, 66, 68, 70, 76, 107, 138, 216
Simonides 157, 158
Sismondi 49
Smith 75, 152
Snow 20, 71, 105
Sokrates 156
Sombart 138
Sonnemann 142
Sophokles 84
Spengler 61, 62
Stein 57
Steinhausen 47
Steinthal 36, 37, 38, 39, 40, 41, 42, 43, 44, 75
Stephan 146
Stöcklein 168
Sutter 168

Thamus 156
Themistokles 156, 158, 160
Theweleit 88
Tholen 191
Thompson 12, 177
Tieck 82
Tocqueville 49
Trabant 41, 141
Troeltsch 58
Turing 191
Turkle 197, 200, 201
Tylor 39, 43, 66, 134, 135

Uexküll 71
Ullrich 175
Usener 72, 74
Utz 141

Valéry 61
Vesalius 115

Vico 67, 76, 106, 153
Vignoli 75, 76
Virilio 190
Vischer 75
Vissmann 225
Vitruv 173
Voltaire 45
Voßkamp 28

Wahrig-Schmidt 112
Waitz 37
Walser 150
Warburg 66, 70, 72, 73, 74, 75, 76, 77, 78, 79, 80, 107, 108, 151
Watt 152, 187
Weaver 189
Weber 9, 33, 58, 107, 135, 138
Wehler 56
Weil 95
Weinrich 152, 156
Weizsäcker, C. F. von 127
Weizsäcker, E. U. von 127
Welz 216
Wenzel 31, 152, 162
White 49
Williams 12
Wind 73
Windelband 58, 67, 107
Winkler 190, 199
Winter 225
Witte 27
Wittgenstein 103
Wolf 28
Wölfflin 66
Wulf 142
Wunberg 164, 237
Wundt 42, 43, 44, 51

Yates 152, 159
Yerushalmi 87

Zuckermann 150